Jasminka Matevska

Rekonfiguration komponentenbasierter Softwaresysteme zur Laufzeit

VIEWEG+TEUBNER RESEARCH

Software Engineering Research

Herausgeber/Editor:
Prof. Dr. Wilhelm Hasselbring

Im Software Engineering wird traditionell ein Fokus auf den Prozess der Konstruktion von Softwaresystemen gelegt. Der Betrieb von Systemen, die kontinuierlich Dienste mit einer geforderten Qualität bieten müssen, stellt eine ebenso große Herausforderung dar. Ziel der Reihe Software Engineering Research ist es, innovative Techniken und Methoden für die Entwicklung und den Betrieb von nachhaltigen Softwaresystemen vorzustellen.

Traditionally, software engineering focuses on the process of constructing and evolving software systems. The operation of systems that are expected to continuously provide services with required quality properties is another great challenge. It is the goal of the Series Software Engineering Research to present innovative techniques and methods for engineering and operating sustainable software systems.

Jasminka Matevska

Rekonfiguration komponentenbasierter Softwaresysteme zur Laufzeit

Mit einem Geleitwort von Prof. Dr. Wilhelm Hasselbring

VIEWEG+TEUBNER RESEARCH

Bibliografische Information der Deutschen Nationalbibliothek
Die Deutsche Nationalbibliothek verzeichnet diese Publikation in der
Deutschen Nationalbibliografie; detaillierte bibliografische Daten sind im Internet über
<http://dnb.d-nb.de> abrufbar.

Dissertation Universität Oldenburg, 2009

1. Auflage 2010

Alle Rechte vorbehalten
© Vieweg+Teubner | GWV Fachverlage GmbH, Wiesbaden 2010

Lektorat: Ute Wrasmann | Anita Wilke

Vieweg+Teubner ist Teil der Fachverlagsgruppe Springer Science+Business Media.
www.viewegteubner.de

Das Werk einschließlich aller seiner Teile ist urheberrechtlich geschützt. Jede Verwertung außerhalb der engen Grenzen des Urheberrechtsgesetzes ist ohne Zustimmung des Verlags unzulässig und strafbar. Das gilt insbesondere für Vervielfältigungen, Übersetzungen, Mikroverfilmungen und die Einspeicherung und Verarbeitung in elektronischen Systemen.

Die Wiedergabe von Gebrauchsnamen, Handelsnamen, Warenbezeichnungen usw. in diesem Werk berechtigt auch ohne besondere Kennzeichnung nicht zu der Annahme, dass solche Namen im Sinne der Warenzeichen- und Markenschutz-Gesetzgebung als frei zu betrachten wären und daher von jedermann benutzt werden dürften.

Umschlaggestaltung: KünkelLopka Medienentwicklung, Heidelberg
Gedruckt auf säurefreiem und chlorfrei gebleichtem Papier.
Printed in Germany

ISBN 978-3-8348-1001-4

An Konstantin und Maximilian

Geleitwort

Softwaresysteme unterliegen der Wartung. Für Softwaresysteme, die kontinuierlich Dienste anbieten müssen, ist es problematisch diese Systeme zur Durchführung einer zur Wartung erforderlichen Anpassung (z.B. eines Rekonfigurationsauftrags) zeitweise komplett außer Betrieb zu nehmen. Die Sicherung bzw. Erhöhung der Verfügbarkeit der Systemdienste ist dann das Hauptziel einer Rekonfiguration zur *Laufzeit*. Die transparente Durchführung einer Rekonfiguration ist hier die zu bewältigende Herausforderung, so dass die Nutzer möglichst nicht durch eine Verschlechterung der Dienstqualität beeinträchtigt werden. Eine Rekonfiguration kann dann als transparent betrachtet werden, wenn während deren Durchführung das System innerhalb der vereinbarten Service Level Agreements korrekt arbeitet. Das hier vorliegende Buch von Jasminka Matevska liefert dazu einen modellbasierten Ansatz zur Planung und transaktionalen Durchführung einer Rekonfiguration komponentenbasierter Softwaresysteme zur Laufzeit.

Der in diesem Buch präsentierte Ansatz zielt auf eine Verschiebung des Rekonfigurationszeitpunkts auf einen optimalen, analytisch bestimmten Zeitpunkt, zu dem die Beeinträchtigung des Systems als minimal erwartet wird. Insgesamt hat Jasminka Matevska dazu verschiedene Methoden und Techniken der Informatik geschickt kombiniert und in einer systematischen, ingenieurmäßigen Vorgehensweise die praktische Anwendbarkeit in einer umfassenden Evaluation gezeigt – somit empfehle ich dieses Buch sehr gerne als Lektüre für Leser, die sich für Forschungsarbeiten im Software Engineering interessieren.

Wilhelm Hasselbring

Vorwort

Spielzeug-Holzeisenbahn von Brio [BRI09]

Kennen Sie die Spielzeug-Holzeisenbahn? Ohne sie und meinen älteren Sohn Konstantin wäre diese Arbeit nicht in dieser Form entstanden.

Eines Tages im Herbst des Jahres 2002 spielten wir mit der Holzeisenbahn. Sie stellt im Grunde genommen ein hochdynamisches komponentenbasiertes System mit wohl definierten Schnittstellen dar. Die Komponenten, sowohl der Laufzeitumgebung (hier die Holzschienen) als auch der Anwendung (Lokomotiven und Waggons), sind dadurch relativ einfach austauschbar. Sogar zur Laufzeit. Wie das optimal möglich ist, wurde mir von meinem Sohn gezeigt. Ich sollte die Anwendung steuern bzw. die Züge gestalten und fahren, während mein Sohn die Laufzeitumgebung umgebaut hat. Diese Dynamik irritierte mich, da sich meine Anwendung im operativen Betrieb befand. Auf meinen Protest antwortete mein Sohn ganz ruhig und selbstsicher:

> „Fahr du ruhig weiter, Mama. Ich bin schon längst fertig, bis du wieder hier bist!"

„Genau!", dachte ich mir. Eine Weile später bekam meine Idee die endgültige Form:

Eine Optimierung der Erreichbarkeit während einer Rekonfiguration zur Laufzeit kann durch Minimierung der Störung unter Berücksichtigung von Laufzeitabhängigkeiten erzielt werden.

Mittlerweile ist mein kleiner Sohn Maximilian vier Jahre alt und hat den Betrieb und die Wartung der Holzeisenbahn übernommen. Neben der Dynamik setzt er leicht andere Schwerpunkte. Er konzentriert sich auf Modellierung heterogener Systeme und Konzeption sinnvoller Anwendungsszenarien. Dabei ist er für die Konsistenzprüfung zuständig und beklagt die sowohl syntaktische als auch semantische Inkompatibilität der Schnittstellen verschiedener Spielzeughersteller.

Diese Arbeit entstand während meiner Tätigkeit als wissenschaftliche Mitarbeiterin an der Universität Oldenburg im Department für Informatik, Abteilung Software Engineering. An dieser Stelle möchte ich mich bei allen bedanken, die mich in meinem Promotionsvorhaben unterstützt haben.

Ganz besonders möchte ich mich dabei bei meinem Doktorvater Herrn Prof. Dr. Wilhelm Hasselbring bedanken, der mir die Freiheit, aber auch stets die notwendige Unterstützung gab, meinen eigenen wissenschaftlichen und beruflichen Weg zu finden. Seine unkomplizierte, pragmatische und verständnisvolle Art hat mir immer wieder die Kraft gegeben weiterzumachen. Ebenso möchte ich mich bei meinem Zweitbetreuer Herrn Prof. Dr. Ralf Reussner für seine sowohl fachliche als auch moralische Unterstützung bedanken. Er fand immer die notwendige Zeit und freundliche ehrliche Worte für mich. Seine Herzlichkeit und sein diplomatisches Geschick vermittelten mir stets das Gefühl willkommen zu sein.

Ferner möchte ich allen meinen Kollegen der Abteilung Software Engineering an der Universität bzw. im OFFIS für ihre konstruktive Kritik und ihre zahlreichen Anregungen danken. Dabei möchte ich mich besonders bei André van Hoorn und Matthias Rohr bedanken, mit denen ich am intensivsten wissenschaftlich zusammengearbeitet habe und die mir in vielen Fachgesprächen halfen meine Gedanken zu sortieren. Weiterhin haben sie durch die Entwicklung der Lastgenerierung-, Monitoring- und Analyse-Tools die Evaluation meiner Arbeit in der endgültigen Form möglich gemacht. Für die gute Zusammenarbeit in der Lehre, konstruktiven Diskussionen und praktischen Tipps möchte ich mich bei meinem Kollegen Dr. Heiko Niemann bedanken. Des Weiteren möchte ich mich bei meinen Studenten Sascha Olliges, Sven Bunge, Stefan Hildebrandt, Lena Stöver, Eike Grüssing und Mahboubeh Pakdaman bedanken. Ohne deren Arbeit innerhalb studentischer Projekte und Diplomarbeiten wäre eine so umfangreiche Evaluation der theoretischen Konzepte nicht möglich gewesen.

Für die tatkräftige moralische Unterstützung möchte ich mich bei Frau Prof. Dr. Annegret Habel bedanken. Sie ermutigte mich zur Bewerbung und Teilnahme an dem Mentoring Programm für Nachwuchswissenschaftlerinnen im Jahr 2008 an der Universität Oldenburg, das mir entscheidend zur realistischen Selbsteinschätzung und fokussierten Zielsetzung in meinem beruflichen Leben und somit zum schnelleren Abschluss meiner Promotion verholfen hat.

Für weitere fachliche Inspirationen bedanke ich mich bei den Mitgliedern der Palladio Gruppe, der GI Fachgruppe Software-Architektur (besonders bei meinem Kollegen Dr. Simon Giesecke) und den zahlreichen Wissenschaftlern, die ich auf verschiedenen Konferenzen und Workshops kennen gelernt habe, insbesondere bei Prof. Dr. Jan Bosch, Prof. Dr. Judith Stafford, Dr. Lars Grunske, Prof. Dr. Jeff Kramer, Prof. Dr. Jeff Magee, Prof. Dr. Nenad Medvidovic und Dr. Clemens Szyperski. Nicht zuletzt möchte ich mich bei Dr. Mark Sh. Levin für die entscheidende Unterstützung bei der Festlegung der Optimierungsmethodik bedanken.

Für das gründliche Korrekturlesen und das sehr konstruktive Feedback bedanke ich mich bei meinem Kollegen André van Hoorn und meinem Mann Andreas Fuchs. Für die sehr sorgfältige Feinkorrektur möchte ich mich bei unserer „Mutmach-Sekretärin" Manuela Wüstefeld bedanken.

Die letzte Danksagung geht an meine Familie und Freunde, die mich privat unterstützt haben. Hierbei besonders an meine Freundin Ingeborg Gnoerich, die immer ein offenes Ohr für meine Probleme hatte und mit viel Ruhe mit mir nach Lösungen suchte. Meiner lieben Mutter Rada Matevska möchte ich für ihre tatkräftige moralische und praktische Unterstützung während der gesamten Promotionszeit danken. Ich bedanke mich bei meinen beiden liebsten Jungs Konstantin und Maximilian für die Geduld und das Verständnis, insbesondere in der Abschlussphase meiner Promotion. Sie haben mich spielerisch auf die Hauptideen für meine Arbeit gebracht. Zuletzt möchte ich mich bei meinem lieben Mann Andreas Fuchs für seine Geduld, sein Verständnis und seine Unterstützung bedanken. Seine realistischen und pragmatischen Ratschläge haben mich ermutigt, dieses Projekt erfolgreich zu Ende zu bringen.

Jasminka Matevska

Kurzfassung

Operative Softwaresysteme unterliegen ständigen Veränderungen im Laufe ihres Lebenszyklusses. Sie müssen kontinuierlich den veränderten Anforderungen angepasst werden, um deren Funktionalität bzw. deren Dienste zu erweitern oder zu optimieren. Weiterhin sind Veränderungen unumgänglich, um die Qualitätseigenschaften der Systeme zu verbessern. Schließlich ist es oft notwendig Fehler zu beseitigen. Der Prozess der Durchführung der notwendigen Veränderungen (Rekonfiguration) führt im Regelfall zum vorübergehenden Ausfall der Systeme. Insbesondere bei geschäftskritischen Web-basierten Anwendungen kann die fehlende Verfügbarkeit der Dienste zu finanziellen Verlusten führen. Das Hauptziel einer Rekonfiguration zur Laufzeit ist die Sicherung bzw. Erhöhung der Verfügbarkeit der Systemdienste. Weiterhin spielt eine transparente Durchführung einer Rekonfiguration eine entscheidende Rolle für die Zufriedenheit der Benutzer eines Systems. Eine Rekonfiguration kann als transparent betrachtet werden, wenn während deren Durchführung das System innerhalb der vertraglich festgelegten Reaktionszeiten korrekt antwortet.

Diese Arbeit liefert einen modell- bzw. architekturbasierten Ansatz zur Planung und transaktionalen Durchführung einer Rekonfiguration komponentenbasierter Softwaresysteme zur Laufzeit unter voller Verfügbarkeit und möglichst geringer Beeinflussung der Reaktionsfähigkeit der Systemdienste. Hauptstrategie dabei ist die Verschiebung des Rekonfigurationszeitpunkts bis zu einem optimalen, analytisch bestimmten Zeitpunkt, zu dem die Beeinträchtigung (Störung) des Systems als minimal erwartet wird. Der wissenschaftliche Beitrag besteht aus drei Teilbeiträgen:

1. **Anwendungsmodell**, das ein Architektur-Sichtenmodell als Grundlage definiert und eine Beschreibung der statischen und dynamischen Sicht einer System-Architektur beinhaltet. Ein sog. Component-Connector-Container (C3) Meta-Modell definiert dabei die strukturelle Zuordnung zwischen den beiden Sichten.

2. **Optimierungs- und Analysemodell**, das die Grundlage für eine auftragsbezogene Optimierung der Erreichbarkeit bzw. Reaktionsfähigkeit der Systemdienste während der Laufzeit-Rekonfiguration darstellt. Die Optimierung

wird als Knapsack-Minimierungsproblem aufgefasst und durch Analyse der Laufzeitabhängigkeiten zwischen Instanzen von Komponenten und Berücksichtigung zusätzlicher Faktoren, wie das Benutzungsmodell des Systems, die Dauer und die Dringlichkeit der Rekonfiguration, durchgeführt.

3. **Rekonfigurationsmodell**, das durch Lebenszyklus- und Redeployment-Protokolle ein detailliertes Konzept für die Durchführung der Rekonfiguration als sog. Redeployment-Transaktion zur Laufzeit definiert und somit eine Erhaltung der Konsistenz des Systems und die volle Verfügbarkeit der Systemdienste während der Rekonfiguration gewährleistet.

Für die System-Architekturbeschreibung werden UML 2 Komponenten-, Zustands- und Sequenzdiagramme, zur Komponenten-Verhaltensspezifikation Protokollautomaten eingesetzt. Das Benutzerverhalten wird durch ein Benutzungsmodell dargestellt, wobei Ausführungssequenzen als Markov-Ketten und mit Mengen der beteiligten Komponenten modelliert werden. Diese Informationen werden in ein Knapsack-Minimierungsproblem kombiniert, um eine Analyse der Laufzeitabhängigkeiten durchführen zu können. Zur Berechnung der Laufzeitabhängigkeiten werden graphentheoretische Konzepte eingesetzt. Schließlich werden Lebenszyklusprotokolle auf System- und Komponentenebene für die transaktionale Durchführung der Laufzeit-Rekonfiguration definiert. Es fand eine zweigeteilte empirische Evaluation statt. Zum einen wurde das transaktionale Redeployment für die Java EE Plattform realisiert und evaluiert. Zum anderen wurde die Optimierung der Erreichbarkeit der Systeme während der Rekonfiguration von Web-basierten Java-Anwendungen evaluiert. Dabei wurde ein probabilistisches Benutzungsverhalten simuliert und Monitoringdaten aufgezeichnet. Diese Monitoringdaten wurden anschließend zur Analyse der Laufzeitabhängigkeiten eingesetzt, um geeignete Nutzungsszenarien und Zeitpunkte für die Durchführung einer auftragsbezogenen Laufzeit-Rekonfiguration zu bestimmen und zur Laufzeit wieder zu erkennen.

Abstract

Operational software systems are subject of permanent changes in the course of their life cycle. They have to be continuously adapted in order to meet changing requirements or to enhance their functionality by extending or optimizing the services they provide. Furthermore, changes are necessary due to improve the quality characteristics of the system. Finally, every fault correction causes a change of the system. The process of performing the required changes (reconfiguration) normally causes a temporarily system failure. Missing availability of the system can lead to financial losses, especially for business-critical Web-based applications. The main goal of a runtime reconfiguration is maintaining and increasing availability of system services. Furthermore, a transparent execution of the reconfiguration plays an essential role for the satisfaction of system users. A reconfiguration can be considered transparent, if during its execution the system correctly responses within the contractually specified response times.

This thesis provides a model/architecture-based approach for planning and transactional execution of reconfiguration of component-based software systems at runtime keeping the full availability, minimizing the interference caused by the reconfiguration and thus maximizing system responsiveness. Main strategy is the delay of the reconfiguration point in time up to an optimal, analytically determined one, at which the interference (disturbance) of the system is expected to be minimal. The research contribution of this thesis includes three main parts:

1. **Application Model** defines an architectural view model as a foundation and describes the static and dynamic view of the system architecture. A Component-Connector-Container (C3) Meta-Model is proposed for definition of the structural assignment among both views.

2. **Optimization and Analysis Model** provides the foundation for a request-dependent optimization of the accessibility and responsiveness of the system services during runtime reconfiguration. The optimization problem is formulated as a Knapsack minimizing problem. The optimization is performed by analysis of runtime dependencies among component instances and consideration of additional factors, like the usage model of the system, duration and urgency of the reconfiguration.

3. **Reconfiguration Model** determines a detailed concept for transactional execution of the reconfiguration as a runtime redeployment transaction by definition of life-cycle and redeployment protocols. Thus, system consistency and full availability of system services can be maintained during the process of reconfiguration.

UML 2 component, state and sequence diagrams are used for the system architecture description. Protocol automata are deployed for component behavior specification. The usage behavior is modeled using a usage profile including execution sequences as Markov chains and the set of participating components. A combination of this information in a Knapsack minimizing problem provides the basis for the analysis of runtime dependencies. Graph-theoretical concepts are used for the computation of runtime dependencies. Finally, for the transactional execution of the runtime reconfiguration, component and system life cycle protocols are defined.

The approach was evaluated by a two-part empirical evaluation. First, the concept of transactional redeployment was realized and evaluated based on the Java EE platform. Second, the optimization of the system accessibility and responsiveness during reconfiguration of Web-based Java applications was evaluated. A probabilistic user behavior was simulated and monitoring data was stored. The collected monitoring data was used for the analysis of runtime dependences in order to determine convenient usage scenarios and points in time for the execution of the request-driven runtime reconfiguration and to recognize them at runtime.

Inhaltsverzeichnis

1	**Einleitung**	**1**
	1.1 Problemdarstellung und Motivation	1
	1.2 Inhalt und Beitrag	5
I	**Grundlagen**	**11**
2	**Überblick**	**13**
3	**Komponentenbasierte Softwareentwicklung**	**15**
	3.1 Begriffsdefinition	15
	3.2 Komponentenspezifikation	19
	3.3 Komponentenmodelle	21
	3.4 Software-Konfigurationsmanagement	41
	3.5 Qualität komponentenbasierter Systeme	42
4	**Software-Architekturbeschreibung**	**49**
	4.1 Der ANSI/IEEE-Standard zur Software-Architekturbeschreibung	49
	4.2 Standpunkt-basierte Modelle zur Software-Architekturbeschreibung	52
	4.3 Architekturbeschreibungssprachen	54
	4.4 Unified Modeling Language (UML)	60
	4.5 Graphentheoretische Konzepte zur Architekturbeschreibung	64
5	**Rekonfiguration komponentenbasierter Softwaresysteme**	**73**
	5.1 Der Begriff Rekonfiguration	73
	5.2 Typen von Rekonfiguration	75
	5.3 Laufzeit-Rekonfiguration	77
II	**Erreichbarkeitsoptimierte Rekonfiguration zur Laufzeit**	**83**
6	**Überblick**	**85**

7 System-Architekturbeschreibung: Anwendungsmodell 89
- 7.1 Aktueller Stand der Software-Architekturbeschreibung 90
- 7.2 Anforderungen an eine System-Architekturbeschreibung 91
- 7.3 Unser Sichtenmodell 94
- 7.4 Unser Component-Connector-Container (C3) Meta-Modell 95
- 7.5 Anwendungsbeispiel 97
- 7.6 Statische Sicht 98
- 7.7 Dynamische Sicht 106

8 Optimierung der Erreichbarkeit: Optimierungs- und Analysemodell 117
- 8.1 Optimierungsmodell 118
- 8.2 Analyse des Rekonfigurationsauftrags 121
- 8.3 Analyse des Benutzungsmodells eines Systems 124
- 8.4 Analyse des internen Laufzeitverhaltens des Systems 126
- 8.5 Analyse der Benutzungsintensität des Systems 129
- 8.6 Szenariobasierte Bestimmung der minimalen Laufzeit-Abhängigkeitsgraphen 131
- 8.7 Zuordnung der Laufzeit-Abhängigkeitsgraphen zu den System-Laufzeitzuständen 135
- 8.8 Dienstbezogene Erreichbarkeit 137
- 8.9 Berücksichtigung der Dringlichkeit und Dauer der Rekonfiguration 139
- 8.10 Wiedererkennung des optimalen Zustandsraums zur Laufzeit ... 140
- 8.11 Approximativer Algorithmus zur Optimierung der Erreichbarkeit . 142
- 8.12 Optimierte vs. nicht-optimierte Rekonfiguration 149

9 Transaktionale Laufzeit-Rekonfiguration: Rekonfigurationsmodell 155
- 9.1 Lebenszyklusprotokoll auf Komponentenebene 156
- 9.2 Laufzeitprotokoll auf Systemebene 162
- 9.3 Rekonfiguration als Transaktion 165
- 9.4 Transaktionales Redeployment zur Laufzeit 168
- 9.5 Plattformunabhängiger Rekonfigurationsmanager – PIRMA: Systemarchitektur 179

III Evaluation 185

10 Java EE-basierte Realisierung von PIRMA 189
- 10.1 Darstellung und Analyse der Rekonfigurationsaufträge 189
- 10.2 Durchführung der Rekonfiguration 196

10.3 Zusammenfassung 224

11 Java EE-basierte Evaluation der Laufzeit-Rekonfiguration **225**
    11.1 Auswertung typischer Rekonfigurationsszenarien 225
    11.2 Experimenteller Einsatz und Evaluation des Redeployment-Systems 238

12 Evaluation der Optimierung der Erreichbarkeit **255**
    12.1 Eingesetzte Tools 256
    12.2 Testsystem 259
    12.3 Entwurf und Implementierung 261
    12.4 Ziele der Evaluation 271
    12.5 Versuchsaufbau 272
    12.6 Ergebnisse der Evaluation 273
    12.7 Zusammenfassung 286

13 Verwandte Ansätze **289**
    13.1 Komponentenbasierte Rekonfiguration zur Laufzeit 290
    13.2 Architekturbasierte Rekonfiguration zur Laufzeit 292
    13.3 Zusammenfassung 294

IV Zusammenfassung und Ausblick   295

14 Zusammenfassung **297**
    14.1 Wissenschaftlicher Beitrag 297
    14.2 Praktische Einsetzbarkeit 300

15 Ausblick **303**
    15.1 Bestimmung / Vorhersage von Antwortzeiten 303
    15.2 Hypergraphen zur Verbesserung der Analyse 303
    15.3 Live Sequence Charts (LSCs) zur Bestimmung und Wiedererkennung von optimalen Laufzeitzuständen 304
    15.4 Analyse der Laufzeitabhängigkeiten auf der Ebene der Anwendungslogik 304
    15.5 Model Checking zur Verifikation des Redeployment-Systems . . . 304
    15.6 Optimierung des Redeployment Konzepts 305

Anhang **307**

Literaturverzeichnis **311**

Abbildungsverzeichnis

1.1	Software-Lebenszyklus [Sne08]	3
3.1	Object Management Architecture (OMA) [Obj08b]	22
3.2	Aufruf über den Object Request Broker [Obj08a]	24
3.3	Struktur der Object Request Interfaces [Obj08a]	24
3.4	Mehrschichtige Java EE Anwendungen [Sun06c]	29
3.5	Java EE Architektur [Sun06a]	30
3.6	Java EE Interoperabilität [Sun06a]	32
3.7	.NET Framework im Kontext [Mic07]	37
3.8	DCOM Architektur [Mic06]	38
4.1	ANSI/IEEE 1471 Referenzmodell [IEE00]	51
4.2	Meta-Modell einer UML 2 Komponente [Obj09e]	63
4.3	Meta-Modell eines UML 2 Konnektors [Obj09e]	63
4.4	Meta-Modell eines UML 2 Ports [Obj09e]	64
4.5	Darstellung eines Graphs	66
4.6	Graph mit drei Zusammenhangskomponenten	69
4.7	Beispielgraph G und seine transitive Hülle G^+	70
5.1	Bereiche der Rekonfiguration	74
5.2	Software-Wartung [Win09]	75
7.1	Das Component-Connector-Container (C3) Meta-Modell	96
7.2	Duke's Bank Applikation von Sun Microsystems [Sun06c]	97
7.3	Black-Box-Darstellung	100
7.4	Schnittstellen-Darstellung	101
7.5	Subsystem-Darstellung	102
7.6	Middleware Subsystem	103
7.7	Subsystem-Sicht der Duke's Bank Applikation	104
7.8	A ist abhängig von B	104
7.9	Komponentenabhängigkeiten in der Duke's Bank Application	104
7.10	Statischer Abhängigkeitsgraph für die Duke's Bank Anwendung	105

7.11 Dienst-Effekt-Spezifikation des *withdrawAction* Dienstes 107
7.12 UML Sequenzdiagramm zum Szenariio: Erfolgreiches Geldabheben 109
7.13 Teil-Systemzustandsautomat als UML Zustandsdiagramm 111
7.14 Benutzungs-Meta-Modell 112
7.15 Beispiel einer Markov-Kette als UML Zustandsdiagramm 113
7.16 UML Anwendungsfalldiagramm der Duke's Bank Application . . 114
7.17 Abhängigkeitsgraphen für die Ausführungssequenz *withdrawAction*: statisch (a), zur Laufzeit während der Ausführungsschritte 1, 2, 3 und 4 (b) bzw. 5 und 6 (c) 115

8.1 Duke's Bank Application: Komponentenabhängigkeiten 122
8.2 Rekonfigurationsauftrag $R = \{2,5\}$ 123
8.3 Gemessene Benutzungsintensität eines Dienstes [RHG$^+$08] 130
8.4 Berechnete Gewichtung eines Dienstes [RHG$^+$08] 131
8.5 Zeitdiagramm des Beispielszenarios *Erfolgreiches Geldabheben* . 132
8.6 Szenariobasierte Laufzeit-Abhängigkeitsgraphen [MH07] 133
8.7 Statischer Abhängigkeitsgraph (a), Laufzeit-Abhängigkeitsgraph während des Zeitintervalls $[t_{1234}, t_{1234} + \Delta_{1234}]$ (b) bzw. $[t_{56}, t_{56} + \Delta_{56}]$ (c) 134
8.8 Reduktion der Systemzustände 136
8.9 Offline-Analyse des Systems 146
8.10 Online-Analyse des Systems 148
8.11 Alternativer Algorithmus durch Scannen der Systemzustände . . . 149
8.12 Duke's Bank Application: Komponentenabhängigkeiten 150
8.13 Erreichbarkeit während einer statischen Rekonfiguration 151
8.14 Erreichbarkeit während einer Laufzeit-Rekonfiguration (gängige Ansätze) 152
8.15 Erreichbarkeit während einer Laufzeit-Rekonfiguration (eigener Ansatz) 153

9.1 Lebenszyklusprotokoll einer lebenden Komponente 160
9.2 Redeployment-Protokoll einer lebenden Komponente 161
9.3 Laufzeitprotokoll eines Systems 162
9.4 Transaktionales Redeployment 171
9.5 Redeployment-Zustandautomat einer Komponente 175
9.6 Kripke-Struktur des Redeployment-Systems 176
9.7 Plattformunabhängiger Rekonfigurationsmanager - PIRMA 180
9.8 Kontext des Rekonfigurationsmanagers 181
9.9 Systemarchitektur von PIRMA im Kontext 183

10.1	Klassendiagramm des Rekonfigurationanalysators [Pak03]	192
10.2	Generierung des `ejb-jar.xml` mit Castor [Pak03]	195
10.3	Generierung des `request.xml` mit Castor [Pak03]	196
10.4	Benutzungsmuster für Deployment-Komponenteninstanzen [Oll04]	198
10.5	Die Umsetzung des Entwurfsmusters *strategy* [Oll04]	199
10.6	Verbindungszustand des `DeploymentManagers` [Oll04]	201
10.7	Beobachtung des Deployment Prozesses [Oll04]	203
10.8	Redeployment Beispielszenario	209
10.9	Der JBoss Interceptor Stack [Oll05]	211
10.10	Erstellen eines EJB-JAR-Deployment-Projekts	213
10.11	Aktivitätsdiagramm zum Erstellen eines Moduls [Oll05]	214
10.12	DDBean und DDBeanRoot Adapter [Oll05]	215
10.13	EJB Modul Packaging und Transfer [Oll05]	216
10.14	Redeployment-System [Oll05]	218
10.15	Architekturfragment vom neuen Deployment-Kontrollsystem [Oll05]	220
11.1	Java EE (J2EE) Entwurfsmuster [Sun02a]	227
11.2	Architektur des Testsystems [Hil05]	233
11.3	Clientseitiges Grundgerüst der Tests	234
11.4	Aufbau der Testumgebung von Eval21EJBs [Bun08]	241
11.5	Deployment-Diagramm des Testaufbaus mit Client [Bun08]	242
11.6	Messwerte des Redeployments von Eval21EJBs [Bun08]	243
11.7	Messwerte des Zugriffs auf Eval21EJBs bei einem Redeployment [Bun08]	245
11.8	Sequenzdiagramm beim Abruf der Kontoinformationen	247
11.9	Screenshot der Duke's Bank Application [Bun08]	248
11.10	Markov-Kette des Bewegungsprofils für Markov4JMeter [Bun08]	249
11.11	Testaufbau mit Client [Bun08]	250
11.12	Evaluation mit Duke's Bank Application	252
11.13	Verlauf der Antwortzeiten und CPU-Auslastung während der Evaluation	253
12.1	Oberfläche von der JMeter-Erweiterung Markov4JMeter [HRH08]	257
12.2	Architektur von Kieker im Benutzungskontext [RHM$^+$08]	258
12.3	Datenmodell in Kieker [RHM$^+$08]	258
12.4	JPetStore Web-Schnittstelle [iBa09]	259
12.5	Drei-Schichten-Architektur der JPetStore Anwendung [Hoo07b]	260
12.6	Beispiel-Trace und dazugehöriger Abhängigkeitsgraph [Stö07]	263
12.7	Architektur des `DependencyGraphsPlugin` [Stö07]	265

12.8 ReconfigurationLogAnalyserPlugin [Grü08] 267
12.9 RuntimeReconfigurationAnalyser [Grü08] 270
12.10 Experimentspezifischer statischer Abhängigkeitsgraph zu Versuch 1 275
12.11 Minimale Abhängigkeiten für CatalogService (1 Benutzer) . 276
12.12 Experimentspezifischer statischer Abhängigkeitsgraph zu Versuch 2 278
12.13 Minimale Abhängigkeiten für CatalogService (10 Benutzer) 279
12.14 Experimentspezifischer statischer Abhängigkeitsgraph zu Versuch 3 281
12.15 Minimale Abhängigkeiten für CatalogService (20 Benutzer) 282

Tabellenverzeichnis

4.1	ADL Überblick [BGJ+08]	55
4.2	Adjazenzmatrix der Graphen aus Abbildung 4.5: (a) ungerichtet, (b) gerichtet	67
7.1	ADL-Unterstützung von Laufzeit-Rekonfiguration [MMHRs04]	93
7.2	Angebotene bzw. benötigte Dienste	99
7.3	Gewichtete Adjazenzmatrix des Graphs aus Abbildung 7.10	105
8.1	Ermittelte Werte	135
11.1	Ausstattung der Evaluationsrechner	242
12.1	Adjazenzmatrix zur Beispiel-Trace [Stö07]	263
12.2	Beispielhafter Datensatz für zwei analysierte Messages [Grü08]	268
12.3	Beispielhafter Datensatz für zwei analysierte Dienste [Grü08]	269

1 Einleitung

„Alles fließt"
Heraklit

Schon einige Jahrhunderte vor Christus erkannte man, dass die ganze Welt im Wandel ist und dass es eine Welt durchwirkende Vernunft bzw. *Gesetzmäßigkeit, die alles beherrscht und allem zugrunde liegt, geben muss. Vielmehr ist der Logos gerade das „Eine", das im Wandel des Werdenden Bestand hat.*

1.1 Problemdarstellung und Motivation

Der Lebenszyklus eines komplexen Softwaresystems kann grob in zwei Phasen unterteilt werden: Entwicklung und operativer Einsatz. In beiden Phasen unterliegt ein System kontinuierlichen Änderungen, die nur unter Berücksichtigung von Anforderungen und Regeln durchgeführt werden können.

Während des Entwicklungsprozesses eines komplexen Softwaresystems entstehen große Mengen von Dokumenten, es werden viele Teilnehmer involviert, und zwischen den Dokumenten der Teilnehmer bestehen sehr unterschiedliche Grade und Arten der Abhängigkeit. Eine kontrollierte Änderung dieser Dokumente und Dateien, eine sinnvolle Aufbewahrung der aktuellen Zustände, die zu verschiedenen Zeitpunkten entstehen und eine Koordination der Teilnehmer während des Entwicklungsprozesses, sind die wichtigsten Inhalte des Software-Konfigurationsmanagements (Software Configuration Management, SCM) [Zel97]. Als wichtige Zusatzaufgaben werden das Bestimmen der Abhängigkeiten der Einheiten und der Aufbau eines funktionsfähigen Softwaresystems angesehen. Durch das Konzept des *make*-Programms [Fel79] reduzierten sich diese Aufgaben auf das „ordentliche" Schreiben einer Datei, das sog. *Makefile*, was bei großen Systemen regelmäßig sehr komplex und kompliziert bzw. unübersichtlich wurde. Andere verbesserte Konzepte, wie z.B. das Apache ANT [Apa06] verbessern deutlich die Übersichtlichkeit durch Strukturierung in sog. *tasks* und *targets*. Dennoch bleibt einsichtig, dass meistens eine Person während des ganzen Entwicklungsprozesses die Übersicht behalten muss, um die Funktionsfähigkeit eines solchen Systems zu gewährleisten. Was schon bei der Entwicklung großer, klassisch entwickelter Softwaresysteme schwierig genug war, ist bei der komponentenbasierten Softwareentwicklung (Component Based Software Development, CBSD) kaum noch machbar. Während bei der klassischen Softwareentwicklung die Menge der zu verwaltenden Dateien gemeinsam vom Team entwickelt wurde, liegt der Schwerpunkt der CBSD bei der Wiederverwendung von Standardkomponenten und der Gewährleistung deren Integration in ein funktionsfähiges Gesamtsystem. Das bedeutet aus der Sicht des SCM eine Verschiebung der Schwerpunkte:

Nicht die Versionsverwaltung, sondern die Konfiguration, der Aufbau eines solchen Systems und besonders die Veränderung eines Systems, werden zu Hauptaufgaben.

Diese Schwerpunktverschiebung wird während des operativen Einsatzes des Systems sogar noch verstärkt. Die ständige Veränderung der Anforderungen der Benutzer, Beseitigung von Fehlern sowie Verbesserung der Qualitätseigenschaften, erfordern Evolution, Anpassung und Rekonfiguration von operativen Systemen. Dabei spielt die Sicherung der Verfügbarkeit der Systeme bzw. deren Dienste eine entscheidende Rolle, nicht nur bei sicherheitskritischen Systemen, sondern zunehmend auch bei unternehmenskritischen Web-basierten Anwendungen. Dabei und insbesondere in Hinblick der weltweit vernetzten Systeme wird die Anforderung der Verfügbarkeit der Dienste an 24 Stunden am Tag und für alle sieben Tage in der Woche gestellt.

Aus der Darstellung eines Software Lebenszyklusses in der Abbildung 1.1 nach [Sne08] ist ersichtlich, dass die **Wartungsphase** einen Großteil der Lebenszeit der Software (ca. 80 %) ausmacht und dabei ca. 65 % der Kosten in diese Wartung fließen. Auch laut [PI00] gehen ca. 60-70 % der Kosten für Software in die Wartung. Unterschiedliche Forschungsbereiche unterstützen die Wartung von Software und setzen dabei unterschiedliche Schwerpunkte (siehe Kapitel 5). Der Bereich **Reengineering** fokussiert sich auf Entwicklung von Techniken zum **Re-Entwurf** und **Rekonfiguration** der Systeme. Beim **Requirements Engineering** wird an einer Verbesserung der Definition der verändernden Anforderungen gearbeitet. Das **Variabilitätsmanagement** konzentriert sich auf den Entwurf von Systemen, die mehrere Variationspunkte enthalten, welche eine *post-deployment* Adaption ermöglichen. Alle diese Bereiche unterstützen in einer Art und Weise eine System-Evolution, tragen allerdings nur indirekt zur Erhöhung der Verfügbarkeit und Erreichbarkeit der eingesetzten Systeme bei. Eine Rekonfiguration zur Laufzeit dagegen, erhöht direkt die Verfügbarkeit eines Systems durch Verringerung dessen Ausfallzeiten bzw. Erhöhung der Anzahl der verfügbaren Systemdienste oder Reduzierung der Reparaturzeiten. Weiterhin spielt die Erhaltung der Reaktionsfähigkeit eines Systems während der Rekonfiguration und dadurch Gewährleistung der

1.1 Problemdarstellung und Motivation 3

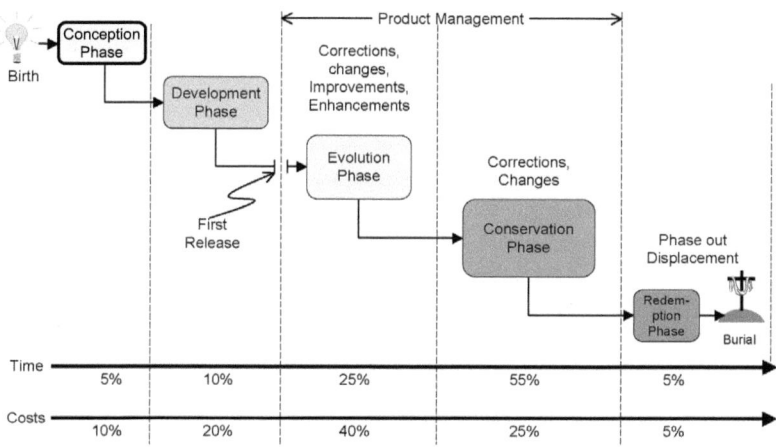

Abbildung 1.1: Software-Lebenszyklus [Sne08]

Erreichbarkeit der Systemdienste eine sehr wichtige Rolle für die Kundenzufriedenheit bei kommerziellen Web-basierten Anwendungen. Diese Arbeit definiert die Schlüsselbegriffe *Erreichbarkeit* und *Laufzeit-Rekonfiguration* folgendermaßen (für Details siehe Abschnitt 3.5 und 5.1):

Erreichbarkeit einer Einheit (Dienst, Komponente oder System) ist die Wahrscheinlichkeit, dass diese Einheit zu einem Zeitpunkt t sowohl verfügbar als auch reaktionsfähig ist (Definition 3.5.19). Dabei ist die *Verfügbarkeit* die Wahrscheinlichkeit, dass diese Einheit zu einem bestimmten Zeitpunkt t funktionstüchtig ist (Definition 3.5.14). Die *Reaktionsfähigkeit* ist die Wahrscheinlichkeit, dass diese Einheit innerhalb der vertraglich festgelegten Reaktionszeiten antwortet (Definition 3.5.18).

Laufzeit-Rekonfiguration ist eine Rekonfiguration eines Systems während seiner Laufzeit (Definition 5.2.1). Dabei stellt eine *Rekonfiguration* die technische Sicht des Prozesses der Veränderung eines bereits entwickelten und operativ eingesetzten Systems dar, um es an neue Anforderungen anzupassen, Funktionalität zu erweitern, Fehler zu beseitigen oder die Qualitätseigenschaften zu verbessern (Definition 5.1.1).

Damit ein System erreichbar ist, muss es sowohl verfügbar als auch reaktionsfähig sein. Die Erreichbarkeit kann als *Realzeit-Verfügbarkeit* bezeichnet werden, wobei unter **Realzeit** die vertraglich festgelegten Reaktionszeiten verstanden werden, was von einer *Echtzeit* bei eingebetteten Systemen zu unterscheiden ist. Es wird die **Hypothese** aufgestellt, dass die Erhaltung einer maximalen Erreichbarkeit während einer Rekonfiguration zur Laufzeit, durch eine Minimierung der Störung verursacht durch die Rekonfiguration, ermöglicht wird.

Um das Hauptziel der Erhöhung der Erreichbarkeit erreichen zu können, werden in dieser Arbeit Techniken zur Identifizierung und Isolierung der minimalen Menge, der von der Rekonfiguration betroffenen Komponenten eingesetzt. Als Grundlage wird eine System-Architekturbeschreibung definiert, die Informationen über das Laufzeitverhalten sowohl der einzelnen Komponenten als auch des Gesamtsystems beinhaltet und insbesondere die Laufzeitabhängigkeiten zwischen den Instanzen von Komponenten beschreiben kann. Letzteres ermöglicht es den Zeitpunkt (bzw. Zustandsraum) zu bestimmen, zu dem die Menge der von der Änderung betroffenen Komponenten minimal ist. Diese Analyse wird durch Berücksichtigung des Benutzungsmodells des Systems ergänzt, um relevante Szenarien zu bestimmen und dadurch eine Reduktion des zu analysierenden Zustandsraums zu erreichen. Damit kann einerseits eine Minimierung des Subsystems, das während der Rekonfiguration angehalten werden muss, und anderseits eine Maximierung der erreichbaren Dienste des Systems während der Rekonfiguration erreicht werden. Des Weiteren werden vertraglich festgelegte Parameter (*Service Level Agreement*) wie Reaktionszeiten und Reparaturzeiten im Optimierungsalgorithmus berücksichtigt. Schließlich werden Transaktionskonzepte zur Sicherung der Konsistenz und Erhaltung der vollen Verfügbarkeit des laufenden Systems während der Rekonfiguration entwickelt. Darunter sind Konzepte zum Sperren und Isolieren der betroffenen Komponenten, zum Erkennen eines Erfolgs bzw. Scheiterns der Rekonfiguration, Methoden zum Verwalten der ankommenden Aufträge in einer Warteschlange etc. Grundvoraussetzung für die Analyse eines Softwaresystems bzw. Laufzeit-Rekonfiguration dessen unter Monitoring, ist eine ausreichende Beschreibung der Software-Architektur des Systems.

Eine Festlegung der Anforderungen an eine Software-Architekturbeschreibung, die eine Rekonfiguration zur Laufzeit unterstützt, stellt eine zusätzliche Herausforderung dar. Denn, obwohl es zahlreiche Architekturbeschreibungssprachen, Komponentenmodelle und Spezifikationen gibt, existiert kein allgemeingültiger Standard dafür. Während einige Sprachen sehr stark an der Geschäftslogik gekoppelt sind, betrachten andere nur die technischen Schnittstellen. Selbst ein Versuch beide Aspekte in Form von Komponenten und Konnektoren zu berücksichtigen, wie bei den Architekturbeschreibungssprachen (ADLs) [MT00], reicht nicht aus, um eine Funktionsfähigkeit des Gesamtsystems zu jedem Zeitpunkt des Einsatzes zu sichern. Dies ist so, weil eine ADL im Wesentlichen die statische Konfiguration eines Systems und nicht sein Verhalten in einer Laufzeitumgebung beschreibt. Es ist jedoch allgemein zu beobachten, dass eine Beschreibung des Verhaltens in irgendeiner Form als Erweiterung der Beschreibung der Struktur vorgesehen ist. Zur Verhaltensbeschreibung werden unterschiedliche Formalismen eingesetzt. Diese Arbeit unterscheidet zwischen reiner Verhaltensbeschreibung und Dynamik. Eine dynamische Sicht auf das System soll sowohl reine Verhaltensbeschreibung (Semantik) auf Komponenten- bzw. Systemebene als auch die Definition von Kontrollflüssen im System, zeitliche Zuordnung von Abhängigkeiten und Interaktionen zwischen den Komponenten und Unterscheidung zwischen möglichem und obligatorischem Verhalten beinhalten. Schließlich muss es möglich sein, die Dynamik des Systems während seiner Laufzeit zu beschreiben, um bei Veränderungen ein Feedback zurück zum Verhaltensbeschreibungsmodell zu bekommen und es ggf. anzupassen. Eine derartige Beschreibung der Dynamik wird von keiner ADL vollständig angeboten (siehe Abschnitt 7.1). Auch formale Ansätze [CHH$^+$07, ZVB$^+$07, BFH$^+$07, KJH$^+$07, AHKR07], die Komponentenmodelle beschreiben und sich dabei auf funktionale Korrektheit konzentrieren, beschreiben ein mögliches Systemverhalten, geben allerdings keine Möglichkeiten zur Beschreibung der Dynamik des Systems während der Laufzeit und somit keine Möglichkeiten zur kontinuierlichen Anpassung dessen Verhaltensbeschreibungsmodells.

1.2 Inhalt und Beitrag

Diese Arbeit stellt einen neuen modell- bzw. architekturbasierten Ansatz zur Rekonfiguration komponentenbasierter Systeme zur Laufzeit vor. Hauptziel ist Optimierung der Erreichbarkeit der Systemdienste während der Durchführung einer Laufzeit-Rekonfiguration. Hauptstrategie dabei ist die Verzögerung der Rekonfiguration bis zu einem optimalen, analytisch bestimmten Zeitpunkt, zu dem die Beeinträchtigung des Systems als minimal erwartet wird [Mat08]. Pro Rekonfigurationsauftrag werden Kontrollflüsse im System, basierend auf für die realisierte Anwendung typischen Anwendungsfällen, betrachtet. Mit Nutzung der Systemkonfiguration (statische Abhängigkeitsgraphen) und Teilprotokollinformation der Komponenten (Dienst-Effekt-Spezifikation [Reu01]) werden Laufzeit-Abhängigkeitsgraphen als Teilmenge der statischen Abhängigkeitsgraphen berechnet. Dabei wird analytisch der Teil-System-Kontrollfluss (System-Zustandsraum) ausgegrenzt, in dem der Abhängigkeitsgraph minimal ist. Die Grundlage für diese Analyse ist das **Analysemodell** des Systems. Durch Monitoring des laufenden Systems wird dieser erkannt und die Rekonfiguration wird gestartet. In Form einer überwachten Transaktion werden die identifizierten betroffenen Komponenten gesperrt, isoliert, angehalten und ggf. ausgetauscht. Anschließend wird die Konsistenz des Systems geprüft und die Rekonfiguration bestätigt bzw. beim Scheitern rückgängig gemacht. Dieses wird möglich durch Definition von Lebenszyklus- und Redeployment-Protokollen, die das *Rekonfigurationsmodell* bilden. Durch die vorherige Analyse des Systems und Bestimmung eines Zustandsraums als Teil-System-Kontrollfluss mit einer minimalen Menge (oder Gewichtung) der von der Rekonfiguration betroffenen Komponenten werden die erreichbaren Dienste (Anzahl bzw. Gesamtgewicht) während der Rekonfiguration maximiert. Dabei handelt es sich um die höchstmögliche Erreichbarkeit, die durch zusätzliche Faktoren wie z.b. vertraglich geregelte Reparaturzeiten negativ beeinflusst werden kann. Dazu stellt diese Arbeit ein *Optimierungsmodell* vor und bietet einen approximativen Optimierungsalgorithmus, der diese zusätzlichen Parameter berücksichtigt. Die Abwicklung der Rekonfiguration in Form einer überwachten Transaktion gewährleistet die volle Verfügbarkeit und Konsistenz des Systems während der gesamten Dauer der Rekonfiguration.

Ein weiterer Beitrag ist ein Architektur-Sichtenmodell, abgebildet auf ein sog. C3 (Component-Connector-Container) Meta-Modell (Abschnitt 7.4), das als Ergebnis einer umfassenden Analyse der Architektur-Beschreibungsmöglichkeiten entstanden ist. Unser C3-Meta-Modell beinhaltet zusätzlich zu der statischen und dynamischen Sicht einer System-Architektur auch eine Zuordnungsmöglichkeit zwischen dieser beiden Sichten durch das Konzept der Container. Dieses Meta-Modell ist die Basis für das sog. *Anwendungsmodell*, welches das Grundmodell für den Hauptansatz zur Laufzeit-Rekonfiguration darstellt.

Die Arbeit ist in folgende Teile gegliedert:

Teil I *(Grundlagen)* erläutert die, aus Sicht dieser Arbeit relevanten, Grundlagen und besteht aus drei Kapiteln:

Kapitel 3 *(Komponentenbasierte Softwareentwicklung)* liefert zuerst eine Einleitung in die komponentenbasierte Softwareentwicklung, einen Einblick in die Möglichkeiten zur Komponentenspezifikation und eine kurze Darstellung der aktuellen Komponentenmodelle. Als nächstes wird das Software-Konfigurationsmanagement kurz beschrieben und die Besonderheiten dessen in der komponentenbasierten Softwareentwicklung erläutert. Schließlich werden die Qualitätseigenschaften komponentenbasierter Systeme mit einem besonderen Schwerpunkt auf die Verfügbarkeit und Erreichbarkeit zusammenfassend beschrieben.

1.2 Inhalt und Beitrag

Kapitel 4 (*Software-Architekturbeschreibung*) gibt einen fundierten Einblick in den aktuellen Stand der Software-Architekturbeschreibung, beginnend mit dem ANSI/IEEE Standard. Als nächstes werden verschiedene sichtbasierte Modelle zur System-Architekturbeschreibung und ein Teil der bekanntesten Architekturbeschreibungssprachen zusammenfassend dargestellt. Des Weiteren folgt eine kurze Darstellung der Möglichkeiten zur System-Architekturbeschreibung komponentenbasierter Systeme mit Nutzung der Unified Modeling Language (UML 2). Bezüglich der Verhaltensbeschreibung wird kurz auf Message Sequence Charts und Live Sequence Charts eingegangen. Schließlich werden grundlegende graphentheoretische Konzepte zur Architekturbeschreibung vorgestellt.

Kapitel 5 (*Rekonfiguration komponentenbasierter Softwaresysteme*) definiert die wesentlichen Grundbegriffe und beschreibt die Grundkonzepte der Rekonfiguration komponentenbasierter Systemen. Nach einer Klassifizierung der unterschiedlichen Arten der Rekonfiguration, wird auf die spezifischen Aspekte bzw. Vorgehensweisen zur Rekonfiguration zur Laufzeit eingegangen. Eine detailliertere Diskussion der verwandten Ansätze findet im Kapitel 13 statt.

Teil II (*Erreichbarkeitsoptimierte Rekonfiguration zur Laufzeit*) beschreibt den wissenschaftlichen Beitrag dieser Arbeit und besteht aus vier Kapiteln:

Kapitel 7 (*System-Architekturbeschreibung*) beinhaltet zuerst eine Darstellung der Anforderungen an eine System-Architekturbeschreibung, um eine Laufzeit-Rekonfiguration unterstützen zu können. Des Weiteren werden unsere Component-Connector-Container (C3) Meta-Modell und Sichtmodell vorgestellt. Im Anschluss wird die Modellierung der statischen und dynamischen Sicht detailliert beschrieben. Dadurch definiert dieses Kapitel das sog. *Anwendungsmodell*.

Kapitel 8 (*Optimierung der Erreichbarkeit während der Rekonfiguration*) beschreibt das Konzept zur Optimierung der Erreichbarkeit der Systemdienste während der Rekonfiguration. Zuerst wird ein *Optimierungsmodell* in Form eines **Knapsack-Minimierungsproblems** und die zu berücksichtigenden Parameter vorgestellt. Die Optimierung der Erreichbarkeit wird mit dem sog. *Analysemodell* beschrieben, das die Vorgehensweise bei der Auswertung von auftragsabhängigen und szenariobasierten Laufzeit-Abhängigkeitsgraphen und Berücksichtigung zusätzlicher Faktoren, wie z.B. vertraglich geregelter Reparaturzeiten, Dauer und Dringlichkeit der Rekonfiguration darstellt.

Kapitel 9 *(Transaktionale Rekonfiguration zur Laufzeit)* beschreibt das sog. *Rekonfigurationsmodell.* Dieses Modell enthält die Vorgehensweise und Einschränkungen bei der Durchführung einer Rekonfiguration zur Laufzeit. Zuerst werden die Lebenszyklusprotokolle auf Komponenten- und Systemebene beschrieben, die eine wichtige Voraussetzung zur Durchführung der Laufzeit-Rekonfiguration darstellen. Des Weiteren werden die Konzepte zur Sicherung der Konsistenz der Systeme während der Rekonfiguration beschrieben. Anschließend wird die Erweiterung des Deployment-Prozesses zur Gewährleistung der vollen Verfügbarkeit durch das Konzept des transaktionalen Redeployments vorgestellt und mit Einsatz von Computation Tree Logic (CTL) formalisiert. Im letzten Abschnitt dieses Kapitels wird, basierend auf den theoretischen Konzepten, die logische System-Architektur unseres plattformunabhängigen Rekonfigurationsmanagers (PIRMA) vorgestellt.

Teil III *(Evaluation)* beinhaltet die Evaluation sowohl der Machbarkeit des Ansatzes als auch der Optimierung der Erreichbarkeit und gliedert sich in drei Kapitel.

Kapitel 10 *(Java EE-basierte Realisierung und Test von PIRMA)* stellt die prototypische Implementierung von PIRMA für den JBoss Anwendungsserver basierend auf der Java EE Technologie vor. Das System implementiert die Teilkonzepte und integriert sie in ein Gesamtsystem (im Wesentlichen die Systematisierung der Rekonfigurationsaufträge durch XML-Data-Binding und die transaktionale Durchführung der Rekonfiguration zur Laufzeit als Implementierung der J2EE Deployment API). Die Client-Seite ist in Form eines Eclipse Plug-Ins realisiert.

Kapitel 11 *(Java EE-basierte Evaluation der Laufzeit-Rekonfiguration)* stellt die Evaluation des experimentellen Einsatzes der PIRMA-Implementierung vor. Um die Eignung der Java EE Technologie zur Laufzeit-Rekonfiguration zu evaluieren, wurden unterschiedliche, Java EE typische, Rekonfigurationsszenarien getestet und auf einer Originalimplementierung der JBoss und Bea WebLogic Anwendungsserver ausgewertet. Zusätzlich wurde das, in dieser Arbeit implementierte System, in zwei Laborexperimenten auf Funktionstüchtigkeit und in Hinblick auf Auswirkungen der Redeployment-Vorgänge auf die Antwortzeiten der Dienste der rekonfigurierten Anwendung getestet.

Kapitel 12 *(Evaluation der Optimierung der Erreichbarkeit)* stellt die Evaluation der Optimierung der Erreichbarkeit unter Laborbedingungen durch Si-

1.2 Inhalt und Beitrag

mulation von Benutzerverhalten und Analyse von Monitoringdaten einer Web-basierten Java-Anwendung vor. Der Schwerpunkt dabei ist die Bestimmung und Wiedererkennung von minimalen Laufzeit-Abhängigkeitsgraphen.

Kapitel 13 *(Verwandte Ansätze)* klassifiziert die verwandten Ansätze dieser Arbeit und diskutiert deren Vor- und Nachteile gegenüber dem in dieser Arbeit vorgestellten Ansatz.

Teil IV *(Zusammenfassung und Ausblick)* besteht aus zwei Kapiteln.

Kapitel 14 *(Zusammenfassung)* fasst die Ergebnisse und den wissenschaftlichen Beitrag dieser Arbeit zusammen und bewertet ihre praktische Einsetzbarkeit.

Kapitel 15 *(Ausblick)* weist auf Grenzen und mögliche Erweiterungen bzw. Verbesserungen des in dieser Arbeit vorgestellten Ansatzes hin und zeigt verschiedene mögliche weiterführende Forschungsrichtungen auf.

Teil V *(Anhang)* enthält sowohl eine zusammenfassende Beschreibung des Enterprise JavaBeans Kompontentenmodells (Anhang 15.6) und der Java EE Deployment API (Anhang 15.6) als auch eine Auswahl der Test- bzw. Experimentergebnisse der Evaluation (Anhang 15.6 und 15.6).

Teil I

Grundlagen

2 Überblick

Dieser Teil stellt die, für das Verständnis unseres Ansatzes, relevanten Grundlagen vor. Er gliedert sich in folgende Kapitel:

Kapitel 3 *(Komponentenbasierte Softwareentwicklung)* stellt die grundlegenden Konzepte der komponentenbasierten Software- bzw. Systementwicklung vor. Zuerst findet eine Definition und Beschreibung der Begriffe Komponente, komponentenbasierte Systeme und komponentenbasierte Software- bzw. Systementwicklung statt. Komponentenbasierte Systeme zeichnen bestimmte Konzepte aus und sie haben spezifische Eigenschaften. Diese Eigenschaften, wie z.b. die Kapselung der Dienste in Komponenten, die eine eindeutige Spezifikation benötigen, werden ausführlicher beschrieben. Des Weiteren wird auf Modelle, die die Entwicklung komponentenbasierter Systeme unterstützen, genauer eingegangen. Kurz und zusammenfassend werden die Besonderheiten des Konfigurationsmanagements komponentenbasierter Systeme beschrieben. Schließlich werden die Qualitätseigenschaften komponentenbasierter Systeme, mit einem besonderem Schwerpunkt auf die Verfügbarkeit und Erreichbarkeit, beschrieben.

Kapitel 4 *(Software-Architekturbeschreibung)* beinhaltet die Grundlagen der Software-Architekturbeschreibung. Um eine Rekonfiguration eines Systems zur Laufzeit durchführen zu können, ist eine eindeutige Beschreibung dessen Architektur und insbesondere dessen Verhaltens zur Laufzeit zwingend erforderlich. Dieses Kapitel beginnt mit einer kurzen Beschreibung des ANSI/IEEE Standard 1471 (ISO/IEC DIS 25961) und stellt die bekanntesten standpunktbasierten Modelle zur Software-Architekturbeschreibung vor. Des Weiteren werden einige bekannte Architekturbeschreibungssprachen (ADLs) vorgestellt. Dabei fällt die Wahl auf die ADLs, die aus der Sicht des, in dieser Arbeit verfolgten Ansatzes, ausdrucksstark sind. Als nächstes werden standpunktbezogen und zusammenfassend die Notationselemente der Unified Modeling Language (UML) 2 beschrieben. Ein besonderer Fokus wird auf die Modellierung von komponentenbasierten Systemen mit UML gelegt. Schließlich werden, für den Ansatz relevante, graphentheoretische Konzepte zur Architekturbeschreibung vorgestellt.

Kapitel 5 *(Rekonfiguration komponentenbasierter Softwaresysteme)* liefert zuerst eine Definition des Begriffs Rekonfiguration als essentieller Teilprozess der Wartung von Software und stellt dazu eine Klassifikation der verschiedenen Rekonfigurationstypen vor. Anschließend werden die Rekonfiguration zur Laufzeit und ihre spezifischen Konzepte, wie Erhaltung der Konsistenz der Systeme und Redeployment Strategien, gesondert und detaillierter beschrieben.

3 Komponentenbasierte Softwareentwicklung

Die Wahrnehmung der „Software-Krise" im Jahre 1968 kann man als Geburtsjahr des Software Engineering betrachten. Diese neue Disziplin versucht, durch ingenieurmäßige Vorgehensweise, Lösungen für die Probleme der Entwicklung von Softwaresystemen zu finden. Als ein Ansatz zur Bewältigung der komplexen Struktur der Systeme entstand die objektorientierte Programmierung. Die Unterteilung der Programme in Objekte führt zwar zur systematischen Strukturierung, was die Erstentwicklung und Wartbarkeit der Systeme erleichtert, bringt allerdings kaum Vorteile bei der Wiederverwendung von Systemteilen bzw. Objekten, weil dies detaillierte Kenntnisse über deren inneren Aufbau erfordert. Außerdem sind Objekte meistens feingranular und abhängig vom Kontext, in dem sie ursprünglich entwickelt wurden, was deren Wiederverwendung sehr aufwändig macht. Um die Wiederverwendung der Systemteile zu ermöglichen, wurde der Begriff *Softwarekomponente* eingeführt. Es gibt unterschiedliche Definitionen einer Softwarekomponente, die im Wesentlichen von der Abstraktionsebene der Sichtbarkeit der Implementierung einer Softwarekomponente abhängig sind. Die grundlegende Idee der komponentenbasierten Softwareentwicklung ist Funktionalitäten zusammenzufassen und zu kapseln. Dabei soll es möglich sein, aus einzelnen Komponenten Softwaresysteme zusammenzusetzen, die flexibel einsetzbar und modifizierbar sind.

3.1 Begriffsdefinition

In der Softwareentwicklung sind die Begriffe *Komponente*, *komponentenbasiertes Softwaresystem* und *komponentenbasierte Software-Systementwicklung* im allgemeinen bekannt. Bei deren Verwendung werden sie jedoch oft sehr unterschiedlich definiert oder nicht klar voneinander abgegrenzt. Gelegentlich werden unterschiedliche Begriffe sogar synonym verwendet. Zum Beispiel kommt es vor, dass ein Objekt mit einer Komponente gleichgesetzt wird, oder es wird nicht unterschieden zwischen der Entwicklung von Softwarekomponenten und der Entwicklung komponentenbasierter Systeme. Um eine Grundlage für das inhaltliche

Verständnis dieser Arbeit zu schaffen, werden die Begriffe Komponente, komponentenbasiertes Softwaresystem und komponentenbasierte Softwareentwicklung in den folgenden Abschnitten genauer erläutert und voneinander abgegrenzt.

3.1.1 Komponente

Der Begriff *Komponente* wird in der Literatur recht vielfältig verwendet und es finden sich eine Reihe verschiedener Definitionen. An dieser Stelle werden drei davon exemplarisch vorgestellt.

Definition 3.1.1 (Komponente nach [Szy02])
A software component is a unit of composition with contractually specified interfaces and explicit context dependencies only. A software component can be deployed independently and is subject to composition by third parties. For the purposes of independent deployment, a component needs to be a binary unit. Technically, a component is a set of atomic components, each of which is a module plus resources.

Definition 3.1.2 (Komponente nach [BBB$^+$00])
A component is (1) an opaque implementation of functionality, (2) subject to third-party composition and (3) conformant with a component model.

Definition 3.1.3 (Komponente nach [HC01])
A software component is a software element that conforms to a component model and can be independently deployed and composed without modification according to a composition standard.

Es existieren also recht unterschiedliche Auffassungen darüber, was eine Komponente ist. Generell lässt sich sagen, dass eine Komponente ein eigenständiges Softwaremodell ist. Ihre wichtigsten Eigenschaften sind die klare *Kapselung von Funktionalität* und Abwicklung der Kommunikation über *fest definierte Schnittstellen*.

Diese Arbeit benutzt die Definition 3.1.1 von Szyperski zur Definition einer *statischen Softwarekomponente* (*static component*) (siehe Abschnitt 7.4). Aus der Sicht einer Rekonfiguration spielen die Kapselung (klare Trennung der Komponente vom Rest des Systems) und die Einsetzbarkeit der Komponente, auch bei einer Veränderung der internen Implementierung, eine entscheidende Rolle.

Abschließend ist eine Unterscheidung zwischen dem Begriff *Komponente* und dem Begriff *Objekt* wichtig, da beides oft in verwandter Weise verwendet wird. Komponenten können zwar in Form von *Klassen* implementiert sein, sie können aber auch eine Menge von Klassen oder gar keine besitzen. Zudem kann eine Komponente selbst aus mehreren Komponenten bestehen (siehe Abschnitt 7.4). Im Gegensatz zu Objekten können Komponenteninstanzen auch ohne einen persistenten

Zustand existieren. Dies ist begründet in der Wiederverwendbarkeit, da die Verwendung und der Einsatz einer Komponente unabhängig von ihrem Zustand sein soll. Während einer Rekonfiguration zur Laufzeit stellt die Existenz eines persistenten Zustands ein, mit bestehenden Komponententechnologien, zum Teil nicht lösbares Problem dar. Dieses Problem wird im Teil III Evaluation detailliert betrachtet. Der Aspekt der Zustandslosigkeit gehört zu den Grundprinzipien einer *dienstorientierten Architektur (Service Oriented Architecture)* [Mel07]. Dienstorientierte Architekturen liegen nicht im Fokus dieser Arbeit und werden deshalb an dieser Stelle nicht detaillierter betrachtet.

3.1.2 Komponentenbasierte Systeme

Ein komponentenbasiertes Softwaresystem besteht aus kommunizierenden Softwarekomponenten. Dabei muss bei der Entwicklung eines komponentenbasierten Systems entschieden werden, ob auf bereits vorhandene Komponenten, sog. *COTS (commercial-off-the-shelf)-Komponenten*, zurückgegriffen werden soll oder eigene Komponenten entwickelt werden sollen. Dementsprechend erfolgt eine Konfrontation mit unterschiedlichen Problem- und Fragestellungen [Szy02], wobei sich verschiedene Vor- und Nachteile gegenüberstehen. Auf der einen Seite sind COTS Komponenten in der Regel billiger und schneller anwendbar, entsprechen jedoch oft nicht dem geforderten Umfang an Funktionalität bzw. die vorhandene Funktionalität ist nur bedingt auf die eigenen Bedürfnisse eingestellt. Eine starke Anpassung an die individuellen Bedürfnisse ist zeit- und kostenintensiv und vermindert den Wiederverwendungswert der Komponente. Eine Eigenentwicklung spezieller Komponenten, auf der anderen Seite, erfordert einen größeren Zeitaufwand und ist meistens kostenintensiver, da entsprechend qualifiziertes Personal eingesetzt werden muss. Bei der Suche nach der passenden Komponente müssen demzufolge mehrere Fragen gestellt werden:

- Wie findet man die richtige Komponente, die bestimmte Anforderungen erfüllt?
- Wie hoch ist der Aufwand in Beschaffung und Anpassung?
- Wie sind die Performance-Eigenschaften bzw. wie hoch sind die Einbußen bei der Einbindung?
- Wie sind die Vertraulichkeit und Sicherheit der Komponente zu beurteilen?
- Wurde die Komponente ausreichend getestet?

Mit diesen Fragestellungen beschäftigt sich die komponentenbasierte Software-Systementwicklung.

3.1.3 Komponentenbasierte Software-Systementwicklung

Eine komponentenbasierte Software-Systementwicklung ist eine Systementwicklung auf Basis von Komponenten und kann die Entwicklung der benötigten Softwarekomponenten beinhalten. Das Entwickeln von Komponenten konzentriert sich grundsätzlich auf die Erstellung von wiederverwertbaren Einheiten. Dabei spielt die Verwendung wohldefinierter, einheitlicher Schnittstellen eine entscheidende Rolle. Des Weiteren sollen die entwickelten Komponenten leicht zu warten und gut anpassbar in Hinblick auf erweiterte Funktionalität sein. Das Hauptaugenmerk bei der Entwicklung komponentenbasierter Software liegt auf dem Wiederverwendungswert, was sich entsprechend in dem Entwicklungsprozess widerspiegelt. Dabei muss entschieden werden, an welchen Stellen Wiederverwendung möglich und sinnvoll ist. Auch sollte es im Entwicklungsprozess möglich sein, bei auftretenden Fehlern, einen vorherigen stabilen Zustand der betroffenen Komponenten wiederherzustellen zu können, um das fehlerfreie, uneingeschränkte Funktionieren aller Komponenten zu gewährleisten. Ziel der komponentenbasierten Software-Systementwicklung ist es, Softwaresysteme sicherer und mit weniger Zeitaufwand zu erstellen, zu erweitern und zu warten. Dabei sollen wiederverwendbare Komponenten entwickelt werden, die einheitlich, universell einsetzbar und variabel in der Anpassung sind [HC01]. Die Berücksichtigung der Kosten [Spa00] spielt in diesem Zusammenhang eine wichtige Rolle, denn die Verwendung bereits vorhandener und getesteter Komponenten kann die System-Entwicklungszeit bedeutend verkürzen und somit auch die Kosten stark senken. Die komponentenbasierte Software-Systementwicklung bringt viele Vorteile, birgt allerdings auch gewisse Probleme in sich.

Vorteile Die Verwendung bereits vorhandener Komponenten verspricht schneller und kosteneffizienter als eine Eigenentwicklung zu sein. Da schon eine Dokumentation und Testdurchläufe vorhanden sind, ist eine solche Komponente oft verlässlicher und demzufolge gut adaptier- und wartbar. Somit sind Kostenersparnisse und Aufwandsreduktionen über den gesamten Lebenszyklus der Komponente zu erwarten. Aber auch eine Steigerung der Zuverlässigkeit der Systeme ist durch die Verwendung von Komponenten möglich. Durch Verwendung von leicht austauschbaren Komponenten kann die Fehleranfälligkeit eines Systems reduziert werden. Der Einsatz von Standardkomponenten ermöglicht eine schnelle und effiziente Anpassung der Systeme an veränderte Kundenanforderungen. Durch dynamisches

Einbinden und Entfernen von Komponenten während der Laufzeit ist es außerdem möglich, die Speicherauslastung zu optimieren. Schließlich rückt der komponentenbasierte Entwicklungsansatz den Anwendungskontext in den Vordergrund, wodurch auch die Unterschiede im Verständnis und der daraus resultierenden Abweichung zwischen der Anforderung an ein Softwaremodul und der Umsetzung dieses Moduls minimiert werden können [And04].

Probleme Obwohl die komponentenbasierte Entwicklung eine Reihe von Vorteilen bringen kann, gibt es grundsätzliche Probleme bei deren praktischer Umsetzung. Die Vetrauenswürdigkeit von Komponenten ist eine wichtige Voraussetzung für deren Einsatz in Softwaresystemen. Wenn die verwendete Komponente nicht sicher und zuverlässig ist, kann deren Verwendung Schäden verursachen [RPS03]. Eine Überprüfung der Funktionalität und Qualitätseigenschaften einer Komponente ist nur eingeschränkt möglich, da die eigentliche Implementierung in der Regel verborgen bleibt und somit auch nur ein beschränktes Wissen über das interne Verhalten dieser Komponente existiert. Letzteres erschwert auch die Verständlichkeit für andere Entwickler, was zu eher skeptischen bzw. ablehnenden Haltung bezüglich Benutzung „fremder" Komponenten führen kann. Ein weiteres Problem ist die Tatsache, dass eine fertige Komponente eher selten direkt einsetzbar ist. Oft müssen Anpassungen an die eigene Anwendungsumgebung und eigene Wünsche vorgenommen werden. Diese Anpassungen können jedoch dann wieder kostenintensiver werden, was die Kostensenkung durch Verwendung von fertigen Komponenten relativiert. Schließlich stellt sich die Frage nach der Granularität der einzelnen Komponenten [Reu01]. Zu „große" Einheiten verschlechtern die Modularisierung und erschweren dadurch die Wartbarkeit bzw. Anpassbarkeit der Systeme. Zu „kleine" Einheiten erzeugen sehr viel Kommunikation über die Schnittstellen und können zu einer verminderten Performance (z.B. Antwortzeiten) führen.

3.2 Komponentenspezifikation

Wie bereits in Abschnitt 3.1.1 festgestellt, sind die wichtigsten Eigenschaften einer Komponente die Kapselung von Funktionalität und Abwicklung der Kommunikation über fest definierte Schnittstellen. Die eigentliche Implementierung der Funktionalität soll dem Benutzer verborgen bleiben. Die Komponente stell eine sog. *Black-Box* dar. Deshalb ist eine Wiederverwendung der Softwarekomponenten bzw. deren Einsatz in unterschiedlichen Systemen, nur möglich, wenn eine Komponente entsprechend ausreichend dokumentiert ist. Dabei können die Funktionalität der angebotenen Dienste, die verwendeten Algorithmen und vor allem die Einbindung, Verwendung und Adaption der Komponente ausführlich beschrieben werden. Die komplette Dokumentation, die Informationen über eine Komponente enthält, wird in einer **Komponentenspezifikation** festgehalten. Diese Spezifikation kann textuell gehalten werden und beinhaltet die funktionalen und nicht-funktionalen Anforderungen, die an die Komponente gestellt werden. Zusätzlich müssen deren Schnittstellen beschrieben werden. Diese enthalten in der Regel eine Beschreibung der angebotenen und benötigten Dienste (**provided und required services**) der Komponente bzw. deren Funktionalität und Abhängigkeiten. Dabei existieren unterschiedliche Schnittstellenmodelle [Reu01]. Hauptsächlich eingesetzt werden sog. syntaktische Spezifikationen. Die bekannten und häufig eingesetzten Komponentenmodelle wie CORBA [Obj06a], COM/DCOM [Mic06] und Enterprise JavaBeans [Sun06b] bieten eigene Notationen zur Beschreibung der Schnittstellen einer Komponente. CORBA verwendet dabei die von der Object Management Group [Obj09b] entwickelte Beschreibungssprache **Interface Description Language (IDL)**, während Enterprise JavaBeans sich der Java Programmiersprache bedient. Neben rein syntaktischen Informationen werden auch semantische Informationen zu den Diensten einer Komponente benötigt. Diese sind zum Beispiel mögliche Fehlercodes oder Einschränkungen in der Aufrufabfolge der Dienste (**Protokolle**). Dabei kann eine Menge von Vor- und Nachbedingungen für jeden Dienst bestimmt werden. Zusätzlich kann auch einem Interface eine Menge von Invarianten zugeordnet werden. Semantische Informationen sind wichtig für die Weiterentwicklung und Wartung einer Komponente, aber auch für eine Adaption oder Austauschbarkeit von Komponenten. Für die Beschreibung von Semantik und insbesondere von Protokollverhalten werden verschiedene Formalismen eingesetzt. Dazu gehören z.B. Prädikatenlogik, Temporale Logik, Petri-Netze, Prozessalgebren, aber auch programmiersprachenähnliche Konstrukte. Auch mit der **Object Constraint Language (OCL)**, als Erweiterung der **Unified Modeling Language (UML)** [Obj09c], ist eine Spezifikation der Semantik möglich. Ein sehr wichtiger Aspekt beim Einsatz von Komponenten ist deren Vertrauenswürdigkeit. Diese kann durch eine Spezifikation von **vertragsbasierte Schnittstellen**, besser bekannt als **design by contract** von [MMS98], erreicht bzw. gesteigert werden. Ein Vertrag bildet dabei die Basis für erfolgreiche Verwendung der Komponente und der Interaktion der Komponenten untereinander. Er legt fest, was der Benutzer tun muss, um diese Schnittstelle nutzen zu können und was der Entwickler implementieren muss, um die Funktionen zur Verfügung zu stellen, die die Schnittstellenbeschreibung verspricht [Szy02]. Ein Vertrag enthält alle globalen Einschränkungen und Bedingungen einer Komponente. Diese werden in Form von Vor- und Nachbedingungen definiert. Zusätzlich können Invarianten aufgeführt werden. Invarianten sind Bedingungen, die zwischen Vor- und

Nachbedingungen angesiedelt sind. Der Benutzer muss also bestimmte Vorbedingungen erfüllen, damit die genutzte Schnittstelle bestimmte Leistungen erbringt, also die Nachbedingung erfüllt. Dabei wird in der Spezifikation häufig ein Tripel der Form *{pre-condition}operation{post-condition}* eingesetzt, welches als *Hoare Triple* bekannt ist [Reu01]. Verträge enthalten neben den Spezifikationen auch Informationen darüber, welche Komponenten benötigt werden. Denn nur die Festlegung von Vor- und Nachbedingungen alleine kann nicht alle Aspekte einer Komponenten oder Schnittstellenspezifikation abdecken. Ein anderer Aspekt ist das Einbinden von nicht-funktionalen Eigenschaften in einen Vertrag, wie z.B. Antwortzeiten, Durchsatz etc. Probleme können entstehen, wenn ein Vertrag geändert werden soll oder muss, zum Beispiel bei einer Versionsänderung. Denn wenn ein Vertrag veröffentlicht oder eingesetzt wird, bindet er den Nutzer und Bereitsteller im Rahmen der Vertragsbedingungen, im Falle von lizenzierter Software auch über einen gewissen Zeitraum. Dabei gibt es verschiedene Lösungsansätze. Es wird oft empfohlen den Vertrag beizubehalten solange er ausreicht, um ein unkompliziertes Verwenden der Komponente zu gewährleisten. Eine andere Möglichkeit wäre den Änderungsvorgang zu stoppen und die Verträge unveränderlich zu machen. Die Änderungen könnten auch durch eigene Zusatzverträge festgehalten werden.

3.3 Komponentenmodelle

Ein Komponentenmodell definiert die Struktur und das Verhalten von Komponenten im System [CHJK02]. Komplexe Web-basierte Softwaresysteme werden heute üblicherweise in einer Multi-Tier Architektur entwickelt, um *separation of concerns* zu gewährleisten. Dabei wird das System in der Regel in drei Ebenen untergliedert: Präsentation, Geschäftslogik und Datenhaltung. Die Geschäftslogik bildet die sog. *Middle-Tier-Component*. Bekannte Komponententechnologien wie CORBA, .NET von Microsoft, Java Enterprise Edition und Enterprise JavaBeans von SUN enthalten neben einer Komponenten- und Architekturspezifikation als Komponentenmodell (CORBA Component Model, (D)COM/COM+ bzw. EJB) auch ein Framework, in dem die Komponenten eingebettet werden können. Deren Entwicklung wurde über die Jahre stark von den Forschungsergebnissen der zahlreichen Wissenschaftler und Doktoranden aus verschiedenen Forschungszentren, sowohl an Universitäten (Brown, CMU, Cambridge, Newcastle, MIT, Vrije, und University of Washington) als auch in der Industrie (APM, AT&T Bell Labs, DEC Systems Research, HP Labs, IBM Research, und Xerox PARC) [EAS08] beeinflusst.

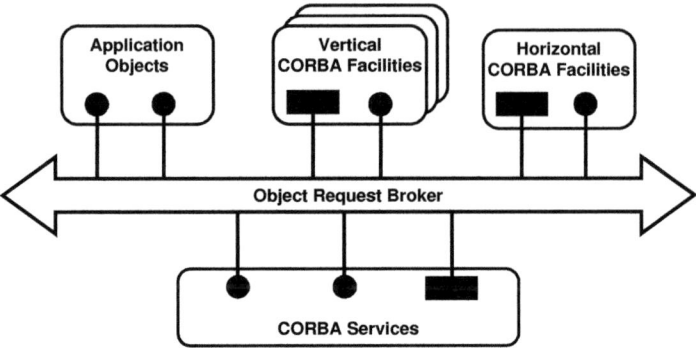

Abbildung 3.1: Object Management Architecture (OMA) [Obj08b]

Neben der kommerziellen Komponententechnologien, gibt es eine Vielfalt von akademischen Komponentenmodellen, die hauptsächlich zu Forschungszwecken eingesetzt werden. In Folgenden wird auf die einzelnen Komponententechnologien bzw. -Modelle zusammenfassend eingegangen.

3.3.1 Die Common Object Request Broker Architecture (CORBA)

CORBA [Obj09a] ist eine von der Object Management Group [Obj09b] erstellte, offene Middleware-Spezifikation für verteilte Applikationen. Die Object Management Group, Inc. (OMG) ist ein im 1989 gegründetes, non-profit Standard-Konsortium der Computer-Industrie, das Spezifikationen für interoperable, portable und wiederverwendbare Unternehmensanwendungen in verteilten, heterogenen Umgebungen konzipiert, erstellt und wartet. Im traditionellen CORBA werden Client Operationen auf verteilten Objekten ermöglicht, unabhängig von Position, Programmiersprache, Betriebssystem, Hardware-Plattform und Kommunikationsprotokollen. Der Object Request Broker regelt die Kommunikation zwischen Clients und verteilten Objekten [Obj08a]. Um wiederverwendbare Komponenten zu unterstützen, wurde der CORBA-Standard in der Version 4.0 um das CORBA Component Model (CCM) erweitert [Obj06a].

3.3 Komponentenmodelle

3.3.1.1 Object Management Architecture (OMA)

Die *Object Management Architecture (OMA)* verkörpert die Vision der OMG für eine komponentenbasierte Software-Umgebung. Sie stellt eine Richtlinie zur Entwicklung von *plug-and-play* Software-Umgebungen basierend auf standardisierten Komponentenschnittstellen und Objekttechnologien dar. In der Abbildung 3.1 ist das Referenzmodell der OMA dargestellt. Es enthält Komponenten, Dienste, Schnittstellen und Protokolle, die im Folgenden näher betrachtet werden.

Object Request Broker Der *Object Request Broker (ORB)* ist die Kernkomponente der CORBA-Architektur. Er ist das Kommunikationsmedium zwischen Client und Server und ermöglicht das Aufrufen von Methoden in einer verteilten Umgebung (siehe Abbildung 3.2). Wenn ein Client eine Methode auf einem entfernten Server aufrufen möchte, hat er die Möglichkeit ein *Dynamic Invocation Interface* oder ein sog. *OMG Interface Definition Language (IDL) stub* zu benutzen. Für bestimmte Funktionen kann der Client auch direkt mit dem ORB interagieren. Der ORB lokalisiert die Implementierung des angeforderten Objekts im Netzwerk. Die Implementierung des Objekts bekommt dann einen Aufruf durch das *skeleton*. Das skeleton kann entweder durch die IDL generiert werden, oder dynamisch erzeugt werden. Die Objektimplementierung kann mit einem Objektadapter oder mit dem ORB, während der Bearbeitung des Aufrufs, kommunizieren. Das Ergebnis des Aufrufs geht wieder über den ORB an den Client zurück. Die Struktur der ORB-Interfaces ist in der Abbildung 3.3 dargestellt. Sollten Sender und Empfänger verschiedene Darstellungen ihrer Daten verwenden, so übernimmt der Object Request Broker die Konvertierung der Daten in das benötigte Format. Der ORB ermöglicht es, dass Objekte, unabhängig von der Plattform und deren Implementierungstechniken, miteinander kommunizieren können. So können Client und Server in verschiedenen Programmiersprachen sowie auf unterschiedlichen Betriebssystemen entwickelt werden.

Weiterhin garantiert der ORB Portabilität und Interoperabilität zwischen Objekten über die Grenzen der heterogenen vernetzten Systeme hinaus. Dadurch ist es möglich in einem Softwaresystem mehrere ORBs unterschiedlicher Hersteller einzusetzen. In diesem Fall wird ein sog. *General Inter-ORB Protokoll (GIOP)* zur Kommunikation zwischen den unterschiedlichen ORBs eingesetzt. Die GIOP-Spezifikation definiert Regeln zur Formatierung von Daten *(Common Data Representation (CDR))* und benutzt diese zur Definition von Meldungstypen, die die ORB-Semantik unterstützen. Die GIOP-Meldungen können prinzipiell über sämtliche Übertragungsprotokolle (TCP/IP, Novell SPX, SNA etc.) versendet werden. Am häufigsten wird dafür das Internet-Standardprotokoll *TCP/IP* benutzt. Eine

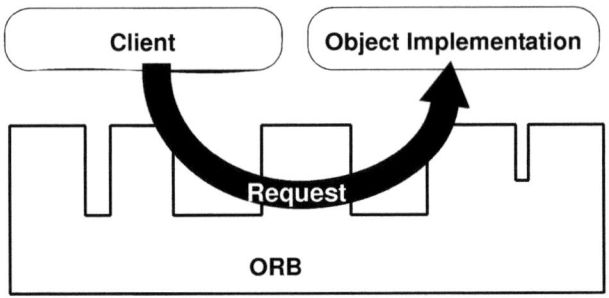

Abbildung 3.2: Aufruf über den Object Request Broker [Obj08a]

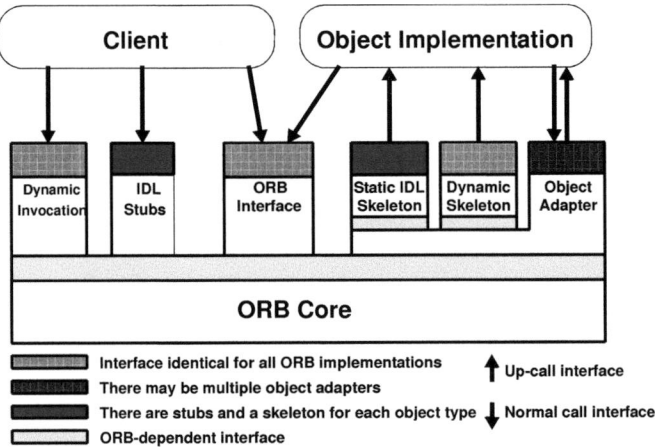

Abbildung 3.3: Struktur der Object Request Interfaces [Obj08a]

TCP/IP-Spezialisierung des GIOP bildet das sog. *IIOP (Internet Inter-ORB Protokoll)*.

CORBA Object Services Die *CORBA Object Services* bieten grundlegende Dienste an, die der ORB benötigt, um seine Aufgaben zu erfüllen. Welche davon jedoch angeboten werden, hängt vom jeweiligen Hersteller und seiner Implementierung ab. Zu den wesentlichen Dienste zählen:

3.3 Komponentenmodelle

- *Naming Service* – Der Namensdienst ist der wichtigste Dienst. Er ist für das Auffinden von Objekten im Netzwerk zuständig und somit vergleichbar mit JNDI in Java.

- *Trading Service* – Der Trading-Dienst ermöglicht es ebenfalls, Objekte zur Laufzeit zu finden. Der Unterschied zum Namensdienst ist, dass hier die Objekte über ihre Eigenschaften und nicht durch einen Namen identifiziert werden.

- *Event Service* – Der Ereignisdienst ermöglicht lose, gekoppelte oder ereignisgesteuerte Kommunikation und behandelt asynchrone Ereignismeldungen zwischen Client und Server.

- *Persistent Object Service* – Der Objekt-Persistenzdienst ermöglicht eine dauerhafte Speicherung von Objektzuständen.

- *Security Service* – Der Sicherheitsdienst behandelt Sicherheitsaspekte in CORBA-Anwendungen.

- *Concurrency Control Service* – Der Nebenläufigkeitsdienst bietet Funktionen zur Behandlung von Threads an.

- *Life Cycle Service* – Der Lebenszyklusdienst verwaltet den Lebenszyklus von Objekten und ist somit zuständig für das Kopieren, Verschieben, Erzeugen und Löschen von Objekten.

- *Relationship Service* – Der Beziehungsdienst ermöglicht eine rollenbasierte Modellierung von Beziehungen zwischen Objekten.

- *Transaction Service* – Der Transaktionsdienst ist für das Abwickeln von Transaktionen zuständig.

Common Facilities Die allgemeinen Dienste bauen auf den Objektdiensten auf und stellen den CORBA-Anwendungen weitaus komplexere Dienste zur Verfügung, die mehrere Applikationen gemeinsam nutzen können. Dazu gehören z.B. infrastrukturelle Dienste, wie Administrationsfunktionen, Druckdienste, E-Mail Dienste und Funktionen für die Dokumentenverwaltung. Diese sind jedoch nicht grundlegend für die Funktion der CORBA-Architektur.

Application Objects Die Applikationsobjekte sind Produkte, die spezielle Aufgaben für die Benutzer durchführen können. Das sind häufig domänenspezifische Lösungen, die nicht zwingend durch die OMG als *domain frameworks* standardisiert sein müssen. Diese stellen Schnittstellen zur Verfügung, die über den ORB Dienste an entfernten Objekten, entweder statisch oder dynamisch, aufrufen können. Eine Applikation wird aus mehreren Basis-Applikationsobjekten gebildet. Durch Modifikation der bestehenden Objektklassen ist es möglich, neue Klassen von Applikationsobjekten zu erzeugen. Diese Vorgehensweise soll zu einer besseren Produktivität der Entwickler führen und den Benutzern eine Möglichkeit zur Konfiguration eigener Applikationen bieten.

Vertical CORBA Facilities / Horizontal CORBA Facilities Die *Vertical CORBA Facilities* stellen Komponenten dar, die geschäftsspezifische Lösungen für besondere Branchen anbieten (z.B. Gesundheitswesen, Finanzwesen, Produktion etc.). Die *Horizontal CORBA Facilities* stehen für Komponenten, die Unterstützung quer durch die Branchen und Unternehmen anbieten. Eine Komponente zur digitalen Anlagenverwaltung könnte ein Beispiel dafür sein.

3.3.1.2 Interface Definition Language (IDL)

Die Interface Definition Language ist die Spezifikationssprache der Schnittstellen der Objekte. Damit ein Server Methoden oder Objekte dem Client zur Verfügung stellen kann, muss der Entwickler eine formale Spezifikation der Schnittstellen (Methodenaufbau und Parameter) erstellen. Diese Spezifikationen werden mit Hilfe der IDL erstellt und repräsentieren die zur Verfügung gestellten Methoden. Die Clients werden jedoch nicht in IDL programmiert, da sie eine rein deskriptive Sprache ist. Zur Implementierung der Clients werden von OMG definierte Mappings zu vielen Programmier- und Skriptsprachen (Java, C/C++, Ada, Lisp, Smalltalk, COBOL, Python etc.) benutzt. Mit Hilfe eines IDL-Compilers können die Schnittstellenbeschreibungen in das Objektmodell der jeweiligen Programmiersprache übersetzt werden. Aus der IDL wird, passend zur benutzten ORB-Implementierung und mit der evtl. sprachspezifischen Einschränkungen, der Quelltext der Schnittstellen generiert.

3.3.1.3 CORBA Component Model (CCM)

Das CORBA Component Model (CCM) ist eine Erweiterung von CORBA, die vergleichbar mit den Enterprise JavaBeans (siehe Abschnitt 3.3.2.3) ist. Das Modell

3.3 Komponentenmodelle

definiert Komponenten, die *basic* und *extended* sein können. Eine basic-CORBA-Komponente kapselt ein CORBA-Objekt als Komponente. Die extended-CORBA-Komponenten können eine komplexere Funktionalität anbieten. Die Komponentenschnittstellen werden in einer Erweiterung der IDL *Component Interface Definition Language (CIDL)* spezifiziert. Eine Komponente besitzt Ports mit denen sie die Interaktion mit der Applikationsumgebung abwickelt. In der aktuellen CCM Spezifikation [Obj06a] sind folgende Ports definiert:

- *Facets* sind eindeutig benannte Schnittstellen, die eine Komponente für die Interaktion mit dem Client anbietet.

- *Receptacles* sind benannte Verbindungspunkte, die einer Komponente ermöglichen über externe Referenzen zu kommunizieren.

- *Event sources* sind benannte Verbindungspunkte, die Ereignisse von einem spezifizierten Typ an einen oder mehrere interessierte Empfänger oder an einen Ereigniskanal aussenden.

- *Event sinks* sind benannte Verbindungspunkte, die Ereignisse von einem spezifizierten Typ empfangen können.

- *Attributes* sind benannte Werte, die primär zu Konfigurationszwecken gedacht sind.

Basic-Komponenten dürfen nur Attribute und keine facets, receptacles, event sources und sinks anbieten, während Extended-Komponenten alle Typen von Ports anbieten können.

Das CCM soll eine Implementierung, Konfiguration, Deployment und Verwaltung von Komponenten, die häufig benutzte CORBA-Dienste wie z.B. Transaktion-, Sicherheits-, Dauerhaftigkeitsdienste in eine Standardumgebung integrieren, ermöglichen. Das Modell soll weiterhin die Wiederverwendbarkeit der Server-Software verbessern und die Flexibilität bei einer dynamischen Konfiguration von CORBA-Anwendungen steigern.

3.3.2 Java Platform Enterprise Edition (Java EE)

„Java Platform, Enterprise Edition (Java EE) is the industry standard for developing portable, robust, scalable and secure server-side Java applications. Building on the solid foundation of Java SE, Java EE provides web services, component model, management, and communications APIs that make it the industry standard for implementing

enterprise class service-oriented architecture (SOA) and Web 2.0 applications" [Sun09c].

Die Java Platform Enteprise Edition [Sun09c] von Sun Microsystems [Sun09g] definiert eine mehrschichtige Standard-Architektur für Java-basierte Unternehmensandwendungen, die verteilte, hochverfügbare, sichere, zuverlässige und skalierbare Dienste anbieten sollen. Dabei sollen die Kosten und die Komplexität bei der Entwicklung von Unternehemensdiensten reduziert werden. Java EE-Applikationen sollen schnell und einfach eingesetzt (*deployed*) und erweitert werden können. Damit sollte es für ein Unternehmen möglich sein, auf schnell wechselnde Anforderungen des Marktes zu reagieren und wettbewerbsfähig zu bleiben.

Die Java EE Spezifikation befindet sich zurzeit in der aktuellen Version 5.0 [Sun06a] aus dem Jahr 2006. Dabei wurde der Name von J2EE (Java 2 Platform, Enterprise Edition) in Java EE (Java Platform, Enterprise Edition) geändert. Somit wurde J2EE 1.5 in Java EE 5 umbenannt.

Die Java EE [Sun06a] beinhaltet folgende Elemente:

- *Java EE Platform*, eine Standard-Plattform für die Ausführung von Java EE Anwendungen

- *Java EE Compatibility Test Suite*, eine Sammlung von Kompatibilitätstests zur Verifikation der Java EE- Produkte gegen den Java EE-Standard

- *Java EE Reference Implementation*, eine Java EE-Referenzimplementierung

- *Java EE BluePrints*, eine Sammlung von Methoden (*best practices*) zur Entwicklung von mehrschichtigen Diensten

3.3.2.1 Java EE-Architektur

Die Java EE Platform benutzt ein Modell einer mehrschichtigen verteilten Unternehmensanwendung. Die Anwendungslogik wird dabei durch Komponenten realisiert, die abhängig von der Funktionalität auf unterschiedliche Schichten verteilt sind. Java EE unterscheidet folgende Komponenten:

- *Präsentationsschicht (Client-Tier)* Komponenten, die auf dem Client ausgeführt werden

- *Web-Schicht (Web-Tier)* Komponenten, die auf dem Java EE Server ausgeführt werden

- *Geschäftsschicht (Business-Tier)* Komponenten, die ebenfalls auf dem Java EE Server ausgeführt werden

3.3 Komponentenmodelle

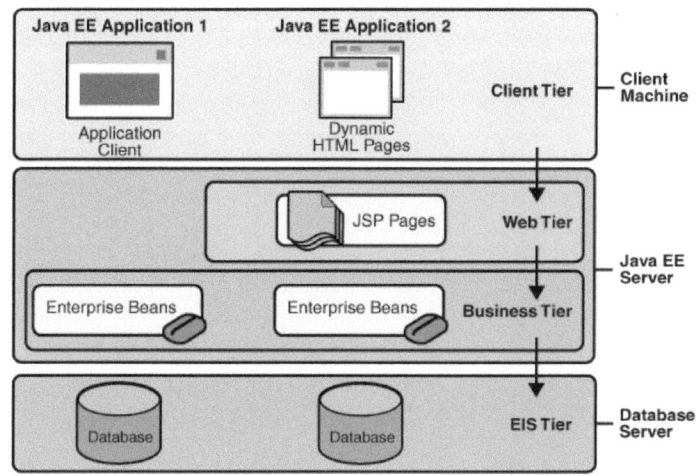

Abbildung 3.4: Mehrschichtige Java EE Anwendungen [Sun06c]

- *Datenbankschicht (Enterprise Information System (EIS)-Tier)* Software, die auf einem EIS Server (z.B. ERP oder Datenbank) ausgeführt wird

In der Abbildung 3.4 sind zwei Java EE-Anwendungen dargestellt. Obwohl eine Java EE-Anwendung drei oder vier Schichten beinhalten kann, handelt es sich prinzipiell um drei-schichtige Anwendungen, weil sie auf drei unterschiedlichen Lokationen verteilt sind: (1) Client-Rechner (*front end*) als **Präsentationsschicht**, (2) Java EE-Server (*middleware*) als **Anwendungsschicht** und (3) Datenbanken oder Legacy-Systeme (*back end* als **Datenbankschicht**).

Es gibt verschiedene Implementierungen für Java EE Server, auch **Anwendungsserver** (*Application Server*) genannt, die ganz oder nur teilweise die vorgegebene Java EE-Spezifikation erfüllen. Bei den proprietären Servern sind Oracle BEA WebLogic [Ora09] und IBM WebSphere [IBM09] sehr verbreitet, bei den frei verfügbaren Servern JBoss [JBo09a] und GlassFish [Sun09a].

Die logische Architektur der Java EE Platform ist in der Abbildung 3.5 dargestellt. Jeder Container ist eine Java EE Laufzeitumgebung für bestimmte Komponenten und stellt verschiedene Dienste, für die darin enthaltenen Komponenten, zur Verfügung (Application-Client-Container als Laufzeitumgebung für Application Clients, Applet-Container für Applets, Web-Container für Servlets und JavaServer Pages (JSP) und EJB-Container für Enterprise JavaBeans).

30   3 Komponentenbasierte Softwareentwicklung

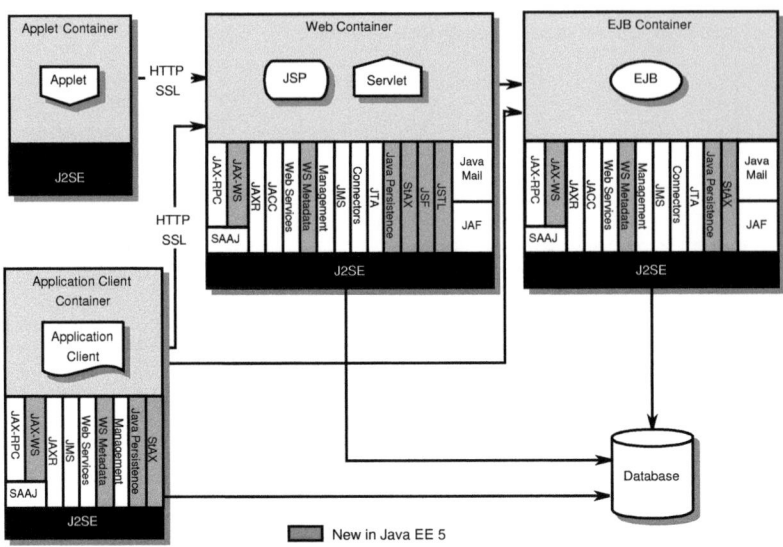

Abbildung 3.5: Java EE Architektur [Sun06a]

3.3.2.2 Java EE Dienste

- *Communication* – Für die Kommunikation unterstützt Java EE mehrere Protokolle, wie HTTP, HTTPS oder RMI-IIOP. Durch die JavaIDL ist eine direkte Anbindung von CORBA-Objekten möglich.

- *Email* – Der E-Mail Dienst ermöglicht es den Komponenten Nachrichten über das Internet zu verschicken und nutzt dazu die Schnittstelle JavaMail API (*application programming interface*).

- *XML Processing* – Der XML-Dienst ermöglicht die Verarbeitung und Transformation von XML-Dokumenten für die Industriestandards SAX, DOM und XSLT unter Nutzung der Java API for XML Processing (JAXP).

- *Transactions* – Der Transaktionsdienst ist für das Abwickeln von Transaktionen zuständig und benutzt die *Java Transaction API (JTA)*.

- *Messaging* – Die *Java Message Service (JMS)* API ist eine Standardschnittstelle, die Unterstützung sowohl für Punkt-zu-Punkt als auch *publish-subscribe* Versendung von Nachrichten bietet.

3.3 Komponentenmodelle

- *Management* – Eine Verwaltung der Java EE Anwendungen wird durch eine eigene *Java Management Extensions (JMX) API*, definiert durch eine separate Spezifikation *Java 2 Platform, Enterprise Edition Management Specification*, ermöglicht.

- *Database* – Die Anbindung an relationale Datenbanken wird durch die JDBC API realisiert.

- *Naming and Directory* – Die *Java Naming and Directory Interface (JNDI)* API ist ein Standard für Namensdienste und Zugriffsdienste auf Verzeichnisse.

- *Security* – Eine Zugriffskontrolle bzw. Authentifizierung der Benutzer wird durch die *Java Authentication and Authorization Service (JAAS)* ermöglicht.

- *Web Services* – Durch mehrere Protokolle bzw. Java Technologien (JAX-WS, JAX-RPC, SOAP / HTTP) ist Unterstützung für Web Services sowohl auf Client- als auch auf Serverseite gegeben.

- *Enterprise Information Systems / Legacy Systems* – Die Konnektor-Architektur der Java EE bietet sog. *resource adapters* als Zugang zur fremden bzw. alten Unternehmenssoftware.

- *Deployment* – Die *Java 2 Platform, Enterprise Edition Deployment Specification* definiert die Vorgehensweise beim Deployment bzw. die Verträge zwischen den Deployment Tools und Java EE Produkten. Sie spielt bei der Evaluation dieser Arbeit eine wichtige Rolle und wird im Kapitel 10 und im Anhang 15.6 detaillierter betrachtet.

Durch die verschiedenen Dienste bzw. Schnittstellen zur Anwendungsprogrammierung (APIs) bietet die Java EE Platform Interoperabilität zu Komponenten, die nicht Teil der Java EE Platform sind, an (z.B. externe Web oder CORBA Services). Die Abbildung 3.6 zeigt die Interoperabilitätsfähigkeiten der Java EE Platform.

3.3.2.3 Java EE Komponenten

Die Java EE Laufzeitumgebung definiert vier Komponententypen, die ein Java EE Produkt unterstützen sollte:

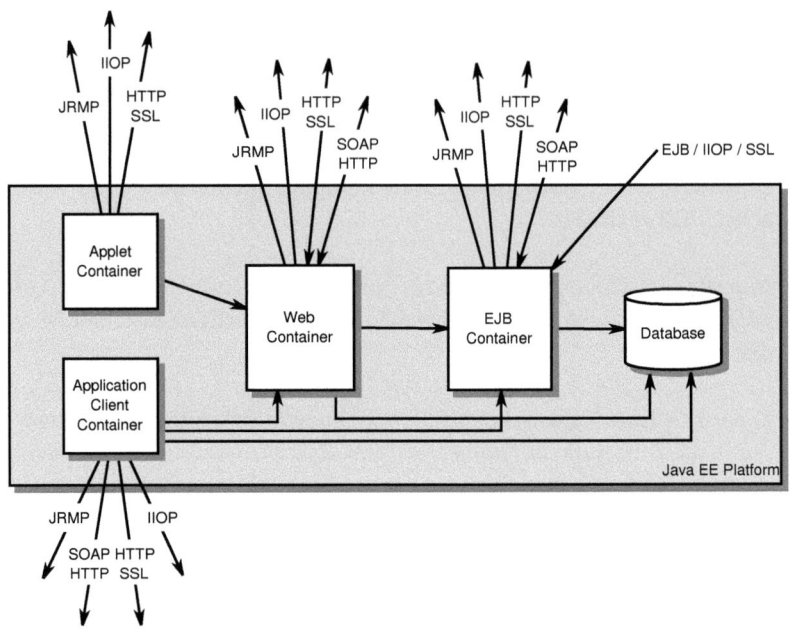

Abbildung 3.6: Java EE Interoperabilität [Sun06a]

Application Clients sind Java-Anwendungen, die auf dem Rechner des Benutzers ausgeführt werden und typischerweise über eine Benutzungsoberfläche verfügen. Diese Anwendungen können mit Nutzung von Web Services, CORBA oder anderen Technologien direkt auf die Geschäftslogik (mittlere Schicht) eines Application Servers oder auf die Daten einer Datenbank zugreifen. Da sie keinen strengen Sicherheitsbestimmungen unterliegen, können diese Anwendungen auch auf Betriebssystemfunktionen sowie auf das Dateisystem zugreifen. Sie werden auch *Client-tier components* genannt.

Applets sind Java-Programme, die in Web-Seiten eingebettet sind und typischerweise in einem Web Browser des Clients ausgeführt werden. Um diese Applets ausführen zu können, muss der Browser über eine *Java Virtual Machine (JVM)* verfügen. Da Applets auf dem Rechner des Anwenders ausgeführt werden, unterliegen sie strengen Sicherheitsbestimmungen. Applets stellen mächtige Benutzungsschnittstellen für Java EE Anwendungen dar. Für die Erstellung von Benut-

3.3 Komponentenmodelle

zungsoberflächen für Applets kann auf die beiden Techniken AWT oder Swing zurückgegriffen werden. Im Gegensatz zu Application Clients, können Applets nicht direkt auf die Geschäftslogik zugreifen, sondern kommunizieren nur mit dem Web-Container. Sie gehören auch der Gruppe der *Client-tier components*.

Servlets, JavaServer Pages, JavaServer Faces applications, filters, web event listeners stellen die Web-Komponenten *Web-tier components* dar. Sie werden im Web-Container (z.B. Tomcat) ausgeführt und können auf HTTP-Anfragen seitens der Web-Clients antworten. Ein Servlet kann aus mehreren Klassen bestehen, die die Anfragen von Browsern entgegennehmen und diese beantworten. Servlets werden eingesetzt, um dynamische Web-Seiten zu erstellen, in denen der Client eine Anfrage stellt und das Servlet mit einer dynamisch generierten HTML-Seite dem Client antwortet. Ein spezieller Servlet-Typ bietet Unterstützung für Web-Services unter Nutzung des SOAP/HTTP Protokolls. JavaServer Pages sind im Gegensatz zu Servlets keine Klassen die Web-Seiten über einen Ausgabestrom erstellen, sondern HTML-Seiten, die Java-Code enthalten. Sie werden vom Web-Server automatisch in Servlets übersetzt.

Enterprise JavaBeans (EJBs) sind serverseitige Komponenten, die in einer transaktionsgesteuerten Laufzeitumgebung ausgeführt werden können. Sie beinhalten die Geschäftslogik einer Java EE Anwendung und repräsentieren die *Business-Tier components*. Nach der Installation (deployment) auf den EJB-Container können diese lokal oder auch über CORBA bzw. Web Services aufgerufen werden. EJBs können auch direkt Web-Services über das SOAP/HTTP-Protokoll anbieten.

> *"The Enterprise JavaBeans architecture is a component architecture for the development and deployment of component-based business applications. Applications written using the Enterprise JavaBeans architecture are scalable, transactional, and multi-user secure. These applications may be written once, and then deployed on any server platform that supports the Enterprise JavaBeans specification"* [Sun06b].

Die Enterprise JavaBeans specification [Sun06b] sieht drei unterschiedliche Beantypen vor, die sich je nach Art noch feingranularer unterteilen lassen. Der Name, der Typ und die Sichtbarkeit einer Bean werden vorab in den Deskriptoren der Anwendung festgelegt und können sich nicht zur Laufzeit ändern. Jeder Beantyp hat einen fest definierten Lebenszyklus, der mögliche Zustände und Zustandsübergänge durch den Aufruf von Methoden bei der Erstellung, Sicherung oder Zerstörung der Beans enthält (siehe Anhang 15.6).

- **Entity Beans** modellieren Objekte aus der realen Welt, die mit bestimmten Daten assoziiert werden (z.b. Kunde, Konto oder Adresse). Sie repräsentieren die persistenten Daten des Systems, die z.b. in einer Datenbank gespeichert und verwaltet werden. Jede Entity Bean bildet dann die Daten in Form eines Datensatzes in einer Datenbank ab und ist demnach eindeutig über einen Primärschlüssel identifizierbar. Entity Beans ermöglichen den Zugriff auf die Daten einer Datenbank, als wären es normale Java-Objekte. Die Transaktionssicherheit wird seitens der Datenbank gewährleistet.

- **Session Beans** Session Beans modellieren Interaktionen und verwalten Prozesse und Aktivitäten des Anwendungssystems. Sie realisieren die Funktionalität bzw. die Logik einer Java-EE-Anwendung. Die Session Beans repräsentieren keine Datenbankinhalte. Sie greifen üblicherweise auf Entity Beans zu, um Vorgänge oder Informationen des Systems in einer Datenbank zu speichern oder aus einer Datenbank zu laden. Eine Session Bean ist den aus der Java Platform Standard Edition (Java SE) bekannten Klassen und Objekten am ähnlichsten. Allerdings, im Gegensatz zur normalen Objekterstellung mit dem new-Operator, wird eine Session Bean vom Container erstellt und verwaltet. Es gibt zwei Arten von Session Beans: zustandslose (*stateless*) und zustandsbehaftete (*stateful*). Zustandslose Session Bean haben keinen Konversationszustand für den Client und können somit zwischen den EJB-Objekten ausgetauscht werden. Eine zustandsbehaftete Session Bean repräsentiert einen bestimmten Client innerhalb des Applikationsservers. Sie führt Aufgaben des Clients aus und verwaltet einen sog. Konversationszustand für diesen Client. Jede zustandsbehaftete Bean wird für ihre gesamte Lebensdauer einem EJB-Objekt zugewiesen und ist somit nicht zwischen den Objekten austauschbar.

- **Message Driven Beans** werden zur asynchronen Kommunikation zwischen Komponenten im System verwendet. Die Sender-Komponente hat somit die Möglichkeit anderen Komponenten Nachrichten zu senden, ohne auf deren Bearbeitung warten zu müssen. Diese Nachrichten müssen nicht zwingend bearbeitet werden, sie können im Container unbearbeitet bleiben, ohne dass das Verhalten der Anwendung eingeschränkt wird.

Die Enterprise JavaBeans spielen bei der Evaluation des in dieser Arbeit vorgestellten Ansatzes eine sehr wichtige Rolle und werden deshalb im Anhang 15.6 detaillierter beschrieben.

3.3.3 Microsoft .NET

„The .NET Framework is Microsoft's comprehensive and consistent programming model for building applications that have visually stunning user experiences, seamless and secure communication, and the ability to model a range of business processes" [Mic08].

Das Microsoft .NET Framework ist eine Komponententechnologie, die die Entwicklung und Ausführung von Anwendungen und XML-Webdiensten der nächsten Generation unterstützt. Das .NET Framework soll eine konsistente, objektorientierte Programmierumgebung bereitstellen, in der Objektcode gespeichert wird. Die Ausführung des Codes kann sowohl lokal als auch verteilt erfolgen. Dabei soll die Ausführungsumgebung Konflikte beim Deployment und Versionskonflikte minimieren. Des Weiteren soll diese eine sichere Ausführung ermöglichen, selbst von Code stammend aus unbekannten bzw. semi-vertrauenswürdigen Quellen. Schließlich sollte diese Ausführungsumgebung Performance-Einbuße beim Einsatz von iterpreter- oder skriptbasierten Umgebungen beseitigen. Ein besonderer Wert wird darauf gelegt, dass die Kommunikation auf Industriestandards aufbaut, um die Integration von Code, der auf .NET Framework basiert, in jeden anderen Code zu gewährleisten. Die Plattform basiert auf dem *Common Language Infrastructure Standard (CLI)* und ist bis jetzt in vollem Umfang nur für Windows Betriebssysteme verfügbar. Es gibt auch Projekte, die daran arbeiten diese Plattform auf Unix Betriebssysteme zu portieren (z.B. das Mono-Projekt [Mon09]).

Das .NET Framework besteht aus zwei Hauptkomponenten: *Common Language Runtime (CLR)* und der .NET Framework-Klassenbibliothek, *Base Class Library (BCL)*.

Common Language Runtime (CLR) Die Common Language Runtime ist eine Laufzeitumgebung für die Ausführung von .NET-Anwendungen, vergleichbar mit der Java Virtual Machine (JVM) von Sun. Sie stellt dem Entwickler außerdem Dienste zur Verfügung, die es erleichtern sprachübergreifende Komponenten zu entwickeln. Eine Programmiersprache ist für .NET geeignet, wenn ein Compiler für diese Sprache existiert, der Code in der Common Intermediate Language (CIL) erzeugen kann. Dieser CIL-Code ist der Zwischencode den die CLR versteht. Die CLR übersetzt daraufhin den Zwischencode mit Hilfe eines *just-in-time* Compilers in Maschinencode und führt diesen anschließend aus. Der auf diese Weise ausgeführte Code wird **managed Code** bezeichnet. Falls eine .NET Anwendung COM-Objekte einbindet, so werden diese als **unmanaged Code** ausgeführt. Die vollständigen Dienste der CLR stehen nur managed Code zur Verfügung. Zu diesen Diensten gehören die Arbeitsspeicherverwaltung und Freigabe nicht mehr benötigter Ressourcen (*Garbage Collection*). Sie erzwingt gleichzeitig strikte Typsicherheit und andere Formen der Codegenauigkeit mit denen Sicherheit und Zuverlässigkeit unterstützt werden. Zusätzlich werden Befehlsaufrufe daraufhin überprüft ob sie im aktuellen Sicherheitskontext erlaubt sind bzw. ob sie gegen Sicherheitsrichtlinien verstoßen. Das Umsetzen von Multithreading und das Verwalten von Ausnahmebehandlungen sind weitere wichtige Aspekte [Mic07].

Base Class Library (BCL) Die andere Hauptkomponente des .NET Frameworks, die Klassenbibliothek, ist eine umfassende, objektorientierte Auflistung wiederverwendbarer Typen (Klassen), die dem Entwickler helfen sollen immer wiederkehrende Probleme einfach und schnell zu lösen. So werden zum Beispiel Klassen mit Funktionen zum Formatieren von Text, Verarbeiten von XML-Dateien, String Management, Datenbank Konnektivität und Dateizugriff angeboten. Das bietet Unterstützung für die Entwicklung vielfältiger Anwendungen, z.b. solcher mit herkömmlicher Befehlszeile oder grafischer Benutzeroberfläche (GUI), bis hin zu Anwendungen, die auf den neuesten Innovationen von ASP.NET, wie bspw. Web Forms und XML-Webdiensten, basieren. Die Klassen in der Klassenbibliothek werden in sog. Namensräume (*namespaces*) unterteilt. Die Klassenbibliotheken können von jeder .NET-fähigen Sprache genutzt werden.

In der Abbildung 3.7 ist die Beziehung der Common Language Runtime und der Klassenbibliothek zu den Anwendungen und dem Gesamtsystem dargestellt.

Weitere wichtige Bestandteile der .NET-Technologie werden im Folgenden zusammengefasst vorgestellt.

Common Language Specification (CLS) Die Common Language Specification wurde entwickelt, damit .NET-Anwendungen, unabhängig von der Sprache der Implementierung, mit den Objekten anderer Sprachen interagieren können. Dazu wurde ein Satz von Sprachfeatures definiert, der von allen .NET Sprachen benutzt werden kann. Beachtung der CLS-Regeln während der Entwicklung ermöglicht eine Benutzung der Bibliotheken von jeder .NET-fähigen Sprache (C#, J#, Delphi.NET und VB.NET). Die meisten Klassen, die mit dem .NET-Framework ausgeliefert werden sind bis auf wenige Ausnahmen CLS-Kompatibel.

Active Server Pages (ASP) .NET Vergleichbar mit den Servlets und Java Server Pages von Sun, wurde für .NET eine serverseitige Technologie entwickelt, die das Erstellen von Web-basierten Anwendungen unterstützt. Die Einbettung der ASP in das .NET-Framework macht es möglich, dass Anwendungen theoretisch in je-

3.3 Komponentenmodelle

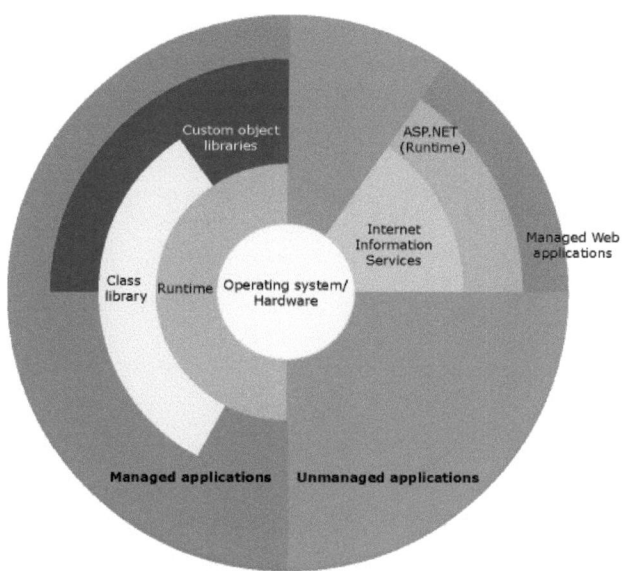

Abbildung 3.7: .NET Framework im Kontext [Mic07]

der .NET-fähigen Sprache entwickelt werden können. Das Problem der Vorgänger ASPs, dass es kaum möglich war, die Präsentation von der Programmlogik der Anwendung voneinander zu trennen, wurde behoben und damit die Entwicklung von komplexeren verteilten Anwendungen erleichtert. ASP.NET-Anwendungen werden auf einem Web-Server ausgeführt. Üblicherweise ist damit der Microsoft Internet Information Service (IIS) gemeint. Bekannt ist auch der XSP-Web-Server des Mono-Projektes [Mon09]. Im Gegensatz zu Skript-Sprachen wie PHP werden ASP.NET-Sprachen nicht interpretiert, sondern mit Hilfe eines Compilers in die CIL übersetzt und anschließend von der CLR ausgeführt. So genannte *Web-Controls* erlauben es bestimmte Teile oder Funktionen einer Web-Anwendung zu kapseln und sie damit für andere Projekte wiederverwendbar zu machen. Des Weiteren bietet ASP.NET fertige Bausteine für viele klassische Aufgaben in der Entwicklung von webbasierten Anwendungen (z.B. Sessionverfolgung, Authentifizierung/Autorisierung und die Darstellung und Bearbeitung von Daten aus Datenbanken) an. Den Entwicklern stehen zusätzlich zu diesen Bausteinen auch alle Klassen und Bibliotheken des .NET-Frameworks zur Verfügung.

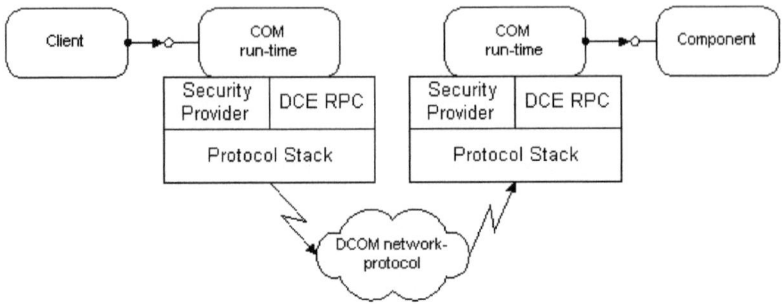

Abbildung 3.8: DCOM Architektur [Mic06]

3.3.3.1 Component Object Model (COM) / Distributed Component Object Model (DCOM)

Das Component Object Model (COM) ist ein Komponentenmodell, das ursprünglich zur komponentenbasierter Softwareentwicklung in Windows-Umgebungen entwickelt wurde.

Eine wichtige Eigenschaft von DCOM ist die Trennung von Implementierungs- und Verteilungsaspekten. Der Source-Code einer Komponente enthält keine Details über das Deployment. Der Client kommuniziert mit der Komponente in der gleichen Art und Weise, ohne Anpassung des Codes, unabhängig vom Einsatzort. Das vereinfacht die Optimierung der Performance von verteilten Anwendungen. Durch Umverteilung von Komponenten und einfache Änderung der Verbindungen zwischen Komponenten, kann eine Lastumverteilung erzielt werden und dadurch die Performance verbessert werden. Danach muss eine Aktualisierung der Registrierung, des Dateisystems und/oder der Datenbank, die die Lokation der Komponente speichern, erfolgen. Eine erneute Übersetzung der Anwendung ist nicht notwendig. Das Redeployment ist dabei jedoch nur bei zustandslosen Komponenten einfach, weil es möglich ist, mehrere Kopien der Instanzen dieser Komponenten auf verschiedenen Maschinen zu halten. Abhängig von der Last kann die eine bzw. andere Instanz aktiviert werden.

Eine weitere wichtige Eigenschaft von DCOM ist die Sprachunabhängigkeit. Theoretisch wäre jede Programmiersprache zur Entwicklung von COM-Komponenten geeignet. Besonders gut geeignet sind dabei z.B. Java, Microsoft Visual C++, Microsoft Visual Basic, Delphi, PowerBuilder und Micro Focus COBOL. DCOM bietet eine Verbindungsverwaltung mit Komponenten-Referenzzählern.

3.3 Komponentenmodelle   39

Bei jedem Verbindungsaufbau vom Client zu einer Komponente wird der Referenzzähler für diese Komponente erhöht. Bei jeder Auflösung der Verbindung wird der entsprechende Zähler heruntergezählt. Eine Komponente ist frei, wenn der Zähler Null erreicht. DCOM verwendet dabei ein *Anklopf-Protokoll (Ping)*, um festzustellen, ob die Clients immer noch aktiv sind. Falls ein Client zum dritten Mal nicht antwortet, wird der Zähler heruntergezählt. Dies stellt eine Art verteilte *Garbage Collection* dar.

3.3.4 Komponentenmodelle in der Forschung

Es gibt eine Vielzahl von Forschungsansätzen, die ein Komponentenmodell definieren und für bestimmte Forschungszwecke einsetzen. Die zusammenfassende Übersicht an dieser Stelle basiert auf den Ergebnissen [RRMP08] des GI-Dagstuhl-Forschungsseminars *CoCoME (Common Component Modeling Example)*, was von 1.-3. August, 2007 in Schloss Dagstuhl, Deutschland stattfand. CoCoME stellt vor, vergleicht und bewertet aktuelle Ansätze zur Modellierung komponentenbasierter Softwaresysteme hinsichtlich einer praktischen Anwendbarkeit. Als Grundlage wurde ein Beispielsystem für ein elektronisches Handelssystem, beschrieben in [Lar04], benutzt. Es enthält eine UML-basierte Beschreibung, eine Referenzimplementierung und Testszenarien. Die Evaluation der verschiedenen Ansätze zeigt, dass jeder von den Komponentenmodellen sowohl gewisse Stärken als auch Schwächen aufweist. Kein Ansatz bietet eine vollständige flächendeckende Modellierungsmöglichkeit eines komponentenbasierten Systems. Des Weiteren ist eine deutliche Diskrepanz zwischen einer exemplarisch erfolgreichen Demonstration der Modellierungsmöglichkeiten und deren praktischen Anwendbarkeit bei allen Ansätzen zu verzeichnen. Letzteres ist auch verständlich, denn diese Ansätze stellen den aktuellen Stand der Forschung dar.

Die Ansätze wurden klassifiziert in vier verschiedenen Gruppen:

Semi-formale Ansätze

Diese Ansätze basieren nicht auf eigene formale semantische Modelle, sondern stellen eine Art UML-Erweiterungen dar. Sie definieren ein eigenes semi-formales Modell und benutzen die informale UML-Semantik. Dazu gehören z.B. KobrA [ABB[+]07] von der Universität Mannheim und Rich Services [DEF[+]07] von der University of California, San Diego.

Formale Ansätze fokussiert auf funktionale Korrektheit

Diese Ansätze bilden die größte Gruppe. Sie definieren ein eigenes formales Modell, was die funktionale Korrektheit der spezifizierten Systeme verifizieren und validieren kann. Um dieses Ziel zu erreichen, bieten diese Ansätze Erweiterungen zur Konsistenzprüfung und Unterstützung zur Simulation bzw. Code-Generierung. Abhängig von der zugrundeliegenen Semantik kann eine weitere Unterteilung in Ansätzen mit (1) Zustandssemantik (rCOS [CHH+07] von der United Nations University in Macao, China, CoIn [ZVB+07] von der Universität Masaryk, Czechien), (2) algebraischer Semantik (Focus/AutoFocus [BFH+07] von der TU München, Java /A [KJH+07] von der Ludwig-Maximilians-Universität München) und (3) Objektsemantik (DisCComp [AHKR07] von der TU Kaiserslautern) gemacht werden.

Formale Ansätze fokussiert auf Verhaltens- und Qualitätseigenschaften

Die Ansätze der dritten Gruppe bieten formale Modelle an, die dem Modellierer eine Analyse, Simulation und Vorhersage der Eigenschaften des zu modellierenden Systems hinsichtlich angefordertem Verhalten oder gewünschter Qualität (Performance oder Zuverlässigkeit) ermöglichen sollen. Dazu gehören z.b. Palladio [KR07] von der Universität Karlsruhe, KLAPER [GMRS07] von der Politecnico di Milano, Italien, Fractal [BBC+07] und SOFA [Pla05, BDH+07] beide entwickelt an der Charles University in Prag, Czechien. Die, in dieser Arbeit zur Modellierung von Laufzeitverhalten auf Komponentenebene als endlicher Automat eingesetzte, Dienst-Effekt-Spezifikation (*service effect specification (SEFF)*) (siehe Abschnitt 7.7.1), ist ein Konzept aus dem Palladio-Modell. Das Palladio-Komponentenmodell ist ein vollständiges Komponentenmodell, das sowohl Komponententypen, Hierarchien, Verhaltensbeschreibung als auch Qualitätseigenschaften (insbesondere Performance-Eigenschaften wie Antwortzeiten, Durchsatz und Ressourcenauslastung) einer Architektur beschreiben kann. Letzteres mit dem Hauptziel eine Voraussage bzw. einen Vergleich der Qualitätseigenschaften verschiedener Architekturvarianten für ein System durchführen zu können und damit eine Optimierung der Entwurfsentscheidungen zu erzielen. Zu dem Modell wurde ein Simulationstool entwickelt, das es ermöglicht, durch unterschiedliche Parameterbelegung unterschiedliche Architekturvarianten mit dem Palladio-Model zu spezifizieren und zu simulieren. Anhand der Ergebnisse der Simulation können Vorhersagen zu den Performance-Eigenschaften der gewählten Varianten gemacht werden [BKR09].

Domänenspezifische Ansätze

Die letzte Gruppe enthält Ansätze, die auf eine bestimmte Domäne zugeschnittene Modelle anbieten (GCM/ProActive [CCH$^+$07], entwickelt an dem Institut INRIA Sophia-Antipolis in Frankreich). Aus diesem Grund sind die dabei eingesetzten Beschreibungstechniken nicht allgemein anwendbar. Hauptziel dieser Ansätze ist das Modell auf die charakteristischen Anforderungen einer bestimmten Domäne zu reduzieren und für diese Domäne spezifische Beschreibungstechniken anzuwenden, um sowohl Prüfung der funktionalen Korrektheit als auch Vorhersage von Qualitätseigenschaften zu ermöglichen.

3.4 Software-Konfigurationsmanagement

„Software Configuration Management is the discipline of managing the evolution of large and complex software systems." [Tic88]

Das Software-Konfigurationsmanagement (SCM) ist ein Wissenschaftszweig, der sich mit der Verwaltung der Entwicklungsdaten von großen und komplexen Softwaresystemen beschäftigt. Mit dem Wachstum der Komplexität der modernen Software steigt die Relevanz des SCM. Die Prioritätenverteilung der Teilbereiche bei der Entwicklung großer Softwaresysteme hat einen neuen Schwerpunkt bekommen. Während in der Anfangszeit der Softwareentwicklung die Modulprogrammierung eine entscheidende Rolle spielte und das SCM hauptsächlich eine Art Verwaltung darstellte, ist bei der komponentenbasierten Softwareentwicklung eine deutliche Schwerpunktverschiebung zu beobachten: die Komponentenprogrammierung gehört zu den immer noch sehr wichtigen „Routineaufgaben" und das SCM wird zum zentralen „Koordinator". Letzteres, weil bei der komponentenbasierten Software-Entwicklung die Entwicklung von Systemen nicht notwendigerweise die Eigenentwicklung einzelner Komponenten voraussetzt. Ganz im Gegenteil, es wird sogar angestrebt, Systeme aus fremdentwickelten wiederverwendbaren Komponenten zu bauen. Dabei sind mehrere Teilaufgaben, von der Planung, über die Versionsverwaltung und dem Änderungsmanagement, bis zur Konfigurationsbildung und Systemkonstruktion, zu beachten [IEE87, Som04]. Die Notwendigkeit das SCM bei komponentenbasierter Entwicklung gesondert zu betrachten, ergibt sich auch aus den Schwierigkeiten, die Evolution von Komponenten und deren Beziehungen untereinander zu verfolgen. Insbesondere bei Aktualisierungen von Softwaresystemen muss darauf geachtet werden, dass alle Komponenten in den richtigen Versionen benutzt werden. Zur Lösung dieser Probleme lassen sich Versionsbezeichnungen und Abhängigkeitsgraphen benutzen, die beim SCM allerdings meist nur in der Entwicklungsphase benutzt werden. Die komponentenbasierte Entwicklung macht es nötig, sie auch zur System-Laufzeit anzuwenden. Eine der wichtigsten Fähigkeiten von Komponenten ist, dass man sie auch zur System-Laufzeit ändern oder austauschen kann. Um dies fehlerfrei zu gewährleisten ist eine Kontrolle der Abhängigkeiten notwendig, da geklärt sein muss, welche anderen Komponenten von einer zu verändernden Komponente abhängen. Diese Abhängigkeiten können automatisch durch einen Analyseprozess erfasst oder in einer Konfigurationsdatei spezifiziert werden. Larsson spricht sich in [Lar01] für ein Spezifikationsinterface aus, was in den Komponenten gekapselt ist und Informationen über die Abhängigkeiten beinhaltet. Aus der Sicht der J2EE Technologie [Sun03b] entspricht dies einem Deployment Deskriptor pro Komponente.

3.5 Qualität komponentenbasierter Systeme

Um eine Vertrauenswürdigkeit zu erreichen, müssen komponentenbasierte Systeme neben der vertragsbasierten Entwicklung und Verwendung von Komponenten zusätzliche Qualitätsanforderungen erfüllen.

Grundlegend für die Definition der Begriffe Qualitätsanforderung und Qualitätseigenschaft ist der Begriff des Qualitätsmerkmals.

Definition 3.5.1 (Qualitätsmerkmal nach [Lig00])
Ein *Qualitätsmerkmal* ist die Eigenschaft einer Funktionseinheit, anhand derer ihre Qualität beschrieben und beurteilt wird, die jedoch keine Aussage über den Grad der Ausprägung enthält.

Ausgehend von dieser Definition lassen sich die Begriffe Qualitätsanforderung und Qualitätseigenschaft nach [Lig08, Gru04]] wie folgt definieren:

Definition 3.5.2 (Qualitätsanforderung)
Eine *Qualitätsanforderung* legt fest, welche Qualitätsmerkmale im konkreten Fall als relevant erachtet werden und in welcher Qualitätsstufe sie erreicht werden sollen.

Definition 3.5.3 (Qualitätseigenschaft)
Eine *Qualitätseigenschaft* beschreibt die Ausprägung des Qualitätsmerkmals eines Systems durch quantifizierte Informationen.

Der ISO/IEC 14598-1 Standard differenziert zwischen Merkmalen, Submerkmalen, Attributen, Metriken und Maßmethoden:

Definition 3.5.4 (Characteristic, Sub-Characteristic nach ISO/IEC 14598-1)
A *characteristic* is a highlevel quality property of a software system which are refined into a set of *sub-characteristics*, which are again refined into quality attributes.

3.5 Qualität komponentenbasierter Systeme

Definition 3.5.5 (Attribute, Metric, Measurement nach ISO/IEC 14598-1)
Quality attributes are detailed quality properties of a software system, that can be measured using a *quality metric*. A metric is a measurement scale combined with a fixed procedure describing how measurement is to be conducted. The application of a quality metric to a specific software-intensive system yields a *measurement*.

Zusammenfassend spezifizieren die Qualitätsanforderungen den Kundenwunsch nach einem geforderten Qualitätsmerkmal und dessen Ausprägung. Die Qualitätseigenschaften beschreiben die tatsächliche Ausprägung der Qualitätsmerkmale im realisierten System. Die Übereinstimmung der Qualitätseigenschaften mit den Qualitätsanforderungen bestimmt somit die Qualität des Systems [Gru04].

Die Qualitätsmerkmale eines Systems können im Wesentlichen in folgende drei Kategorien unterteilt werden: (1) *Verlässlichkeit*, (2) *Leistungsfähigkeit* und (3) *Bedienbarkeit*. Dabei stellen die Verlässlichkeit und Leistungsfähigkeit die technische Sicht der Qualität eines Systems dar. Dagegen stellt die Bedienbarkeit eher die Benutzersicht der Qualitätsanforderungen eines Systems dar. Im Folgenden werden die Verlässlichkeit und Leistungsfähigkeit näher betrachtet, da diese Arbeit sich auf die Systeme im softwaretechnischen Sinne konzentriert.

3.5.1 Verlässlichkeit

Die *Verlässlichkeit* (*dependability*) der Softwaresysteme ist ein Oberbegriff, der mehrere Qualitätsmerkmale einschließt.

Definition 3.5.6 (Verlässlichkeit *(Dependability)* nach [ALRL04])
Dependability (of a computing system) is the ability to deliver service that can be justifiably trusted.

[ALRL04] schließt folgende Qualitätseigenschaften ein:

- *Verfügbarkeit* (*availability*) als Bereitschaft zur Lieferung eines korrekten Dienstes
- *Zuverlässigkeit* (*reliability*) als Fähigkeit zur kontinuierlicher Lieferung eines korrekten Dienstes
- *Sicherheit* (*safety*) als Ausbleiben von katastrophalen Konsequenzen für die Benutzer bzw. die Umwelt
- *Vertraulichkeit* (*confidentiality*) als Ausbleiben von nicht-autorisierten Bekanntgabe von Informationen
- *Integrität* (*integrity*) als Ausbleiben von unzulässigen Zustandsänderungen

- **Wartbarkeit** (*maintainability*) als Fähigkeit sich an veränderten Anforderungen anzupassen bzw. einer Fehlerkorrektur zu unterziehen

3.5.2 Verfügbarkeit

Es existieren zahlreiche Definitionen der **Verfügbarkeit**. An dieser Stelle werden einige, die dem Kontext dieser Arbeit an nächsten entsprechen, ausgewählt und diskutiert.

Avizienis liefert eine allgemeine Definition der Verfügbarkeit als Bereitschaft zur Lieferung eines korrekten Dienstes:

Definition 3.5.7 (Verfügbarkeit *(Availability)* nach [ALRL04])
Availability is a system's readiness for correct service.

Abhängig davon, welche Dauer bzw. Häufigkeit für die Dienstaufrufe betrachtet wird, kann man die Verfügbarkeit unterschiedlich definieren. Trivedi unterscheidet zwischen **Grenzverfügbarkeit** (*limiting availability*), **Intervalverfügbarkeit** (*interval availability*) und **Punktverfügbarkeit** (*point availability*) [Tri02].

Die Grenzverfügbarkeit interessiert sich für den Wert der Bereitschaft eines Dienstes zur Funktion nachdem ausreichend lange Zeit verstrichen ist und das System einen stabilen Zustand (*steady state*) erreicht hat.

Definition 3.5.8 (Grenzverfügbarkeit *(Limiting availability)* [Tri02])
The limiting or steady-state availability (or simply availability) of a component(system) is a limiting value of the point availability when the value of time approaches infinity.

Sie kann nach Trivedi folgendermaßen berechnet werden:

$$A = \frac{MTTF}{MTTF + MTTR} \quad (3.1)$$

Dabei ist *MTTF (Mean Time To Failure)* die mittlere Zeit zwischen den Ausfällen und *MTTR (Mean Time To Repair)* die mittlere Zeit, die zur Reparatur nötig ist. Es ist ersichtlich, dass die Verfügbarkeit durch Verringerung der Reparaturzeiten, positiv beeinflusst werden kann.

Eine ähnliche Definition gibt auch Musa:

Definition 3.5.9 (Verfügbarkeit *(Availability)* nach [Mus04])
The average (over time) probability that a system or a capability of a system is currently functional in a specified environment.

Die **Intervalverfügbarkeit** erfordert keinen stabilen Zustand des Systems, sondern bezieht sich auf einen bestimmten Zeitintervall:

3.5 Qualität komponentenbasierter Systeme

Definition 3.5.10 (Intervalverfügbarkeit *(Interval availability)* nach [Tri02])
The interval (or average) availability is the expected fraction of time a component (system) is up in a given interval.

Schließlich, definiert die **Punktverfügbarkeit** die Bereitschaft eines Dienstes zur Funktion zu einem bestimmten Zeitpunkt t. Es gibt mehrere Definitionen dazu:

Definition 3.5.11 (Punktverfügbarkeit *(Point availability)* nach [Som07])
Probability that a system, at a point in time, will be operational and able to deliver the requested service.

Definition 3.5.12 (Punktverfügbarkeit nach [Lig00])
Verfügbarkeit ist ein Maß für die Fähigkeit einer Betrachtungseinheit, zu einem gegebenen Zeitpunkt funktionstüchtig zu sein.

Definition 3.5.13 (Punktverfügbarkeit *(Point availability)* nach [Tri02])
The instantaneous or point availability of a component (or a system) is the probability that a component (system) is properly functioning at time t.

Dabei bedeutet „properly functioning", dass die Komponente entweder keinen Ausfall hat oder im Fall eines Ausfalls, alle Reparaturaktionen abgeschlossen wurden. Die Punktverfügbarkeit ist also eine Funktion von der Zeit, die aus der Ausfallzeit und der Verteilung der Ausfallzeiten berechnet werden kann.

Die Verfügbarkeit wird in dieser Arbeit analog zu der Punktverfügbarkeit (*point availability*) definiert:

Definition 3.5.14 (Verfügbarkeit)
Verfügbarkeit einer Einheit (Dienst, Komponente oder System) ist die Wahrscheinlichkeit, dass diese Einheit zu einem bestimmten Zeitpunkt t funktionstüchtig ist.

3.5.3 Leistungsfähigkeit und Reaktionsfähigkeit

Der Begriff der Leistungsfähigkeit (*Performance*) wird als die Fähigkeit zur effizienten Erfüllung eines bestimmten Zwecks bzw. zur effizienten Erbringung einer bestimmten Leistung definiert. Bei den Softwaresystemen wird diese Fähigkeit in der Regel im Zusammenhang mit dem Laufzeitverhalten der Systeme definiert. Wie Leistungsfähig ein Dienst ist, kann anhand dessen Antwortzeiten und dessen Ressourcen-Effizienz beurteilt werden. Häufig eingesetzte Metriken sind:

- Die **Antwortzeit** (*response time*) als Dauer der Bearbeitung einer Anfrage.

- Der **Durchsatz** (*throughput*) als Anzahl der bearbeiteten Anfragen während eines bestimmten Zeitintervals.

- Die *Auslastung* (*utilization*) als Prozentanteil der aktiven Zeiten von der Gesamtlaufzeit einer Ressource.

An dieser Stelle wird die Definition von Smith und Williams gewählt:

Definition 3.5.15 (Leistungsfähigkeit *(Performance)* nach [SW02])
Performance is the degree to which a software system or component meets its objectives for timeliness. Thus, performance is any characteristic of a software product that you could, in principle, measure by sitting at the computer with a stop watch in your hand.

Dabei definieren Smith und Williams zwei Hauptmerkmale: die *Reaktionsfähigkeit* (*responsiveness*) und die *Skalierbarkeit* (*scalability*).

Definition 3.5.16 (Reaktionsfähigkeit *(Responsiveness)* nach [SW02])
Responsiveness is the ability of a system to meet its objectives for response time or throughput.

Definition 3.5.17 (Skalierbarkeit *(Scalability)* nach [SW02])
Scalability is the ability of a system to continue its response time or throughput objectives as the demand for the software functions increases.

Manchmal wird der Begriff *Leistungsfähigkeit* (*performance*) mit dem Begriff *Effizienz* (*efficiency*) gleichgestellt. Dieser Begriff ist in dem Qualitätsmodell des ISO 9126-3 Standards als Zusammensetzung von Zeitverhalten (Antwortzeiten, Durchsatz, Reaktionszeiten etc.) und Ressourcen-Auslastung (Speicherauslastung, CPU-Auslastung, I/O-Auslastung etc.) definiert. Wird die Zeit auch als Ressource interpretiert, kann Effizienz und Leistungsfähigkeit synonym verwendet werden.

Für die Zielsetzung dieser Arbeit spielt die Reaktionsfähigkeit eine entscheidende Rolle. Sie wird folgendermaßen definiert:

Definition 3.5.18 (Reaktionsfähigkeit)
Reaktionsfähigkeit einer Einheit (Dienst, Komponente oder System) ist die Wahrscheinlichkeit, dass diese Einheit innerhalb der vertraglich festgelegten Reaktionszeiten antwortet.

3.5.4 Erreichbarkeit

Die *Erreichbarkeit* ist ein Qualitätsmerkmal, das sowohl mit der Verfügbarkeit als auch mit der Leistungsfähigkeit eines Systems / Komponente zusammenhängt. Unsere Definition der Erreichbarkeit lautet:

Definition 3.5.19 (Erreichbarkeit)
Erreichbarkeit einer Einheit (Dienst, Komponente oder System) ist die Wahrscheinlichkeit, dass diese Einheit zu einem Zeitpunkt t sowohl verfügbar als auch reaktionsfähig ist.

3.5 Qualität komponentenbasierter Systeme

Damit ein System voll-erreichbar ist, muss es zu einem bestimmten Zeitpunkt verfügbar und dazu in der Lage sein, alle seine Dienste innerhalb der vertraglich geregelten Reaktions- bzw. Antwortzeiten zu liefern.

Diese Arbeit konzentriert sich auf die Optimierung der Erreichbarkeit komponentenbasierter Systeme während einer Rekonfiguration zur Laufzeit. Es wird die *Hypothese* aufgestellt, dass die Erhaltung einer maximalen Erreichbarkeit während einer Rekonfiguration zur Laufzeit, durch eine Minimierung der Störung verursacht durch die Rekonfiguration, ermöglicht wird.

4 Software-Architekturbeschreibung

Der Begriff *Software-Architektur* stammt aus den 60er Jahren, hat allerdings erst bei der Entwicklung von großen Softwaresystemen in den 90er Jahren entscheidend an Bedeutung gewonnen. Es gibt zahlreiche Definitionen von Software-Architektur. Eine sehr umfassende Definition stellten [BRJ98] vor:

Definition 4.0.20 (Software-Architektur *(Software-Architecture)* **nach [BRJ98])**
An architecture is the set of significant decisions about the organization of a software system, the selection of the structural elements and their interfaces by which the system is composed, together with their behavior as specified in the collaborations among those elements, the composition of these structural and behavioral elements into progressively larger subsystems, and the architectural style that guides this organization, these elements and their interfaces, their collaborations, and their composition.

Angelehnt an den ANSI/IEEE 1471-2000 Standard wird folgende eigene Definition der Software-Architektur [RH08] vorgestellt:

Definition 4.0.21 (Software-Architektur)
Die *Software-Architektur* ist die grundlegende Organisation eines Systems, dargestellt durch dessen Komponenten, deren Beziehungen zueinander und zur Umgebung sowie die Prinzipien, die den Entwurf und die Evolution des Systems bestimmen.

Ein wichtiger Schritt in Richtung einer wissenschaftlichen Erfassung von Software-Architekturen besteht in der Formalisierung derselben. Dies ermöglicht deren exakte Erfassung, Konstruktion, Verifikation und Analyse. Eine Architekturbeschreibungssprache (Architecture Description Language (ADL)) stellt eine Notation zur Modellierung der konzeptionellen Architektur eines Softwaresystems dar [MG06]. Andere Notationen zur Systembeschreibung sind: Module Interconnection Languages (MILs) [PDN89], objektorientierte Notationen und Sprachen (z.B. Unified Modeling Language (UML) [Obj09c]), Programmiersprachen und formale Spezifikationssprachen wie z.B. die Z-Notation [Spi89].

4.1 Der ANSI/IEEE-Standard zur Software-Architekturbeschreibung

Der ISO/IEC DIS 25961 (ANSI/IEEE 1471-2000) Standard [IEE00] definiert einen konzeptionellen Rahmen zur Beschreibung von Architekturen Software-intensiver Systeme. Er definiert die **Architekturbeschreibung** als Sammlung von Produkten (**Modellen**), die eine Systemarchitektur dokumentieren. Sie ist organisiert in eine oder mehreren Sichten. Eine **Sicht** *(view)* beschreibt das ganze System aus der Perspektive miteinander verwandter Anliegen. Sie ist eine kriterienbasierte Abstraktion eines Systems und wird durch die Belange der **Interessenvertreter** *(stakeholder)* des zu beschreibendes Systems festgelegt. Definiert wird eine Sicht durch einen sog. **Standpunkt** *(viewpoint)*, der eine Spezifikation der Konventionen zur Konstruktion und Benutzung darstellt. Dabei sollen die zu einem System gehörenden Sichten konsistent untereinander verbunden werden. Der Standard legt nicht fest, wie dies geschehen soll [GMH06]. Der ISO-Standard definiert selbst keine Standpunkte, sondern verweist auf andere bestehende Standards bzw. auf die zukünftige Entwicklung von Standpunkten, die für bestimmte Anwendungsbereiche oder Organisationen spezifisch sind und auf dem Standard basieren *(library viewpoints)*. Bei der Auswahl der Standpunkte müssen die Interessen aller Projektbeteiligten (zumindest Anwender, Käufer, Entwickler und Wartungsingenieure), die eine Architekturbeschreibung benötigen, berücksichtigt werden (vgl. [CBB[+]03, IEE00]). Des Weiteren müssen die Art und der Detaillierungsgrad der benötigten Informationen bestimmt werden. Diese Vorgehensweise ist empfehlenswert, unabhängig davon, ob für ein Projekt individuelle Standpunkte definiert werden oder ein bestehender Katalog von Standpunkten ausgewählt wird, der bereits die Erfahrungen mit bestimmten Projekttypen und deren Beteiligten berücksichtigt [BGJ[+]06].

Dazu, angelehnt an dem Standard, werden die Definitionen zur Architekturbeschreibung, Sicht und Sichtpunkt aus dem GI-Handbuch der Software-Architektur [RH08], Kapitel [BGJ[+]08] vorgestellt:

Definition 4.1.1 (Architekturbeschreibung)
Eine **Architekturbeschreibung** ist eine Menge von **Modellen** (z.B. textuelle Spezifikationen oder graphische Diagramme wie die UML-Diagramme), die die Software-Architektur dokumentieren.

Definition 4.1.2 (Standpunkt)
Ein **Standpunkt** *(viewpoint)* verkörpert miteinander verwandte Anliegen bzw. Aspekte *(concerns)*, die durch die Interessen der Projektbeteiligten *(stakeholder)* bestimmt werden. Ein Standpunkt legt auch Verfahren zur Modellierung und zugehörige Notationen fest. Er hat also sowohl Einfluss auf die Inhalte der dem Standpunkt entsprechenden Sichten als auch auf die Menge der Modelle einer Architekturbeschreibung.

Definition 4.1.3 (Sicht)
Eine **Sicht** *(view)* beschreibt ein (konkretes) System von einem bestimmten (abstrakten) Standpunkt aus. Die Sichten dienen dabei der Strukturierung einer Architekturbeschreibung, sie enthalten selbst keine Informationen, diese sind in Modellen zu finden.

4.1 Der ANSI/IEEE-Standard zur Software-Architekturbeschreibung

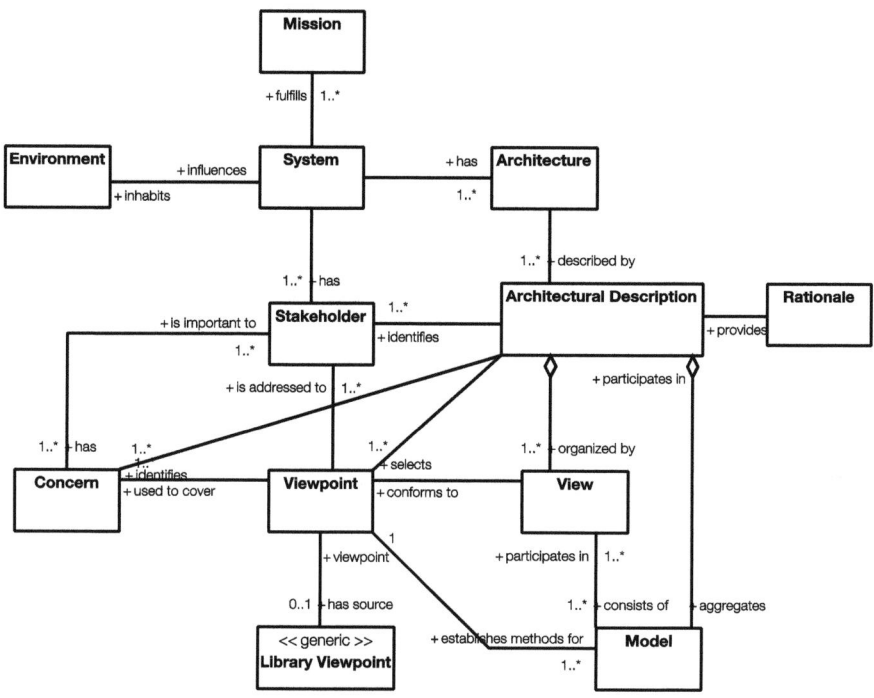

Abbildung 4.1: ANSI/IEEE 1471 Referenzmodell [IEE00]

Zwischen Sichten und Modellen besteht in der Regel eine m-zu-n-Beziehung: Eine Sicht umfasst Informationen, die sich möglicherweise über verschiedene Modelle verteilen; ein Modell kann Informationen enthalten, die verschiedenen Sichten zuzuordnen sind. Das ANSI/IEEE 1471 Referenzmodell ist in der Abbildung 4.1 dargestellt.

Eine wichtige Anforderung an Architekturbeschreibungen ist die **Konsistenz**. Diese umfasst einerseits die Konsistenz der zu einer Architekturbeschreibung gehörenden Sichten unterschiedlicher Standpunkte, andererseits die Konsistenz einer Sicht in verschiedenen Modellen.

4.2 Standpunkt-basierte Modelle zur Software-Architekturbeschreibung

Während eine Sicht sich auf eine konkrete Software-Architekturbeschreibung bezieht, definiert ein Standpunkt die Regeln und Konventionen zur Erstellung eines bestimmten Typs von Sichten. Betrachtet man z.b. die Architektur aus dem Standpunkt der Funktionalität, kann man die Architektur des Systems mit entsprechenden Sichten beschreiben. Falls die Struktur als Standpunkt dient, dann entsteht ein anderes Modell zur Architekturbeschreibung. Es gibt eine Vielfalt von Standpunktbasierten Modellen zur Architekturbeschreibung. Verschiedene Autoren definieren unterschiedliche Sätze von Standpunkten als Grundlage zur Architekturbeschreibung. Im Folgenden werden drei der bekanntesten Ansätze angelehnt an [BGJ+06] kurz vorgestellt.

4.2.1 Das Standpunktmodell von Clements et al.

Bei [CBB+03] werden drei Standpunkte als sog. *view types* definiert.

1. *Modul-Standpunkt (module view type)*, dessen Sichten die strukturelle Zerlegung des Systems in Einheiten der Implementierung beschreiben.

2. *Komponenten-und-Konnektor-Standpunkt (component and connector view type)*, dessen Sichten Komponenten und deren Interaktionen zur Laufzeit beschreiben.

3. *Zuordnungs-Standpunkt (allocation view type)*, dessen Sichten den Zusammenhang zwischen der Software und ihrer Entwicklungs- und Ausführungsumgebung beschreiben.

4.2.2 Das „4+1"-Standpunktmodell von Kruchten

Kruchten [Kru95] wählt in seinem Modell folgende Standpunkte für die Architekturbeschreibung:

1. *Logischer Standpunkt*, dessen Sichten die im System vorkommenden Objekte bzw. Komponenten beschreiben.

2. *Prozess-Standpunkt*, dessen Sichten den Programmablauf durch Prozesse, Threads und Tasks und deren Kommunikation beschreiben.

3. *Physischer Standpunkt*, dessen Sichten die Verteilung *(Deployment)* von Software-Komponenten auf Hardware-Einheiten beschreiben.

4.2 Standpunkt-basierte Modelle zur Software-Architekturbeschreibung

4. *Entwicklungs-Standpunkt*, dessen Sichten die statische Organisation des Software-Systems in der verwendeten Entwicklungsumgebung beschreiben.

Laut Kruchten kann die Beschreibung der Architektur mit Sichten dieser vier Standpunkte durch konkrete Anwendungsfälle illustriert werden. Letzteres bildet die fünfte Sicht („+1") der Architekturbeschreibung.

4.2.3 Das Standpunktmodell von Hofmeister, Nord und Soni

Das Modell von Hofmeister et al. [HNS00] definiert vier Standpunkte:

1. *Konzeptioneller Standpunkt*, dessen Sichten die funktionalen Aspekte des Systems und dessen Modifizierbarkeit beschreiben.

2. *Modul-Standpunkt*, dessen Sichten die Aufteilung der Software in Modulen und ihrer Organisation in Schichten beschreiben.

3. *Ausführungs-Standpunkt*, dessen Sichten die Abbildung der Module auf ausführbare Einheiten, die Kommunikation zwischen ihnen und ihre Zuordnung auf physikalische Einheiten beschreiben.

4. *Quelltext-Standpunkt*, dessen Sichten die Zuordnung von Modulen und Schnittstellen auf Quelldateien und von ausführbaren Einheiten auf ausführbare Dateien beschreiben.

4.2.4 Zusammenfassung

Bei den beschriebenen Standpunktmodellen kann eine gemeinsame Schnittmenge von Standpunkten festgestellt werden. An dieser Stelle wird sie in drei Standpunkten zusammengefasst [MMHRs04]:

1. *Statischer Standpunkt*, dessen Sichten Zerlegungen des betrachteten Systems in Elemente und deren Abhängigkeiten, z.B. in Komponenten und Konnektoren, beschreiben.

2. *Dynamischer Standpunkt*, dessen Sichten das Systemverhalten zur Laufzeit beschreiben. Die Sichten können eine Beschreibung des Verhaltens sowohl der einzelnen Komponenten als auch des gesamten Systems, Definition von Kontrollflüssen im System, zeitliche Zuordnung von Abhängigkeiten und Interaktionen zwischen den Komponenten bzw. Teilsystemen sowie eine Unterscheidung zwischen möglichem und obligatorischem Verhalten beinhalten. Dabei können auch Laufzeitabhängigkeiten zwischen den Komponenten bzw. Teilsystemen beschrieben werden.

3. **Verteilungs-Standpunkt**, dessen Sichten in erster Linie die Abbildung (*Deployment*) bestimmter Elemente aus der strukturellen Sicht auf Infrastruktur- bzw. Hardware-Einheiten (Prozessoren, Netzwerkressourcen, Drucker etc.) beschreiben. Dieser Standpunkt kann sich auch auf die Verteilung auf organisatorische Einheiten (Entwickler, Teams oder externe Hersteller) beziehen.

Diese drei Standpunkte dienen als Grundlage für das Sichtenmodell, definiert zur ausreichenden Beschreibung eines Softwaresystems, um eine erreichbarkeitsoptimierte Rekonfiguration zur Laufzeit zu ermöglichen (siehe Abschnitt 7.3).

4.3 Architekturbeschreibungssprachen

Die ersten Architekturbeschreibungssprachen *(Architecture Description Languages)*, kurz ADLs, wurden in den 90er Jahren entwickelt. Die ADLs setzen unterschiedliche Schwerpunkte abhängig von ihrer Anwendungsdomäne und zielen darauf, die Gemeinsamkeiten der Architekturbeschreibungen zu erhöhen. Dadurch könnten die Kosten der Anwendungsentwicklung für Mitglieder einer Produktfamilie reduziert werden.

Definition 4.3.1 (Architekturbeschreibungssprache nach [BGJ$^+$08])
Eine Architekturbeschreibungssprache ist eine Notation für die formale Beschreibung von Architekturen komplexer Softwaresysteme.

Eine erste Übersicht über ADLs findet sich in [Cle96]. Eine ausführlichere Klassifizierung wird in [MT00] vorgestellt. Komponenten, Konnektoren und Konfigurationen bilden die gemeinsamen Grundelemente von Architekturbeschreibungen in ADLs. Wie in Abschnitt 4.2 gezeigt, existieren unterschiedliche Ansätze zur Darstellung unterschiedlicher Sichten auf ein System. Hierbei können auch gleich oder ähnlich benannte Sichten in verschiedenen Sprachen unterschiedliche Inhalte aufweisen. In den meisten ADLs ist eine Beschreibung des Verhaltens mit Einsatz verschiedener Formalismen als Ergänzung der strukturellen Beschreibung vorgesehen. Jedoch bieten nur wenige der ADLs Techniken zur ausführlichen Beschreibung der Systeme aus den drei Standpunkten aus Abschnitt 4.2.4 an. Im Folgenden wird eine Auswahl der bekannteren und ausdrucksstarken ADLs kurz vorgestellt. Eine Zusammenfassung befindet sich in der Tabelle 4.1.

4.3.1 Darwin

Darwin [MDEK95] wurde am *Imperial College (London, UK)* entwickelt. Darwin ist eine deklarative ADL, die eine operationale Semantik, die auf dem π-Kalkül

4.3 Architekturbeschreibungssprachen

ADL (Ursprung)	Fokus
Darwin (1995)	Modellierung verteilter Systeme mit formal definiertem Verhalten
MetaH/ControlH (1996)	Modellierung und Analyse eingebetteter Systeme
Rapide (1995)	Prototyping großer, verteilter und nebenläufiger (Echtzeit-)Systeme
Wright (1997)	Beschreibung und Analyse von Architekturen und Architekturstilen
Acme (1997)	Austausch von Architekturwissen auf struktureller Ebene
xADL (2001)	Erweiterbare XML-basierte Modellierung von Software-Architekturen

Tabelle 4.1: ADL Überblick [BGJ$^+$08]

[Mil80] basiert, beinhaltet. Dadurch ist sie besonders zur Modellierung verteilter und nebenläufiger Systeme geeignet. Sie bietet sowohl eine grafische als auch eine textuelle Darstellung der Spezifikation. Konzeptionell basiert die Sprache auf einer Trennung zwischen den Bereichen Programmstruktur, Berechnung und Interaktion. Die Programmstruktur beschreibt die Aufteilung des Systems in Komponenten. Berechnungen finden innerhalb von Komponenten statt, Interaktionen zwischen den Komponenten. Ein Darwin-Programm besteht prinzipiell aus lose gekoppelten Komponenten, die zur Erreichung eines gemeinsamen Ziels kooperieren. Eine Komponente kann einfach oder zusammengesetzt sein, was eine hierarchische Beschreibung der Systeme möglich macht. Eine Komponentenbeschreibung beinhaltet angebotene und benötigte Dienste. Die Bindung von angebotenen und benötigten Diensten verschiedener Komponenten ist im Programm beschrieben. Interaktion findet durch den Zugriff einer Komponente auf externe von ihr benötigte Dienste statt.

Das Verhalten einer Komponente wird durch ein endliches beschriftetes Transitionssystem (*Labeled Transition System*, LTS) beschrieben. Dieses wird kompakt in der FSP-Notation (*Finite State Processes*) spezifiziert und kann als Diagramm (*Labeled Transition Diagram*) dargestellt werden. Das Verhalten einer zusammengesetzten Komponente wird vollständig aus dem Verhalten der Basiskomponenten berechnet. Darwin setzt die Analysetechnik *Tracta* [Gia95] ein. Sie gehört zur Klasse der kompositionellen Erreichbarkeitsanalyseverfahren (*Compositional Reachability Analysis*, CRA) und ermöglicht eine Analyse der Sicherheit (Nicht-Erreichbarkeit von Zuständen) bzw. der Erreichbarkeit von Zuständen sowie von Lebendigkeitseigenschaften.

4.3.2 MetaH/ControlH

MetaH und ***ControlH*** [BEJV96] wurden von Honeywell [Int09] entwickelt. Sie bilden zusammen eine domänenspezifische Architekturbeschreibungssprache für eingebettete Software/Hardware-Systeme in der GNC-Domäne *(Guidance, Navigation and Control)*. Eingebettete Systeme haben besondere Anforderungen hinsichtlich Echtzeit, Fehlertoleranz, Zuverlässigkeit, Mehrprozessortechnik und *Secure Partitioning*. Die Sprachen eignen sich zur Beschreibung von Produktfamilien-Architekturen und deren Instanzen unter Berücksichtigung von Gemeinsamkeiten und Variationen. Sie besitzen sowohl eine textuelle als auch eine grafische Notation.

MetaH und ControlH beschreiben komplementäre Sichten auf die Software-Architektur. ControlH ist von der Anwendungsfachdisziplin beeinflusst und MetaH von der Software-Entwicklung. MetaH ist prinzipiell generisch für beliebige Software-Systeme geeignet und ließe sich – ggf. in Kombination mit anderen Sprachen – auch für andere Domänen nutzen.

MetaH ist eher deklarativ als prozedural und soll die Zurückverfolgbarkeit *(traceability)* der Anforderungen ermöglichen. In MetaH werden sowohl elementare Entitäten als auch zusammengesetzte Entitäten spezifiziert. Die elementaren Entitäten werden in der Regel Software-Modulen oder auch Hardware-Komponenten zugeordnet. Zusammengesetzte Entitäten können Prozesse, Modi, Makros, Systeme und Anwendungen sein. Eine Entität besteht aus einer Schnittstellen- und einer Implementierungsspezifikation. Die Schnittstellenspezifikation enthält Ports, Ereignisse *(events)* und Typen, die Implementierungsspezifikation eine oder mehrere Implementierungen. Ein Prozess ist eine zusammengesetzte Entität, die den Ablauf, die Hardware-Zuordnung und die Fehlereingrenzung spezifizieren kann. Ein System kann verschiedene Operationsmodi definieren, in denen verschiedene Prozesse aktiv sind und unterschiedliche Bindungen zwischen Ports und Events bestehen können. Es ist möglich aus einer MetaH/ControlH-Spezifikation ein ausführbares Gesamtsystem zu generieren, was hinsichtlich *Schedulability*, Zuverlässigkeit *(reliability)* und Sicherheit *(security)* analysiert werden kann.

4.3 Architekturbeschreibungssprachen

4.3.3 Rapide

Rapide [LV95] hat ihren Ursprung an der Stanford University. Sie legt den Schwerpunkt auf das *Prototyping* großer, verteilter und nebenläufiger (Echtzeit-)Systeme.

Rapide besteht aus mehreren Teilsprachen: *Type Language, Pattern Language, Architecture Language, Constraint Language* und *Executable Language*. Sie bietet eine klare Trennung zwischen Typ-Komponentenspezifikation *(Interface)* und Implementierung-Komponentenspezifikation *(Module)*. Ein Interface besteht aus mehreren deklarativen Konstrukten: Angebot *(provides)*, Bedarf *(requires)*, Aktion *(action)*, Dienst *(service)*, Verhalten *(behaviour)*, Einschränkung *(constraint)* und Privatschnittstelle *(private)*. Die Angebots- und Bedarfsschnittstellen beinhalten die Namen und Signaturen von angebotenen bzw. benötigten Funktionen, Modulen und Typen. Dadurch werden Abhängigkeiten zwischen Komponenten explizit gemacht. Die Aktionsschnittstelle deklariert Funktionen zum Empfangen bzw. Erzeugen von Ereignissen. Ein Dienst kapselt Funktionen und Aktionen in einer Deklaration. Das Konstrukt *behaviour* enthält eine Beschreibung des Verhaltens einer Komponente durch Zustände und Zustandsübergangsregeln. Ein Modul kann sowohl synchron als auch asynchron mit anderen Modulen kommunizieren. Aus den Typen, *(Interfaces)* über entsprechende Verbindungsregeln *(connection rules)* und mit bestimmten Einschränkungen *(constraints)*, werden Architekturen zusammengesetzt und mit der *Architecture Language* beschrieben. Somit stellt eine zusammengesetzte Komponente eine Instanz einer Architektur dar und wird ebenfalls über ein Interface spezifiziert. Zur Definition von Einschränkungen im Verhalten von Komponenten und Architekturen wird die *Constraint Language* eingesetzt.

Zur Beschreibung von Systemabläufen benutzt Rapide partiell geordnete Mengen von Ereignissen (POSETS) [LVB$^+$93]. Mögliche Ereignismengen werden mit der *Pattern Language* spezifiziert und beschreiben somit das Systemverhalten. Die *Pattern Language* bietet Möglichkeiten, Zeitoperatoren *(timing operators)* als vordefinierte Makros zu modellieren, um die Zeit des Erscheinens bzw. Generierens der Ereignisse innerhalb eines POSETS zu bestimmen. Das Systemverhalten kann durch Simulation analysiert werden. Mit Einsatz der *Executable Language* wird eine Architektur „ausgeführt" und POSETS erzeugt. Die erzeugten POSETS werden mit den festgelegten Ereignismustern *(event patterns)* verglichen und auf Konformität geprüft.

4.3.4 Wright

Die Architekturbeschreibungssprache **Wright** wurde von R. Allen [All97] an der *Carnegie Mellon University, School of Computer Science* entwickelt. Sie hat ein formales, abstraktes Modell des Systemverhaltens als Basis und bietet Spezifikationssprachen zur Beschreibung und Analyse von Software-Architekturen und Architekturstilen.

Wright modelliert explizit Komponenten, Konnektoren und Konfigurationen. Eine Komponente ist eine unabhängige funktionale Einheit, die aus Schnittstelle *(interface)* und Berechnung *(computation)* besteht. Die Schnittstelle beinhaltet eine Anzahl von Ports, die jeweils die möglichen Interaktionen einer Komponente repräsentieren. Die Berechnung enthält die vollständige Spezifikation des Verhaltens einer Komponente. Ein Konnektor ist eine Art Interaktionsmuster zwischen Komponenten. Er besteht aus einer Menge von Rollen *(roles)* und einem „Kleber" *(glue)*. Jede Rolle definiert das Verhalten eines Beteiligten an der Interaktion. Die sog. *glue semantics* stellt das Kommunikationsprotokoll zwischen den Komponenten dar. Wright beschreibt sowohl diese Protokolle als auch das Verhalten der gesamten Architektur mit einer Variante von *Communicating Sequential Processes* (CSP) [Hoa85]. Sowohl Komponenten als auch Konnektoren werden als Prozesse dargestellt und deren Synchronisation wird über entsprechend umbenannte Alphabete [AGD97] spezifiziert. Die Architektur des Gesamtsystems wird als Konfiguration beschrieben. Durch den Einsatz einer formalen Notation wird eine automatische Prüfung der Konsistenz der Architektur möglich. Schließlich ist Wright eine der wenigen ADLs, die eine Definition von Architekturstilen/Systemfamilien unterstützt.

4.3.5 Acme

Acme [GMW97, GMW00] wurde ursprünglich als Austauschsprache entwickelt. Sie sollte ermöglichen, die Ausdrucksmöglichkeiten verschiedener anderer ADLs zu kombinieren. Dieses Ziel wurde jedoch nicht weiter verfolgt, da sich die syntaktische und insbesondere semantische Kombination verschiedener ADLs als schwierig erwiesen hat. Acme selbst stellt nur grundlegende strukturelle Modellierungskonstrukte der statischen Sicht bereit. Durch die Einbettung von Fragmenten in der Syntax anderer ADLs ist es prinzipiell möglich andere Sichten zu modellieren. Die ADL Armani [Mon00] wurde zunächst unabhängig von Acme entwickelt und sollte, basierend auf Prädikatenlogik erster Ordnung, die Möglichkeiten zur deklarativen Formulierung von Architekturregeln aufzeigen. Diese Teilsprache zur Formulierung von Architekturregeln wurde später in die Syntax von Acme integriert.

Komponenten in Acme spezifizieren als Interaktionspunkte Ports, während Konnektoren Rollen hierfür anbieten. Durch Verbinden von Ports und Rollen können Systeme beschrieben werden. Durch Definieren von Repräsentationen *(re-*

presentations) und Repräsentationsabbildungen (*rep-maps*) können hierarchische Systeme modelliert werden. Alle Modellierungselemente können benannte Eigenschaften (*properties*) spezifizieren und dadurch wird die Einbettung anderer ADLs ermöglicht. Acme selbst bietet keine Unterstützung zur Verhaltensbeschreibung von Komponenten und Konnektoren. Eine Spezifikation von dynamischen Strukturänderungen ist ebenfalls nicht möglich.

Dagegen bietet Acme die Möglichkeit für Komponenten, Ports, Konnektoren und Rollen, Typen zu definieren. Durch die Armani-Teilsprache können Einschränkungen bzw. Regeln für die Instanzen dieser Typen sowie für Systeme definiert werden, was die Definition von Architekturstilen unterstützt.

Acme ist die einzige der älteren ADLs, die eine Definition von Architekturstilen explizit unterstützt. Hierfür steht das Familien-Modellierungskonstrukt (*family*) zur Verfügung. Ein Architekturstil beschreibt eine Familie verwandter Architekturen.

4.3.6 xADL

xADL 2.0 [DHT01, DHT05] ist eine XML-basierte ADL. Sie ist aus verschiedenen Vorläufersprachen entstanden, die an der University of California at Irvine entwickelt wurden, hauptsächlich als Erweiterungen zur den Kernsprache xArch. xArch baut auf den Möglichkeiten auf, die XML und XML-Schema bereit stellen, um eine modulare und erweiterbare Architekturbeschreibungssprache zur Verfügung zu stellen. Neben der Kernsprache stehen beispielsweise Module für die Spezifikation von Implementierungsabbildungen und Sicherheitseigenschaften zur Verfügung.

In xADL besitzen sowohl Komponenten als auch Konnektoren Schnittstellen (*interfaces*). Diese werden in Strukturen (*structures*) durch Verbindungen (*links*) miteinander verbunden. Zur Entwurfszeit werden in xADL die Typ- und Strukturebene (Komponententypen und Komponenten) unterschieden, während zur Laufzeit die Instanzebene (Komponenteninstanzen) betrachtet wird. Dabei handelt es sich um ein strukturelles Instanzschema, das keine Beschreibung von Verhalten beinhaltet.

Für die Modellierung von Architekturstilen bzw. -familien gibt es in xADL keine spezifische Unterstützung. Aufgrund der Modularität der Sprache ließe sich jedoch eine Erweiterung für diesen Zweck hinzufügen, ohne die Sprache an sich zu beeinflussen. Da xADL XML-basiert ist, können bereits generische XML-Werkzeuge wie schema-gesteuerte XML-Editoren und -Validatoren vorteilhaft eingesetzt werden.

4.4 Unified Modeling Language (UML)

Die *Unified Modeling Language* (UML) [Obj07, Obj09c] wurde von der Object Management Group (OMG) [Obj09b] entwickelt. Sie ist keine reine Architekturbeschreibungssprache, wird jedoch häufig in der Praxis für die Beschreibung von Software-Architekturen eingesetzt. In der UML 2 wurden neue Diagrammtypen speziell für die Architekturmodellierung eingeführt.

Die UML 2 [Obj07, Obj09d] umfasst 13 Diagrammtypen, sechs Strukturdiagramme (Klassen-, Objekt-, Komponenten-, Paket-, Deployment- und Kompositionsstrukturdiagramm) für die Modellierung der Systemstruktur und sieben Verhaltensdiagramme (Zustands-, Anwendungsfall-, Aktivitäts-, Sequenz-, Timing-, Interaktionsübersichts- und Kommunikationsdiagramm) für die Modellierung des Verhaltens sowohl einzelner Elemente als auch der Interaktion und der Kommunikation der einzelnen Elemente eines Systems untereinander.

Im Folgenden werden die Möglichkeiten zur Darstellung der im Abschnitt 4.2 vorgestellten Standpunkte mit UML 2 diskutiert. Abschließend, im Abschnitt 4.4.4, wird kurz auf die Möglichkeiten zur Modellierung von komponentenbasierten Systemen mit UML 2 eingegangen.

4.4.1 Statischer Standpunkt

Die UML 2 bietet eine breite Unterstützung zur Beschreibung der statischen Aspekte eines Softwaresystems. Auf einer feingranularen Ebene zählen hierzu beispielsweise die Klassendiagramme. Sie sind für die Modellierung der Struktur eines Systems durch Klassen als Teile und Assoziationen als Beziehungen zwischen diesen Teilen. Die Teile können sowohl Programmeinheiten (Klassen) in der Entwurfsphase als auch konzeptionelle Bestandteile des Systems und deren Beziehungen während der Anforderungsermittlung darstellen. Zum Letzteren sind die Kompositionsstrukturdiagramme interessant, weil sie einen relativ abstrakten Blickwinkel auf die interne Struktur von Klassifikationselementen bieten und dadurch deren Interaktionsmöglichkeiten mit anderen Systemteilen abbilden. Dabei spielt die Darstellung der benötigten und angebotenen Schnittstellen der Klassifikationselemente eine entscheidende Rolle. Der statischen Architekturbeschreibung dienen auch die Komponenten- und Paketdiagramme. Die Komponentendiagramme sind für die Darstellung von wiederverwendbaren Softwarekomponenten geeignet. Die Paketdiagramme spielen eher auf Implementierungsebene eine Rolle und beschreiben die Programmstruktur einer Systemarchitektur.

4.4.2 Dynamischer Standpunkt

Für die Darstellung der dynamischen Aspekte einer Software-Architektur bietet UML 2 mehrere Diagrammtypen. Zustandsdiagramme ermöglichen eine Modellierung vom Verhalten sowohl einzelner Komponenten als auch des gesamten Systems betrachtet als Komposition mehrerer Komponenten. Interaktionen zwischen Kommunikationspartnern können mit verschiedenen Arten von Interaktionsdiagrammen dargestellt werden. Das Interaktionsübersichtsdiagramm, eingeführt mit der UML 2, stellt eine zusätzliche, abstrakte Sichtweise auf die Interaktionen mehrerer Komponenten dar und ist zur Darstellung ganzer Systeme geeignet. Das Kommunikationsdiagramm ist zur Modellierung des Informationsflusses einzelner Architekturelemente gut geeignet.

Das Sequenzdiagramm ist das meistverwendete unter den Interaktionsdiagrammen [RHQ+05]. Es stellt den Informationsaustausch zwischen Komponenten innerhalb eines Systems oder zwischen Systemen dar. Die Erweiterung von Sequenzdiagrammen um die Notationselemente aus den Message Sequence Charts [Int04] bietet eine gute Möglichkeit zur Modellierung von festen Reihenfolgen, zeitlichen und logischen Ablaufbedingungen, Schleifen und Nebenläufigkeiten und somit zur Abbildung des dynamischen Standpunkts. Ergänzend dazu wurden mit der UML 2 die Timing-Diagramme eingeführt. Sie bilden die zeitlichen Veränderungen ab und bieten so Möglichkeiten zur Modellierung zeitkritischer Zustands- oder Wertänderungen. Sie spielen insbesondere bei der Modellierung von eingebetteten Systemen eine bedeutende Rolle. Zur Modellierung des dynamischen Standpunkts sind allerdings die Message Sequence Charts [Int04] bzw. Live Sequence Charts [DH01, BDK+04] besser geeignet. Im Folgenden wird kurz auf deren Vorteile eingegangen.

Message Sequence Charts / Live Sequence Charts   Message Sequence Charts (MSC) stellen eine graphische Notation zur Beschreibung von Kommunikationsszenarien dar. Sie sind durch die International Telecommunication Union (ITU) standardisiert. Obwohl, wie bereits erwähnt, die UML 2 Sequenzdiagramme nach dem Vorbild der MSC erweitert wurden und alle relevanten Notationselemente (wie z.B. Schleifen, Bedingungen, Referenzierung, Koregionen etc.) aus den MSC enthalten, haben die MSC jedoch einen wesentlichen Vorteil gegenüber UML 2 Sequenzdiagrammen. Sie besitzen eine vollständige Grammatik, die Prüf- und Simulationsmöglichkeiten bietet. Sie können allerdings nicht zwischen obligatorischem und möglichem Verhalten unterscheiden. Diese Möglichkeit bieten die Live Sequence Charts [DH01, BDK+04] sowohl für das gesamte Chart als auch für bestimmte Elemente wie Nachrichten, Lokationen und Bedingungen. Weiterhin ist es möglich, die gewünschte Aktivierungszeit durch eine Aktivierungsbedingung oder durch eine ganze Kommunikationssequenz *(pre-chart)* zu spezifizieren. Sie besitzen eine formale Semantik ausgedruckt mit Timed Büchi Automata. Das Ziel der Verhaltensmodellierung ist die Zuweisung der LSC-Spezifikation an eine zustandsbasierte Verhaltensbeschreibung des Systems. Jede Instanz I des modellierten Systems S bekommt als Zustandsbeschreibung jeweils zwei Elementmengen: (1) Menge der Variablen $var(I)$ und (2) Menge der Ereignisse $events(I)$, die sie auslösen oder empfangen kann. Ein s.g. Schnappschuss des Systems enthält alle aktuellen Variablenbelegungen $var(S)$ aller Instanzen und alle Ereignisse $event(S)$ zu einem bestimmten Zeitpunkt t. Diese Zustandsbeschreibung stellt eine Grundlage zur Definition der Läufe (*runs*) des Systems dar. Ein Lauf ist eine unendliche Folge an Schnappschüssen des Systems. Der n-te Schnappschuss wird durch $r(n)$ und eine Schnappschusssequenz, die ab dem n-ten Schnappschuss beginnt, mittels r/n angegeben. Alle Läufe des Systems werden mit $runs(S)$ bezeichnet.

Die MSCs bzw. LSCs sind für formale Analysen, Vorhersagen und Model Checking [BBB+04] sehr gut geeignet. Das Problem bei der Anwendung der MSCs bzw. LSCs ist die Voraussetzung einer vollständigen Spezifikation eines Systems, was im Bereich der sicherheits- oder missionskritischen Systeme sicher der Fall ist. Bei Web-basierten Softwaresystemen ist letzteres allerdings eher selten machbar und erwünscht.

4.4.3 Deployment-Standpunkt

Die *Deployment*-Sicht zeigt die Verteilung der Software auf Hardware-Einheiten zur Laufzeit. Sie kann in der UML 2 mit Deployment-Diagrammen modelliert werden. Diese erlauben die Abbildung der Laufzeitumgebung des Systems und beinhalten die benötigten bzw. beteiligten Hardware-Komponenten.

4.4.4 Modellierung von komponentenbasierten Systemen

Wie bereits im Kapitel 3 diskutiert, konzentriert sich die komponentenbasierte Softwareentwicklung auf Entwicklung von Softwaresystemen, die aus kommunizierenden wiederverwendbaren Komponenten bestehen. Die wichtigsten Eigenschaften einer Komponente sind die Kapselung von Funktionalität und Abwicklung der Kommunikation über fest definierte Schnittstellen. Dabei spielt eine Komponentenspezifikation (siehe Abschnitt 3.2) eine zentrale Rolle.

Die UML 2 unterstützt explizit die Modellierung komponentenbasierter Systeme durch die Komponentendiagramme. Das Meta-Modell einer UML 2 Komponente (siehe Abbildung 4.2) zeigt, dass sie eine Spezialisierung von einer

4.4 Unified Modeling Language (UML)

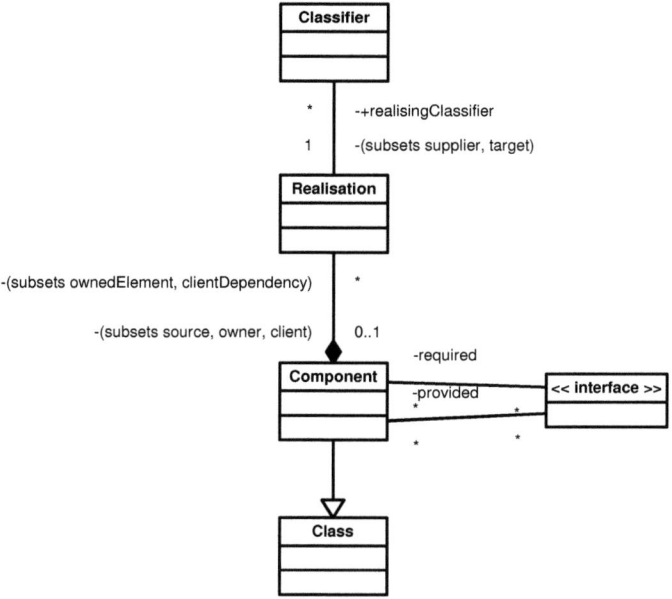

Abbildung 4.2: Meta-Modell einer UML 2 Komponente [Obj09e]

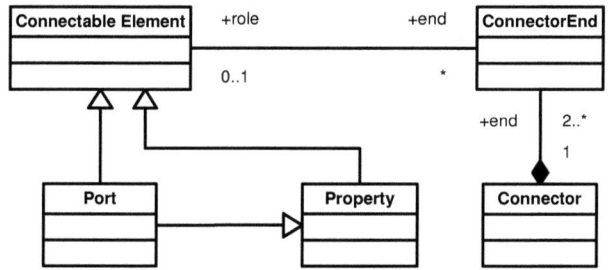

Abbildung 4.3: Meta-Modell eines UML 2 Konnektors [Obj09e]

Klasse darstellt. Somit besitzen Komponenten die dazugehörigen Eigenschaften [RQZ07]: (1) sie dürfen Attribute und Operationen definieren, (2) sie können an Assoziationen teilnehmen, (3) sie können spezialisiert werden und (4) sie können instanziiert werden.

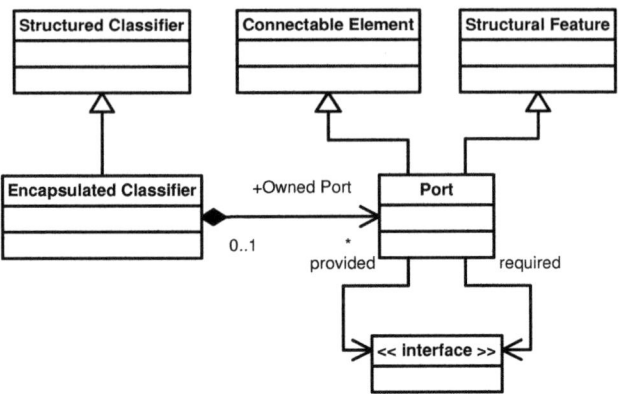

Abbildung 4.4: Meta-Modell eines UML 2 Ports [Obj09e]

Eine Komponente kann sowohl eine Realisierung als auch eine Schnittstelle beinhalten. Die UML 2 unterscheidet dabei auch zwischen den bereitgestellten Schnittstellen (*provided interfaces*), die die Dienste beschreiben, die in einer Komponente implementiert sind, sowie den benötigten Schnittstellen (*required interfaces*), die die Dienste beschreiben, die andere Elemente der Komponente anbieten müssen, damit sie in einer bestimmten Umgebung funktioniert. Des Weiteren bietet die *Object Constraint Language* (OCL) [Obj03] als Erweiterung der UML 2 Konstrukte zur formalen Spezifikation von Einschränkungen und somit zur Verhaltensbeschreibung einer Komponente, bzw. Spezifikation der Semantik.

Damit Instanzen zur Laufzeit miteinander kommunizieren können, werden diese mit Konnektoren verbunden. Die Gruppierung zusammengehöriger Schnittstellen wird durch das so genannte „Port"-Konstrukt ermöglicht. Ein Port verbindet das Innere einer Komponente mit seiner Umgebung, dient also der Interaktion mit anderen Systemteilen. Die OMG-Meta-Modelle eines Konnektors bzw. eines Ports sind in der Abbildung 4.3 bzw. Abbildung 4.4 dargestellt.

4.5 Graphentheoretische Konzepte zur Architekturbeschreibung

Graphen werden in der Regel zur Modellbildung von Systemen, die aus kommunizierenden Objekten bestehen, eingesetzt. Intuitiv werden dabei die Objekte als

4.5 Graphentheoretische Konzepte zur Architekturbeschreibung

Knoten und die Verbindungen (Abhängigkeiten, Kommunikationswege etc.) zwischen den Objekten als Kanten dargestellt. Jedes komponentenbasierte Softwaresystem kann folglich als Graph dargestellt werden.

Diese formale Notation ermöglicht eine Analyse der Systemeigenschaften durch Einsatz von Simulation [Ban00] und/oder Model Checking [BBB+04]. Weiterhin, durch Einsatz von Graphalgorithmen [Tur04, Jun02], können verschiedene Optimierungsprobleme gelöst werden. Ein typisches Beispiel sind Kommunikationsnetze, bei denen eine optimale Erreichbarkeit von Kommunikationsknoten eine entscheidende Rolle spielt. Zur Erhaltung der Funktionsfähigkeit der Maschinen in jedem Produktionsbetrieb ist es notwendig, eine regelmäßige Wartung durchzuführen. Dabei soll die laufende Produktion (häufig 24 Stunden am Tag und 7 Tage in der Woche) möglich wenig beeinträchtigt werden. Dieses Problem wird auch mit Einsatz von Graphalgorithmen behandelt. Schließlich lassen sich zulässige Veränderungen bzw. Dynamik im System durch Graphtransformationen bzw. Graphgrammatiken definieren.

Der in dieser Arbeit vorgestellte Ansatz zur Laufzeit-Rekonfiguration modelliert das laufende System mit sich während der Laufzeit verändernden Abhängigkeiten mit Laufzeit-Abhängigkeitsgraphen, um festzustellen welche Abhängigkeiten zwischen den Teilsystemen bzw. Komponenten vorherrschen bzw. welche Teilsystemen bzw. Komponenten zu welchen Zeitpunkten während der Laufzeit rekonfiguriert werden können. Das Ziel dabei ist es, die Verfügbarkeit und Erreichbarkeit des Gesamtsystems möglichst wenig einzuschränken.

Im Folgenden werden die, in dieser Arbeit eingesetzten, graphentheoretischen Konzepte bzw. Begriffe definiert und erläutert. Dazu werden Definitionen angelehnt an [Die00, Die06, Tur04, Jun02] benutzt.

Definition 4.5.1 (Graph)
Ein **Graph** ist ein Tuppel $G = (V,E)$, wobei V Menge der Knoten (*vertex*) und E Menge der Kanten (*edge*) darstellt. Die Kantenmenge erfüllt folgendes Kriterium: $E \subseteq [V]^2$. Zur Vermeidung von Notationskonflikten soll zusätzlich angenommen werden, dass $V \cap E = \emptyset$.

Ein Graph kann ***ungerichtet*** oder ***gerichtet*** sein.

Definition 4.5.2 (Ungerichteter Graph)
Ein ***ungerichteter Graph*** ist ein Graph, bei dem die Kanten ungerichtet sind.

Definition 4.5.3 (Gerichteter Graph)
Ein ***gerichteter Graph*** oder ***Digraph*** (directed graph) ist ein Graph, der zusätzlich zwei Abbildungen $init : E \rightarrow V$ und $ter : E \rightarrow V$ enthält. Diese ordnen jeder Kante e einen Anfangsknoten (Quellknoten) $init(e)$ (***initial vertex***) und einen Endknoten $ter(e)$ (***terminal vertex***). Die Kante ist dann ***gerichtet*** von $init(e)$ nach $ter(e)$.

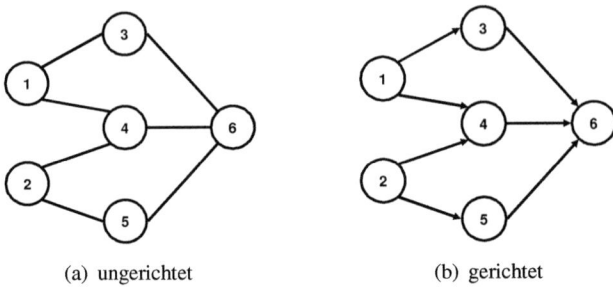

(a) ungerichtet (b) gerichtet

Abbildung 4.5: Darstellung eines Graphs

In der graphischen Darstellung werden die Knoten als Punkte dargestellt. Kanten werden im ungerichteten Fall als Linien, im gerichteten Fall als Pfeile dargestellt [Jun02]. Dabei ist es unwichtig in welcher geometrischen Anordnung die Ecken gezeichnet werden [Tur04].

Beispiel: Der Graph aus Abbildung 4.5(a) beinhaltet:

- Knotenmenge $V = \{1,2,3,4,5,6\}$
- Kantenmenge $E = \{\{1,3\},\{1,4\},\{2,4\},\{2,5\},\{3,6\},\{4,6\},\{5,6\}\}$

Die Anzahl der Knoten in einem Graph bestimmt seinen **Rang** $|G|$.

In der Regel wird von einem Knoten $v \in G$ statt $v \in V(G)$ bzw. einer Kante $e \in G$ statt $e \in E(G)$ gesprochen. Ein Knoten v ist *inzident* mit der Kante e wenn $v \in e$. Jede Kante hat genau zwei inzidente Knoten bzw. Endknoten. Eine Kante $\{x,y\}$ wird in der Regel als xy notiert. Die Menge aller Kanten gebunden an dem Knoten v wird als $E(v)$ notiert.

Zwei Knoten x,y aus $G = (V,E)$ sind *adjazent* bzw. benachbart, wenn die Kante $e = \{x,y\} \in G$.

Zwei Kanten $e \neq f$ aus G sind *adjazent* bzw. benachbart, wenn sie einen gemeinsamen Endknoten besitzen.

Paarweise nicht-adjazente Knoten oder Kanten werden *unabhängig* genannt.

Ein Graph kann mit seiner *Adjazenzmatrix* dargestellt werden. Das ist eine $n \times n$ Matrix, wobei $n = |G|$.

Definition 4.5.4 (Adjazenzmatrix)
Die *Adjazenzmatrix* $A = (a_{ij})_{n \times n}$ eines Graphen G wird folgendermaßen definiert:

$$a_{ij} = \begin{cases} 1 & \text{wenn } v_i \text{ und } v_j \text{ adjazent sind} \\ 0 & \text{sonst} \end{cases} \quad (4.1)$$

4.5 Graphentheoretische Konzepte zur Architekturbeschreibung

Für die Graphen aus der Abbildung 4.5 könnten die Adjazenzmatrizen, dargestellt in der Tabelle 4.2, gebildet werden.

$$A_{undirected} = \begin{pmatrix} 0 & 0 & 1 & 1 & 0 & 0 \\ 0 & 0 & 0 & 1 & 1 & 0 \\ 1 & 0 & 0 & 0 & 0 & 1 \\ 1 & 1 & 0 & 0 & 0 & 1 \\ 0 & 1 & 0 & 0 & 0 & 1 \\ 0 & 0 & 1 & 1 & 1 & 0 \end{pmatrix} \quad A_{directed} = \begin{pmatrix} 0 & 0 & 1 & 1 & 0 & 0 \\ 0 & 0 & 0 & 1 & 1 & 0 \\ 0 & 0 & 0 & 0 & 0 & 1 \\ 0 & 0 & 0 & 0 & 0 & 1 \\ 0 & 0 & 0 & 0 & 0 & 1 \\ 0 & 0 & 0 & 0 & 0 & 0 \end{pmatrix}$$

Tabelle 4.2: Adjazenzmatrix der Graphen aus Abbildung 4.5: (a) ungerichtet, (b) gerichtet

Für einen ungerichteten Graphen (z.B. aus Abbildung 4.5(a)) ist die Adjazenzmatrix symmetrisch. Für einen gerichteten Graphen (z.B. aus Abbildung 4.5(b)) entfallen die symmetrischen Kanten aufgrund der vorhandenen Ausrichtung der Kanten.

Seien $G = (V, E)$ und $G' = (V', E')$ zwei Graphen.

Definition 4.5.5 (Teilgraph)
Der Graph G' ist ein *Teilgraph* (*Subgraph*] von G, wenn $V' \subseteq V$ und $E' \subseteq E$, bzw. $G' \subseteq G$. G ist dann der *Supergraph* von G'.

Nicht formal: G enthält G'. Sollte dabei die Knotenmenge der beiden Graphen identisch sein, wird von einem *spannenden Teilgraphen* (*spanning Subgraph*) gesprochen.

Definition 4.5.6 (Spannender Teilgraph)
Der Graph G' ist ein *spannender Teilgraph* von G, wenn $V' = V$ und $E' \subseteq E$.

Falls der Teilgraph dabei genau aus der Teilmenge der Kanten besteht, deren Knoten in V' liegen, handelt es sich um einen *induzierten Teilgraphen*.

Definition 4.5.7 (Induzierter Teilgraph)
Sei $G = (V, E)$ ein Graph und $V' \subset V$. Dabei ist $E|V'$ die Menge aller Kanten e, deren Knoten beide in V' liegen. Der Graph $(V', E|V')$ wird V' *induzierter Teilgraph* genannt und mit $G|V'$ notiert.

Die Tatsache, dass jeder Laufzeit-Abhängigkeitsgraph als ein Teilgraph bzw. spannender Teilgraph des statischen Abhängigkeitsgraphen eines Systems dargestellt werden kann, spielt bei der Optimierung der Erreichbarkeit in dieser Arbeit eine große Rolle (siehe Abschnitt 8.4).

Sei $G = (V, E)$ ein nicht-leerer Graph. Die Menge der Nachbarknoten des Knotens v wird als $N_G(v)$ oder $N(v)$ notiert. Der **Grad** (*degree*) $d_G(v) = d(v)$ des Knotens v ist die Anzahl $|E(v)|$ von Kanten verbunden mit v, was für normale Graphen (keine **Multigraphen**) gleich der Anzahl der Nachbarknoten von v ist. Ein Knoten mit einem Grad = 0 heißt *isoliert*.

Definition 4.5.8 (Weg)
Ein **Weg** in einem Graphen $G = (V, E)$ ist eine Folge von Knoten $(v_1, v_2, \cdots, v_k) \in V$, wobei für alle $i = (1, \cdots, k-1)$ eine Kante von v_k nach v_{k+1} existiert ($e = kk_{i+1} \in E$). Dabei ist der v_1 der **Anfangsknoten** und v_k der **Endknoten**.

Definition 4.5.9 (Zyklus)
Ein **Weg**, bei dem der **Anfangsknoten** gleich mit dem **Endknoten** ist, ist ein geschlossener Weg und wird **Zyklus** oder **Kreis** genannt.

Definition 4.5.10 (Azyklischer Graph)
Ein Graph, der keine Zyklen enthält, wird *azyklisch* oder *kreisfrei* genannt.

Ein gerichteter Graph kann mehrfache Kanten zwischen zwei Knoten haben und Zyklen beinhalten. Als dessen Einschränkung kann der s.g. *orientierte Graph* definiert werden:

Definition 4.5.11 (Orientierung)
Ein gerichteter Graph D ist eine **Orientierung** eines ungerichteten Graphs G wenn $V(D) = V(G)$, $E(D) = E(G)$ und $\{init(e), ter(e)\} = \{x, y\}$ für jede Kante $e = xy$.

Informal, ein orientierter Graph ist ein azyklischer gerichteter Graph, der keine mehrfachen Kanten enthält (z.B. der Graph aus Abbildung 4.5(b)).

Definition 4.5.12 (Inzidenzmatrix)
Die **Inzidenzmatrix** $I = (i_{jk})_{n \times m}$ eines azyklischen gerichteten Graphen $G = (V, E)$ mit $V = \{v_1, \cdots, v_n\}$ und $E = \{e_1, \cdots, e_m\}$ wird folgendermaßen definiert:

$$i_{jk} = \begin{cases} 1 & \text{wenn } v_j \text{ der Ursprung von } e_k \text{ ist} \\ -1 & \text{wenn } v_j \text{ das Ende von } e_k \text{ ist} \\ 0 & \text{sonst} \end{cases} \quad (4.2)$$

Den Kanten eines Graphs können auch Werte zugeordnet werden. Dann wird von einem *gewichteten Graphen* gesprochen.

Definition 4.5.13 (Gewichteter Graph)
Ein gewichteter Graph ist ein Tripel $G = (V, E, w)$, wobei (V, E) ein (ungerichteter oder gerichteter) Graph ist und $w : E \to \mathbb{R}_0^+$ eine Funktion, die jeder Kante e, ein Gewicht $w(e) \in \mathbb{R}_0^+$ zuordnet.

4.5 Graphentheoretische Konzepte zur Architekturbeschreibung   69

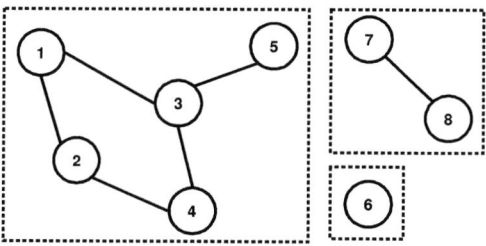

Abbildung 4.6: Graph mit drei Zusammenhangskomponenten

Die **Adjazenzmatrix** $A = (a_{ij})_{n \times n}$ eines gewichteten Graphen G kann mit den entsprechenden Gewichten erweitert werden:

$$a_{ij} = \begin{cases} w_{ij} & \text{wenn } v_i \text{ und } v_j \text{ adjazent sind} \\ 0 & \text{sonst} \end{cases} \quad (4.3)$$

Bei der Analyse des Rekonfigurationsauftrags zur Optimierung der Erreichbarkeit (siehe Abschnitt 8.2) werden zusätzliche graphentheoretische Konzepte (*zusammenhängender Graph, Zusammenhangskomponente, transitive Hülle* und *Erreichbarkeit eines Knotens*) eingesetzt. Diese werden in Folgenden kurz definiert und erläutert.

Definition 4.5.14 (Zusammenhängender Graph)
Ein Graph $G = (V, E)$ heißt *zusammenhängend (connected)*, falls es für jedes Paar von Knoten, $(v_i, v_{i+1}) \in V$ einen Weg von v_i nach v_{i+1} gibt.

Definition 4.5.15 (Zusammenhangskomponente)
Die Knotenmenge V eines ungerichteten Graphen kann in disjunkte Teilmengen $V_1, \cdots, V_k$ zerlegt werden, so dass die von V_i induzierten Teilgraphen zusammenhängend sind. Dazu soll folgende Äquivalenzrelation gebildet werden: $(v_i, v_{i+1}) \in V$ sind äquivalent, falls es einen Weg von v_i nach v_{i+1} gibt. Die von der Äquivalenzklassen dieser Relation induzierten Teilgraphen sind zusammenhängend und werden **Zusammenhangskomponente** genannt.

Ein zusammenhängender Graph besteht also aus nur einer Zusammenhangskomponente. Ein Beispiel eines Graphs mit drei Zusammenhangskomponenten ist in der Abbildung 4.6 dargestellt.

Dieses Konzept spielt eine wichtige Rolle bei der Aufteilung eines Rekongfigurationsauftrags in zusammenhängende Teilaufträge (siehe Abschnitt 8.2).

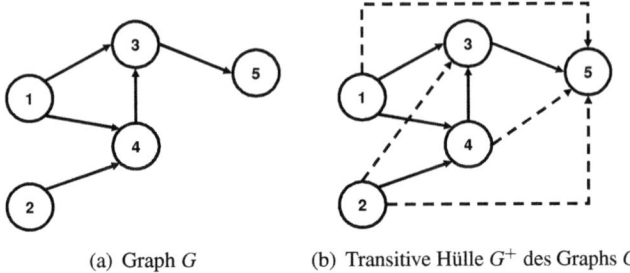

(a) Graph G (b) Transitive Hülle G^+ des Graphs G

Abbildung 4.7: Beispielgraph G und seine transitive Hülle G^+

Definition 4.5.16 (Transitive Hülle)
Die *transitive Hülle* (*transitive Closure*) eines gerichteten Graphs $G = (V, E)$ ist ein gerichteter Graph $G^+ = (V, E^+)$, in dem vom Knoten x zum Knoten y eine Kante $e = (x, y) \in E^+$ existiert, falls in G einen Weg von x nach y existiert, der aus mindestens einer Kante besteht.

In der Abbildung 4.7 sind ein Beispielgraph G und seine transitive Hülle G^+ dargestellt.

Definition 4.5.17 (Transitive Reduktion)
Die *transitive Reduktion* eines gerichteten Graphs $G = (V, E)$ ist ein gerichteter Graph $G_r = (V_r, E_r)$, der die gleiche transitive Hülle wie G hat, aber so wenig Kanten wie möglich. Die transitive Reduktion ist nicht zwingend einmalig.

Durch die Berechnung der transitiven Hülle ist es möglich, indirekte *transitive* Abhängigkeiten zwischen den Knoten (Komponenten im System) festzustellen. Die sog. *single-source transitive closure* als Spezialfall einer *partiellen transitiven Hülle* [Nuu95] zeigt die Abhängigkeiten eines einzelnen Knotens. Dieses spielt eine wichtige Rolle bei der Analyse des Rekonfigurationsauftrags (siehe Abschnitt 8.2).

Die einfachste Vorgehensweise zur Bestimmung der transitiven Hülle ist die Multiplikation der Adjazenzmatrix [Tur04]. Gibt es in einem Graphen G mit n Kanten einen Weg zwischen zwei Knoten, so kann dieser Weg maximal $n - 1$ Kanten enthalten. Ist also der Knoten j vom Knoten i aus erreichbar, dann gibt es eine Zahl $s, 1 \leq s \leq n - 1$, so dass in der s-ten Potenz der Adjazenzmatrix A^s der Eintrag (i, j) nicht 0 ist ($s_{ij} \neq 0$). Aus der Matrix in der Formel 4.4 kann die Adjazenzmatrix A^+ der transitiven Hülle G^+ gebildet werden. Diese Matrix, auch $E(G)$ bezeichnet, wird **Erreichbarkeitsmatrix** genannt (siehe Formel 4.5).

4.5 Graphentheoretische Konzepte zur Architekturbeschreibung

$$S = \sum_{s=1}^{n-1} A^s \qquad (4.4)$$

$$e_{ij} = \begin{cases} 1 & \text{falls } s_{ij} \neq 0 \\ 0 & \text{falls } s_{ij} = 0 \end{cases} \qquad (4.5)$$

Listing 4.1 zeigt den Algorithmus zur Berechnung der transitiven Hülle durch Matrizenmultiplikation in Pascal-ähnlichen Pseudocode.

```
function adjMultiplikation(Graph G) as Matrix
a as Matrix; (* Adjazenzmatrix des gegebenen Graphen *)
s as Matrix; (* Summe der Matrizen *)
e as Matrix; (* Erreichbarkeitsmartix *)
i as Integer; (* Zaehlvariable *)
num as Integer; (* Anzahl Ecken *)
begin
a = adjazenzmatrix(G);
s = a;
num = G.eckenAnz();
for i = 0 to num - 1 do
a = a * a; (* Matrizenmultiplikation *)
s = s + a;
end;
e = boolescheMatrix(s); (* Liefert Erreichbarkeitsmatrix *)
return e; (* aus Matrix s *)
end;
```

Listing 4.1: Berechnung der transitiven Hülle durch Matrizenmultiplikation

Es gibt viele Algorithmen zur Berechnung der transitiven Hülle [Nuu95], die unterschiedliche Komplexität aufweisen. Ein sehr bekannter und weit verbreiteter Algorithmus ist der Floyd-Warshall Algorithmus [Flo62, War62]. Bei dem Algorithmus wird aus einem gegebenen Graphen G die transitive Hülle G^+ konstruiert, indem schrittweise neue Kanten hinzugefügt werden. Im Schritt 0 kommt eine Kante von Knoten i nach Knoten j hinzu, wenn sich ein Weg von i nach j bilden lässt, der über die Ecke 0 führt. Im Schritt 1 kommt eine Kante von i nach j hinzu, wenn sich ein Weg von i nach j bilden lässt, der über die Ecke 1 führt. Dabei werden die neuen Kanten aus Schritt 0 mit berücksichtigt. Dieser Vorgang wird mit jeder Ecke fortgesetzt. Am Ende bekommt man die transitive Hülle G^+ des

Ursprungsgraphen G. Die Komplexität des Floyd-Warshall Algorithmus ist $O(n^3)$. Der Floyd-Warshall Algorithmus ist im Listing 4.2 im Pascal-ähnlichen Pseudocode dargestellt.

```
function transitiveHuelle(Graph G) as Matrix
a as Matrix;
begin
a = adjazenzmatrix (G);
for k = 0 to n−1 do
for jede Ecke i do
for jede Ecke j do
a[i][j]= a[i][j] || a[i][k] && a[k][j];
return a;
end;
```

Listing 4.2: Berechnung der transitiven Huelle mit dem Floyd-Warshall-Algorithmus

5 Rekonfiguration komponentenbasierter Softwaresysteme

Eine Rekonfiguration ist ein essentieller Teilprozess der **Wartung** von Software. Angelehnt an den Internationalen Standard ISO/IEC 14764 IEEE 14764-2006 für Software-Wartung [IEE06] und [AMBD04, Sne08, Win09] kann zwischen vier Typen von Software-Wartung unterschieden werden: (1) *korrektive*, (2) *perfektive*, (3) *adaptive* und (4) *erweiternde (enhancive)* Wartung (siehe Abbildung 5.2). Während die korrektive und die perfektive Wartung *erhaltende Maßnahmen (conserving activities)* wie Fehlerbeseitigung oder Verbesserung der Qualität beinhalten, sind die adaptive und die erweiternde Wartung Teil der *progressiven Wartung (progressive maintenance)* zur Migration der Software in eine andere Umgebung oder Erweiterung der Funktionalität [LST78]. Unabhängig davon, ob es sich dabei um eine erhaltende oder eine progressive Wartung handelt, muss das System verändert bzw. angepasst werden und durchläuft dabei den Prozess einer Rekonfiguration.

5.1 Der Begriff Rekonfiguration

In dieser Arbeit wird folgende eigene Definition der Rekonfiguration verwendet:

Definition 5.1.1 (Rekonfiguration)
Eine *Rekonfiguration* stellt die technische Sicht des Prozesses der Veränderung eines bereits entwickelten und operativ eingesetzten Systems dar, um es an neue Anforderungen anzupassen, Funktionalität zu erweitern, Fehler zu beseitigen oder die Qualitätseigenschaften zu verbessern.

Eine Rekonfiguration kann sowohl den Hardware- als auch den Softwarebereich eines Systems betreffen. Eine Klassifizierung der Rekonfigurationstypen aus der Sicht dieser Arbeit befindet sich in Abbildung 5.1. Dieser Ansatz wird der Software-Rekonfiguration und insbesondere der Rekonfiguration von Software-Anwendungen zugeordnet. Im weiteren Text wird unter *Rekonfiguration* eine *Software-Rekonfiguration* verstanden und detaillierter betrachtet.

Als konzeptionelle Grundlage des Veränderungsprozesses ist die Rekonfiguration ein wichtiger Bestandteil aller Ansätze zu *Software-Evolution*. *Requirements-*

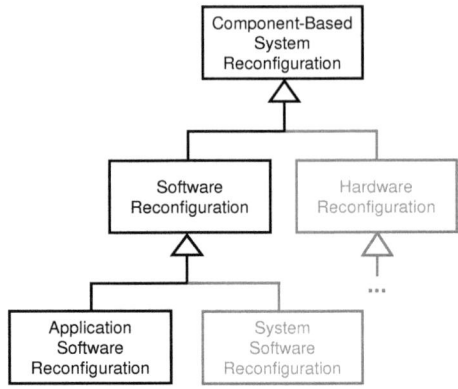

Abbildung 5.1: Bereiche der Rekonfiguration

Engineering-Ansätze arbeiten an der Verbesserung der Definition der verändernden Anforderungen. *Kontext-sensitive-* und *Fehlertoleranz-Ansätze* [AHW04] konzentrieren sich auf Erkennung der notwendigen Änderungen und somit Bestimmung der Rekonfigurationsaufträge. Ansätze zum *Variabilitätsmanagement* konzentrieren sich auf den Entwurf von Systemen, die mehrere sog. *Variationspunkte* enthalten, die eine *post deployment Adaption* ermöglichen und spielen bei der Evolution von *Produktlinien* [RP03b] eine wichtige Rolle. *Reengineering-Ansätze* [KM90, OMT98, Wer99, Gru05] fokussieren sich auf die Entwicklung von Techniken zum Re-Entwurf und Rekonfiguration der Systeme und sind verwandt mit dem Ansatz, vorgestellt in dieser Arbeit (siehe Kapitel 13). Das Reengineering besteht grundsätzlich aus *Reverse-* und *Forward-Engineering*. Im Reverse-Engineering findet eine Analyse der zu veränderten Systeme statt, während das Forward-Engineering die Informationen aus der Analyse einsetzt, um eine entsprechende Änderung zu konzipieren und durchzuführen.

Unabhängig von dem Fokus benötigen schließlich alle diese Ansätze eine sinnvolle Methodik, um die als notwendig erkannten Veränderungen effektiv und korrekt durchführen zu können. Diese Methodik ist der Hauptbestandteil der Ansätze zur Rekonfiguration. Eine Optimierung des Prozesses der Durchführung der Veränderungen, wie verfolgt in dieser Arbeit, trägt zur Erhöhung der Verfügbarkeit und Erreichbarkeit der Systeme bei.

Der Prozess der Rekonfiguration, als Prozess der Durchführung von Änderungen, beinhaltet im Prinzip die folgenden vier Schritte:

5.2 Typen von Rekonfiguration

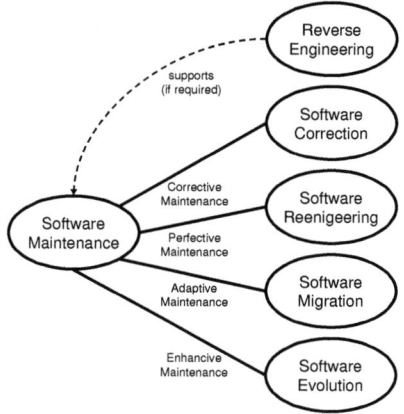

Abbildung 5.2: Software-Wartung [Win09]

- Initialisierung der Änderung
- Identifikation und Isolierung der betroffenen Systemteile (Komponenten)
- Durchführung der Veränderung
- Überprüfung der Konsistenz des Systems

Bei einer Rekonfiguration komponentenbasierter Systeme müssen bei jedem Schritt die Besonderheiten eines komponentenbasierten Systems (siehe Kapitel 3) beachtet werden. Die folgenden Abschnitte konzentrieren sich auf komponentenbasierte Softwaresysteme, deren Architektur mit einer Architekturbeschreibung (siehe Kapitel 4) dargestellt ist.

5.2 Typen von Rekonfiguration

Abhängig vom Rekonfigurationsauftrag werden an dieser Stelle drei Typen von Rekonfiguration unterschieden: (1) *funktionale (dienstbezogene)*, (2) **nicht-funktionale (qualitätsbezogene)** und (3) **strukturelle (architekturbasierte)** Rekonfiguration, die sowohl (1) als auch (2) sein kann [MMHR03]. Alle Rekonfigurationstypen können auf verschiedenen Granularitätsebenen im System stattfinden, d.h. von der Änderung können sowohl einzelne Komponenten als auch komplexe Subsysteme, sogar das Gesamtsystem, betroffen sein. Während funktionale Rekonfigurationen Veränderungen der Funktionalität durchführen, konzentrieren sich nicht-funktionale Rekonfigurationen auf die Veränderung der Qualität der Dienste. Strukturelle Rekonfigurationen betrachten sowohl Veränderungen der Schnittstellen der Komponenten als auch Veränderungen der Abhängigkeiten zwischen den Komponenten bzw. der Architektur des Systems und sind orthogonal zu den beiden anderen zu betrachten, da sie sich sowohl auf die funktionalen, als auch auf die nicht-funktionalen Eigenschaften eines Systems auswirken können.

Eine weitere Klassifizierung in (1) *statische Rekonfiguration* und (2) *Rekonfiguration zur Laufzeit* (auch *dynamische Rekonfiguration* genannt) ist abhängig von der Vorgehensweise möglich.

5.2.1 Statische Rekonfiguration

Bei der *statischen Rekonfiguration* wird das gesamte System gestoppt und nach der Rekonfiguration wieder gestartet. Dadurch ist das System für die Dauer des gesamten Rekonfigurationsprozesses nicht erreichbar, was bei geschäfts- oder sicherheitskritischen Anwendungen schwere Folgen haben kann. Auch Daten, die in Sitzungen gespeichert waren, gehen verloren (falls keine Zusatzmaßnahmen getroffen wurden) und müssen von den Anwendern neu erstellt werden.

5.2.2 Laufzeit-Rekonfiguration

Bei der *Rekonfiguration zur Laufzeit* wird das System während der Laufzeit modifiziert. Als Synonym wird der Begriff *Laufzeit-Rekonfiguration* benutzt. Der Begriff *dynamische Rekonfiguration* wird in dieser Arbeit bewusst nicht verwendet, weil unterschiedliche Ansätze unterschiedliches Verständnis für *Dynamik* haben und somit die Semantik des Worts *dynamisch* unklar ist. Durch eine Laufzeit-Rekonfiguration wird die Ausfallzeit *(downtime)* der Systeme reduziert und damit die Gesamtverfügbarkeit (siehe Abschnitt 3.5) eines Systems erhöht. Zusätzlich wird die Anzahl der verfügbaren bzw. erreichbaren Dienste, allgemein und insbesondere während des Prozesses der Durchführung der Veränderungen, erhöht. Diese Arbeit stellt einen Ansatz zur erreichbarkeitsoptimierten Laufzeit-Rekonfiguration vor. Deshalb werden die Konzepte einer Laufzeit-Rekonfiguration im folgenden Abschnitt 5.3 detaillierter betrachtet. Dabei wird folgende Definition für die Laufzeit-Rekonfiguration verwendet:

Definition 5.2.1 (Laufzeit-Rekonfiguration)
Eine *Laufzeit-Rekonfiguration* ist eine Rekonfiguration eines Systems während seiner Laufzeit.

5.3 Laufzeit-Rekonfiguration

Bei großen verteilten geschäftskritischen Systemen (z.b. komponentenbasierte Betriebsinformationssysteme) oder hochverfügbaren sicherheitskritischen Systemen (z.b. Echtzeit-Steuerungssysteme) ist es aus ökonomischen oder Sicherheitsgründen oft nicht möglich das ganze System zu stoppen, um logische (Software) oder physikalische Teile (Hardware) des Systems zu modifizieren. In solchen Fällen greifen Methoden der Laufzeit-Rekonfiguration, die es ermöglichen, die Änderungen während der Laufzeit eines Systems durchzuführen.

Die Laufzeit-Rekonfiguration ist ein stark erforschter Bereich der Informatik, sowohl im Software- als auch im Hardwarebereich [Sek04]. Die ersten Konzepte im Softwarebereich sind in den 80er Jahren zu finden. Durch die Konzepte von Kramer und Magee [KM85] sind z.b. die Grundlagen der Laufzeit-Rekonfiguration verteilter Systeme gelegt worden. Insbesondere in den Bereichen Betriebsinformationssysteme und Echtzeitsysteme findet eine sehr starke Entwicklung statt. Durch die Etablierung von softwaretechnischen Methoden wird dieses Problem auch für große und komplexe komponentenbasierte Softwaresysteme behandelt. Das Hauptziel aller Ansätze zur Laufzeit-Rekonfiguration ist die Erhöhung der Verfügbarkeit der Systeme durch eine Reduzierung der Ausfallzeit der Systeme. Dabei wird eine Grundmethodik der Rekonfiguration durch Konzepte erweitert, um ansatzspezifische Ziele zu erreichen. An dieser Stelle werden die Grundkonzepte einer Laufzeit-Rekonfiguration vorgestellt. Eine detaillierte Betrachtung der Ansätze zur Laufzeit-Rekonfiguration findet im Kapitel 13 statt.

Eine Laufzeit-Rekonfiguration führt prinzipiell die bereits beschriebenen vier Schritte einer Rekonfiguration während der Laufzeit eines Systems durch. Das Hauptproblem bei der Durchführung einer Laufzeit-Rekonfiguration ist die Verwaltung des gesamten Vorgangs zur Sicherung der Konsistenz des Systems während und nach der Modifikation. Deshalb wird die Laufzeit-Rekonfiguration in der Regel in Form einer Änderungstransaktion [AP04] durchgeführt. Dabei sollten folgende Anforderungen erfüllt werden [KM90]:

- Die Änderungen sollen in einer Form spezifiziert werden, die der Systemstruktur entspricht.

- Die Spezifikation der Änderung soll klar getrennt von der Beschreibung der Durchführung der Änderung sein.

- Änderungsspezifikationen sollen unabhängig von der Semantik der zu rekonfigurierenden Systeme sein.

- Nach den Änderungen soll sich das System in einem konsistenten Zustand befinden.
- Das System sollte möglichst wenig durch die Änderung gestört werden.

5.3.1 Konsistenz

Um eine Laufzeit-Rekonfiguration in Form einer Änderungstransaktion durchführen zu können, ist es notwendig, sowohl eine Konsistenz- als auch eine Abhängigkeitsverwaltung während des Änderungsprozesses zu gewährleisten.

Das Wort **Konsistenz** kommt aus dem Lateinischen und bedeutet Bestand, Zusammenhalt, Geschlossenheit und In-sich-Ruhen. In der Datenbank-Terminologie werden Daten als konsistent bezeichnet, wenn Widerspruchfreiheit innerhalb einer Datenbank gewährleistet ist. Dies bedeutet, dass der Inhalt einer Datenbank alle vordefinierten **Konsistenzbedingungen** (*Constraints*) erfüllt [GR93].

Aus der Sicht einer Laufzeit-Rekonfiguration gibt es zwei Kategorien von Konsistenz: **lokale** und **globale** Konsistenz. Die lokale Konsistenz bezieht sich auf einzelne Komponenten und ist für diese relevant. Dazu gehören Sicherung des Namens, des Zustands und der Verbindungen einer einzelnen Komponente vor und nach deren Änderung. Die globale Konsistenz bezieht sich auf das Verhalten des gesamten Anwendungssystems. Eine Veränderung einer Komponente im System kann die globale Konsistenz des Gesamtsystems verletzen, obwohl die lokale Konsistenz gewährleistet ist. Insbesondere bei verteilten nebenläufigen Anwendungen kann es zu Inkonsistenzen kommen (z.B. bei einem nicht gesicherten Eingriff in laufenden Anfragen oder Nichtbeachtung von indirekten (transitiven) Abhängigkeiten zwischen den Komponenten und damit erzeugten Seiteneffekten). Folglich ist die konsistente Durchführung einer Laufzeit-Rekonfiguration nur möglich, nachdem unter Beachtung der Abhängigkeiten zwischen Komponenten im System, jede betroffene Komponente einen **Konsistenzzustand** erreicht hat oder in einen solchen überführt werden kann (siehe Kapitel 9). Dieses ist prinzipiell möglich wenn folgende Bedingungen erfüllt sind:

- Es werden keine neuen Dienste der Komponente aufgerufen.
- Die Ausführung bereits aufgerufener Dienste wird zu Ende geführt.
- Die Ausführung der von der Komponente bereits angeforderten bzw. aufgerufenen externen Dienste wird zu Ende geführt.
- Die Komponente ruft keinen Dienst einer anderen Komponente auf, der nicht als externer Dienst zur Ausführung ihrer bereits aufgerufenen Dienste benötigt wird.

5.3 Laufzeit-Rekonfiguration

Im Zusammenhang zu der Anforderung, das System während der Laufzeit-Rekonfiguration möglichst gering zu stören, ist es wichtig, zwischen *statischen Abhängigkeiten* und *Laufzeitabhängigkeiten* zu unterscheiden. Die statischen Abhängigkeiten werden zur Entwurfszeit des Systems festgelegt und beschreiben alle möglichen Abhängigkeiten zwischen den Komponenten im System. Sie bleiben während der gesamten Laufzeit unverändert, sofern sie nicht durch eine Rekonfiguration geändert werden. Laufzeitabhängigkeiten dagegen entstehen durch Dienstaufruf zwischen Instanzen von Komponenten. Sie stellen eine Untermenge der statischen Abhängigkeiten dar. Deshalb werden sie in dieser Arbeit zur Minimierung der Störung im System während der Rekonfiguration und dadurch Optimierung der Erreichbarkeit der Dienste eingesetzt.

5.3.2 Redeployment

Die Begriffe *Deployment* und *Redeployment* werden von *deploy* abgeleitet, was „zum Einsatz bringen" bedeutet. Folgende eigene Definitionen der Begriffe werden in dieser Arbeit verwendet:

Definition 5.3.1 (Deployment)
Deployment ist der Prozess, in dem eine bereits entwickelte Software-Anwendung oder -Komponente zum Einsatz gebracht wird.

Definition 5.3.2 (Redeployment)
Als *Redeployment* wird der Schritt während der Rekonfiguration bezeichnet, bei dem eine bereits eingesetzte Software-Anwendung oder -Komponente ersetzt wird.

Mit dem Deployment einer Software auf einem Anwendungsserver wird diese vom Server initialisiert und zum Einsatz gebracht. Soll ein Softwaresystem einer Rekonfiguration unterzogen werden, so werden bestimmte Komponenten des Systems ausgetauscht und gegen veränderte Komponenten ersetzt. Dieses Ersetzen von Komponenten wird als Redeployment bezeichnet und stellt somit einen Schritt während der Rekonfiguration dar.

In der Vergangenheit musste für jede Installation, Deinstallation oder auch für eine Neuinstallation der Software der Anwendungsserver heruntergefahren werden. Änderungen an der Software-Konfiguration konnten nur im abgeschalteten Zustand vorgenommen werden. Die komponentenbasierten Technologien (siehe Abschnitt 3.3) bieten in ihren Anwendungsservern Strategien an, mit den es möglich ist, ein sog. *Laufzeit-Redeployment* durchzuführen.

Es gibt im Wesentlichen drei bekannte Laufzeit-Redeployment Strategien: *Hot Deployment*, *Dynamic Reloading* und *Side-by-Side Deployment*. Die ersten beiden Strategien werden von BEA [BEA08] als *In-Place Redeployment* und die dritte als **Production Redeployment** bezeichnet. Das in dieser Arbeit vorgestellte Konzept *Transaktionales Redeployment zur Laufzeit* (siehe Abschnitt 9.4) stellt eine Erweiterung der Konzepte des Dynamic Reloading und Hot Deployment dar und kann mit dem Konzept des Side-by-Side Deployment kombiniert werden.

5.3.2.1 Hot Deployment

Mit *Hot Deployment* [IBM07] wird der Prozess des Hinzufügens von neuen Komponenten während des Betriebes eines Anwendungsservers bezeichnet. Der Server überwacht hierzu das Verzeichnis in dem die Archive der einzelnen Komponenten liegen. Ändert sich der Inhalt des Verzeichnisses, werden die entsprechenden Änderungen ohne Neustart übernommen. Deshalb ist es möglich sowohl neue Komponenten hinzuzufügen als auch Komponenten zu löschen bzw. auszutauschen. Falls ein Archiv mit einer neuen Komponente hinzu kommt, wird diese deployed. Sollte hingegen ein Archiv entfernt werden, werden auch die darin enthaltenen Komponenten vom Server gelöscht. Auch ein Redeployment ist somit möglich und würde zwei Schritte beinhalten: (1) Löschen der alten Version der Komponente und (2) Hinzufügen der neuen Version der Komponente. Laufende Anfragen und Benutzersitzungen werden dabei abgebrochen und entfernt. Deshalb eignet sich diese Methode nur für Testzwecke während der Systementwicklung und nicht für den Austausch von Komponenten während des operativen Betriebs.

5.3.2.2 Dynamic Reloading

Das *Dynamic Reloading* [IBM07] stellt den Prozess des Austauschens einer Komponente oder Teilkomponente während des Betriebs dar. Auch beim Dynamic Reloading werden die Komponenten im Dateisystem überwacht und Änderungen während des Betriebs übernommen. Dabei werden die neuen Versionen automatisch geladen (*reload*). Bei dieser Variante des Redeployments gehen ebenfalls Benutzersitzungen, Transaktionen und Daten verloren. Durch das unkontrollierte Austauschen der Komponenten können Inkonsistenzen im System entstehen. Deshalb ist auch diese Redeployment-Strategie nicht für den operativen Betrieb geeignet. Sie stellt eine Unterstützung der Software-Entwickler während des Entwicklungsprozesses dar und ermöglicht schnelles Testen von Änderungen ohne vorheriges Herunterfahren der Server.

5.3.2.3 Side-by-Side Deployment

Das *Side-by-Side Deployment* [BEA08] stellt eine prinzipiell andere Vorgehensweise als Hot Deployment und Dynamic Reloading dar. Dabei wird die neue

5.3 Laufzeit-Rekonfiguration

Version der Komponente nicht ausgetauscht, sondern neben der auszutauschenden Komponente installiert. Eine vorgeschaltete Serverkomponente analysiert die Anfragen und leitet neue Anfragen an die neue Komponente weiter. Die bereits laufenden Anfragen, Benutzersitzungen und Transaktionen werden von der alten Komponente bearbeitet. Treffen nach einer gewissen Zeit keine Anfragen mehr auf die alte Komponente ein, wird diese vom Server entfernt. Somit ist das Redeployment abgeschlossen. Das Vorgehen stellt sicher, dass Benutzersitzungen und Transaktionen erhalten bleiben und ist somit für den operativen Betrieb gut geeignet. Ein großer Vorteil dieser Strategie ist die Gewährleistung einer dauerhaften Verfügbarkeit der Dienste. Allerdings, dadurch, dass mehrere Versionen einer Komponente parallel installiert sein können, ist ein zusätzlicher Verwaltungsaufwand nötig. Schließlich werden für die mehrfache Haltung einer Komponente zusätzliche Ressourcen gebraucht, die einen erheblichen Anstieg des Energieverbrauchs verursachen können.

Teil II

Erreichbarkeitsoptimierte Rekonfiguration zur Laufzeit

6 Überblick

Wie bereits in Kapitel 5 beschrieben, stellt eine Rekonfiguration die technische Sicht des Prozesses der Veränderung eines bereits entwickelten und operativ eingesetzten Systems dar, um es an neuen Anforderungen anzupassen, Funktionalität zu erweitern, Fehler zu beseitigen oder die Qualitätseigenschaften zu verbessern. Somit ist eine Rekonfiguration ein essentieller Teilprozess der Wartung von Software. Aus der Sicht der Kunden spielt die Gewährleistung der Erreichbarkeit (Funktionstüchtigkeit, Verfügbarkeit und Reaktionsfähigkeit) der Softwaresysteme eine große Rolle im Anschluss des Erwerbs und der Inbetriebnahme eines Softwaresystems. Beim Betrachten des Lebenszyklusses einer Software als Produkt (siehe Abbildung 1.1 auf Seite 3) ist ersichtlich, dass sie sich etwa 80 % ihrer Lebenszeit in der Wartungsphase befindet [Sne08]. Dabei fließen ca. 60-70 % der Kosten für Software in die Wartung [PI00].

Dieser Ansatz zur erreichbarkeitsoptimierten Rekonfiguration von komponentenbasierten Softwaresystemen zur Laufzeit bietet eine systematische und detaillierte Beschreibung des Prozesses der Wartung, im Falle einer angeforderten Rekonfiguration und dessen technische Realisierung unter Erhaltung der höchstmöglichen Erreichbarkeit der betroffenen Systeme. Er stellt ein sog. Rekonfigurations-Vorgehensmodell dar und kann prinzipiell in jedes Vorgehensmodell zur Softwareentwicklung eingebettet werden.

Zusammenfassend wird folgendes Szenario betrachtet:

- Behandelt wird ein operativ eingesetztes System zur Laufzeit.

- Der Rekonfigurationsauftrag kommt von außen. Eine Erkennung der Notwendigkeit zur Rekonfiguration, wie z.B. bei Ansätzen zur Fehlertoleranz [AHW04], findet in dieser Arbeit nicht statt.

- Das System soll zur Laufzeit und evtl. innerhalb von vertraglich festgelegten Reparaturzeiten rekonfiguriert werden. Dabei soll eine minimale Beeinträchtigung des Systems bzw. seine bestmögliche Erreichbarkeit gewährleistet werden.

Die konzeptionelle Vorgehensweise sieht dabei folgendermaßen aus:

1. **System-Architekturbeschreibung** *(Kapitel 7)*
   Die Architektur des Anwendungssystems wird entsprechend der Anforderungen für eine Laufzeit-Rekonfiguration (siehe Abschnitt 7.2) beschrieben. Dazu wird eine Abbildung der statischen und dynamischen Sicht vom C3-Meta-Modell (Abschnitt 7.4) in eine UML 2-basierte Systemkonfiguration vorgenommen. Für die Darstellung der Abhängigkeiten zwischen Komponenten bzw. deren Instanzen zur Laufzeit werden UML-Komponentendiagramme eingesetzt. Damit eine Analyse möglich wird, werden sie formal als gerichtete, gewichtete Graphen abgebildet. Das Verhalten der Komponenten wird als Dienst-Effekt-Spezifikation [Reu01] modelliert und mit UML-Zustandsdiagrammen dargestellt. Ausführungssequenzen werden als UML-Sequenzdiagramme dargestellt. Um relevante Anwendungsfälle zu bestimmen, wird ein Benutzungsmodell des Systems eingesetzt und mit Markov-Ketten modelliert.

2. **Optimierung der Erreichbarkeit während der Rekonfiguration** *(Kapitel 8)*
   Als nächstes findet eine Analyse des Auftrags bzw. eine Erkennung der notwendigen Änderungen statt. Jeder Rekonfigurationsauftrag wird als Knotenmenge von unmittelbar betroffenen Komponenten dargestellt. Zu dieser Knotenmenge wird der entsprechende Teilgraph vom System abgegrenzt und die darin enthaltenen zusammenhängenden Graphen als Teil-Rekonfigurationsaufträge gebildet. Pro Teil-Rekonfigurationsauftrag wird die umgekehrte transitive Hülle der zu verändernden Komponenten gebildet. Danach wird eine Schnittmenge der beteiligten Komponenten der einzelnen Benutzungsszenarien mit der transitiven Hülle der betroffenen Komponenten gebildet. Daraus werden die relevanten Szenarien erkannt und die Zustandsräume ausgegrenzt, in dem die Laufzeit-Abhängigkeitsgraphen minimal sind. An dieser Stelle werden die Dienst-Effekt-Automaten hinzugezogen, um vergangene bzw. zukünftige Abhängigkeiten zu analysieren. Unabhängige Teil-Rekonfigurationsaufträge werden als separate Aufträge betrachtet, was zu einer zusätzlichen Reduzierung der Laufzeit-Abhängigkeitsgraphen führt. Eine Berücksichtigung der Wichtigkeit der Dienste sowie der Anzahl der Anfragen und Angebote zu bestimmten Zeitpunkten (Systemzustände) ermöglicht an dieser Stelle eine erreichbarkeitsoptimierte Gesamtgewichtung der Laufzeit-Abhängigkeitsgraphen. Zusätzliche Parameter wie Dringlichkeit und Dauer der Rekonfiguration können bei der Bestimmung eines optimalen Laufzeitzustands berücksichtigt werden.

6 Überblick

3. **Transaktionale Rekonfiguration zur Laufzeit** *(Kapitel 9)*
Der Startzeitpunkt für die Rekonfiguration wird durch Monitoring bestimmt. Unter Monitoring [Foc06, RHM+08] des laufenden Systems wird der analytisch bestimmte Zustandsraum erkannt und die Rekonfiguration gestartet. Die Durchführung der Rekonfiguration findet in Form einer ***dependent change transaction*** [KM90], vergleichbar mit einer ***geschachtelten Transaktion*** [GR93], statt. Die als betroffen identifizierten Komponenten werden gesperrt, angehalten und ausgetauscht. Alle bestehenden und alle ankommenden Referenzen und Dienstaufrufe werden suspendiert und in einen Wartezustand versetzt. Die Rekonfiguration findet in atomaren Schritten statt, d.h. die Teil-Rekonfigurationsaufträge werden sequenziell durchgeführt. Nach jedem Rekonfigurationsschritt wird die Konsistenz der Konfiguration geprüft. Bei positivem Ergebnis wird der Schritt intern bestätigt und der nächste ausgeführt. Bei einer Abweichung werden alle bis dahin durchgeführten Schritte nach der gleichen Vorgehensweise rückgängig gemacht und die ganze Transaktion verworfen. Beim Erfolg aller Einzelschritte wird die Rekonfiguration bestätigt und das rekonfigurierte Teil-System wieder frei gegeben. Dabei werden pro Teil-Rekonfiguration keine inkonsistenten Zustände nach außen sichtbar. Abhängig davon, welche Anforderungen zur Erhaltung der Konsistenz gestellt werden, können die Einzelschritte auch extern bestätigt werden. Dabei ist ein Zurücksetzen der Änderungen in der System-Konfiguration als „Re-Rekonfiguration" vorgesehen und möglich. Dagegen ist ein Zurücksetzen der Änderungen der Daten im System nur schwer realisierbar und bedarf komplexe Kompensationstransaktionen, insbesondere, wenn die Änderungen Seiteneffekte in verteilten Umgebungen erzeugen könnten (z.B. Ausdruck von Rechnungen). Letzeres ist in der Regel nur bei großen Datenbankmanagementsystemen realisiert und liegt nicht im Fokus dieser Arbeit.

Durch die vorherige Beschreibung und Analyse des Systems zur Bestimmung des Zustandsraums mit der minimalen Menge bzw. Gewichtung, der von der Rekonfiguration betroffenen Komponenten, wird die Störung im System, verursacht durch die Rekonfiguration, minimiert und somit die Erreichbarkeit der Systemdienste während der Rekonfiguration maximiert. Die Abwicklung der Rekonfiguration in Form einer Transaktion und die Aufbewahrung aller ankommenden Dienstaufrufe in einer Warteschlange gewährleisten die Konsistenz und die volle Verfügbarkeit des Systems während der Rekonfiguration. Somit wird eine Laufzeit-Rekonfiguration unter minimaler Beeinträchtigung bzw. maximal möglicher Erreichbarkeit erzielt.

Der wissenschaftliche Beitrag dieser Arbeit beinhaltet drei Schwerpunkte:

1. Ein *Anwendungsmodell*, das eine zur Laufzeit-Rekonfiguration geeignete System-Architekturbeschreibung bietet.

2. Ein *Optimierungs- und Analysemodell*, das ein Konzept zur Analyse des Systems unter Berücksichtigung relevanter Parameter zwecks Optimierung der Erreichbarkeit während der Rekonfiguration definiert.

3. Ein *Rekonfigurationsmodell*, das ein Konzept zur Vorbereitung und transaktionalen Durchführung der Rekonfiguration zur Laufzeit darstellt.

Diese Schwerpunkte werden in den folgenden Kapiteln detailliert vorgestellt.

7 System-Architekturbeschreibung: Anwendungsmodell

In diesem Kapitel wird der wissenschaftlichen Beitrag zur Architekturbeschreibung vorgestellt. Die System-Architekturbeschreibung bildet das sog. *Anwendungsmodell* und dient als Grundlage bei der Optimierung der Erreichbarkeit eines Systems während einer Laufzeit-Rekonfiguration (siehe Kapitel 8). Es handelt sich um einen semi-formalen Ansatz, der UML 2 mit formalen Spezifikationstechniken, wie Automaten- und Graphentheorie erweitert, um damit Analysen des Systems zu ermöglichen. Das Kapitel gliedert sich in folgende Abschnitte:

Abschnitt 7.1 *(Aktueller Stand der Software-Architekturbeschreibung)* stellt eine Vertiefung des Kapitels 4 dar und betrachtet charakteristische Aspekte bei der Beschreibung einer Software-Architektur, die relevant für eine erfolgreiche Durchführung einer Laufzeit-Rekonfiguration sind. Der Abschnitt gibt eine Zusammenfassung des aktuellen Stands der Software-Architekturbeschreibung unter Berücksichtigung dieser Aspekte.

Abschnitt 7.2 *(Anforderungen an eine System-Architekturbeschreibung)* erkennt und diskutiert spezifische Anforderungen an eine System-Architekturbeschreibung, die zur erfolgreichen Durchführung einer Rekonfiguration zur Laufzeit gestellt werden. Abschließend findet eine Auswertung mehrerer bekannter Architekturbeschreibungssprachen bezüglich dieser Anforderungen mit zusammenfassender tabellarischer Darstellung statt.

Abschnitt 7.3 *(Unser Sichtenmodell)* stellt ein drei-Sichtenmodell als Beschreibungsgrundlage der Architektur eines Softwaresystems vor. Das Modell beinhaltet eine statische, eine dynamische und eine Zuordnungssicht (siehe Kapitel 4).

Abschnitt 7.4 *(Unser Component-Connector-Container (C3) Meta-Modell)* beschreibt ein Meta-Modell, das die hierarchische Struktur der statischen und dynamischen Sicht eines Systems modelliert und eine eindeutige Zuordnung zwischen den beiden beinhaltet. Das Meta-Modell entspricht somit den Anforderungen unseres Ansatzes und verzichtet auf die Modellierung der Zuordnungssicht, könnte jedoch nach Bedarf um diese Sicht erweitert werden.

Abschnitt 7.5 *(Anwendungsbeispiel)* führt die Duke's Bank Application von Sun Microsystems als Anwendungsbeispiel ein, das als Grundlage für die Darstellung einer Referenz-Architekturbeschreibung unter Benutzung unseres Modells dient. Auch das Konzept der Optimierung der Erreichbarkeit im Kapitel 8 wird mit Szenarien aus dieser Beispielanwendung verdeutlicht.

Abschnitt 7.6 *(Statische Sicht)* beinhaltet die Modellierung der Struktur. In dieser Arbeit besteht sie aus einer Spezifikation der Komponenten-Schnittstellen und der statischen Abhängigkeiten zwischen den Komponenten. Außerdem wird eine hierarchische Struktur des Systems dargestellt.

Abschnitt 7.7 *(Dynamische Sicht)* beinhaltet die Modellierung von Laufzeitverhalten sowohl auf Komponenten- als auch auf Systemebene. Das Laufzeitverhalten einzelner Komponenten wird mit Dienst-Effekt-Automaten [Reu01] spezifiziert. Das System-Laufzeitverhalten wird für typische Anwendungsfälle mit System-Automaten spezifiziert. Um die Analyse zur Optimierung der Erreichbarkeit zu beschleunigen, wird ein Benutzungsmodell des Systems vorgestellt, das Anwendungsfälle als Menge von möglichen Ausführungssequenzen mit darin beteiligten Instanzen von Komponenten beschreibt und sie als endliche Markov-Ketten modelliert. Einzelne Ausführungssequenzen werden mit UML 2 Sequenzdiagrammen dargestellt. Schließlich werden die Laufzeitabhängigkeiten zwischen Instanzen von Komponenten als Laufzeit-Abhängigkeitsgraphen dargestellt.

7.1 Aktueller Stand der Software-Architekturbeschreibung

Alle Ansätze zur Software-Architekturbeschreibung (siehe Kapitel 4) erkennen die Notwendigkeit für ein komplexes Softwaresystem, seine strukturelle Dekomposition in Teilsysteme und deren Verbindungen darzustellen. Hier liegt auch der Ursprung für die Architekturbeschreibungssprachen (ADLs) (siehe Abschnitt 4.3). Obwohl dies durchaus eine Basis für das allgemeine Verständnis und den einmaligen Aufbau des Systems darstellt, ist eine rein strukturelle Beschreibung in vielen Fällen unzureichend, z.B. wenn eine Systemanalyse als Unterstützung während der Weiterentwicklung oder Rekonfiguration durchgeführt werden soll.

Im Wesentlichen enthalten die ADLs eine explizite Spezifikation von Komponenten, Konnektoren und Konfigurationen. Bei genauer Betrachtung sowohl der Teilaspekte als auch verschiedener Problemstellungen, ergeben sich deutliche Unterschiede zwischen den verschiedenen ADLs. Laut [MT00] unterstützen die meisten ADLs den hierarchischen Aufbau von Systemkonfigurationen, betrachten aber nur statische Konfigurationen. Keine der ADLs bietet eine hinreichende Unterstützung sowohl für eine Evolution von Komponenten und Konnektoren als auch für die Dynamik von Konfigurationen. Nur wenige ADLs sehen Laufzeit-Parameter vor oder ermöglichen die Analyse des Laufzeitverhaltens der Komponenten bzw. Konnektoren. Bei den meisten ADLs fehlt die genaue Unterscheidung zwischen Komponenten und deren Instanzen, was eine Laufzeit-Analyse des Systems erschwert bzw. unmöglich macht.

Hauptprobleme bei einer Laufzeit-Rekonfiguration sind die Erhaltung der Konsistenz des laufenden Systems und die Minimierung dessen Ausfallzeit während des Prozesses der Durchführung der Veränderungen. Um dieses erreichen zu können, werden Techniken zur Identifizierung und Isolierung der minimalen Menge, der von der Rekonfiguration betroffenen Komponenten, benötigt. Dafür ist eine System-Architekturbeschreibung notwendig, die Informationen über das Laufzeitverhalten sowohl der einzelnen Komponenten als auch des Gesamtsystems beinhaltet und insbesondere die Laufzeitabhängigkeiten zwischen den Instanzen von Komponenten beschreiben kann. Weiterhin muss es möglich sein, das aktualisierte Subsystem zur Laufzeit zu bilden. Unser Konzept des Containers als Teil unseres C3-Meta-Modells (näher beschrieben im Abschnitt 7.4) stellt eine sinnvolle Erweiterung zur Modellierung des Laufzeitverhaltens dar.

Somit muss eine ADL sowohl reine Verhaltensbeschreibung (Semantik) auf Komponenten- bzw. System-Ebene als auch Definition von Kontrollflüssen im System, zeitliche Zuordnung von Abhängigkeiten und Interaktionen zwischen den Komponenten und Unterscheidung zwischen möglichem und obligatorischem Verhalten beinhalten. Obwohl bei den meisten ADLs eine Beschreibung des Verhaltens in irgendeiner Form als Erweiterung der Beschreibung der Struktur vorgesehen ist, bieten nur wenige der ADLs Techniken zur vollständigen Beschreibung der Dynamik aus unserer Sicht an [MMHRs04].

7.2 Anforderungen an eine System-Architekturbeschreibung

Die Hauptziele unseres Ansatzes zur Laufzeit-Rekonfiguration sind die Erhöhung der Erreichbarkeit und Erhaltung der Konsistenz des laufenden Systems. Deshalb werden folgende Anforderungen an eine System-Architekturbeschreibung gestellt (Tabelle 7.1):

- Um eine Veränderung der System-Konfiguration zur Laufzeit zu ermöglichen, soll eine Beschreibung der Kompositionalität dynamischer Konfigurationen möglich sein ((1) dynamische Konfigurationsbildung, (2) strukturelle Dekomposition in Teilsysteme).

- Bei einer Veränderung einzelner Komponenten oder Teilsysteme zur Laufzeit muss der Rest des Systems reaktiv bzw. verfügbar bleiben. Das setzt ein konsistentes externes Verhalten des Systems voraus. Um Konsistenzprüfungen durchführen zu können, ist eine Beschreibung des dynamischen Verhaltens sowohl der einzelnen Komponenten als auch des Gesamtsystems mit Zeitabhängigkeiten notwendig ((3) Dynamisches Verhalten, (4) Zeiteinschränkungen).

- Damit das System während der Laufzeit-Rekonfiguration möglichst wenig von der Veränderung beeinflusst wird und möglichst viele Dienste erreichbar bleiben, soll die minimale Menge der von der Rekonfiguration betroffenen Komponenten bestimmt werden. Um das zu erreichen, muss es Beschreibungstechniken der Laufzeitabhängigkeiten zwischen Instanzen von Komponenten geben ((5) Laufzeitabhängigkeiten).

Diese Anforderungen machen es deutlich, dass für einen derartigen Vorhaben eine dynamische Sicht einer Architekturbeschreibung unentbehrlich ist. Deshalb werden in dieser Arbeit die strukturelle und die dynamische Sicht in unserem C3-Meta-Modell vereint (Abbildung 7.1).

Im Folgenden wird eine Zusammenfassung der Auswertung mehrerer bekannter ADLs (Abschnitt 4.3) bezüglich unserer Anforderungen dargestellt [MMHRs04]. C2 [TMA+96] spezifiziert nur Vor- und Nachbedingungen, Darwin [MDEK95] drückt die Semantik der Komponenten im π-Kalkül aus, Weaves [GR91] definiert eine partielle Ordnung des Datenflusses über Eingangs- und Ausgangsobjekte, aber nur Rapide [LV95] und Wright [All97] spezifizieren das dynamische Verhalten der Komponenten. Wright fokussiert auf die Spezifikation der Kommunikationsprotokolle zwischen den Komponenten und benutzt eine Variante von CSP [Hoa85] für die Beschreibung des Verhaltens der gesamten Architektur. Wright betrachtet sowohl Komponenten und Konnektoren als auch Prozesse, deren Synchronisation über entsprechend unbenannte Alphabete erfolgt [AGD97]. Rapide führt einen eigenen Mechanismus zur Beschreibung sowohl von Verhalten der Komponenten als auch von deren Interaktion mit anderen Komponenten ein. Dies sind die partiell geordneten Mengen von Ereignissen (***partially ordered sets of***

7.2 Anforderungen an eine System-Architekturbeschreibung

	(1) Dynamische Konfigurationsbildung	(2) Strukturelle Dekomposition	(3) Dynamisches Verhaltens	(4) Zeit- einschränkungen	(5) Laufzeit- abhängigkeiten
ACME	-	+	-	-	-
Aesop	-	-	-	-	-
C2	+	+	-	-	-
Darwin	+	+	+ -	-	-
MetaH	-	-	-	-	-
Rapide	+	-	+	+	+ -
SADL	-	-	-	-	-
UniCon	-	+	-	-	-
Weaves	+	+	-	-	-
Wright	+	+	+	-	+ -
xADL 2.0	+	+	-	-	-

Tabelle 7.1: ADL-Unterstützung von Laufzeit-Rekonfiguration [MMHRs04]

events-POSETS) [LVB+93]. Rapide nutzt sog. Ereignismuster (*event patterns*) zur Erkennung der **POSETS**. **Event patterns** werden auch als Trigger oder Ausgänge eines Komponenten-Zustandsübergangs benutzt. Diese Sprache bietet als einzige Möglichkeiten, Zeiteinschränkungen (*timing constraints*) zu modellieren. Die XML-basierte ADL xADL 2.0 [DHT01] unterscheidet zwar klar zwischen Entwicklungs- und Laufzeit, definiert leider hauptsächlich ein strukturelles Instanzschema und kein Verhalten.

Weitere ADLs wurden zusätzlich nur tabellarisch dargestellt, da sie sehr wenige bzw. keine unserer Anforderungen erfüllen (siehe Tabelle 7.1).

Diese Arbeit stellt einen praktischen Ansatz zur Laufzeit-Rekonfiguration dar und macht deshalb an dieser Stelle keine Einschränkung auf eine bestimmte ADL, sondern benutzt UML 2 als Notation und bietet somit eine allgemeine Erweiterungsbasis entsprechend unseres Meta-Modells (siehe Abschnitt 7.4). Es handelt sich dabei um einen semi-formalen Ansatz, der UML 2 selektiv mit formalen Spezifikationstechniken, wie Automaten und Graphen erweitert. Das ermöglicht eine gezielte Formalisierung, um benötigte Analysen des Systems zu ermöglichen. Sollten weitere Analysen nötig sein, können weitere Formalisierungen vorgenommen werden. Beispielsweise, hat diese Arbeit eine Spezifikation des Zeitverhaltens nicht als Schwerpunkt. Zur Darstellung besonderer Dynamikaspekte könnten annotierte Message Sequence Charts eingesetzt werden (wie z.B. in Real-Time UML [Dou99]). Des Weiteren kann eine Erweiterung der Message Sequence Charts [Int04], die Live Sequence Charts (LSC) [DH01] benutzt werden. Sie können im Gegensatz zu den UML-Sequenzdiagrammen eine vollständige Semantik definieren und bieten eine Möglichkeit zur Unterscheidung zwischen einem möglichen und einem obligatorischen Verhalten in einem Szenario. Letzteres könnte durch **Model Checking** Techniken [BBB+04] erweitert werden.

An dieser Stelle soll noch angemerkt werden, dass es zahlreiche andere ADLs gibt, die für spezifische Domänen entwickelt wurden. Dabei ist z.b. die *Architecture Analysis and Design Language (AADL)*, insbesondere in der Fahrzeug- und Raumfahrtindustrie, weit verbreitet. Sie wird z.b. bei European Aeronautic Defense and Space Company (EADS) [Eur09a] (insbesondere bei Airbus France), European Space Agency (ESA) [Eur09b] und Honeywell [Int09] eingesetzt. AADL [GFH06, FBF+07] hat die MetaH Sprache als Grundlage und wurde speziell für eingebettete Systeme entworfen. Sie wurde von der Society of Automotive Engineers (SAE) [Soc09] entwickelt und im November 2004 als *aerospace standard AS5506* standardisiert. Diese Modellierungssprache ermöglicht eine Analyse der Systemarchitektur unter Berücksichtigung von performance-kritischen Eigenschaften durch ihre erweiterbare Notation und präzise definierte Semantik. Sie beschreibt System-Architekturen als Komponenten und Interaktionen. Dabei ist der Begriff Komponente nicht im Sinne der komponentenbasierten Softwareentwicklung definiert. Eine Komponente kann Prozess, Thread, Gruppe von Threads, Daten oder Subprogramm sein. Ein UML 2 Profil wurde für diese Sprache auch entwickelt. Diese Sprache wird vorwiegend kommerziell eingesetzt und ist in der Forschung nicht weit verbreitet. Das Software Engineering Institut (SEI) an der Universität Carnegie Mellon arbeitet unter anderem an der Verbreitung dieser Sprache in der akademischen Welt [SEIS09].

7.3 Unser Sichtenmodell

Die Durchführung einer Systemanalyse, die über einen einmaligen Aufbau des Systems hinaus geht und z.B. der Unterstützung dessen Weiterentwicklung oder Rekonfiguration dient, macht die Notwendigkeit anderer Sichten zur Architekturbeschreibung als Ergänzung der strukturellen Beschreibung offensichtlich. Einige bedeutende Modelle, die neben einer strukturellen Sicht weitere Architektursichten vorsehen, wurden bereits im Abschnitt 4.2 beschrieben. Aus dem zusammenfassenden Sichtpunktmodell [MMHRs04], wird unser konkretes Sichtenmodell abgeleitet. Es beinhaltet folgende Sichten:

Statische Sicht Die statische/strukturelle Sicht beschreibt die Zerlegung des betrachteten Systems in Elemente und deren Abhängigkeiten, z.B. in Komponenten und Konnektoren mit klassischen „Kästen und Linien"-Diagrammen. Die Kästen stellen die Komponenten dar. Durch die Linien wird die strukturelle Abhängigkeit zwischen den Komponenten und implizit deren hierarchische Struktur beschrieben. Diese Sicht ist notwendig zur Systemkomposition.

Dynamische Sicht Die dynamische Sicht beschreibt das Systemverhalten zu seiner Laufzeit. Der Begriff „dynamisch" bezieht sich nicht nur und notwendigerweise auf dynamische Veränderungen in der strukturellen Sicht („dynamism" bei [MT00]). Diese Sicht enthält eine Beschreibung des Verhaltens sowohl der einzelnen Komponenten als auch des gesamten Systems und der Kontrollflüsse im System. Des Weiteren beinhaltet diese Sicht eine Beschreibung der zeitlichen Zuordnung von Abhängigkeiten und Interaktionen zwischen den Komponenten bzw. Teilsystemen und deren Laufzeitabhängigkeiten.

Zuordnungssicht Abbildung der Komponenten aus der statischen Sicht auf Hardwareeinheiten (Prozessoren, verschiedene Netzwerkressourcen, Drucker etc.) und organisatorische Einheiten (Entwickler, Teams oder externe Hersteller).

Die Zuordnungssicht wird für die Analyse des Systems während einer Rekonfiguration zur Laufzeit in dieser Arbeit nicht weiter betrachtet, da eine Optimierung der Erreichbarkeit im Vordergrund steht. Sollte die Rekonfiguration eine Optimierung der Auslastung von Ressourcen oder eine Minimierung des Energieverbrauchs als Ziel haben, ist die Berücksichtigung der Zuordnungssicht notwendig.

7.4 Unser Component-Connector-Container (C3) Meta-Modell

Für die Architekturbeschreibung definiert diese Arbeit das *Component-Connector-Container (C3) Meta-Model* (Abbildung 7.1). Der Begriff *Komponente* wird in dem Modell als unabhängiger Oberbegriff definiert. Davon werden eine (1) *Statische Komponente (Static Component)* und eine (2) *Lebende Komponente (Live Component)* abgeleitet. Die statische Komponente wird im Sinne von Software-Komponenten von [Szy02] verstanden:

Definition 7.4.1 (Statische Komponente)
„A software component is a unit of composition with contractually specified interfaces and explicit context dependencies only. A software component can be deployed independently and is subject to composition by third parties. For the purposes of independent deployment, a component needs to be a binary unit. Technically, a component is a set of primitive components, each of which is a module plus resources. [Szy02]"

7 System-Architekturbeschreibung: Anwendungsmodell

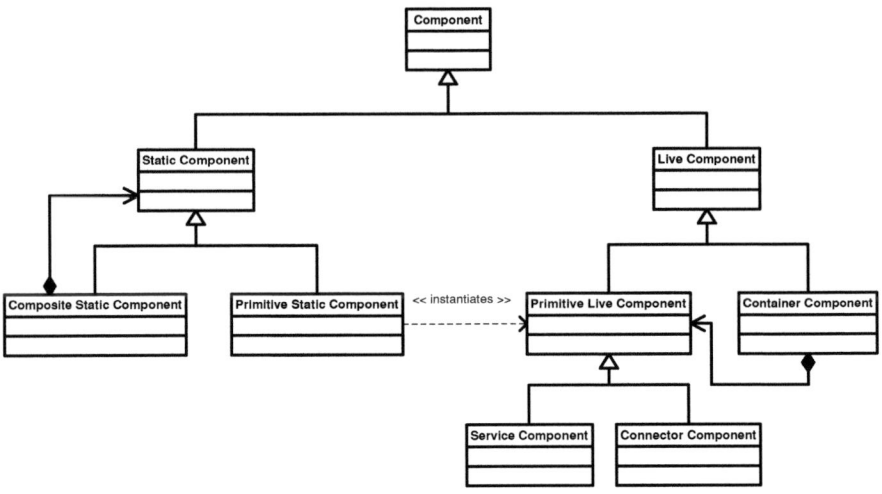

Abbildung 7.1: Das Component-Connector-Container (C3) Meta-Modell

Eine statische Komponente ist ein Teil der statischen Sicht des Systems. Sie kann *einfache (primitive)* oder *zusammengesetzte (composite)* statische Komponenten beschreiben. Die statische Sicht stellt eine hierarchische Systemarchitektur basierend auf dem GoF-Entwurfsmuster [GHJV95] **Composite** dar und ist somit die Grundlage für eine System(re)konfiguration. Die dynamische Sicht bietet eine Grundlage zur Beschreibung des Laufzeitverhaltens sowohl einzelner Komponenten als auch des Gesamtsystems. Die lebende Komponente als abstrakte Komponenteninstanz steht für die dynamische Sicht. Sie kann entweder eine Instanz einer *einfachen Komponente (primitive live component)* sein oder eine **Container-Komponente** *(container component)*, der mehrere Instanzen beinhalten kann. Das Meta-Modell unterscheidet prinzipiell nicht zwischen Komponenten und Konnektoren. Es werden beide als einfache lebende Komponenten betrachtet, die unterschiedliche Arten von Diensten anbieten: (1) **Funktionale-Dienstkomponente** *(service component)*, (2) **Verbindungskomponente** *(connector component))*. Für die Beschreibung vom Laufzeitverhalten der lebendigen Komponenten werden sog. **Dienst-Effekt-Automaten** *(service-effect-automata)* [Reu01] eingesetzt. Das Container-Konzept ist eine essentielle Erweiterung, die es ermöglicht Deployment- und Laufzeit-Eigenschaften des Systems zu modellieren. Ein Container besitzt keine Hierarchie, sondern stellt einen *Behälter* von aktiven Instanzen

7.5 Anwendungsbeispiel

(einfachen lebendigen Komponenten) dar. Das System-Laufzeitverhalten wird im Container mit Systemautomaten und UML 2 Sequenzdiagrammen beschrieben. Eine Erweiterung von *message sequence charts*, die *live sequence charts (LSCs)* [DH01], könnte zur Erhöhung der Präzision der Analysen eingesetzt werden (siehe Kapitel 15).

Das C3-Meta-Modell zeichnet sich durch eine hohe Abstraktion und Einfachheit aus. Dies erlaubt seinen Einsatz zur Modellierung über verschiedenste Granularitätsstufen.

Eine detaillierte Beschreibung der Sichten folgt in den Abschnitten 7.6 und 7.7. Zur besseren Lesbarkeit wird dazu ein durchgehendes Beispiel verwendet (Abschnitt 7.5).

7.5 Anwendungsbeispiel

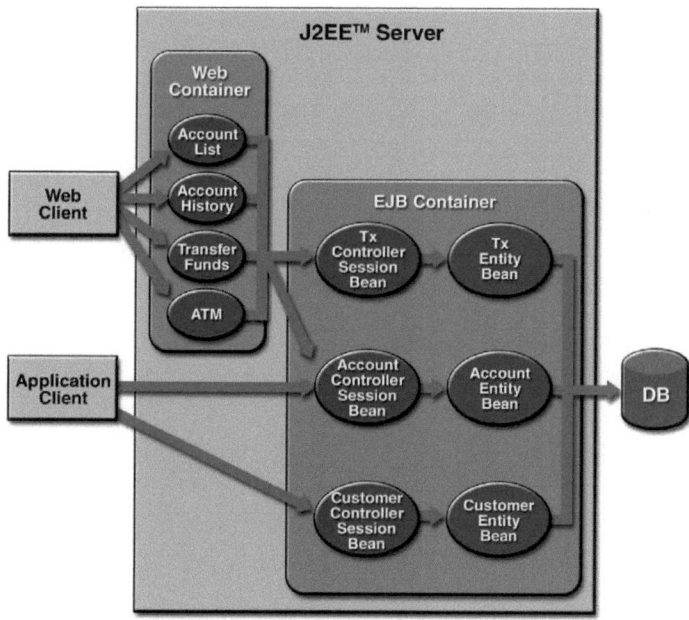

Abbildung 7.2: Duke's Bank Applikation von Sun Microsystems [Sun06c]

Die Sun Microsystems Duke's Bank Application [Sun06c], dargestellt in Abbildung 7.2, dient in dieser Arbeit als Anwendungsbeispiel für die Darstellung einer Referenz-Architekturbeschreibung. Es handelt sich um eine komponentenbasierte drei- bzw. vierschichtige Client-Server Web-Anwendung, realisiert mit der Java-EE Technologie. Auf der *frontend* bzw. Client-Seite besteht sie aus einem *Web Client* und einem *Application Client*. Der Web Client stellt eine Benutzungsschnittstelle für typische *Online-Banking* Dienste zur Verfügung. Der Application Client bietet eine Schnittstelle für Administrationsdienste an. Die Geschäftslogik aller Dienste wird in drei *Enterprise JavaBean Middleware*-Komponenten realisiert: *Transaction Controller, Account Controller* und *Customer Controller*. Der Transaction Controller ist für die Abwicklung der Bank-Transaktionen zuständig und bietet entsprechende Dienste zum Geld abheben, Einzahlung leisten etc. Zusätzlich bietet er lesende Dienste zum Anzeigen der aktuellen Transaktionen eines Kontos. Der Account Controller verwaltet die Kontendaten und die Beziehungen zwischen Kunden und deren Konten. Dazu bietet er sowohl Dienste zum Erstellen bzw. Löschen eines Kontos als auch zum Zuordnen bzw. Entfernen eines Kunden zu einem bestimmten Konto und zum Anzeigen aller Konten eines Kunden und deren Detaildaten an. Der Customer Controller übernimmt die Verwaltung der Kundendaten. Er bietet Dienste zum Erstellen bzw. Löschen von Kunden und zum Anzeigen der Kunden zu einem bestimmten Konto oder mit einem bestimmten Namen an. Eine Datenbank *Database* stellt die *backend*-Schicht dar. Sie bietet typische Datenbankdienste, die vereinfacht mit zwei Diensten dargestellt werden: Anzeigen und Verändern/Aktualisieren von Daten. Diese werden von allen drei Controllern benutzt, um die angebotenen Dienste ausführen zu können. Eine Übersicht der angebotenen bzw. benötigten Dienste ist in der Tabelle 7.2 dargestellt.

7.6 Statische Sicht

Wie bereits im Abschnitt 7.1 festgestellt, beschreiben alle ADLs die statische Sicht. Allerdings kann sie auch mit der UML 2 [Obj07, RHQ$^+$05] (siehe Abschnitt 4.4) ausreichend beschrieben werden. In dieser Arbeit entscheiden wir uns für die UML als Notation, da letztere weit verbreitet ist und auch in der Industrie praktisch eingesetzt wird. Der in dieser Arbeit vorgestellte wissenschaftliche Ansatz benötigt eine Beschreibung der Komponentenschnittstellen und der hierarchischen Struktur eines Systems. Aus diesen beiden Informationen werden die statischen Abhängigkeiten zwischen den Komponenten abgeleitet. Diese werden als gerichtete Graphen dargestellt.

7.6 Statische Sicht

Component	Provided Services	Required Services
Web Client	withdrawAction depositAction makeChargeAction makePaymentAction transferFundsAction getTxsOfAccountAction getAccountOfCustomerAction getDetailsAction	withdraw deposit makeCharge makePayment transferFunds getTxsOfAccount getAccountOfCustomer getDetails
Application Client	createAccountAction removeAccountAction addCustomerToAccountAction removeCustomerFromAccount Action getAccountOfCustomerAction getDetailsAction createCustomerAction removeCustomerAction getCustomersOfAccountAction getCustomersOfLastNameAction	createAccount removeAccount addCustomerToAccount removeCustomerFromAccount getAccountOfCustomer getDetails createCustomer removeCustomer getCustomersOfAccount getCustomersOfLastName
Transaction Controller	withdraw deposit makeCharge makePayment transferFunds getTxsOfAccount	getData updateData
Account Controller	createAccount removeAccount addCustomerToAccount removeCustomerFromAccount getAccountOfCustomer getDetails	getData updateData
Customer Controller	createCustomer removeCustomer getCustomersOfAccount getCustomersOfLastName	getData updateData
Data Base	getData updateData	

Tabelle 7.2: Angebotene bzw. benötigte Dienste

7.6.1 Komponentenbeschreibung

Eine Komponentenbeschreibung wird in der statischen Sicht als **Black-Box** betrachtet. Sie bietet bestimmte Dienste an und diese werden in ihrer **Angebotsschnittstelle** *(provided)* spezifiziert. Sie benötigt fremde Dienste und diese werden in ihrer **Bedarfsschnittstelle** *(required)* spezifiziert. Eine Funktionale-Dienstkomponente *(service component)* bietet bestimmte funktionale Dienste an. Eine Verbindungskomponente *(connector component)* bietet bestimmte Verbindungsdienste an, die sowohl eine Benutzungs- als auch eine Interaktionsverbindung *(use* vs. *interaction)* beinhalten können. Durch eine Benutzungsverbindung wird

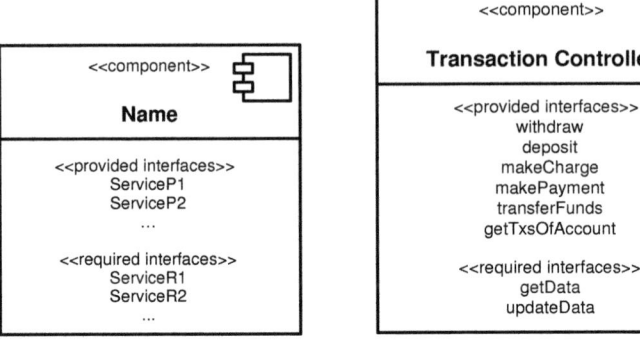

(a) Komponente   (b) Duke's Bank Transaction Controller

Abbildung 7.3: Black-Box-Darstellung

ein Dienstaufruf ermöglicht. Eine Interaktionsverbindung dient der Kommunikation bzw. dem Datenaustausch zwischen Komponenten. Prinzipiell unterscheiden sich diese Komponenten jedoch nicht (siehe Abschnitt 7.4). Eine Black-Box Darstellung von Komponenten mit UML 2 befindet sich in der Abbildung 7.3. Die Black-Box Darstellung der Komponente Transaction Controller des Anwendungsbeispiels unter Berücksichtigung dessen Dienste (siehe Tabelle 7.2) befindet sich in der Abbildung 7.3(b). Die Vorgehensweise für alle anderen Komponenten ist analog.

Eine Schnittstellensicht einer Komponenten ist in der Abbildung 7.4(a) dargestellt. Diese wird zur Darstellung der Komponenten in UML 2 Komponentendiagrammen eingesetzt (Abbildung 7.4). Ein Komponentendiagramm des Beispielsystems befindet sich in der Abbildung 7.4(b).

7.6.2 Hierarchische Struktur eines Systems

Das im Abschnitt 7.4 beschriebene C3-Meta-Modell beinhaltet eine hierarchische Struktur von Komponentenbeschreibungen. Eine statische Komponente ist ein Systemteil, das seinen Inhalt transparent kapselt und aus darin eingeschlossenen Komponenten bestehen kann. Dadurch kann die Struktur eines Systems als eine Hierarchie dargestellt werden, die mehrere einfache oder/und mehrere zusammengesetzte Komponentenbeschreibungen enthalten kann. Eine zusammengesetzte Komponente (Kompositum) kann als Subsystem dargestellt werden. Die Schnittstellen bzw. Dienste der einzelnen statischen Komponenten werden nach

7.6 Statische Sicht   101

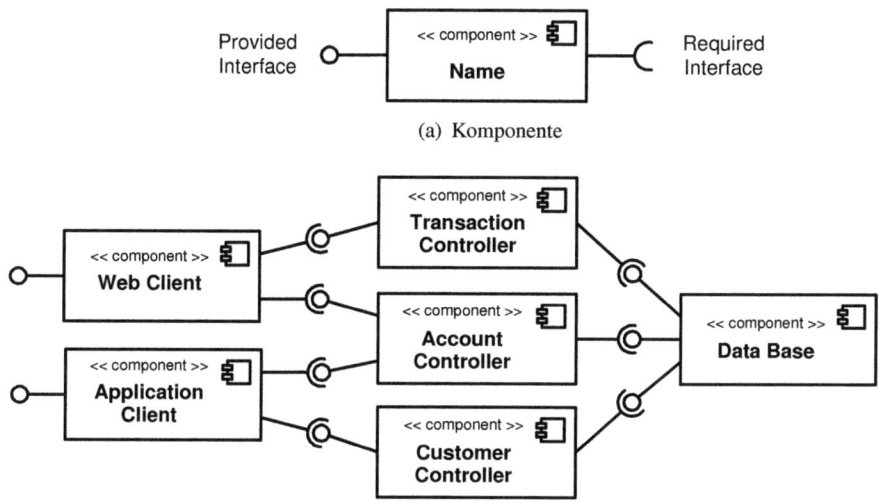

(a) Komponente

(b) Komponentendiagramm der Duke's Bank Anwendung

Abbildung 7.4: Schnittstellen-Darstellung

außen propagiert und stellen somit die Schnittstellen bzw. Dienste des Subsystems dar. Eine Darstellung in der UML 2 Notation ist in Abbildung 7.5 zu finden.

Für das Anwendungsbeispiel kann jede Schicht als ein Subsystem betrachtet werden. Beispielsweise bilden der Transaction Controller, der Account Controller und der Customer Controller die Geschäftslogik-Schicht bzw. das Middleware-Subsystem (Abbildung 7.6).

Das Komponentendiagramm vom Beispielsystem aus der Abbildung 7.4(b) kann folglich wie in der Abbildung 7.7 dargestellt werden.

Für eine genauere Spezifikation der Kommunikation bzw. Komposition ist eine Definition von Ports notwendig [Obj07]. Aus der Sicht des in dieser Arbeit vorgestellten Ansatzes ist jedoch eine Darstellung der Abhängigkeitsbeziehungen zwischen Komponenten ausreichend.

7.6.3 Statische Abhängigkeiten zwischen Komponenten / Abhängigkeitsgraphen

Jedes Softwaresystem kann im Prinzip als Komposition von kommunizierenden Komponenten betrachtet werden. Jede Komponente kann bestimmte Dienste an-

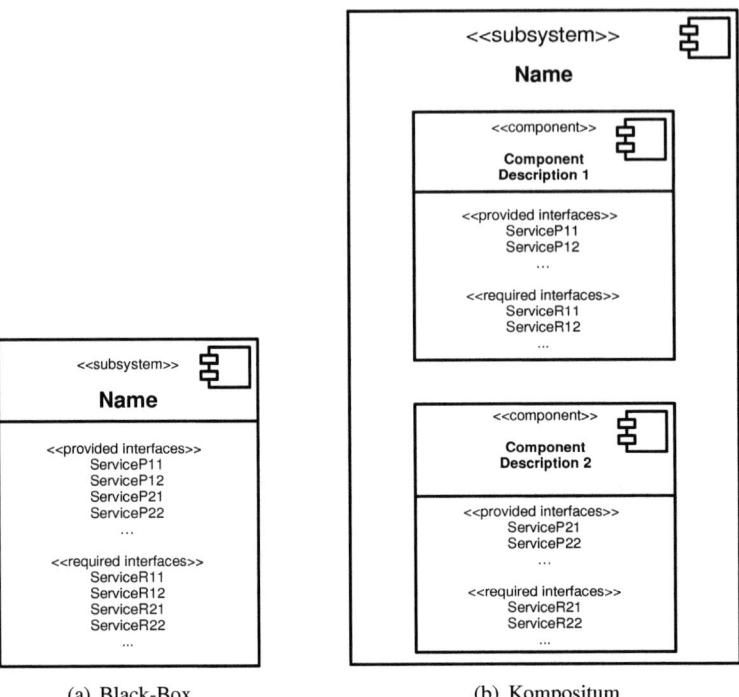

Abbildung 7.5: Subsystem-Darstellung

bieten und andere Dienste benutzen oder benötigen, um die angebotenen Dienste durchführen zu können. Eine Komponente A ist direkt abhängig von einer Komponente B genau dann, wenn (*if and only if (iff)*) A Dienste von B benötigt (siehe Abbildung 7.8 auf Seite 104). Dieser Ansatz setzt azyklische gerichtete gewichtete Graphen (*gewichtete Digraphen*) ein, um Abhängigkeiten zwischen Komponenten zu beschreiben. Dabei wird jeder Komponente ein Knoten zugeordnet und jeder Abhängigkeitsrelation eine Kante. Jede Kante ist von der Komponente, die einen Dienst benötigt, zu der Komponente, die diesen Dienst anbietet, gerichtet. Die Gewichtung einer Kante stellt die Summe der vertraglich festgelegten **Wichtigkeiten** (*importance*) der angebotenen Dienste dar. Bei gleichbedeutenden Diensten reduziert sich das auf die Anzahl der benötigten Dienste. Ein Pfad der Länge *1* in diesem Graph stellt eine direkte Abhängigkeit zwischen zwei Komponenten dar. Durch die Bildung einer **transitiven Hülle** können auch die indirekten Abhängigkeiten zwischen den Komponenten bestimmt und explizit dargestellt werden.

7.6 Statische Sicht

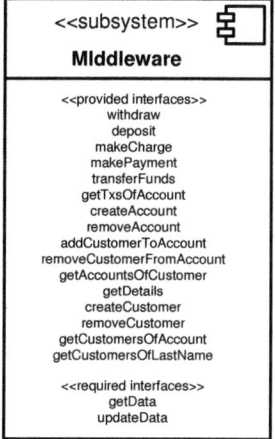

(a) Black-Box

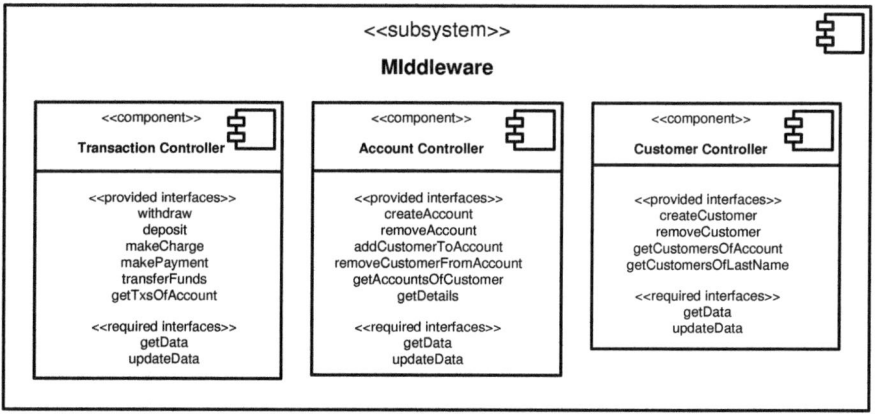

(b) Kompositum

Abbildung 7.6: Middleware Subsystem

Zur Illustration der Abhängigkeitsgraphen werden UML 2 Komponentendiagramme mit Abhängigkeitsbeziehungen eingesetzt. Die Komponentenabhängigkeiten in der Beispielanwendung sind in Abbildung 7.9 dargestellt.

Im Folgenden wird die formale Notation dieses Modells vorgestellt. Die dazu benötigten Grundlagen der Graphentheorie sind im Abschnitt 4.5 beschrieben.

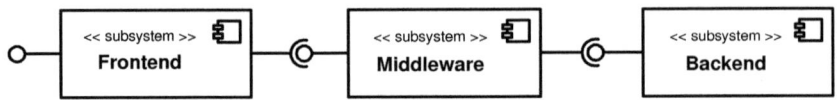

Abbildung 7.7: Subsystem-Sicht der Duke's Bank Applikation

Abbildung 7.8: A ist abhängig von B

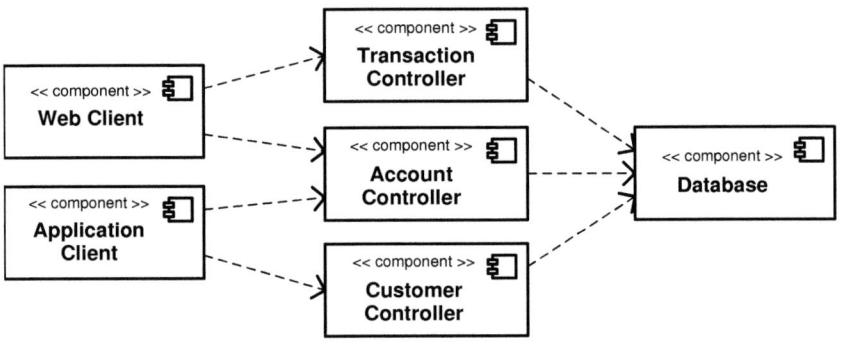

Abbildung 7.9: Komponentenabhängigkeiten in der Duke's Bank Application

Sei $G = (V, E, w)$ der statische Abhängigkeitsgraph für das System S. Dabei ist V die Menge der Komponenten im System und E die Menge der Abhängigkeiten zwischen den Komponenten. Da es sich um einen gerichteten Graphen handelt, gilt $\{init(e), ter(e)\} = \{i, j\}$ für jede Kante $e = ij$. Der Anfangsknoten i stellt eine direkt abhängige Komponente (die Dienste benötigt) dar. Die Gewichtungsfunktion w ordnet jeder Kante ein Gewicht zu. Sollte die Komponente i m Dienste von der Komponente j benötigen und jeder Dienst eine vertraglich festgelegte Wichtigkeit (*importance*) I_{ijk} besitzen, wird das Gewicht der Kante ij folgendermaßen berechnet:

7.6 Statische Sicht 105

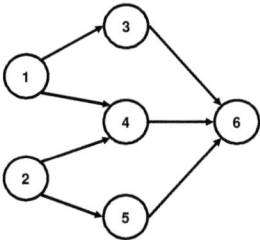

Abbildung 7.10: Statischer Abhängigkeitsgraph für die Duke's Bank Anwendung

$$W_{ij} = \sum_{k=1}^{m} I_{ijk} \tag{7.1}$$

Für den Abhängigkeitsgraphen kann folgende gewichtete Adjazenzmatrix gebildet werden:

$$a_{ij} = \begin{cases} W_{ij} & \text{wenn } v_i \text{ und } v_j \text{ adjazent sind} \\ 0 & \text{sonst} \end{cases} \tag{7.2}$$

Das Gesamtgewicht eines statischen Abhängigkeitsgraphen wird als Summe aller Kantengewichte berechnet:

$$W_{static} = \sum_{j=1}^{n} \sum_{i=1}^{n} W_{ij} \tag{7.3}$$

Der statische Abhängigkeitsgraph für die Beispielanwendung ist in der Abbildung 7.10 dargestellt.

Die gewichtete Adjazenzmatrix sieht dabei folgendermaßen aus:

$$A = \begin{pmatrix} 0 & 0 & W_{13} & W_{14} & 0 & 0 \\ 0 & 0 & 0 & W_{24} & W_{25} & 0 \\ 0 & 0 & 0 & 0 & 0 & W_{36} \\ 0 & 0 & 0 & 0 & 0 & W_{46} \\ 0 & 0 & 0 & 0 & 0 & W_{56} \\ 0 & 0 & 0 & 0 & 0 & 0 \end{pmatrix}$$

Tabelle 7.3: Gewichtete Adjazenzmatrix des Graphs aus Abbildung 7.10

7.7 Dynamische Sicht

Die dynamische Sicht einer System-Architekturbeschreibung definiert das Laufzeitverhalten sowohl auf Komponenten- als auch auf Systemebene. Das Laufzeitverhalten der Komponenten wird durch *Dienst-Effekt-Automaten (service-effect-automata (SEFF))* [Reu01] beschrieben. Auf Systemebene werden Benutzungsprofile und UML 2 Sequenzdiagramme eingesetzt. Diese Arbeit beschäftigt sich nicht mit der Bestimmung oder Schätzung der Antwortzeiten von Komponentendiensten. Eine rudimentäre Bestimmung der Antwortzeiten einzelner Session Enterprise Java Beans wurde innerhalb eines studentischen Projekts [Sch04] erfolgreich und transparent für den Benutzer durchgeführt und damit gezeigt, dass sowohl Antwortzeiten als auch Übergangswahrscheinlichkeiten als Parameter zur Spezifikationserweiterung vorgesehen werden können. Das Palladio-Komponentenmodell [BKR09]) verfolgt diese Richtung und erweitert die Komponentenspezifikation mit nicht-funktionalen Eigenschaften als Parameter, um eine modellgetriebene Vorhersage nicht-funktionaler Eigenschaften von Software-Architekturen zu erzielen.

7.7.1 Modellierung von Laufzeitverhalten auf Komponentenebene

Das Laufzeitverhalten auf Komponentenebene wird mit Dienst-Effekt-Automaten beschrieben. Jedem angebotenen Dienst einer Komponente wird ein Dienst-Effekt-Automat (SEFF) zugeordnet. Dieser spezifiziert die Aufrufsequenz der vom Dienst benötigten Dienste. Er stellt eine Abstraktion des Kontrollflusses durch die Komponente dar. Die Menge aller Dienst-Effekt-Automaten einer Komponente beschreibt das nach außen sichtbare Laufzeitverhalten einer Komponente. Ein SEFF kann als endlicher Automat modelliert werden und kann Sequenzen, Verzweigungen und Schleifen enthalten. Eine Dienstausführung wird als Zustandsübergang dargestellt. Eine detaillierte und formale Beschreibung der SEFFs befindet sich in [Reu01, Reu02]. Die Dienst-Effekt-Automaten können auch als UML Zustandsdiagramme dargestellt werden. Jedem angebotenen Dienst einer Komponente kann ein Zustandsdiagramm zugeordnet werden. Jeder Zustandsübergang stellt einen Aufruf eines benötigten externen Dienstes dar.

Zur Illustration (siehe Abbildung 7.11) wird der Dienst *withdrawAction* vom Web Client aus der Beispielanwendung dargestellt. Zuerst ruft er den Dienst *getAccountOfCustomer* auf, danach den Dienst *getDetails*, beide angeboten vom Account Controller. Schließlich ruft er den Dienst *withdraw*, angeboten vom Transaction Controller, auf. Die SEFFs werden in diesem Ansatz eingesetzt, um durch ei-

7.7 Dynamische Sicht

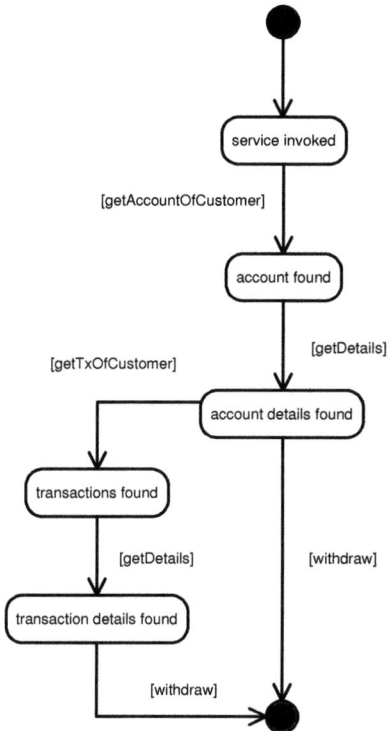

Abbildung 7.11: Dienst-Effekt-Spezifikation des *withdrawAction* Dienstes

ne Analyse des vergangenen bzw. zukünftigen Verhaltens einer Komponente deren Laufzeitabhängigkeiten zu bestimmen bzw. vorherzusagen (siehe Abschnitt 8.10).

7.7.2 Modellierung von Laufzeitverhalten auf Systemebene

Prinzipiell kann ein Softwaresystem als Komposition kommunizierender Komponenten betrachtet werden. Das System-Laufzeitverhalten kann grundsätzlich durch Darstellung der möglichen Ausführungssequenzen modelliert werden. Zur dessen Beschreibung gibt es mehrere formale Notationen (Temporale Logik, Petri Netze etc.). Auch verschiedene Architekturbeschreibungssprachen (siehe Abschnitt 7.1) bieten teilweise Techniken, um dieses Ziel zu erreichen. Für die Beschreibung vom Laufzeitverhalten auf Systemebene bietet die UML 2 mehrere Diagrammtypen.

Das Verhalten sowohl einzelner Komponenten (siehe Abschnitt 7.7.1) als auch des gesamten Systems, betrachtet als zusammengesetzte Komponente (Komposition), lässt sich mit einem UML 2 Zustandsdiagramm bzw. Protokollautomaten modellieren. Die Laufzeit des Systems wird als Menge von endlichen Automaten modelliert. Jeder Automat entspricht einem Anwendungsfall. Jede Zustandsfolge in einem Automaten entspricht einer möglichen Ausführungssequenz und kann einem Anwendungsfall zugeordnet werden. Die Häufigkeit des Auftretens einer Zustandsfolge hängt von der Geschäftslogik der Anwendung und vom Benutzerverhalten (siehe Abschnitt 7.7.3) ab. Jede Zustandsfolge enthält einen Startzustand, endlich viele Zwischenzustände und einen Endzustand. Jeder Komponenten-Zustandsübergang (laut Dienst-Effekt-Spezifikation (siehe Abschnitt 7.7.1)) führt zu einem System-Zustandsübergang.

Etwas formaler wird der System-Zustandsautomat als Kreuzprodukt von nichtdeterministischen endlichen Automaten definiert.

Definition 7.7.1 (Anwendungsfall-Zustandsautomat)
Sei $A = (Q, \Sigma, \sigma, q_0, F)$ der Anwendungsfall-Zustandsautomat. Dabei ist

- Q eine endliche Menge von Zuständen (***Zustandsalphabet***)

- Σ eine endliche Menge von Eingabesymbolen (***Eingabealphabet***)

- $\sigma : Q \times \Sigma \to 2^Q$ eine ***Übergangsfunktion***, wobei $\sigma(q, a)$ die (möglicherweise leere) Menge der Zustände ist, die vom Zustand q bei Eingabe a erreicht wird

- $q_0 \in Q$ der ***Startzustand***

- $F \in Q$ eine Menge der ***akzeptierenden (oder finalen) Zustände***

Definition 7.7.2 (Anwendungsfall)
Ein Anwendungsfall A ist ein Tupel $A = (E, K, I, J)$. Dabei ist:

- E die Menge der Ausführungssequenzen

- K die Menge der aufgerufenen Dienste

- I die Menge der aufrufenden Komponenteninstanzen

- J die Menge der aufgerufenen Komponenteninstanzen

Definition 7.7.3 (Dienstausführung)
Jeder Zustand $e = (k, i, j), e \in E$ definiert eine ***Dienstausführung*** (*execution*). Dabei ist:

- k der aufgerufene Dienst

- i die aufrufende Komponenteninstanz

- j die aufgerufene Komponenteninstanz

7.7 Dynamische Sicht

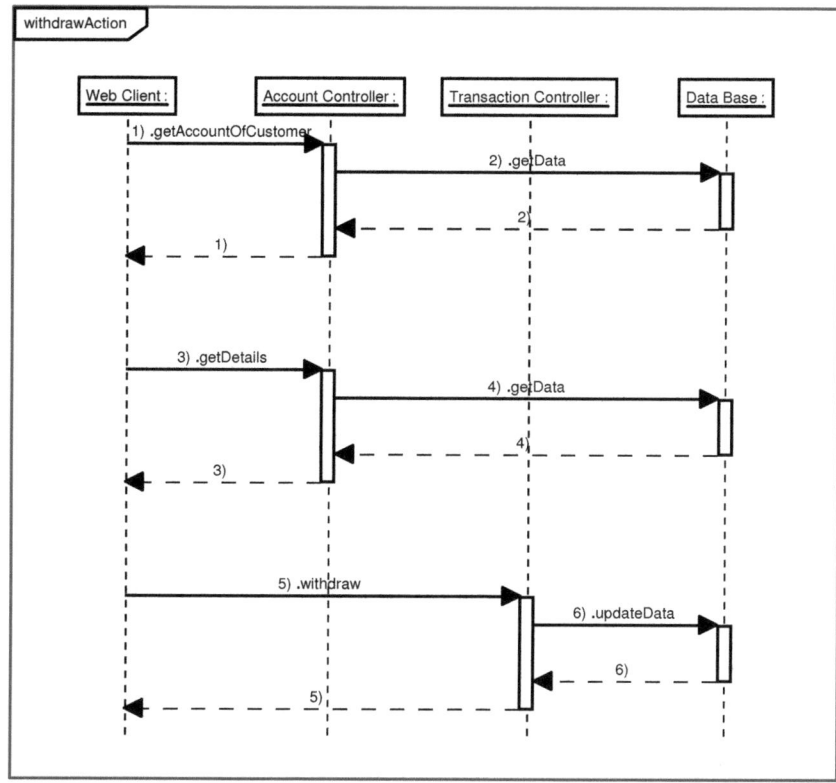

Abbildung 7.12: UML Sequenzdiagramm zum Szenariio: Erfolgreiches Geldabheben

Definition 7.7.4 (System-Laufzeitzustand)
Ein *System-Laufzeitzustand* (*system runtime state*) $S_{rt} = (E_{rt}, I_{rt}, J_{rt})$, $S_{rt} \in S$ beinhaltet alle zum bestimmten Zeitpunkt t aktiven Dienstausführungen. Dabei ist:

- E_{rt} die Menge der aktiven Ausführungen
- I_{rt} die Menge der aufrufenden Komponenteninstanzen
- J_{rt} die Menge der aufgerufenen Komponenteninstanzen

Mögliche Ausführungsszenarien und Informationsaustausch zwischen Komponenten innerhalb eines Systems oder zwischen Systemen, können mit Sequenzdiagrammen beschrieben werden. Eine Erweiterung der Sequenzdiagramme mit Notationselementen aus den Message Sequence Charts (MSC) [Int04] bietet eine gute Möglichkeit zur Modellierung von festen Reihenfolgen, zeitlichen und logischen Ablaufbedingungen, Schleifen und Nebenläufigkeiten.

Für den in dieser Arbeit beschriebenen Ansatz ist jedoch ein Einsatz von UML 2 Sequenzdiagrammen ausreichend. In der Abbildung 7.12 ist das vereinfachte Ausführungsszenario *Erfolgreiches Geld Abheben* für das Beispielsystem dargestellt. Sollten formale Analysen, Vorhersagen oder Model Checking [BBB$^+$04] durchgeführt werden, ist der Einsatz von Live Sequence Charts (LSC) [DH01] sinnvoll (siehe Abschnitt 4.4.2).

Der Teil-System-Zustandsautomat zu dem Dienst ist in der Abbildung 7.13 dargestellt. Dabei können die Zustände S_1 bis S_6 als Ausführungen im Beispielszenario folgendermaßen zugeordnet werden:

- S_1 = (getAccountOfCustomer, Web Client, Account Controller)
- S_2 = (getData, Account Controller, Database)
- S_3 = (getDetails, Web Client, Account Controller)
- S_4 = (getDetailedData, Account Controller, Data Base)
- S_5 = (withdraw, Web Client, Account Controller)
- S_6 = (updateData, Account Controller, Data Base)

Um alle weiteren Zustände zuordnen zu können, müssen analog weitere Ausführungssequenzen berücksichtigt werden.

Durch eine Darstellung aller theoretisch möglichen Ausführungssequenzen mit Live Sequence Charts (LSCs) [DH01] und Einsatz von den sog. *unwinding* Algorithmen, ist es möglich den System-Zustandsautomaten szenariobasiert zu erzeugen. Letzteres sprengt jedoch den Rahmen dieser Arbeit und rechtfertigt den Mehraufwand einer vollständigen Spezifikation nur bei z.B. sicherheitskritischen Systemen, die ohnehin zu Verifikationszwecke vollständig spezifiziert werden müssen.

7.7.3 Benutzungsmodell eines Systems

Softwaresysteme werden im Regelfall auftragsbezogen entwickelt und erfüllen einen bestimmten Zweck. Die mögliche Anwendung bzw. der Einsatz der Systeme kann durch ein sog. **Benutzungsmodell** *(Usage Model)* [KBH07, HRH08] beschrieben werden und ist ein wichtiger Bestandteil einer Anforderungsspezifikation. Diese Arbeit definiert das folgende Benutzungs-Meta-Modell (Abbildung 7.14):

7.7 Dynamische Sicht 111

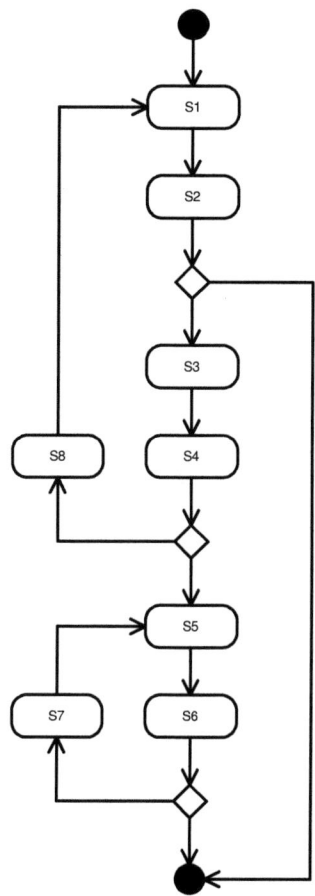

Abbildung 7.13: Teil-Systemzustandsautomat als UML Zustandsdiagramm

Prinzipiell besteht jedes Benutzungsmodell aus verschiedenen Benutzungsszenarien *(Usage Scenario)*. Jedes Szenario definiert einen Anwendungsfall (Def. 7.7.2) im System. Jeder Anwendungsfall wird als Markov-Kette dargestellt. Als Notation wird ein UML 2 Zustandsdiagramm als Protokollautomat mit Übergangswahrscheinlichkeiten eingesetzt (siehe Abbildung 7.15).

Für jeden Anwendungsfall existiert mindestens eine mögliche Ausführungssequenz *(Execution Sequence)*. Jede Ausführungssequenz definiert eine Folge von

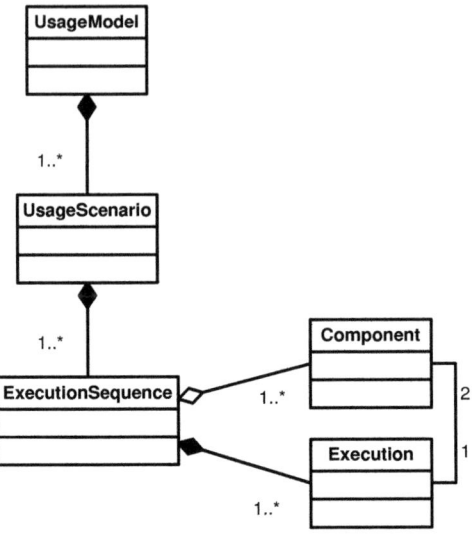

Abbildung 7.14: Benutzungs-Meta-Modell

Ausführungen (*Execution* aus der Def. 7.7.3) mit einer Menge der beteiligten Komponenten. Eine Ausführungssequenz wird mit einem UML 2 Sequenzdiagramm modelliert. Das Benutzungsmodell stellt eine Erweiterung der Verhaltensbeschreibung eines Systems dar (siehe Abschnitt 7.7.2) und wird zur Optimierung der Analyse eingesetzt. Mögliche, allerdings sehr unwahrscheinliche Ausführungssequenzen, werden aus der Betrachtung herausgenommen. Dadurch wird eine „Zustandsexplosion" vermieden und eine schnellere Analyse der relevanten Ausführungssequenzen möglich. Diese Reduktion ist zu Verifikationszwecke nicht geeignet, weil es keine vollständige Analyse des Systems ermöglicht. Aus der Sicht dieses Ansatzes ist es eine sinnvolle Vorgehensweise. Dieser Ansatz führt eine Analyse durch, um Systemzustände mit minimaler Beeinträchtigung zu bestimmen, die während der Laufzeit als Startzeitpunkt der Rekonfiguration wiedererkannt werden. Das Warten auf einen Systemzustand mit einer sehr niedrigen Auftrittswahrscheinlichkeit würde den Start der Rekonfiguration möglicherweise extrem verzögern und ist daher eher hinderlich für diesen Ansatz.

Definition 7.7.5 (Benutzungsmodell)
Sei B das **Benutzungsmodell** eines Systems. Dann ist $B = (A_1, A_2, ... A_n)$, wobei A_m einen Anwendungsfall darstellt. Jeder Anwendungsfall A wird als endliche Markov-Kette spe-

7.7 Dynamische Sicht 113

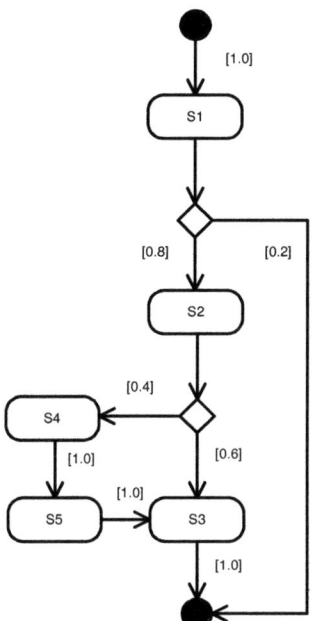

Abbildung 7.15: Beispiel einer Markov-Kette als UML Zustandsdiagramm

zifiziert. Dabei identifiziert jeder Dienstaufruf, wie in Def. 7.7.3 definiert, einen Zustand. Die Zustandsübergänge können mit der Matrix $\mu = (p_{kl}), k,l \in E$ mit $\forall k,l \in E : p_{kl} \geq 0$ und $\sum_{l \in E} p_{kl} = 1$ dargestellt werden, wobei die p_{kl} die Wahrscheinlichkeit darstellt, vom Zustand $k \in A$ in einem Schritt in den Folgezustand $l \in A$ überzugehen.

Das UML Anwendungsfalldiagramm in der Abbildung 7.16 zeigt die möglichen Anwendungsfälle für das Beispielsystem der Duke's Bank Application. Die Ausführungssequenz, dargestellt in der Abbildung 7.12, ist eine mögliche Ausführungssequenz des Anwendungsfalls eines Bankautomats *(automated teller machine (ATM))*.

7.7.4 Laufzeitabhängigkeiten zwischen Instanzen von Komponenten

Wie bereits im Abschnitt 7.6.3 beschrieben, sind Abhängigkeiten zwischen Komponenten statischer Natur. Alle potenziellen (möglichen) Abhängigkeiten zwi-

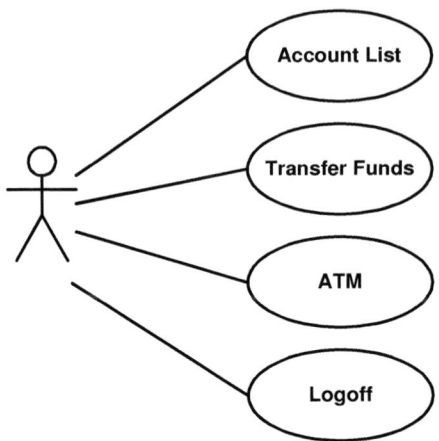

Abbildung 7.16: UML Anwendungsfalldiagramm der Duke's Bank Application

schen den Komponenten im System werden mit dem statischen Abhängigkeitsgraphen des Systems dargestellt. Damit enthält der statische Abhängigkeitsgraph die höchste Anzahl von Kanten und stellt den schlechtesten Fall der Abhängigkeiten *(worst case)* für ein System dar. Dabei werden die Komponenten als Knoten und deren Abhängigkeiten als gerichtete Kanten im Graphen dargestellt. Die abhängige Komponente stellt den Quellknoten und die benutzte Komponente den Zielknoten der Kante dar. Während der Laufzeit werden verschiedene Szenarien ausgeführt und zeitweise nur ein Teil von den Instanzen der beteiligten Komponenten aktiviert.

Für die Beispielsequenz (siehe Abbildung 7.12 auf Seite 109) können verschiedene Laufzeitabhängigkeiten beobachtet werden. Abbildung 7.17 (b) zeigt den Laufzeit-Abhängigkeitsgraphen während der Ausführungsschritte 1, 2, 3 und 4. Abbildung 7.17 (c) stellt dagegen den Laufzeit-Abhängigkeitsgraphen während der Ausführungsschritte 5 und 6 dar. Es ist offensichtlich, dass der statische Abhängigkeitsgraph, dargestellt in der Abbildung 7.17 (a), mehr Abhängigkeiten aufweist als die Laufzeit-Abhängigkeitsgraphen. Diese Tatsache wird in dieser Arbeit für die Optimierung der Rekonfiguration als Hauptmotivation verfolgt. Durch Bestimmung bzw. Wiedererkennung von Systemzuständen zur Laufzeit, die minimale Laufzeit-Abhängigkeitsgraphen produzieren, ist es möglich, die Beeinträchtigung der Reaktionsfähigkeit eines Systems während der Rekonfiguration zu minimieren und somit dessen Erreichbarkeit während der Laufzeit-Rekonfiguration

7.7 Dynamische Sicht 115

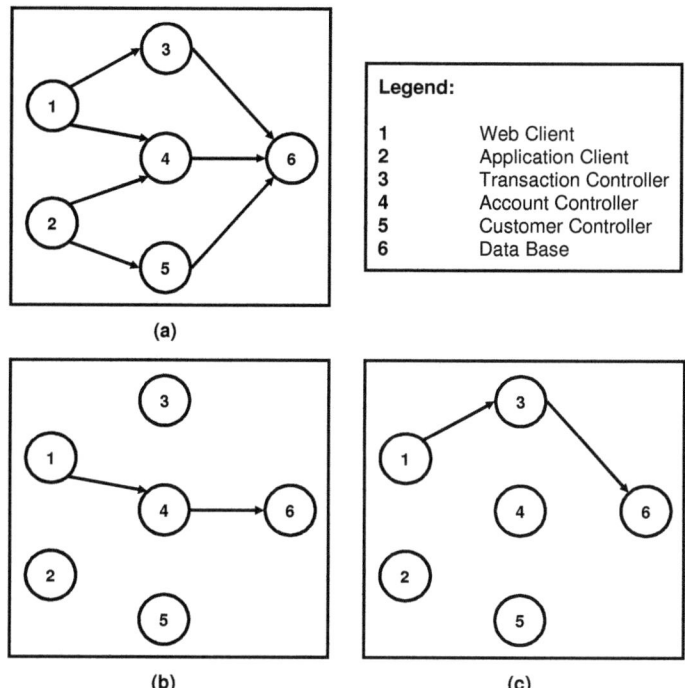

Abbildung 7.17: Abhängigkeitsgraphen für die Ausführungssequenz *withdrawAction*: statisch (a), zur Laufzeit während der Ausführungsschritte 1, 2, 3 und 4 (b) bzw. 5 und 6 (c)

zu maximieren. Diese Optimierung der Erreichbarkeit der Systemdienste ist im Abschnitt 8.4 detailliert beschrieben.

Formal notiert stellt jeder Laufzeit-Abhängigkeitsgraph zum Zeitpunkt t einen Teilgraphen $G(t)$ vom statischen Abhängigkeitsgraphen G dar. Dadurch, dass zur Laufzeit nur bestimmte Komponenteninstanzen vorhanden sind, gilt $V(t) \subseteq V$. Durch die Ausführung der unterschiedlichen Sequenzen zur Laufzeit, werden nur bestimmte Dienste aufgerufen, die bestimmte Abhängigkeiten aktivieren. Somit gilt auch $E(t) \subseteq E$. Folglich ist $G(t) \subseteq G$ und $W(t) \leq W$.

Bei einem Mehrbenutzersystem ist es üblich, dass mehrere Szenarien bzw. Ausführungssequenzen parallel statt finden. Das Gesamtgewicht der Laufzeitabhängigkeiten zu einem Zeitpunkt t wird als Summe der Gewichte aller, zum Zeitpunkt t aktiven Laufzeit-Abhängigkeitsgraphen berechnet.

Sei p die Anzahl der parallelen Ausführungssequenzen zum Zeitpunkt t. Das Gesamtgewicht aller aktiven Laufzeit-Abhängigkeitsgraphen kann mit der Formel 7.4 berechnet werden.

$$W_p(t) = \sum_{i=1}^{p} W_i(t) \qquad (7.4)$$

Sollte stattdessen nur der statische Abhängigkeitsgraph berücksichtigt werden (siehe Formel 7.3), wäre das Gesamtgewicht:

$$W_{p_{static}} = p \times W_{static} \qquad (7.5)$$

Da $W_i(t) \leq W_{static}$, für jeden Zeitpunkt t ist es offensichtlich, dass $W_p(t) \leq W_{p_{static}}(t)$.

Für die Optimierung der Erreichbarkeit werden bei der Gewichtung zusätzliche Parameter berücksichtigt, die die Auslastung im System während der Laufzeit widerspiegeln. Dieser Aspekt wird in Abschnitt 8.4 detailliert beschrieben.

8 Optimierung der Erreichbarkeit: Optimierungs- und Analysemodell

In diesem Kapitel wird der wissenschaftliche Beitrag zur Optimierung der Erreichbarkeit der Dienste während einer Rekonfiguration zur Laufzeit vorgestellt. Er bildet das sog. *Optimierungs- und Analysemodell* und gliedert sich in folgende Abschnitte:

Abschnitt 8.1 *(Optimierungsmodell)* stellt die Übertragung des Problems der Optimierung der Erreichbarkeit in ein Optimierungsmodell dar. Dabei wird auf Methoden der kombinatorischen Optimierung zurückgegriffen. Das Problem wird der Gruppe *Knapsack-* bzw. *Rucksack-Probleme* zugeordnet und als solches auch detailliert beschrieben.

Abschnitt 8.2 *(Analyse des Rekonfigurationsauftrags)* stellt die graphentheoretische Analyse des Rekonfigurationsauftrags vor. Dabei werden zusammenhängende Teilaufträge gesucht und die umgekehrte transitive Hülle für jeden Teilauftrag gebildet, um das betroffene Teilsystem zu bestimmen.

Abschnitt 8.3 *(Analyse des Benutzungsmodells eines Systems)* beschreibt eine mögliche Analyse des Benutzungsmodells des Systems, um relevante Anwendungsfälle bzw. Ausführungssequenzen zu bestimmen und dadurch die zu analysierenden Systemzustände zu reduzieren.

Abschnitt 8.4 *(Analyse des internen Laufzeitverhaltens des Systems)* stellt die Vorgehensweise bei der Analyse des Laufzeitverhaltens des Systems vor. Dabei wird auf die Bildung und Gewichtung von Laufzeit-Abhängigkeitsgraphen detaillierter eingegangen. Zusätzlich wird eine Bestimmung von minimalen Laufzeit-Abhängigkeitsgraphen und deren Zuordnung zu den System-Laufzeitzuständen beschrieben.

Abschnitt 8.8 *(Dienstbezogene Erreichbarkeit)* definiert eine sog. dienstbezogene Erreichbarkeit und erklärt den Zusammenhang zwischen der maximalen Erreichbarkeit und den minimalen Laufzeitabhängigkeiten.

Abschnitt 8.9 *(Berücksichtigung der Dringlichkeit und Dauer der Rekonfiguration)* diskutiert die Berücksichtigung zusätzlicher evtl. vertraglich festgelegter Faktoren und deren Einfluss auf die bestmögliche Erreichbarkeit.

Abschnitt 8.10 *(Wiedererkennung des optimalen Zustandsraums zur Laufzeit)* beschreibt den Einsatz der Dienst-Effekt-Automaten zur Wiedererkennung bzw. Vorhersage des optimalen Zustandsraums zur Laufzeit, um einen günstigen Startpunkt für die Rekonfiguration zu bestimmen.

Abschnitt 8.11 *(Approximativer Algorithmus zur Optimierung der Erreichbarkeit)* beschreibt Alternativen zum approximativen Minimierungsalgorithmus zur Optimierung der Erreichbarkeit.

Abschnitt 8.12 *(Optimierte vs. nicht-optimierte Rekonfiguration)* stellt einen Vergleich zwischen einer statischen Rekonfiguration, den gängigen Ansätzen zur Laufzeit-Rekonfiguration und in dieser Arbeit vorgestellten Ansatz der optimierten Laufzeit-Rekonfiguration, bezüglich der Erreichbarkeit der Dienste, während einer Rekonfiguration vor. Auch in diesem Abschnitt dient die Duke's Bank Application von Sun Microsystems als Beispielanwendung.

8.1 Optimierungsmodell

Das Problem der Optimierung der Erreichbarkeit von Diensten während einer Rekonfiguration zur Laufzeit ist ein $\mathbb{NP}$-*vollständiges Problem* [GJ90]. Es ist ein Problem der **kombinatorischen Optimierung** [PS82] und kann in die Gruppe der **Knapsack-Probleme** oder **Rucksack-Probleme** eingegliedert werden. Das Knapsack-Problem wurde schon 1972 von Karp als eines der 21-$\mathbb{NP}$-vollständigen Probleme [Kar72] beschrieben. Unser Optimierungsproblem ist vergleichbar mit den Knapsack-ähnlichen Problemen wie, z.B. *change-making* oder *subset sum* Problem. Das Ziel der Erreibarkeitsoptimierung ist das Gesamtgewicht der von der Rekonfiguration betroffenen und dadurch nichterreichbaren Dienste zu minimieren. Rudimentär betrachtet, handelt es sich um ein *0-1-Knapsack-Problem*, bei dem die Summe der Elemente mit deren Gewichten berechnet wird und dabei jedes Element entweder vorhanden (1) oder nicht vorhanden (0) ist. Das Ziel ist es, diese Summe aller Elemente kleiner als einen bestimmten Wert zu halten.

Formal ausgedrückt, sei W_{max} das maximale Gesamtgewicht aller Dienste im System. Bei einer statischen Rekonfiguration wird das gesamte System abgeschaltet, die angeforderten Änderungen werden durchgeführt und anschließend wird das

8.1 Optimierungsmodell

rekonfigurierte System wieder gestartet (siehe Kapitel 5). Während des gesamten Prozesses ist kein Dienst erreichbar. Die Summe der Gewichte der betroffenen und somit nichterreichbaren Dienste entspricht dem maximalen Gesamtgewicht aller Dienste im System und stellt den schlechtesten Fall für die Erreichbarkeit der Dienste während einer Rekonfiguration dar.

$$\sum_{i=1}^{N} S_i W_i \leq W_{max} \tag{8.1}$$

mit

N als Anzahl der Dienste

W_i als Gewicht des Dienstes i.

$$S_i = \begin{cases} 1 & \text{falls der Dienst i betroffen ist} \\ 0 & \text{falls der Dienst i nicht betroffen ist} \end{cases}$$

Die Bedingung aus der Formel 8.1 ist bei jeder Rekonfiguration erfüllt. Bei einer Rekonfiguration zur Laufzeit ist allerdings ein besserer Wert zu erwarten, da das System nicht herunter gefahren wird und dadurch in der Regel Dienste erreichbar bleiben. Um eine Optimierung der Erreichbarkeit zu erzielen, ist es notwendig, das möglichst geringe bzw. optimale Gesamtgewicht der betroffenen und dadurch nichterreichbaren Dienste W_{opt} zu bestimmen (Formel 8.2).

$$\sum_{i=1}^{N} S_i W_i(t) \leq W_{opt} \tag{8.2}$$

Das Gesamtgewicht der nichterreichbaren Dienste stellt unsere Metrik für die durch die Rekonfiguration verursachte **Störung** ($Interference_{rec}$) des Systems dar:

$$Interference_{rec} \sim \sum_{i=1}^{N} S_i W_i(t) \tag{8.3}$$

Offensichtlich führt eine Minimierung der Störung im System zur Maximierung der Erreichbarkeit dessen Dienste während der Rekonfiguration.

Abgesehen von einer Rekonfiguration, kann ein System während seiner Laufzeit auch intern gestört werden wie z.B. durch Fehler, Performance-Probleme etc. (siehe Formel 8.4). Diese Arbeit hat den Fokus auf Minimierung der durch die Rekonfiguration verursachten Störung und behandelt keine internen Störungen im System.

$$Interference = Interference_{internal} + Interference_{rec} \qquad (8.4)$$

Idealerweise ist das optimale Gesamtgewicht $W_{opt} = 0$, allerdings ist es nicht möglich dies für jeden Rekonfigurationsauftrag zu garantieren. Sowohl die Anzahl als auch das Gesamtgewicht der von der Rekonfiguration betroffenen Dienste sind von mehreren Parametern abhängig, die zum Teil widersprüchliche Anforderungen beinhalten. Deshalb ist es notwendig, eine **Multikriterien-Optimierung** *(mulitcriteria optimisation)* [Ste86] durchzuführen, um das minimale Gesamtgewicht W_{min} zu bestimmen. Diese Methodik stellt eine **kombinatorische Optimierung** *(combinatorial optimisation)*, erweitert durch **Multikriterien-Entscheidungsfindung** *(multi-criterion decision making)*, dar. Diese Optimierungstechniken werden zu verschiedenen Zwecken in der Systemtechnik eingesetzt, wenn verschiedene Parameter mit unterschiedlichen Prioritäten die Findung eines optimalen Ziels bzw. Zustands beeinflussen [LL06].

Dieser Ansatz berücksichtigt die folgenden Parameter:

1. Rekonfigurationsauftrag

2. Benutzungsprofil des Systems

3. Internes Laufzeitverhalten des Systems

4. Benutzungsintensität des Systems

5. Dauer einer Rekonfiguration

6. Dringlichkeit einer Rekonfiguration

Dabei ist zu beachten, dass die Benutzungsintensität und das interne Laufzeitverhalten des Systems, im Gegensatz zu den anderen Parametern, eine Zeitabhängigkeit aufweisen. Deshalb wird an dieser Stelle folgende Einschränkung hingenommen: Diese Arbeit liefert eine optimale Lösung für Systeme deren Benutzunsprofile und internes Verhalten eine Kausalität (partielle Ordnung) aufweisen. Diese Einschränkung ist relativ gering, da sämtliche reaktive Systeme (eingebettete Systeme, Regelungssyteme, Steuerungssysteme, viele Web-basierte Anwendungen etc.) diese Bedingung erfüllen. Manche Web-basierte Systeme müssen jedoch mit einem nichtdeterministischen Verhalten der Benutzer umgehen. Für diese Systeme kann zwar während der Rekonfiguration eine Steigerung der Erreichbarkeit der Dienste, jedoch nicht deren Optimierung garantiert werden. Letzeres könnte durch eine vertragliche Festlegung der akzeptierten Erreichbarkeitsraten bzw. Antwortzeiten (in den *Service Level Agreements*) während einer Rekonfiguration zur Laufzeit behandelt werden. In diesem Fall würde nicht ein minimales Gesamtgewicht gesucht, sondern dieser Wert W_{sla} als Teil der Vertragsbedingungen bestimmt werden. Dabei ist $W_{opt} \leq W_{sla} \leq W_{max}$ (siehe Formel 8.5).

$$\sum_{i=1}^{N} S_i W_i(t) \leq W_{sla} \tag{8.5}$$

Eine weitere Möglichkeit wäre der Einsatz probabilistischer Optimierung, in dem ein stochastisches Modell für das Verhalten aufgebaut wird. Beispielsweise, könnte das Modell könnte ein Markov-Modell als Benutzungsmodell einsetzen und daraus eine stochastische Adjazenzmatrizen bilden. Diese würde dann als Grundlage zur Bestimmung der Wahrscheinlichkeiten zu bestimmten Laufzeit-Abhängigkeiten und somit Gesamtgewichten dienen. Dabei sei fraglich, ob die dadurch mögliche, jedoch nicht sichere, Steigerung der Erreichbarkeit den Mehraufwand dieser Methodik rechtfertigt.

Abschließend sei betont, dass bei dieser Optimierungsmethodik die Einschränkung bezüglich der Natur der Komponenten im System entfällt. Sie ist für sämtliche Systeme, die aus über Schnittstellen kommunizierenden Komponenten bestehen, geeignet.

In den folgenden Abschnitten werden die einzelnen Parameter detaillierter betrachtet. Neben deren Beschreibung, wird an die Architekturbeschreibung des bereits im Abschnitt 7.5 eingeführte Anwendungsbeispiel der *Duke's Bank Application* von Sun Microsystems (siehe Abbildung 7.2 auf Seite 97) angeknüpft. Diese Anwendung bietet typische Dienste zur Durchführung von Online-Banking Transaktionen und zusätzliche Dienste zur Administration von Konten- und Kundendaten. Sie wurde mit der Java EE Technologie Abschnitt 3.3.2 als eine komponentenbasierte Vier-Schichten-Web-Anwendung realisiert. An konkreten Beispielszenarien wird verdeutlicht, wie die einzelnen Parameter bei der Optimierung berücksichtigt werden bzw. wie die Optimierung durchgeführt wird. Für eine bessere Nachvollziehbarkeit wird die Darstellung der Abhängigkeiten zwischen den Komponenten im System benutzt (als UML 2 Komponentendiagramm in der Abbildung 8.1 oder in der Abbildung 8.12). Diese Abhängigkeiten ergeben sich aus den angebotenen bzw. benötigten Diensten der Komponenten (siehe Abbildung 7.2 auf Seite 99) und definieren den statischen Abhängigkeitsgraphen im System.

8.2 Analyse des Rekonfigurationsauftrags

Diese Arbeit beschäftigt sich mit der Optimierung des Prozesses der Rekonfiguration und nicht mit der Erkennung einer Notwendigkeit zur Rekonfiguration. Es

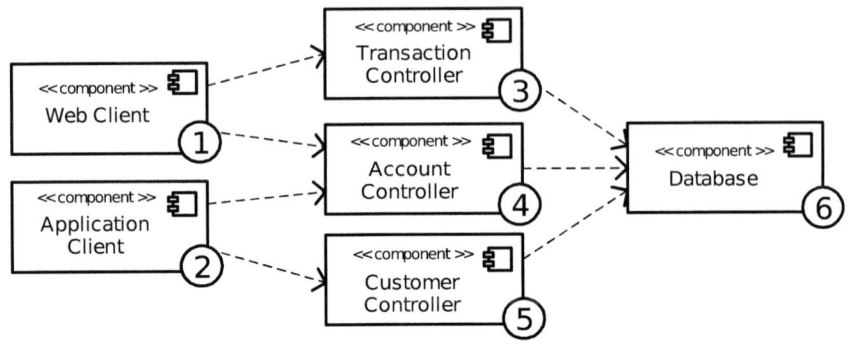

Abbildung 8.1: Duke's Bank Application: Komponentenabhängigkeiten

wird angenommen, dass ein Rekonfigurationsauftrag von außen kommt. Dieser wird als Grundlage zur Analyse genommen. Ein Rekonfigurationsauftrag wird als Menge der unmittelbar betroffenen Komponenten bzw. als Teilmenge der Komponenten vom betroffenen System betrachtet. Für die Einhaltung der Konsistenz der Abhängigkeiten im System ist dieses jedoch nicht ausreichend, weil es auch unmittelbare bzw. *transitive* Abhängigkeiten geben kann. Deshalb wird für jede unmittelbar betroffene Komponente die ***umgekehrte partielle transitive Hülle*** (Definition 8.2.3) berechnet (siehe Abschnitt 4.5). Umgekehrt, weil es notwendig ist, festzustellen welche weiteren Komponenten direkt oder indirekt von den unmittelbar betroffenen Komponenten abhängig und somit von dem Rekonfigurationsauftrag betroffen sind. In der Regel wird der Auftrag sequentiell abgearbeitet. Dadurch wird die Analyse zur Minimierung der Abhängigkeiten bzw. Findung der ***partiellen transitiven Reduktion*** effizienter. Es ist jedoch möglich, dass die eine partielle transitive Hülle die Untermenge einer anderen im selben Auftrag bildet oder es starke Überschneidungen gibt. Das ist der Fall, wenn der auftragsbezogene Teilgraph, graphentheoretisch betrachtet, einen zusammenhängenden Graphen (Definition 4.5.14) darstellt oder zusammenhängende Komponenten enthält (siehe Abschnitt 4.5). Der auftragsbezogene Teilgraph enthält die unmittelbar betroffenen Komponenten als Knoten und alle Kanten, die bei den betroffenen Komponenten enden. In solchen Fällen soll die partielle transitive Hülle für den gesamten Rekonfigurationsauftrag bzw. die Teilaufträge, die zusammenhängend sind, gebildet und analysiert werden. Der etwas höhere Aufwand für die Analyse wird durch die Reduktion der Anzahl der Teiltransaktionen während der Rekonfiguration kompensiert. Etwas formaler wird dies mit folgenden Definitionen ausgedruckt:

8.2 Analyse des Rekonfigurationsauftrags

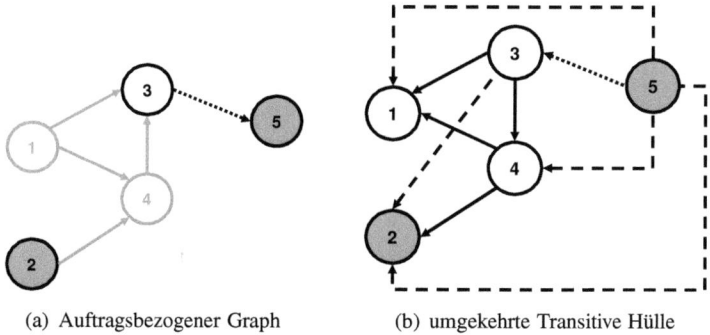

(a) Auftragsbezogener Graph   (b) umgekehrte Transitive Hülle

Abbildung 8.2: Rekonfigurationsauftrag $R = \{2,5\}$

Definition 8.2.1 (Rekonfgurationsauftrag)
Gegeben sei der Rekonfigurationsauftrag R als Menge der unmittelbar betroffenen Komponenten. Dann ist $R \subseteq V$, wobei, V die Menge der Knoten des statischen System-Abhängigkeitsgraphen $G = (V,E)$ darstellt (siehe Abschnitt 7.6.3).

Definition 8.2.2 (Aufrtagsbezogener Teilgraph)
Sei $G_R = (V_R, E_R)$ der auftragsbezogene Teilgraph. Dann ist $G_R \subseteq G$, wobei $\forall e = (x,y)$, $y \in R$.

Definition 8.2.3 (umgekehrte transitive Hülle)
Die **umgekehrte transitive Hülle** $\tilde{G}^+$ eines gerichteten Graphs $G = (V,E)$ ist die transitive Hülle (siehe Formel 4.5.16) des Graphs $\tilde{G} = (V, \tilde{E})$, wobei $\tilde{E}$ alle umgekehrt gerichteten Kanten aus E enthält.

Im weiteren Text wird der Begriff *transitive Hülle* oft synonym zum Begriff *umgekehrte transitive Hülle* verwendet, da mit den beiden die transitiven Abhängigkeiten dargestellt werden können. Falls G_R zusammenhängend (siehe Definition 4.5.14) ist, wird die umgekehrte transitive Hülle $\tilde{G}_R^+$ des Rekonfigurationsauftrags (siehe Definition 8.2.3) unter Berücksichtigung der umgekehrten Abhängigkeiten im System, gegeben durch G, gebildet. Diese wird, wie in den folgenden Abschnitten beschrieben, reduziert. Falls G_R nicht zusammenhängend ist, wird für jeden Teilauftrag $R_i \in R$, der einen zusammenhängenden Teilgraphen bildet, die partielle transitive Hülle $\tilde{G}_{R_i}^+$ gebildet und analysiert, um die jeweilige Reduktion zu bestimmen. Dabei müssen die anderen Parameter berücksichtigt werden, um zu entscheiden, ob diese Aufteilung des Auftrags zu einer optimalen Erreichbarkeit während der Rekonfiguration führt oder nicht (siehe Abschnitt 8.1).

Zur Verdeutlichung wird der Beispielgraph aus der Abbildung 4.7 auf Seite 70 mit dem Rekonfigurationsauftrag $R = \{2,5\}$ betrachtet (siehe Abbildung 8.2). Der Teilgraph G_R enthält die Knoten $V_R = \{2,3,5\}$ und ist nicht zusammenhängend. Die umgekehrte transitive Hülle des Gesamtauftrags $\tilde{G}_R^+$ hätte $\tilde{V}_R^+ = \{1,2,3,4,5\}$ und somit alle Knoten (Komponenten im System) als betroffen identifiziert. Da der G_R nicht zusammenhängend ist, wird der Auftrag in zwei je zusammenhängenden Teilaufträge $R_1 = \{2\}$ und $R_2 = \{5\}$ aufgeteilt. Die dazugehörigen transitiven Hüllen $\tilde{G}_{R_1}^+$ und $\tilde{G}_{R_2}^+$ haben jeweils $\tilde{V}_{R_1}^+ = \{2\}$ und $\tilde{V}_{R_2}^+ = \{1,2,3,4,5\}$. Es ist offensichtlich, dass dadurch die Menge der betroffenen Komponenten für den Teilauftrag $R_1 = \{2\}$ reduziert wird. Beim zweiten Teilauftrag $R_2 = \{5\}$ ist eine Reduzierung nicht möglich. Da die transitive Hülle des zweiten Teilauftrags den ersten Teilauftrag einschließt, müssten weitere Faktoren (siehe Abschnitt 8.1) berücksichtigt werden, um zu entscheiden, welche Strategie eine bessere Erreichbarkeit des Systems bietet. Sollte z.B. die Komponente 2 Dienste anbieten, die eine hohe Wichtigkeit besitzen, ist eine Teilung des Auftrags sinnvoll, da dadurch diese Dienste weniger gestört werden. Sollte dagegen eine dringende Rekonfiguration durchgeführt werden, würde eine Bearbeitung des Gesamtauftrags eine insgesamt bessere Erreichbarkeit erzielen.

Die Analyse des Rekonfigurationsauftrags ermöglicht eine Reduzierung der Menge der betroffenen Komponenten und somit der Dienste die sie anbieten anhand der statischen Abhängigkeiten im System. Durch Berücksichtigung zusätzlicher Faktoren (siehe Abschnitt 8.1) und eine zusätzliche Analyse des Systems und dessen Laufzeitabhängigkeiten, wie beschrieben in den nächsten Abschnitten, ist es möglich, eine weitere Reduzierung der betroffenen Dienste und damit eine Erhöhung der Erreichbarkeit während der Laufzeit-Rekonfiguration zu erreichen.

8.3 Analyse des Benutzungsmodells eines Systems

Durch die Analyse des Rekonfigurationsauftrags werden die für die angeforderte Rekonfiguration relevanten Teilgraphen als transitive Hülle bestimmt. Dadurch wird das von der angeforderten Änderung betroffene Teilsystem eingegrenzt. Dieses führt weiterhin zur Reduktion der zu analysierenden Anwendungsfälle bzw. Szenarien (siehe Abschnitt 7.7.3) und zur Optimierung der weiterführenden Analysen. Dabei wird die Menge der Komponenten vom auftragsbezogenen Teilgraphen mit der Menge der in einem Anwendungsfall beteiligten Komponenteninstanzen verglichen. Bei einer leeren Schnittmenge wird der Anwendungsfall aus der Betrachtung herausgenommen. Etwas formaler: jede auftragsbezogene transitive Hülle $\tilde{G}_{R_m}^+$ ist ein Graph, der V_{R_m} Knoten (betroffene Komponenten) ent-

8.3 Analyse des Benutzungsmodells eines Systems

hält. Dabei ist $V_{R_m} \subseteq V$ und deshalb $\tilde{G}^+_{R_m} \subseteq \tilde{G}^+$ ($\tilde{G}^+$ ist die umgekehrte transitive Hülle des statischen Abhängigkeitsgraphs). Jeder Anwendungsfall A ist ein Tupel $A = (E, K, I, J)$ (siehe Definition 7.7.2). Dabei ist E die Menge der Ausführungssequenzen, I die Menge der aufrufenden und J die Menge der aufgerufenen Instanzen. Somit ist $I \cup J$ die Menge der beteiligten Instanzen. Es ist offensichtlich, dass wenn $(I \cup J) \cap V_{R_m} = \emptyset$ dieser Anwendungsfall den optimalen darstellt, da es dabei keine Abhängigkeiten der betroffenen Komponenten gibt. Leider sind solche Fälle entweder gar nicht feststellbar oder treten parallel zu anderen Anwendungsfällen auf (was bei Mehrbenutzeranwendungen eher den Regelfall darstellt). Deshalb muss eine differenzierte Analyse des Laufzeiverhaltens stattfinden. Dabei werden die Anwendungsfälle, bei denen $(I \cup J) \cap V_{R_m} \neq \emptyset$ berücksichtigt. Eine weitere Reduktion kann durch eine differenziertere Betrachtung der Ausführungssequenzen erreicht werden. Jeder Anwendungsfall enthält Ausführungssequenzen und als Markov-Kette auch entsprechende Übergangswahrscheinlichkeiten. Ausführungssequenzen, die selten auftreten, können bei der Laufzeitanalyse aus der Betrachtung herausgenommen werden. Dabei ist zu beachten, dass die Analyse einerseits an Effizienz gewinnt, andererseits an Präzision verliert. Falls diese Ausführungssequenzen minimale Laufzeit-Abhängigkeitsgraphen aufweisen, könnten sie nicht analytisch bestimmt werden. Dadurch wird während der Rekonfiguration keine maximale Erreichbarkeit erhalten. An dieser Stelle spielt die Dringlichkeit der angeforderten Rekonfiguration die entscheidende Rolle. Je dringender eine Rekonfiguration, desto unpräziser aber schneller ist die Analyse. Mit dieser Entscheidung wird auch die Durchführung der Rekonfiguration stark beeinflusst. Denn das Warten auf sehr selten auftretende Ausführungssequenzen bei der Wiedererkennung als Startzeitpunkt für eine Rekonfiguration zur Laufzeit kann eine bemerkbare Verzögerung der Durchführung der Rekonfiguration bzw. lange Reparaturzeiten (MTTR) verursachen. Damit wäre die Gesamtverfügbarkeit bzw. Grenzverfügbarkeit des Systems negativ beeinflusst (siehe Formel 3.1).

Wie bereits im Abschnitt 7.7.3 beschrieben, wird jede Ausführungssequenz S eines Anwendungsfalls als diskrete endliche Markov-Kette dargestellt. Dabei identifiziert jeder Dienstaufruf $e \in E$ einen Zustand. Die Zustandsübergänge können mit einer Matrix dargestellt werden, die p_{kl} als Wahrscheinlichkeit vom Zustand k in einem Schritt in den Folgezustand l überzugehen enthält. Die Wahrscheinlichkeit einer Ausführungssequenz E, die n Zustände enthält, ist dann:

$$P_n = \prod_{k=1}^{n-1} p_{k(k+1)} \qquad (8.6)$$

Ausführungssequenzen mit einer Wahrscheinlichkeit $P_n \leq 0.1$ treten bestenfalls bei etwa jedem zehnten Aufruf des Anwendungsfalls, zu dem sie gehören, auf. Sollte die Rekonfiguration dringend sein, ist es möglicherweise nicht sinnvoll auf die Wiedererkennung von diesen seltenen Ausführungssequenzen zu warten.

8.4 Analyse des internen Laufzeitverhaltens des Systems

Das Laufzeitverhalten des Systems ist ein wichtiger Parameter bei der Bestimmung des minimalen Gesamtgewichts W_{min} der betroffenen Dienste. Die Analyse des Laufzeitverhaltens wird dabei zur Bildung und Bestimmung von minimalen Laufzeit-Abhängigkeitsgraphen eingesetzt [MH07].

An dieser Stelle wird eine System-Architekturbeschreibung, wie im Kapitel 7 dargestellt, vorausgesetzt. Im Regelfall ist die statische Sicht ein Teil der Dokumentation des Entwurfs. Die Verhaltensinformationen, falls nicht im Entwurf bereits spezifiziert, können durch Monitoring und Reverse Engineering ermittelt werden [BLM03, HHN03, RHG+08]. Das Laufzeitverhalten des Systems wird als Ablauf von fest definierten System-Zustandsfolgen dargestellt (siehe Abschnitt 7.7.2). Jede Zustandsfolge entspricht einem Anwendungsfall A (Definition 7.7.2). Dabei hängt die Häufigkeit des Auftretens einer Zustandsfolge sowohl von der Geschäftslogik, die die Anwendung realisiert, als auch vom Benutzungsprofil des Systems ab. Jeder Komponenten-Zustandsübergang laut Protokoll (siehe Abschnitt 7.7.1) führt zu einem System-Zustandsübergang bzw. bei jedem System-Zustandsübergang kann von mindestens einem Komponenten-Zustandsübergang ausgegangen werden.

Bildung und Gewichtung der Laufzeit-Abhängigkeitsgraphen

Abhängigkeiten zwischen Komponenten sind statisch und stellen den ***worst case*** Abhängigkeitsgraphen des Systems dar. Dabei werden die Komponenten als Knoten und deren Abhängigkeiten als gerichtete Kanten im Graphen dargestellt (siehe Abschnitt 7.6.3). Während der Laufzeit werden verschiedene Szenarien ausgeführt und dadurch nur Instanzen der beteiligten Komponenten aktiviert. Jeder Zustand e (Def. 7.7.3) definiert eine Dienstausführung und beinhaltet den aufgerufenen Dienst k, die aufrufende Komponenteninstanz i und die aufgerufene Komponenteninstanz j. Dadurch entsteht bei jeder Ausführung e eine Kante ij im Laufzeit-Abhängigkeitsgraphen. Zu bestimmten Zeitpunkten kann es Komponenten geben, die weder aktiv sind noch Abhängigkeiten aufweisen. Dieses Protokollverhalten

8.4 Analyse des internen Laufzeitverhaltens des Systems

der Komponenten ist näher beschrieben im Abschnitt 9.1. Zu verschiedenen Zeitpunkten während der Laufzeit können sog. Laufzeit-Abhängigkeitsgraphen gebildet werden, die auf keinen Fall mehr Abhängigkeiten aufweisen (mehr Kanten enthalten) als der statische Abhängigkeitsgraph des Systems. Bei Mehrbenutzersystemen muss allerdings davon ausgegangen werden, dass mehrere Szenarien gleichzeitig ausgeführt werden. Dabei können mehrere Instanzen einer Komponente aktiv sein bzw. Abhängigkeiten aufweisen. Wenn jede einzelne Instanz als Knoten dargestellt wird, gibt es Kanten, die mehr als zwei Knoten verbinden. Das entspricht der Eigenschaften der Hyperkanten in den gerichteten Hypergraphen [Hab92]. Alle Quellknoten bzw. alle Endknoten dieser Hyperkanten sind allerdings homogen, denn sie enthalten Instanzen der selben Komponente. Da bei einer Rekonfiguration die Komponenten und nicht einzelne Instanzen ausgetauscht werden, wird diese Notation in dieser Arbeit nicht für die Auswertung der Graphen verwendet. Es ist denkbar, diese Notation als Grundlage für weiterführende Analysen im System einzusetzen. Sollte z.B. eine Vorhersage gemacht werden, wann eine Komponente frei wird und dazu die Antwortzeiten der einzelnen aktiven Instanzen berücksichtigt werden, würden die Hypergraphen eingesetzt werden. Für die Analyse der Laufzeitabhängigkeiten ist an dieser Stelle der Einsatz von Graphen mit gewichteten Kanten ausreichend. Die unterschiedliche Anzahl der Instanzen fließt in die Gewichtung der Kanten ein. Dabei soll zwischen der Anzahl der benötigten und angebotenen Instanzen bzw. Diensten unterschieden werden. Zusätzlich muss auch davon ausgegangen werden, dass die angebotenen Dienste unterschiedlich wichtig sind. Dadurch ergeben sich die Hauptkriterien für die Kantengewichtung der Laufzeit-Abhängigkeitsgraphen. Die Gesamtgewichtung eines Graphen wird aus der Summe der Kantengewichtungen gebildet. Der minimale Graph hat folglich eine minimale Gesamtgewichtung.

Formal notiert: sei $G = (V,E)$ der statische Abhängigkeitsgraph eines Systems und $G(t) = (V(t), E(t))$ der Laufzeit-Abhängigkeitsgraph zum Zeitpunkt t. Für die Menge der zum Zeitpunkt t vorhandenen Instanzen $V(t)$, gilt $V(t) \subseteq V$. Zum Zeitpunkt t werden nur bestimmte Dienste aufgerufen, so dass eine Menge der Abhängigkeiten $E(t)$ aktuell vorhanden ist. Für diese Menge gilt $E(t) \subseteq E$. Folglich stellt der Laufzeit-Abhängigkeitsgraph $G(t)$ einen Teilgraph vom statischen Abhängigkeitsgraphen G dar, $G(t) \subseteq G$. Dabei ist es offensichtlich, dass für die Gewichtung eines Laufzeit-Abhängigkeitsgraphen zum Zeitpunkt t, $W(t)$ gilt $W(t) \leq W_{static}$ (siehe Formel 7.3).

Bei p parallelen Ausführungssequenzen zum Zeitpunkt t ergibt sich das Gesamtgewicht:

$$W(t) = \sum_{m=1}^{p} W_m(t) \tag{8.7}$$

Dabei ist $W_m(t)$ die Gewichtung des Laufzeit-Abhängigkeitsgraphen der m-ten Sequenz zum Zeitpunkt t. Abgebildet auf dem System-Laufzeitzustand S_{rt} (siehe Definition 7.7.4) zum Zeitpunkt t, ist $\|E_{rt}\| = p$ und $I_{rt} \cup J_{rt} = V(t)$. Dabei ist E_{rt} die Menge der aktiven Ausführungen, I_{rt} die Menge der aufrufenden und J_{rt} die Menge der aufgerufenen Komponenteninstanzen.

Da $W_m(t) \leq W_{static}$, für jeden Zeitpunkt t, ist es offensichtlich, dass eine Berücksichtigung der Laufzeit-Abhängigkeitsgraphen eine Reduzierung der Abhängigkeiten bzw. Gewichtungen gegenüber eines p-fachen statischen Abhängigkeitsgraphen, $W_{p_{static}}(t) = p \times W$ ermöglicht (siehe Formel 7.5). Folglich ist $W(t) \leq W_{p_{static}}$.

Die differenzierte dienstbezogene Berechnung der Gewichtungen sieht folgendermaßen aus:

$$W(t) = \sum_{j=1}^{n} \sum_{i=1}^{n} W_{ij}(t) \tag{8.8}$$

mit

$W(t)$ als die Gewichtung eines Laufzeit-Abhängigkeitsgraphen zum Zeitpunkt t.

$W_{ij}(t)$ als die Gewichtung aller Dienste (benötigt von der Komponente i und angeboten durch die Komponente j) zum Zeitpunkt t.

$$W_{ij}(t) = \sum_{k=1}^{p} W_{ijk}(t) \tag{8.9}$$

$$W_{ijk}(t) = \frac{R_{ijk}(t)}{O_{ijk}(t)} \cdot I_{ijk}(t) \tag{8.10}$$

mit

$R_{ijk}(t)$ als die Anzahl der Anfragen für den Dienst k (benötigt von der Komponente i und angeboten von der Komponente j) zum Zeitpunkt t.

$O_{ijk}(t)$ als die Anzahl der Angebote (z.B. mögliche Anzahl der Instanzen, die den Dienst anbieten) für den Dienst k (benötigt von der Komponente i und angeboten von der Komponente j) zum Zeitpunkt t. Wichtig an dieser Stelle ist, dass nur verfügbare und korrekt funktionierende Komponenten betrachtet werden! Deshalb auch die Annahme $O_{ijk}(t) \geq 1$.

$I_{ijk}(t)$ als der Wichtigkeitsfaktor (*importance factor*) des Dienstes k (benötigt von der Komponente i und angeboten von der Komponente j) zum Zeitpunkt t mit:

$$I_{ijk}(t) \begin{cases} = 1 & \text{für normale Dienste} \\ > 1 & \text{für wichtige Dienste} \end{cases}$$

Intuitiv betrachtet sollte die Wichtigkeit einen konstanten Wert haben. Es ist jedoch möglich, dass bestimmte Dienste zu bestimmten Tageszeiten unterschiedliche Wichtigkeit haben. Zum Beispiel, eine Datensicherung wird in der Regel zu ganz bestimmten Zeiten durchgeführt. Die dazu benötigten Dienste haben zu diesen Zeitpunkten eine deutlich höhere Wichtigkeit als zu Zeitpunkten, zu denen sie im Normalfall nicht benötigt werden.

Eine weitere Möglichkeit ist es, die Anzahl der Angebote in den Wichtigkeitsfaktor einfließen zu lassen, da je kleiner das Angebot, desto kritischer der Dienst. Es ist jedoch nur begrenzt möglich, das Angebot während der Laufzeit zu verändern, da dieses von der eingesetzten Technologie abhängig ist. Während bei einem Applikationsserver [JBo07, IBM07] der Pool der verfügbaren Instanzen dynamisch verwaltet werden kann, wird die maximale Anzahl der Instanzen bei einem Webserver (z.B. Tomcat von Apache [The08]) in der Regel in einer Konfigurationsdatei fest eingestellt.

8.5 Analyse der Benutzungsintensität des Systems

Die Analyse des Benutzungsmodells spielt eine wichtige Rolle bei der Bestimmung von relevanten Ausführungsszenarien und somit eine Beschleunigung der Analyse des Laufzeitverhaltens. Für die Bestimmung von minimalen Laufzeit-Abhängigkeitsgraphen spielt die Benutzungsintensität im System zusätzlich eine wichtige Rolle. Wie bereits in der Formel 8.7 definiert, ist die Anzahl der parallel aktiven Ausführungssequenzen zum Zeitpunkt t entscheidend zur Bestimmung des Gesamtgewichts eines Laufzeit-Abhängigkeitsgraphs für den gegebenen Zeitpunkt. Da verteilte komponentenbasierte Systeme in der Regel auch Mehrbenutzersysteme sind, ist die Existenz von parallelen Ausführungssequenzen der Regelfall. Gegenüber technischen Systemen, bei denen das Verhalten der Benutzer u.a. aus Sicherheitsgründen deterministisch sein sollte, ist es bei Web-basierten Systemen schwer eine Gesetz- und Regelmäßigkeit im Verhalten der Benutzer vorauszusetzen bzw. vorzuschreiben. Durch eine Analyse von Monitoringdaten [RHG+08] ist es jedoch möglich, für bereits eingesetzte Systeme Gesetzmäßigkeiten im Benutzungsverhalten bezüglich der Intensität zu erkennen und somit kurzfristige sog.

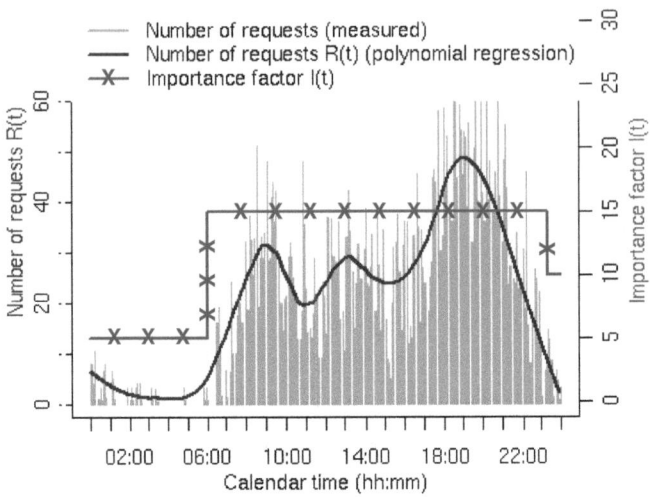

Abbildung 8.3: Gemessene Benutzungsintensität eines Dienstes [RHG+08]

Trendvorhersagen zu machen. Dabei kann für jeden Dienst die wechselnde Benutzungsintensität der Dienste im Laufe des Tages oder der Woche beobachtet werden. Eine Beispielverteilung ist in der Abbildung 8.3 dargestellt. Diese Abbildung enthält auch die Verteilung des Wichtigkeitsfaktors $I(t)$ des Dienstes, der in der Regel bei der Dienst-Spezifikation festgelegt wird.

Eine Durchführung der Laufzeit-Rekonfiguration zum Zeitpunkt t, zu dem eine minimale Gewichtung W_{ijk} eines Dienstes k gegeben ist, verursacht eine minimale Störung der Erreichbarkeit dieses Dienstes. Durch die Berücksichtigung des Wichtigkeitsfaktors jedes einzelnen Dienstes stellt ein minimales Gesamtgewicht $W(t)$ auch eine Metrik zur minimalen Störung der Erreichbarkeit des Gesamtsystems dar (siehe Abschnitt 8.8).

Die wechselnde Benutzungsintensität der Dienste, zusammen mit dem Wichtigkeitsfaktor, bestimmt die Gewichtung eines Dienstes, dargestellt in der Abbildung 8.4 (siehe Formel 8.10). Diese wird bei der Berechnung von gewichteten Abhängigkeitsgraphen und die Bestimmung von minimalen Laufzeit-Abhängigkeitsgraphen berücksichtigt (siehe Abschnitt 8.4).

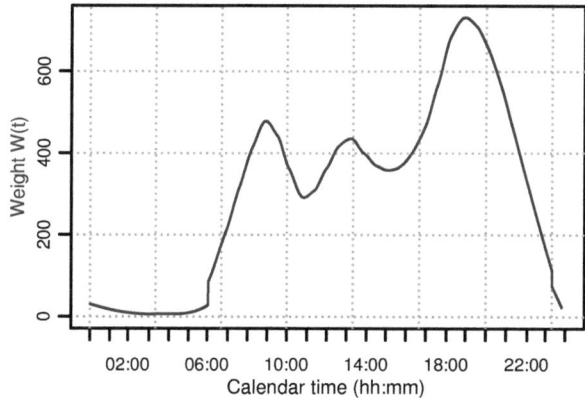

Abbildung 8.4: Berechnete Gewichtung eines Dienstes [RHG+08]

8.6 Szenariobasierte Bestimmung der minimalen Laufzeit-Abhängigkeitsgraphen

Eine Bestimmung der minimalen Laufzeit-Abhängigkeitsgraphen für eine angeforderte Rekonfiguration ist die Hauptanforderung des Optimierungsalgorithmus. Wie bereits in der Formel 8.3 prinzipiell festgelegt und im Abschnitt 8.4 detailliert berechnet und diskutiert, stellt die Gewichtung der Laufzeit-Abhängigkeitsgraphen die Metrik für die Störung $Interference_{rec}$ im System, verursacht durch eine Rekonfiguration zur Laufzeit. Abhängig davon, ob die Erreichbarkeit eines bestimmten Dienstes, einer Komponente oder des betroffenen Teilsystems optimiert werden soll, sind der gesuchte minimale Graph und der zu analysierende Teilgraph unterschiedlich. Die Vorgehensweise bei der Analyse des Systems bleibt jedoch analog. Der als optimal identifizierte System-Laufzeitzustand entspricht dann dem festgelegten minimalen Graph.

Um die Vorgehensweise zu verdeutlichen, wird an dieser Stelle nochmal die Beispielanwendung Duke's Bank Application aufgegriffen [MH07]. Als Rekonfigurationsauftrag wird der Auftrag, den Account Controller zu rekonfigurieren ($R = \{4\}$), betrachtet. Die Analyse dieses Auftrags im Abschnitt 8.2 hat keine Möglichkeit zur Reduktion der Menge der betroffenen Komponenten ergeben und somit die Notwendigkeit für weitere Analysen zusätzlich erhöht.

Als Beispielszenario wird das bereits im Abschnitt 7.7.2 beschriebene Ausführungsszenario *Erfolgreiches Geld Abheben* (siehe Abbildung 7.12 auf Seite 109)

132   8 Optimierung der Erreichbarkeit: Optimierungs- und Analysemodell

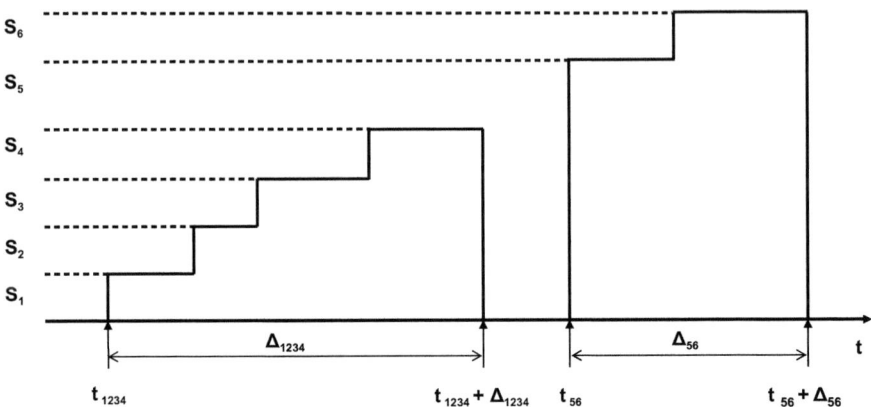

Abbildung 8.5: Zeitdiagramm des Beispielszenarios *Erfolgreiches Geldabheben*

genutzt. Der entsprechende Teil-System-Zustandsautomat befindet sich in der Abbildung 7.13 auf Seite 111. Dabei wurden den einzelnen Ausführungen die Zustände S_1 bis S_6 zugeordnet:

- S_1 = (getAccountOfCustomer, Web Client, Account Controller)
- S_2 = (getData, Account Controller, Database)
- S_3 = (getDetails, Web Client, Account Controller)
- S_4 = (getDetailedData, Account Controller, Data Base)
- S_5 = (withdraw, Web Client, Account Controller)
- S_6 = (updateData, Account Controller, Data Base)

Das Zeitdiagramm dieses Szenarios befindet sich in der Abbildung 8.5. Wie bereits im Abschnitt 7.7.4 beschrieben, ergeben sich unterschiedliche Laufzeit-Abhängigkeitsgraphen zu verschiedenen Zeitintervallen während der Ausführung dieses Szenarios. Idealerweise ist es möglich, einen Zeitintervall zu finden, in dem keine Abhängigkeiten von und zu der betroffenen Komponenten bestehen und die Rekonfiguration während dieses Zeitintervalls durchzuführen. In dem Beispiel wären das die Schritte 5 und 6 während des Zeitintervalls $[t_{56}, t_{56} + \Delta_{56}]$ (siehe Abbildung 8.6).

8.6 Szenariobasierte Bestimmung der minimalen Laufzeit-Abhängigkeitsgraphen

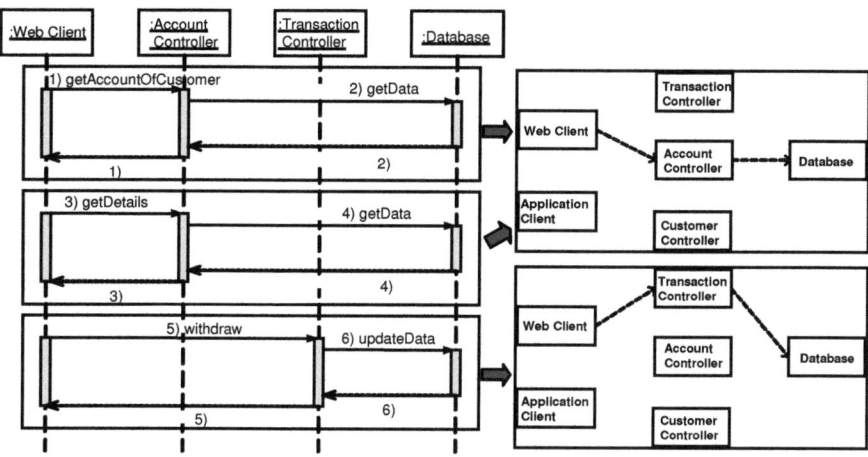

Abbildung 8.6: Szenariobasierte Laufzeit-Abhängigkeitsgraphen [MH07]

Für stark benutzte Komponenten in Mehrbenutzersystemen, was der Natur der Web-basierten Anwendungen entspricht, ist es allerdings schwierig bis unmöglich, solche Zeitintervalle zu finden, auch wenn sie im Systemverhalten möglich sind. Eine starke Benutzungsintensität erzeugt ständig „überlappende" Abhängigkeiten von und zu solchen Komponenteninstanzen und erschwert somit die Bestimmung eines *Null-Graphs*. Die Evaluation solcher Abhängigkeitsgraphen (siehe Kapitel 12) hat gezeigt, dass die Länge der festgestellten Zeitintervalle mit Null-Graphen schon bei einer mäßigen Lasterhöhung (10-20 parallele Benutzer) deutlich sinkt, was deren Erkennung zur Laufzeit als Startpunkt einer Laufzeit-Rekonfiguration erschwert. Es ist denkbar, dass bei einer sehr hohen Last von mehreren Tausend parallelen Benutzern diese Intervalle gar nicht mehr feststellbar sind. Dieses macht eine differenziertere Betrachtung der Laufzeit-Abhängigkeitsgraphen (wie im Abschnitt 8.4 beschrieben) notwendig, um die minimalen Laufzeit-Abhängigkeitsgraphen zu bestimmen.

Exemplarisch wird wieder das Beispielszenario für die Beispielanwendung betrachtet [MH07]. Dabei handelt es sich um den Dienst *withdrawAction*, der andere von ihm benötigte Dienste aufruft (siehe Tabelle 7.2 auf Seite 99). Unter Einsatz der Formel 8.10 kann folgende Gewichtung ausgerechnet werden:

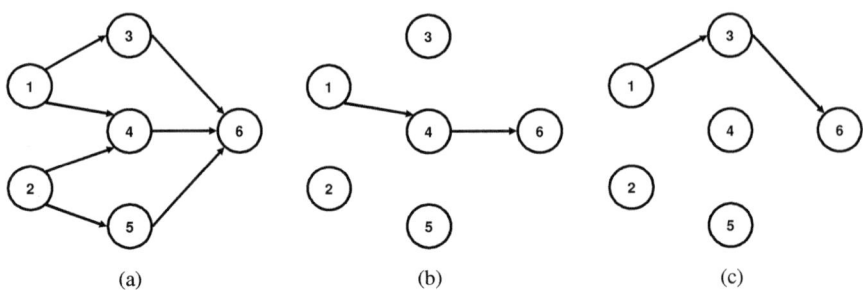

Abbildung 8.7: Statischer Abhängigkeitsgraph (a), Laufzeit-Abhängigkeitsgraph während des Zeitintervalls $[t_{1234}, t_{1234} + \Delta_{1234}]$ (b) bzw. $[t_{56}, t_{56} + \Delta_{56}]$ (c)

$$W(t) = W_{13}(t) + W_{14}(t) + W_{24}(t) + W_{25}(t) + W_{36}(t) + W_{46}(t) + W_{56}(t)$$
$$= R_{13}(t) \cdot I_{13}(t) + R_{14}(t) \cdot I_{14}(t) + R_{24}(t) \cdot I_{24}(t) + R_{25}(t) \cdot I_{25}(t) \quad (8.11)$$
$$+ R_{36}(t) \cdot I_{36}(t) + R_{46}(t) \cdot I_{46}(t) + R_{56}(t) \cdot I_{56}(t)$$

Diese Gewichtung entspricht der des statischen Abhängigkeitsgraphen (Siehe Abbildung 8.7 (a)).

Gegeben sei der Rekonfigurationsauftrag, den Account Controller zu rekonfigurieren und dabei sei kein Null-Graph feststellbar oder der Zeitintervall $[t_{56}, t_{56} + \Delta_{56}]$ ist extrem kurz. Auch in diesem sehr ungünstigen Fall ist es mit einer Beobachtung der Laufzeit-Abhängigkeitsgraphen möglich, Zeitintervalle mit einer möglichst geringen Gewichtung zu bestimmen, die, wie später im Abschnitt 8.8 gezeigt wird, einer höheren Erreichbarkeit entspricht.

Die Werte der maximalen zulässigen Anzahl der parallel aktiven Anfragen $R_{ij_{max}}$ und das minimale Angebot $O_{ij_{min}}$ sind in der Regel Teil der Lastspezifikation des Systems oder können durch Monitoring und/oder Analyse des Benutzungsprofils des Systems ermittelt werden. Durch Monitoring [Sch04] können auch die einzelnen Werte während der Laufzeit ermittelt werden. Angenommen, es sind die Werte dargestellt in der Tabelle 8.1. Dabei sind Δt_x und Δt_y zufällig gewählte Zeitintervalle. Im schlechtesten Fall *(worst case)* sind jeweils eine maximale Anzahl der Anfragen $R_{ij_{max}}$ bzw. ein minimales Angebot $O_{ij_{min}}$ gegeben.

Die entsprechenden maximalen Gewichtungen für den *worst case*, Δt_x und Δt_y können mit Einsatz der Formel 8.10 folgendermaßen berechnet werden:

Variable	worst case	Δt_x	Δt_y
R_{14}	20	16	4
R_{46}	25	20	10
O_{14}	1	8	2
O_{46}	1	5	5
I_{14}	5	5	4
I_{46}	10	5	1

Tabelle 8.1: Ermittelte Werte

$$W_{max} = W_{14_{max}} + W_{46_{max}} = \frac{R_{14_{max}} \cdot I_{14_{max}}}{O_{14_{min}}} + \frac{R_{46_{max}} \cdot I_{46_{max}}}{O_{14_{min}}} = 350 \qquad (8.12)$$

$$W_{\Delta t_x} = W_{14_{\Delta t_x}} + W_{46_{\Delta t_x}} = \frac{R_{14_{\Delta t_x}} \cdot I_{14_{\Delta t_x}}}{O_{14_{\Delta t_x}}} + \frac{R_{46_{\Delta t_x}} \cdot I_{46_{\Delta t_x}}}{O_{14_{\Delta t_x}}} = 30 \qquad (8.13)$$

$$W_{\Delta t_y} = W_{14_{\Delta t_y}} + W_{46_{\Delta t_y}} = \frac{R_{14_{\Delta t_y}} \cdot I_{14_{\Delta t_y}}}{O_{14_{\Delta t_y}}} + \frac{R_{46_{\Delta t_y}} \cdot I_{46_{\Delta t_y}}}{O_{14_{\Delta t_y}}} = 10 \qquad (8.14)$$

Das Beispiel zeigt, dass obwohl während der beiden Zeitintervalle Δt_x und Δt_y der Laufzeit-Abhängigkeitsgraph die gleichen Kanten aufweist, handelt es sich dabei um unterschiedlich starke Abhängigkeiten im System, die durch die unterschiedlichen Gewichtungen offensichtlich werden. Die Durchführung der angeforderten Rekonfiguration während des Zeitintervalls Δ_y würde eine niedrigere Störung im laufenden System verursachen und dadurch eine höhere Erreichbarkeit gewährleisten.

8.7 Zuordnung der Laufzeit-Abhängigkeitsgraphen zu den System-Laufzeitzuständen

Nachdem der minimale Laufzeit-Abhängigkeitsgraph G_{min} berechnet wurde, kann diesem der entsprechende System-Laufzeitzustand S_{opt} zugeordnet werden. Dabei ist die Anzahl der aktiven Ausführungen $E_{rt} = p$ und die Menge der involvierten Instanzen $I_{rt} \cup J_{rt} = V_{min}(t)$. Um diesen Zustand während der Laufzeit wiedererkennen zu können, ist es notwendig, bei der Bildung vom minimalen Graphen, die

136   8 Optimierung der Erreichbarkeit: Optimierungs- und Analysemodell

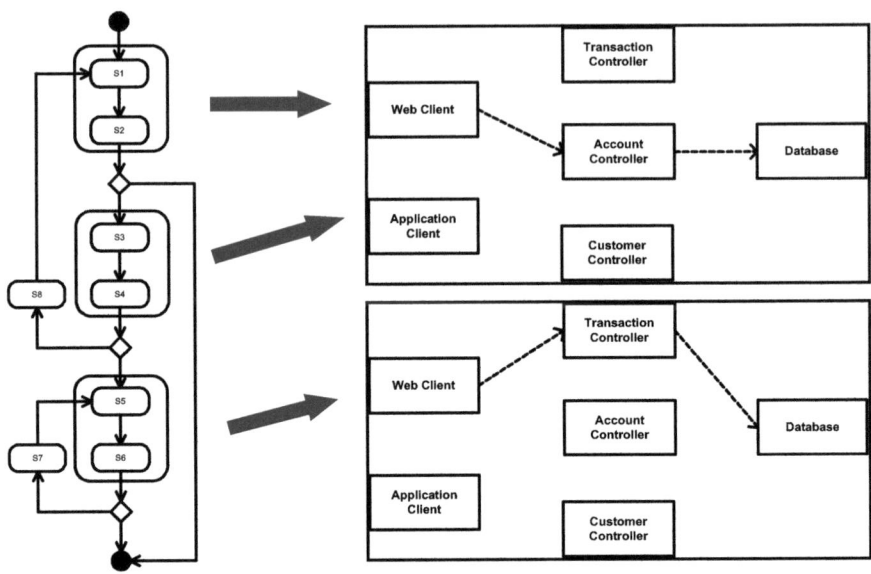

Abbildung 8.8: Reduktion der Systemzustände

aktiven Ausführungen zu registrieren. Jede Kante ij im Laufzeit-Abhängigkeitsgraphen bildet eine Dienstausführung ab und entspricht einer Ausführung e, die den aufgerufenen Dienst k, die aufrufende Komponenteninstanz i und die aufgerufene Komponenteninstanz j beinhaltet (siehe Abschnitt 7.7.2). Diese Information wird bei den Dienst-Effekt-Automaten zur Wiedererkennung des gesuchten Laufzeitzustands S_{opt} eingesetzt (siehe Abschnitt 8.10). Dabei ist es sinnvoll, mehrere nacheinanderfolgende Zustände, die gleiche Abhängigkeiten aufweisen, in einen Zustand mit einer höheren Gesamtdauer zusammenzufassen. Die Reduktion der Systemzustände verlängert die geeigneten Zeitintervale und verbessert somit die Möglichkeiten der Wiedererkennung des gesuchten Zustands zur Laufzeit (siehe Abschnitt 8.10). Eine entsprechende Reduktion der Zustände für den Teil-Systemzustandsautomaten aus der Abbildung 7.13 auf Seite 111 und einen Auftrag, den Account Controller zu rekonfigurieren ($R = \{4\}$), ist in der Abbildung 8.8 dargestellt.

8.8 Dienstbezogene Erreichbarkeit

Die Gewährleistung der kontinuierlichen Erreichbarkeit eines Dienstes stellt eine hohe Qualitätsanforderung an das System dar. Damit ein Dienst erreichbar ist, muss die Komponente, die ihn anbietet, sowohl verfügbar als auch reaktionsfähig sein (siehe Definition 3.5.19).

Sei A_{ijk} die Erreichbarkeit (*accessibility*) eines Dienstes k, benötigt von der Komponente i und angeboten von der Komponente j. Die Annahme, dass A_{ijk} einen konstanten Wert, der lediglich von der internen Struktur der Komponenten abhängt, haben kann, ist falsch [MH07]. Ein Dienst, wie mit den Dienst-Effekt-Automaten spezifiziert (siehe Abschnitt 7.7.1), ruft im Regelfall andere externe Dienste auf. Die interne Erreichbarkeit dieser Dienste beeinflusst die Erreichbarkeit des betrachteten Dienstes. Die Ausführungsumgebung hat eine eigene Erreichbarkeit, wie z.B. Erreichbarkeit von Ressourcen oder Verbindungen. Diese beeinflusst zusätzlich die Erreichbarkeit des betrachteten Dienstes. Unter Berücksichtigung aller Faktoren wird die Erreichbarkeit A_{ijk} wie folgt berechnet:

$$A_{ijk} = A_{ijk_{int}} \cdot A_{ijk_{ext}} \cdot A_{ijk_{env}} \tag{8.15}$$

mit

$A_{ijk_{int}}$ - Erreichbarkeit der internen Struktur des Dienstes k.

$A_{ijk_{ext}}$ - Erreichbarkeit der externen Dienste benötigt vom Dienst k.

$A_{ijk_{env}}$ - Erreichbarkeit der Ausführungsumgebung relevant für den Dienst k.

An dieser Stelle sei betont, dass für diesen Ansatz die Abhängigkeiten in der Erreichbarkeitsrelation eine Relevanz darstellen. Dieser Ansatz fokussiert nicht auf die Bestimmung oder die Vorhersage der beschriebenen Werte, sondern berücksichtigt lediglich deren Existenz. Der Fokus liegt vielmehr in der Auswirkung einer Rekonfiguration auf diese Werte. Zur Evaluationszwecken könnten Werte eingesetzt werden, die mit anderen Ansätzen wie [RSP03, Mus04] ermittelt wurden.

Betrachtet wird die Komponente i, die d Dienste von der Komponente j benötigt. Die Erreichbarkeit der Komponente j aus der Sicht der Komponente i ist folglich:

$$A_{ij} = \prod_{k=1}^{d} A_{ijk} \tag{8.16}$$

Die Erreichbarkeit eines Dienstes k kann während einer Rekonfiguration zur Laufzeit gestört werden. Es ist intuitiv nachvollziehbar, dass diese Störung zu verschiedenen Zeitpunkten unterschiedlich stark ausfallen kann und abhängig von der Benutzungsintensität des Dienstes ist. Im Idealfall existiert ein Zeitpunkt t_{opt}, zu dem der Dienst k nicht benötigt wird. Ein Austausch der Komponente i, die diesen Dienst anbietet, würde zu diesem bestimmten Zeitpunkt zu keiner Störung der Erreichbarkeit führen. Bei Mehrbenutzersystemen (wie z.b. Web-basierte Anwendungen) ist allerdings davon auszugehen, dass diese Zeitpunkte selten oder gar nicht auftreten. Deshalb ist eine differenziertere Betrachtung einer Beeinträchtigung während der Rekonfiguration sinnvoll.

Diese Arbeit setzt die in der Formel 8.10 definierte, zeitabhängige Gewichtung $W_{ijk}(t) \neq 0$ eines Dienstes k (angeboten durch die Komponente j und benötigt von der Komponenten i) als Störungsmetrik ein. Das führt zu folgender Formel zur Berechnung der Erreichbarkeit dieses Dienstes k zum Zeitpunkt t:

$$A_{ijk}(t) = \frac{A_{ijk}}{W_{ijk}(t)} \qquad (8.17)$$

Übertragen auf das Beispiel aus dem Abschnitt 8.6 können folgende Erreichbarkeiten ausgerechnet werden:

$$A_{worst} = \frac{A}{W_{max}} = 0,00286 \cdot A$$

$$A_{\Delta t_x} = \frac{A}{W_{\Delta t_x}} = 0,033 \cdot A$$

$$A_{\Delta t_y} = \frac{A}{W_{\Delta t_y}} = 0,1 \cdot A$$

Offensichtlich, auch bei einem sehr ungünstigen Szenario, ist es möglich einen Zeitintervall (in diesem Fall Δt_y) zur Durchführung einer angeforderten Rekonfiguration zu bestimmen, um eine höhere Erreichbarkeit zu gewährleisten.

Komponentenbezogen ist die Erreichbarkeit einer Komponente i aus der Sicht der Komponente j (bzw. die Erreichbarkeit aller Dienste benötigt von der Komponente i und angeboten von der Komponente j) zum Zeitpunkt t:

$$A_{ij}(t) = \prod_{k=1}^{p} \frac{A_{ijk}}{W_{ijk}(t)} \qquad (8.18)$$

Die Erreichbarkeit der Komponente i zum Zeitpunkt t benötigt von m Komponenten ist dann:

$$A_i(t) = \prod_{j=1}^{m} A_{ij} \qquad (8.19)$$

Es ist offensichtlich, dass die Bestimmung eines Zeitpunkts t mit einem minimalen Gewicht $W_{min}(t)$ zu einer möglichst hohen Erreichbarkeit führt. Dabei ist die Granularität der Komponenten entscheidend. Sollte ein Subsystem während der Rekonfiguration möglichst hoch erreichbar bleiben, wird dieses als Dienst betrachtet und dessen Gesamtgewicht berücksichtigt.

Für einen bestimmten Rekonfigurationsauftrag gilt folgende Schlussfolgerung: Die transitive Hülle $\tilde{G}_R^+$ eines Rekonfigurationsauftrags R mit der Menge von Komponenten V_{R+} enthält $r = |V_{R+}|$ Komponenten. Das Gesamtgewicht $W_R(t)$ nach Formel 8.8 ist:

$$W_R(t) = \sum_{j=1}^{r} \sum_{i=1}^{r} W_{ij}(t) \qquad (8.20)$$

Die Erreichbarkeit, des betroffenen Subsystems ist folglich (siehe Formel 8.17):

$$A_R(t) = \frac{A_R}{W_R(t)} \qquad (8.21)$$

Falls der Rekonfigurationsauftrag graphentheoretisch keine zusammenhängende Komponente darstellt, wird er in jeweils zusammenhängende Teilaufträge gesplittet (siehe Abschnitt 8.2). Die Vorgehensweise für jeden Teilauftrag ist analog.

8.9 Berücksichtigung der Dringlichkeit und Dauer der Rekonfiguration

Durch die Bestimmung der W_{min} kann theoretisch eine Maximierung der Erreichbarkeit erzielt werden. Um eine optimale Erreichbarkeit während einer Rekonfiguration zur Laufzeit zu erzielen, müssen jedoch weitere Faktoren bzw. Parameter berücksichtigt werden. Zum einen, abhängig von der Natur des Rekonfigurationsauftrags (korrektiv oder progressiv, siehe dazu Einführung zum Teil 6), kann dieser unterschiedlich dringend sein. Zum anderen, hängt die Dringlichkeit einer Rekonfiguration von den vertraglich festgelegten Wartungsreaktionszeiten bzw. Reparaturzeiten ab. Diese Dringlichkeit fließt als Parameter in die Analyse ein. Sie wird als Zeitintervall $\Delta t_{reaction}$ zwischen dem Zeitpunkt des Eintreffens eines Auftrags t_{in} bis zum Zeitpunkt des Erfüllens dieses Auftrags t_{out} definiert:

$$\Delta t_{reaction} = t_{out} - t_{in} \qquad (8.22)$$

Aus der Sicht der Verfügbarkeit (siehe Abschnitt 3.5.2), könnte die mittlere $\Delta t_{reaction}$ mit der $MTTR$ verglichen werden. Offensichtlich trägt eine Verringerung der Reparaturzeit zur Erhöhung der Verfügbarkeit bei. Da diese Arbeit eine transaktionsgesicherte Rekonfiguration zur Laufzeit vorstellt, wird die volle mögliche Verfügbarkeit während der Rekonfiguration gewährleistet, da es keine rekonfigurationsbedingte Ausfallszeit gibt und dadurch keine Erhöhung der $MTTF$. Es gibt lediglich ein Zeitintervall $\Delta t_{reaction}$, in dem die Erreichbarkeit gestört wird. Eine möglichst geringe Störung der Erreichbarkeit unter Einhaltung der vertraglich festgelegten Reaktionszeiten ist dabei das Hauptziel der Optimierung.

$\Delta t_{reaction}$ beinhaltet die Dauer der Laufzeitanalyse des Systems $\Delta t_{analysis}$ und die Dauer der Rekonfiguration $\Delta t_{reconfiguration}$:

$$\Delta t_{reaction} = \Delta t_{analysis} + \Delta t_{reconfiguration} \qquad (8.23)$$

Offensichtlich stellt die Präzision einer Analyse bzw. die Wiedererkennung eines analytisch bestimmten Zustands während einer Rekonfiguration eine widersprüchliche Anforderung zu der Dringlichkeit der Rekonfiguration dar. Durch eine Trennung der Analyse des Laufzeitverhaltens und die Bestimmung optimaler Laufzeitzustände von der Wiedererkennung dessen zur Laufzeit, kann dieses Problem gelöst werden. Dabei kann die Analyse während des normalen Betriebs des Systems durchgeführt werden. Dadurch kann das ganze $\Delta t_{analysis}$ für die Wiedererkennung zur Laufzeit genutzt werden.

Die Dauer der Rekonfiguration $\Delta t_{reconfiguration}$ ist sowohl vom Rekonfigurationsauftrag als auch von der Ausführungsumgebung abhängig. Beispielsweise hat der Austausch einer EJB in einem JBoss Applikationserver (siehe Abschnitt 11.1) eine Dauer von wenigen *ms*.

Eine störungsfreie Rekonfiguration zur Laufzeit kann durchgeführt werden, wenn zur Systemlaufzeit innerhalb der $\Delta t_{analysis}$ ein Systemzustand S_{opt} mit $W_{min} = 0$ und Dauer $\Delta t_{S_{opt}} \geq \Delta t_{reconfiguration}$ wiedererkannt werden kann.

8.10 Wiedererkennung des optimalen Zustandsraums zur Laufzeit

Das Hauptziel dieses Ansatzes ist das Erreichen einer möglichst geringen Störung während der Rekonfiguration eines Systems. Wie bereits beschrieben, durch Analyse des Laufzeitverhaltens des Systems (Abschnitt 8.4) und unter Berücksichti-

8.10 Wiedererkennung des optimalen Zustandsraums zur Laufzeit

gung der relevanten Parameter (Abschnitt 8.1), kann pro Rekonfigurationsauftrag ein (oder mehrere) optimaler System-Laufzeitzustand S_{opt} bestimmt werden, indem eine Rekonfiguration zur Laufzeit unter minimaler Störung bzw. maximaler Erreichbarkeit der Systemdienste durchgeführt wird.

Da es sich um eine Rekonfiguration zur Laufzeit handelt, ist es notwendig, die analytisch bestimmten, potentiell optimalen Zustandsräume zur Laufzeit wiederzuerkennen bzw. für die nahe Zukunft vorherzusagen. An dieser Stelle wird die Information aus der Dienst-Effekt-Spezifikation (siehe Abschnitt 7.7.1) genutzt [MMHR03].

Formal notiert: sei Req_c das Bedarfsprotokoll der Komponente c, dargestellt als endlicher Bedarfsautomat, der eine entsprechende formale Sprache generiert. Angenommen, $u_{S_{opt},T}(c)$ ist die Menge der Komponenten, die im Systemzustand $S = (S_1, \cdots, S_n)$ die Komponente c für eine Dauer von T (z.B. die nächsten 200 ms) benutzen. Dieser Systemzustand beinhaltet alle zum beobachteten Zeitpunkt aktiven Ausführungen im System e_k mit c als aufgerufene Komponenteninstanz und dadurch die Zustände S_i der einzelnen aufrufenden Komponenteninstanzen i.

Die Vorgehensweise bei der Wiedererkennung/Vorhersage dieses optimalen Zustands S_{opt} wird im Folgendem erläutert.

1. Für jede betroffene Komponente c_i, wird unter Nutzung deren Bedarfsprotokolls, die Sprache $L_{S_i}(Req_{c_i})$ berechnet. $L_{S_i}(Req)$ definiert die Sprache, generiert durch den Automaten Req, mit dem Anfangszustand S. Zu einem bestimmten Zeitpunkt während der Laufzeit ist es möglich, den Automaten zu einem anderen Zustand zu betreten. Demzufolge wird an dieser Stelle ein Automat $\hat{Req}$ benutzt, welcher zwar identisch mit Req ist, jedoch einen anderen Startzustand haben kann. Deshalb ist $L_{S_i}(Req) = L(\hat{Req})$.

2. Als nächstes wird die Information über die zeitliche Ordnung einbezogen. Im Idealfall kann davon ausgegangen werden, dass eine Funktion f, die den Verbleib in den Zuständen auf positive reale Zahlen abbildet, vorhanden ist. Dabei ist $f(S_i)$ die Dauer des Zustands S_i. Dieser Ansatz hat die Spezifikation eines Zeitverhaltens nicht als Schwerpunkt. Für diesen Zweck könnten annotierte Message Sequence Charts eingesetzt werden (wie z.B. in Real-Time UML [Dou99]).

3. Jedes Symbol w_i von jedem Wort $w := w_0 \cdots w_l \in L_{S_i}(Req)$ kann mit der Zeit, die der Automat braucht, um es zu lesen, annotiert werden. Dazu kann f benutzt werden. Beginnend mit 0 vom Anfangszustand, bekommt man $w = w_0^0 w_1^{t_1} ... w_l^{t_l}$ mit $t_i \in \mathbf{R}$ und $t_i < t_j, i < j$. Die Menge $L_{S,T}(x)$ enthält für jedes Wort $w \in L_{S_i}(R)$ den maximalen Prefix, der in dem Zeitin-

tervall T akzeptiert werden kann. Das heißt: Innerhalb des Zeitintervalls T wurde die Bearbeitung des letzten Zeichens vom p_w gestartet. Formal: $p_w := w_0^0 w_1^{t_1} \cdots w_k^{t_k} w_{k+1}^{t_{k+1}}$ bei $t_k < T$ und $t_{k+1} > T$ (für $k+1 \leq l$). Das bedeutet, die Menge $L_{S,T}(c)$ beinhaltet alle Aufrufsequenzen, die die Komponente c vom Zustand s aus entsprechend ihres Bedarfsprotokolls innerhalb des Zeitintervalls T voraussichtlich durchführen wird, um externe Dienste aufzurufen. Da die Aufrufsequenzen deren beteiligten Komponenteninstanzen beinhalten, kann vorhergesagt werden, welche Komponenteninstanzen ab einem Zeitpunkt t für einen Zeitintervall T beteiligt sein werden. Diese Menge der Komponenteninstanzen ist das Ergebnis einer Projektion Pi, der Sequenzen von externen Dienstaufrufen auf Komponenten, die diese Dienste entsprechend deren Angebotsschnittstelle anbieten. Technisch ist dieses durch Bildung von Laufzeit-Abhängigkeitsgraphen aus Sequenzdiagrammen realisierbar.

4. Letztendlich kann die Menge $u_{S,T}(x)$ aller Komponenteninstanzen berechnet werden, die c in dem Zustand S für den Zeitintervall T benötigen könnten. Dafür müsste für jede andere Komponente c_i geprüft werden, ob $c \in \Pi(L_{S_i,T}(c_i))$. Die Menge $\{c_i | c \in \Pi(L_{S_i,T}(c_i))\}$ ist das gesuchte Ergebnis $u_{S,T}(c)$.

5. Schließlich muss noch geprüft werden, ob $u_{S,T}(c) = u_{S_{opt},T}(c)$ und damit der gesuchte Zustand erkannt wurde.

Da es sich um eine Rekonfiguration zur Laufzeit handelt, ist eine quasi Echtzeit-Wiedererkennung des optimalen Zustands unter Monitoring möglich, wenn dieser auf minimale Laufzeit-Abhängigkeitsgraphen abgebildet wird. Die algorithmische Vorgehensweise ist in der Abbildung 8.10 auf Seite 148 dargestellt und im folgenden Kapitel näher beschrieben.

8.11 Approximativer Algorithmus zur Optimierung der Erreichbarkeit

In diesem Abschnitt wird die Vorgehensweise zur Bestimmung eines Zustandsraums, der während einer Rekonfiguration zur Laufzeit zu einer maximal möglichen Erreichbarkeit des zu rekonfigurierenden Systems führt, beschrieben. Wie bereits im Abschnitt 8.8 diskutiert, können die maximale Erreichbarkeit bzw. die minimale Beeinträchtigung, abhängig von den Anforderungen an eine Rekonfiguration, unterschiedlich definiert werden. Dadurch ergeben sich unterschiedliche Ziele

8.11 Approximativer Algorithmus zur Optimierung der Erreichbarkeit 143

für die Analyse des Laufzeitverhaltens. Genauer gesagt: Es werden unterschiedliche Laufzeit-Abhängigkeitsgraphen als minimal definiert. Bei der Bestimmung der Zustandsräume mit minimalen Abhängigkeitsgraphen spielt die Berücksichtigung der Dauer und Dringlichkeit der Rekonfiguration zusätzlich eine wichtige Rolle. Die Einbeziehung einer Vorhersage des Laufzeitverhaltens wirkt sich wiederum auf die Vorgehensweise bei der Wiedererkennung des analytisch bestimmten Zustandsraums aus und wurde im Abschnitt 8.10 detaillierter betrachtet.

Da es sich bei dem Problem um ein $\mathbb{NP}$-vollständiges Minimierungsproblem handelt, ist eine Garantie einer optimalen Lösung für alle Ausprägungen in polynomialer Zeit aus praktischen Gründen eine unrealistische Bedingung. Stattdessen wird an dieser Stelle ein approximativer Algorithmus [Pis95a, Pis95b] vorgestellt.

Ein Minimierungsproblem wird im Folgenden nach [Tur04] definiert.

Definition 8.11.1 (Optimierungsproblem)
Ein *Optimierungsproblem* P ist ein *Minimierungs-* oder *Maximierungsproblem*, das aus drei Teilen besteht:

1. Eine Menge $\mathscr{A}_P$ von Ausprägungen von P und eine Längenfunktion l, die jedem $a \in \mathscr{A}_P$ eine natürliche Zahl zuordnet; $l(a)$ ist die Länge von a.

2. Für jede Ausprägung $a \in \mathscr{A}_P$ eine Menge $\mathscr{L}_P(a)$ von zulässigen Lösungen von a.

3. Eine Funktion m_P, welche jeder Lösung $L \in \mathscr{L}_P(a)$ eine positive Zahl $m_P(L)$ zuordnet, den Wert der Lösung L. Ein *Minimierungsproblem* P besteht nun darin, zu einer Ausprägung $a \in \mathscr{A}_P$ eine Lösung $L \in \mathscr{L}_P(a)$ zu finden, die für die $m_P(L)$ minimal ist.

Definition 8.11.2 (approximativer Algorithmus)
Ein *approximativer Algorithmus* A für ein Optimierungsproblem P ist ein polynomialer Algorithmus, der jeder Ausprägung $a \in \mathscr{A}_P$ eine zulässige Lösung aus $\mathscr{L}_P(a)$ zuordnet. Mit $A(a)$ wird der Wert der Lösung, die Algorithmus A für die Ausprägung a liefert, bezeichnet. Der Wert einer optimalen Lösung aus $\mathscr{L}_P(a)$ wird mit $OPT(a)$ bezeichnet.

Ein Kriterium für die Güte eines approximativen Algorithmus ist der *absolute Fehler*:

$$|OPT(a) - A(a)|$$

Übertragen auf das Problem in dieser Arbeit, könnte eine komplett störungsfreie Rekonfiguration zur Laufzeit als $OPT(a)$ betrachtet werden. Eine Störung, die entsprechend der statischen Abhängigkeiten im System entspricht, ist als Metrik für die untere Schranke zu verstehen, wenn der im Folgenden vorgestellte Algorithmus schlecht arbeitet:

1. Der Rekonfigurationsauftrag wird in zusammenhängende Teilgraphen geteilt.
2. Von jedem Teilgraph wird die transitive Hülle berechnet und somit die betroffenen Teilsysteme eingegrenzt.
3. Relevante Szenarien werden erkannt.
4. Minimale Laufzeitabhängigkeiten und dessen Dauer werden bestimmt.
5. Dauer der Rekonfiguration wird als Einschränkung der geeigneten Laufzeit-Abhängigkeitsgraphen berücksichtigt.
6. Geeignete Laufzeit-Abhängigkeitsgraphen werden den Szenarien zugeordnet.
7. In den Szenarien werden die minimalen Laufzeit-Abhängigkeitsgraphen den optimalen System-Laufzeitzustände zugeordnet.
8. Die analytisch bestimmten Laufzeitzustände werden zur Laufzeit wiedererkannt und als Startzeitpunkt der Rekonfiguration erklärt.
9. Abhängig von der Dringlichkeit der Rekonfiguration wird ein zulässiger maximaler Wert der Störung festgelegt, da evtl. nicht auf den optimalen Zustand gewartet werden kann.

Die Vorgehensweise kann in zwei Teilprozesse unterteilt werden: (1) *offline*-Analyse des Systems als Vorbereitung zur Rekonfiguration und (2) *online*-Analyse zur Durchführung einer Rekonfiguration zur Laufzeit (siehe Kapitel 12). Die *offline*-Analyse kann unabhängig von einem aktuellen Rekonfigurationsauftrag stattfinden. Sie wird eingesetzt, um mögliche minimale Laufzeit-Abhängigkeitsgraphen für verschiedene potentielle Rekonfigurationsaufträge zu bestimmen. Die Ergebnisse der *offline*-Analyse werden von der *online*-Analyse bei einem aktuellen Rekonfigurationauftrag verwendet, um die Zustände mit minimalen Laufzeitabhängigkeiten zur Laufzeit wiederzuerkennen.

Der Algorithmus kann auch in Pseudo-Code dargestellt werden. Dabei wird zur Vereinfachung die mögliche unterschiedliche Kantengewichtung (wie bereits im Abschnitt 8.4 diskutiert) nicht berücksichtigt. Es wird angenommen, dass der minimale Graph, auch eine minimale Gewichtung hat. Die UML 2 Aktivitätsdiagramme in den Abbildungen 8.9 und 8.10 stellen die Vorgehensweise graphisch dar.

8.11 Approximativer Algorithmus zur Optimierung der Erreichbarkeit 145

Offline-Analyse des Systems zur Bestimmung des optimalen Zustands
1: **for** system *SYSTEM* **do** determine possible reconfiguration requests R_{SET};
2: **end for**
3: **for all** reconfiguration requests $R \in R_{SET}$ **do** determine $\forall R_i \in R$, where R_i is connected;
4: **end for**
5: **for all** R_i **do**
6:     compute $G_{R_i}^+$;
7:     **if** $(I \cup J) \cap V_{R_i} = \varnothing$ **then**
8:         save $A = (E, K, I, J)$;
9:     **end if**
10:     init $G_{min} = G_{R_i}^+, A_{min} = \varnothing$;
11:     **for all** system state s with $\Delta t_s \geq \Delta t_{reaction}$ **do**
12:         init $G_s = V_{R_i}, 0, W_s = 0$;
13:         **for all** $e = k, i, j \in E$ **do**
14:             $E_{G_s} = E_{G_s} \cup e_{ij}$;
15:             $W_s = W_s + W_{ij}$;
16:         **end for**
17:         **if** $G(s) \leq G_{min}$ **then** $G_{min} = G_s, A_{min} = A_s, W_{min} = W_s, s_{opt} = s$;
18:         **end if**
19:     **end for**
20:     **return** $G_{min}, A_{min}, W_{min}, s_{opt}$;
21: **end for**

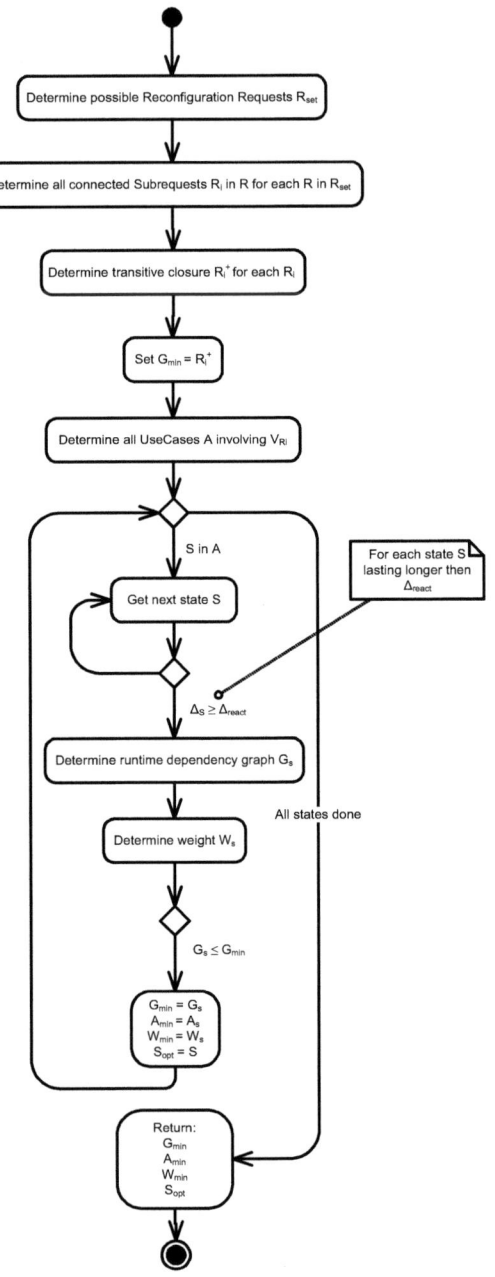

Abbildung 8.9: Offline-Analyse des Systems

8.11 Approximativer Algorithmus zur Optimierung der Erreichbarkeit

Online-Analyse des Systems zur Bestimmung des optimalen Startzeitpunkts für eine Rekonfiguration

1: init $t = 0$;
2: get reconfigurationRequest R;
3: **for all** R_i from offline Analysis **do**
4:     get $G_{R_i}^+$;
5:     get $A = (E, K, I, J)$;
6:     get $G_{min}, A_{min}, W_{min}, s_{opt}$;
7: **end for**
8: **while** $t \leq \Delta t_{analysis}$ **do**
9:     init $G(t) = (V_{R_i}, 0, W(t)) = 0$;
10:     **for all** $e(t) = (k, i, j) \in E$ **do**
11:         $E_{G(t)} = E_{G(t)} \cup e_{ij}$;
12:         $W(t) = W(t) + W_{ij}$;
13:         (or compare s with s_{opt} using SEFF);
14:     **end for**
15:     **if** $G(t) \leq G_{min} + \delta t_{allowedInterference}$ **then**
16:         **return** t as a $t_{reconfigurationStart}$;
17:     **end if**
18: **end while**
19: **return** $\Delta t_{analysis}$;

Bei der *online*-Analyse des Systems, wird, innerhalb der vertraglich festgelegten Analysezeit ($\Delta t_{analysis}$) unter Berücksichtigung der zulässigen Störung, ein günstiger Zeitpunkt für den Start der Rekonfiguration gesucht. Dadurch ist es offensichtlich, dass in bestimmten Fällen der, durch die *offline*-Analyse bestimmte, optimale Laufzeitzustand nicht „abgewartet" werden kann bzw. darf. In solchen Fällen ist es nicht möglich eine störungsfreie Rekonfiguration mit maximaler Erreichbarkeit zur Laufzeit durchzuführen. Durch die transaktionale Durchführung der Rekonfiguration zur Laufzeit (wie im Abschnitt 9.3 beschrieben), wird jedoch die volle Verfügbarkeit des Systems während der Rekonfiguration gewährleistet. Die Störung wird dann evtl. als leichte Zeitverzögerung wahrgenommen.

Alternativer Algorithmus

Eine alternative Vorgehensweise der Analyse befindet sich in der Abbildung 8.11. Die Darstellung auf einer Zeitachse dient dem besseren Verständnis. Betrachtet wird ein System zur Laufzeit. Ein Rekonfigurationsauftrag trifft zum Zeitpunkt t ein. Das System wird für die vorgegebene Dauer der Rekonfiguration $\Delta t_{reconfiguration}$ (im Bild δt) gescannt und dabei für jeden Slot der „schlechtes-

148 8 Optimierung der Erreichbarkeit: Optimierungs- und Analysemodell

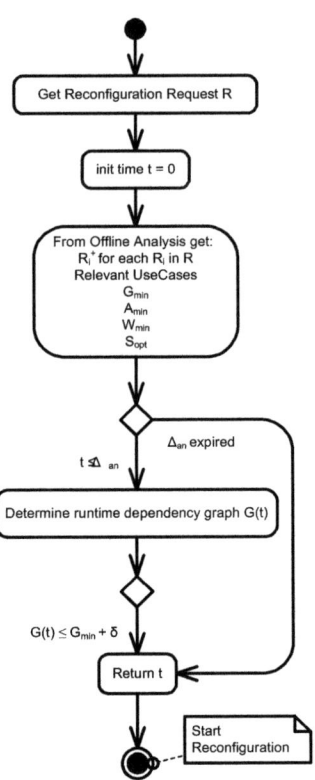

Abbildung 8.10: Online-Analyse des Systems

te" Laufzeit-Abhängigkeitsgraph ($G_{\delta t_{worst}}$) analytisch vorhergesagt. Dazu wird die Information aus den SEFFs genutzt, wie bereits im Abschnitt 8.10 beschrieben. Sobald ein $G_{\delta t_{worst}} \leq G_{min} + \delta$ vorhergesagt wurde, wird die Rekonfiguration gestartet. Falls das nicht der Fall ist, werden weitere Zustände analysiert. Dabei stellt δ die vertraglich geregelte Toleranz bezüglich der minimalen Störung dar. Die Dauer des Scanvorgangs ist auf $\Delta t_{analysis}$ beschränkt. Wenn die Rekonfiguration auf jeden Fall durchgeführt werden muss (z.B. zur Fehlerbeseitigung), wird sie spätestens nach $\Delta t_{analysis}$ gestartet und als Transaktion durchgeführt. Dadurch wird zwar keine maximale Erreichbarkeit der Dienste gewährleistet, jedoch bleibt die Verfügbarkeit des Systems erhalten.

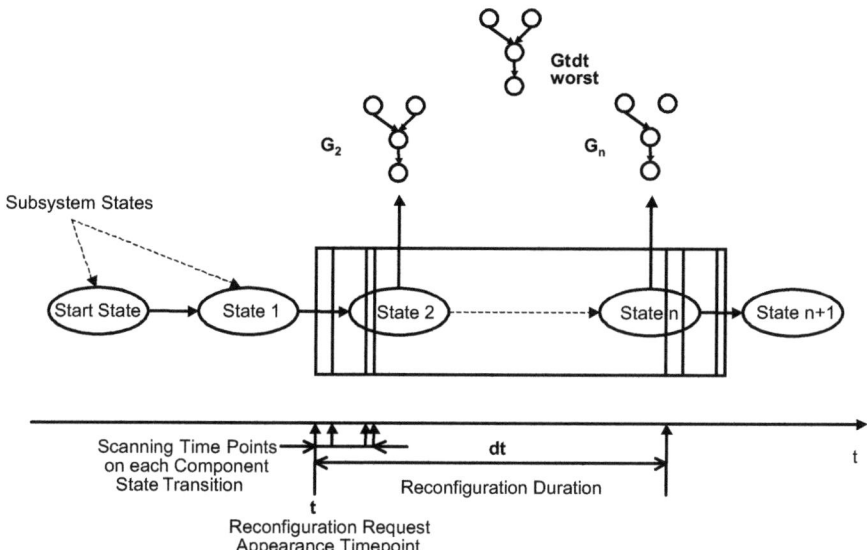

Abbildung 8.11: Alternativer Algorithmus durch Scannen der Systemzustände

8.12 Optimierte vs. nicht-optimierte Rekonfiguration

Eine Optimierung jedes Prozesses erzielt in der Regel einen Mehrwert bzw. eine Verbesserung bestimmter Eigenschaften des behandelten Systems. Zu gleichen Zeit erfordert sie einen Mehraufwand bzw. verursacht sie Zusatzkosten. Auch der in dieser Arbeit vorgestellte Optimierungsansatz verursacht durch die zusätzlichen Analysen des Systems einen Mehraufwand. Als Mehrwert wird eine Steigerung der Erreichbarkeit der Dienste im System erzielt.

An dieser Stelle wird gezeigt, dass durch den Ansatz der Optimierung die Erreichbarkeit der Dienste, sowohl gegenüber einer statischen Rekonfiguration als auch gegenüber gängigen Ansätzen zur Laufzeit-Rekonfiguration, gesteigert werden kann. Als Beispielanwendung dient die in Abschnitt 7.5 eingeführte Duke's Bank Application (siehe Abbildung 8.12). Zur Vereinfachung des Vergleichs wird angenommen, dass nur eine Komponente ausgetauscht werden soll, beispielsweise der Account Controller ($R = \{4\}$).

150   8 Optimierung der Erreichbarkeit: Optimierungs- und Analysemodell

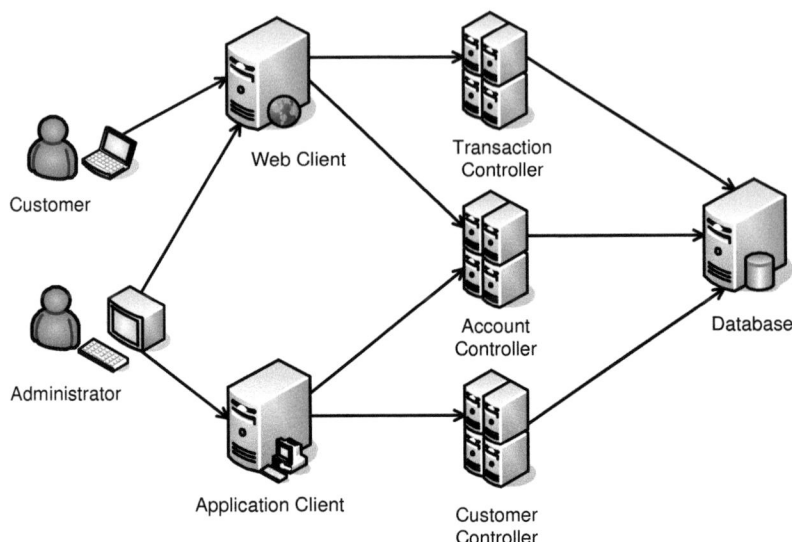

Abbildung 8.12: Duke's Bank Application: Komponentenabhängigkeiten

8.12.1 Statische Rekonfiguration

Bei einer statischen Rekonfiguration wäre es notwendig, das System herunter zu fahren bevor die Komponente ausgetauscht werden kann. Während des gesamten Prozesses ist keine Komponente verfügbar, folglich auch kein Dienst erreichbar (siehe Abbildung 8.13). Die mittlere Reparaturzeit $MTTR$ bzw. $\Delta t_{reaction}$ wäre dabei:

$$\Delta t_{static} = \Delta t_{shutdown} + \Delta t_{reconfiguration} + \Delta t_{startup} \quad (8.24)$$

und die Erreichbarkeit $A(t) = 0$ für die Dauer Δt_{static}.

8.12.2 Gängige Ansätze zur Laufzeit-Rekonfiguration

Bei den gängigen Ansätzen zur Laufzeit-Rekonfiguration (z.B. [BJC05]), werden statische Abhängigkeiten berücksichtigt, um die betroffenen und davon abhängige Teile des zu rekonfigurierenden Systems zu isolieren. Diese Vorgehensweise entspricht der Analyse des Rekonfigurationsauftrags in unserem Ansatz (siehe Abschnitt 8.2). Dabei wird sowohl das betroffene als auch die abhängigen Teilsys-

8.12 Optimierte vs. nicht-optimierte Rekonfiguration

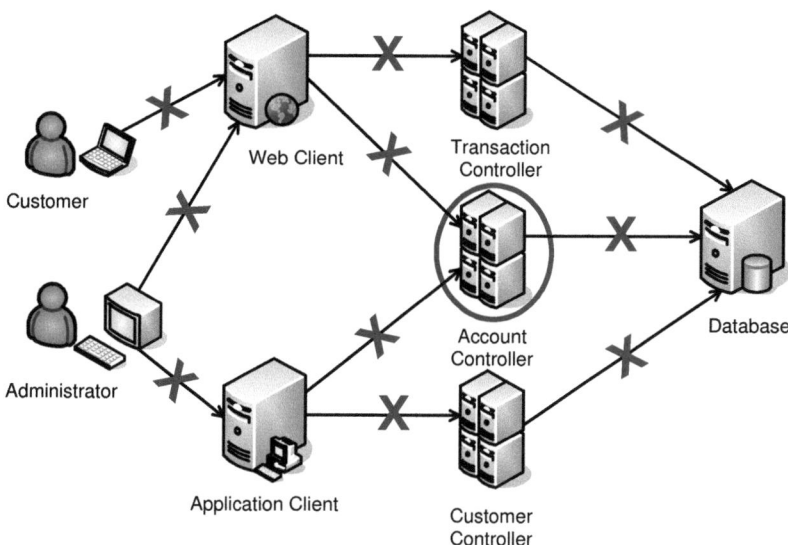

Abbildung 8.13: Erreichbarkeit während einer statischen Rekonfiguration

teme isoliert und angehalten bzw. gesperrt. Die ankommenden Aufträge werden in Warteschlangen aufbewahrt (siehe Abbildung 8.14). Nach dem Austausch des betroffenen Subsystems werden diese Warteschlangen abgearbeitet.

Die Reparaturzeit wäre in diesen Fällen, ähnlich wie im hier vorgestellten Ansatz:

$$\Delta t_{runtime} = \Delta t_{analysis} + \Delta t_{reconfiguration} \quad (8.25)$$

und die Erreichbarkeit für die Dauer $\Delta t_{runtime}$:

$$A_{\Delta t_{runtime}} = \frac{A}{W_{static}} \quad (8.26)$$

Die Analysezeit $\Delta t_{analysis}$ wäre in der Regel kürzer als die in diesem Ansatz benötigte, da nur statische Abhängigkeitsgraphen betrachtet werden. Da jedoch, wie bereits im Kapitel 8.4 gezeigt, die statischen Abhängigkeitsgraphen alle möglichen und nicht die tatsächlich zu erwartenden Abhängigkeiten betrachten, ist eine niedrigere Erreichbarkeit zu erwarten. Der Unterschied bei der Analysedauer relativiert sich zusätzlich bei häufig auftretenden Rekonfigurationsaufträgen bzw. bei bereits

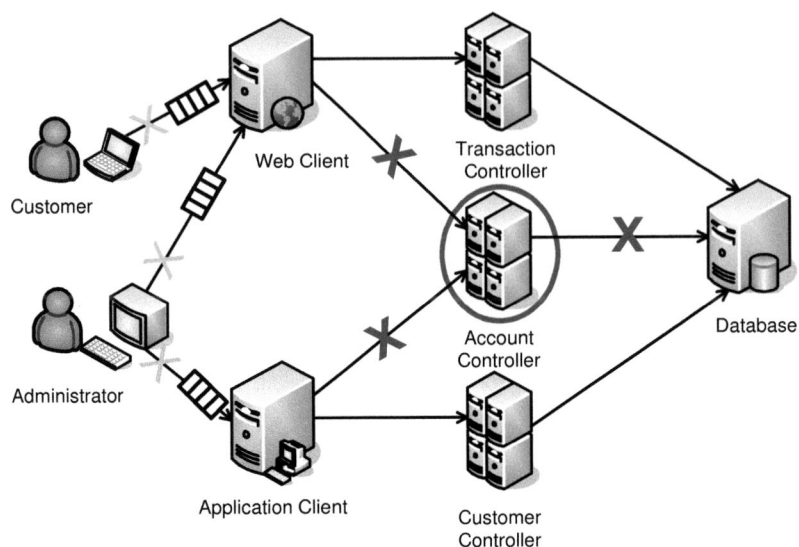

Abbildung 8.14: Erreichbarkeit während einer Laufzeit-Rekonfiguration (gängige Ansätze)

vorhandenen Daten zur Analyse des internen Laufzeitverhaltens des Systems. Dagegen ist das Zeitintervall $\Delta t_{reconfiguration}$ länger als das in diesem Ansatz benötigte. Die Beschränkung der Analyse auf statische Abhängigkeiten resultiert in der Regel in einem größeren Subsystem, das angehalten werden muss und dadurch auch eine größere Anzahl von Warteschlangen, die verwaltet werden müssen, da mehr Komponenten geblockt und isoliert werden müssen. Des Weiteren besteht die Gefahr, bei stark gekoppelten Komponenten, jedesmal das komplette System anhalten zu müssen, was letztendlich keine Vorteile bezüglich der Erreichbarkeit gegenüber einer statischen Rekonfiguration bringt und dabei einen technischen Mehraufwand erzeugt.

Bei dem Auftrag im aktuellen Beispiel ist es offensichtlich, dass eine klassische Vorgehensweise bei der Laufzeit-Rekonfiguration zur keiner Verbesserung der Erreichbarkeit der Dienste führen würde, da sowohl der Web Client als auch der Application Client vom Account Controller abhängig sind bzw. seine Dienste benötigen. Folglich müssten sie auch gesperrt werden. Aus Benutzersicht wäre die Erreichbarkeit der beiden Clients stark beeinträchtigt. Zusätzlich wäre es nötig, drei Warteschlangen zu verwalten. In diesem Fall ist es fraglich, ob diese Vorgehensweise gegenüber einer statischen Rekonfiguration Vorteile bringen würde.

8.12 Optimierte vs. nicht-optimierte Rekonfiguration

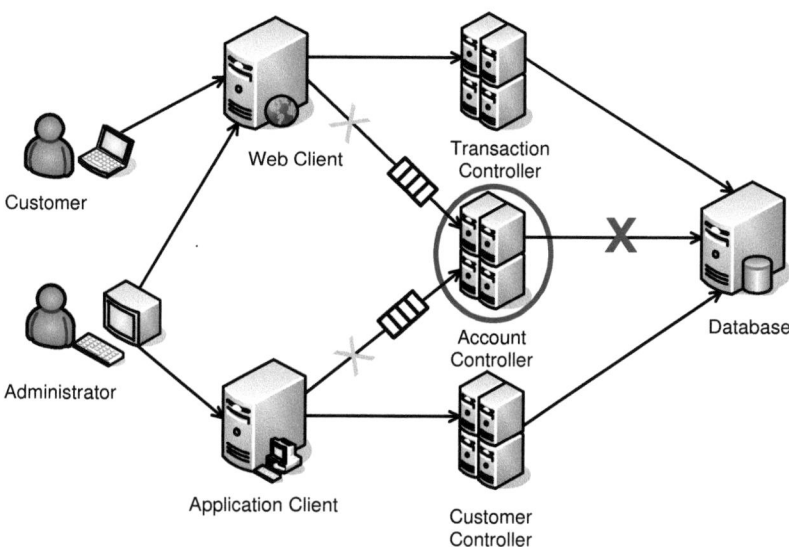

Abbildung 8.15: Erreichbarkeit während einer Laufzeit-Rekonfiguration (eigener Ansatz)

8.12.3 Eigener Ansatz zur Laufzeit-Rekonfiguration

Wie bereits in den vorangegangenen Kapiteln ausführlich beschrieben, wird in dieser Arbeit eine Optimierung der Erreichbarkeit durchgeführt. Dafür werden zusätzliche Analysen des internen Laufzeitverhaltens des Systems durchgeführt. Zusätzlich wird die Benutzungsintensität als externer Einfluss auf das Laufzeitverhalten berücksichtigt. Diese Analysen ermöglichen es, eine Laufzeit-Rekonfiguration unter minimaler Störung im System durchzuführen (siehe Abbildung 8.15).

Im Folgenden wird zusammengefasst auf die Vorteile dieses Ansatzes eingegangen. Dabei wird auf das Beispielszenario *Erfolgreiches Geld Abheben* (siehe Abbildung 7.12 auf Seite 109), den gegebenen Rekonfigurationsauftrag und damit beschriebenen Optimierungsschritte in den Abschnitten 8.2, 8.4, 8.5 und 8.6 Bezug genommen. Die Evaluation der Optimierung der Erreichbarkeit ist im Kapitel 12 detailliert beschrieben.

Mit der Analyse des Laufzeitverhaltens eines Systems ist es möglich, eine Ausführungssequenz bzw. einen Systemzustand (falls vorhanden) zu bestimmen, indem keine Abhängigkeiten von und zu den zu rekonfigurierenden Komponenten bestehen. Eine Berücksichtigung des Benutzungsprofils (siehe Abschnitt 8.3) bestimmt die relevanten Ausführungssequenzen und reduziert somit die zu analysierenden Ausführungssequenzen bzw. Zustände, was zur Beschleunigung der Analyse führt. Mit Einsatz der entsprechenden Dienst-Effekt-Spezifikation wäre es möglich vorherzusagen, ob es einen günstigen Zustand in naher Zukunft geben würde und denselben unter Monitoring wieder zu erkennen (siehe Abschnitt 8.10). Zur Vereinfachung der Wiedererkennung kann eine Reduktion der Systemzustände vorgenommen werden, wenn mehrere nacheinanderfolgende Zustände gleiche Abhängigkeiten aufweisen (siehe Abbildung 8.8 auf Seite 136). Zusätzlich muss berücksichtigt werden, dass die gängigen Web-Anwendungen von Natur aus als Mehrbenutzersysteme ausgelegt sind. Das bedeutet, dass zu jedem Zeitpunkt während der Systemlaufzeit mehrere Sequenzen von diesem Dienst oder von anderen Diensten parallel aktiv sein können. Betrachtet man, z.B. Monitoringdaten aus [RHG$^+$08], kann wechselnde Benutzungsintensität der Dienste im Laufe der Zeit beobachtet werden. Für jeden Dienst kann eine Verteilung beobachtet werden. Es ist offensichtlich, dass eine Rekonfiguration einer Komponente, die diesen Dienst anbietet, zum Zeitpunkt einer niedrigen Gewichtung des Dienstes, eine niedrigere Störung der Erreichbarkeit dieses Dienstes verursachen wird. An dieser Stelle spielt die Dringlichkeit der Rekonfiguration eine entscheidende Rolle. Sollte die Rekonfiguration sehr schnell durchgeführt werden, kann dies unter ungünstigen Umständen (hohe Benutzungsintensität zum Zeitpunkt des Eintreffens des Rekonfigurationsauftrags) zu einer höheren Beeinträchtigung der Erreichbarkeit führen. Jedoch bleibt sie mindestens so hoch wie bei den gängigen Ansätzen zur Laufzeit-Rekonfiguration, da der statische Abhängigkeitsgraph des Systems den *worst case* eines Laufzeit-Abhängigkeitsgraphen darstellt (siehe Kapitel 7.7.4).

Falls eine maximale Erreichbarkeit erforderlich ist, kann die Reparaturzeit (siehe Formel 8.27) länger werden als in den gängigen Ansätzen zur Laufzeit-Rekonfiguration, da $\Delta t_{optimisedAnalysis} \geq \Delta t_{analysis}$. Allerdings ist $\Delta t_{reconfiguration} \leq \Delta t_{optimisedReconfiguration}$, da die Menge der betroffenen Komponenten und somit der Sperren und Warteschlangen in der Regel kleiner, und im schlimmsten Fall, gleich der in den gängigen Ansätzen ist.

$$\Delta t_{optimisedRuntime} = \Delta t_{optimisedAnalysis} + \Delta_{optimisedReconfiguration} \qquad (8.27)$$

Dagegen ist die Erreichbarkeit $A_{optimised}(t) \geq A(t)$ für die gesamte Dauer der optimierten Rekonfiguration $\Delta t_{optimisedRuntime}$ (siehe Abschnitt 8.8), da wie bereits im Abschnitt 8.4 gezeigt, $W_{min}(t) \leq W_{static}$.

$$A_{optimised}(t) = \frac{A_R}{W_{min}(t)} \qquad (8.28)$$

9 Transaktionale Laufzeit-Rekonfiguration: Rekonfigurationsmodell

In diesem Kapitel wird der wissenschaftliche Beitrag zum Prozess der Rekonfiguration zur Laufzeit beschrieben. Das Konzept zur transaktionalen Durchführung einer Rekonfiguration zur Laufzeit unter Sicherung der Konsistenz und Erhaltung der vollen Verfügbarkeit des Systems während der Rekonfiguration bildet das sog. *Rekonfigurationsmodell*. Das Kapitel wird in folgende Abschnitte gegliedert:

Abschnitt 9.1 *(Lebenszyklusprotokoll auf Komponentenebene)* definiert ein notwendiges Protokollverhalten auf Komponentenebene als Voraussetzung für die transaktionale Durchführung einer Rekonfiguration zur Laufzeit. Ein kontrollierbares Verhalten der Komponenten ist insbesondere erforderlich, um eine Zustandskonsistenz des betroffenen Systems während der Rekonfiguration zur Laufzeit gewährleisten zu können.

Abschnitt 9.2 *(Laufzeitprotokoll auf Systemebene)* definiert ein notwendiges Protokollverhalten eines Systems während seiner Laufzeit als Voraussetzung für die transaktionale Durchführung einer Rekonfiguration. Um die Konsistenz des Gesamtsystems während einer Laufzeit-Rekonfiguration aufrecht zu erhalten, ist es nicht ausreichend, dass sich die Komponenten in fest definierten wiedererkennbaren Zuständen bewegen. Da die Rekonfiguration mehrere Komponenten betreffen kann, ist eine übergeordnete Zustandskontrolle auf Systemebene notwendig.

Abschnitt 9.3 *(Rekonfiguration als Transaktion)* beschreibt unsere transaktionale Vorgehensweise bei der Durchführung einer Laufzeit-Rekonfiguration. Es handelt sich dabei um eine sog. Änderungstransaktion, die vergleichbar mit geschachtelten Transaktionen aus der Datenbankterminologie ist. Ein wesentlicher Unterschied ist jedoch, dass eine Änderung der Anwendung bzw. Systemkonfiguration und nicht der Daten behandelt wird. Daraus ergeben sich auch Unterschiede in der Gewährleistung der ACID-Eigenschaften.

Abschnitt 9.4 *(Transaktionales Redeployment zur Laufzeit)* gibt einen Einblick in die technische Realisierung einer Rekonfigurationstransaktion. Es stellt eine Erweiterung der bestehenden Konzepte zum Redeployment dar (siehe Abschnitt 5.3.2). Das eigentliche Austauschen einer Komponente geschieht vorbereitet in einem definierten Zustand der Komponente und begleitet durch Konsistenzprüfungen und ist daher transaktional. Als Teil des Konzepts wird der Einsatz von Warteschlangen zur Erhaltung der vollen Verfügbarkeit des Systems während der Rekonfiguration beschrieben. Schließlich wird eine Formalisierung des Konzepts mittels Computational Tree Logic, unter Berücksichtigung des Lebenszyklusprotokolls auf Komponentenebene, vorgestellt.

Abschnitt 9.5 *(Plattformunabhängiger Rekonfigurationsmanager – PIRMA)* präsentiert die logische Architektur des Rekonfigurationssystems, das die transaktionale Durchführung einer Rekonfiguration zur Laufzeit ermöglicht. Der Rekonfigurationsmanager integriert zusätzlich die Analyse des Rekonfigurationsauftrags, beschrieben im Abschnitt 8.2 und die Optimierung der Erreichbarkeit durch szenariobasierte Bestimmung der minimalen Laufzeit-Abhängigkeitsgraphen, beschrieben im Abschnitt 8.6.

9.1 Lebenszyklusprotokoll auf Komponentenebene

Eine Rekonfiguration zur Laufzeit gefährdet potentiell die Integrität und die Konsistenz des betroffenen Systems (siehe Abschnitt 5.3.1). Um eine oder mehrere Komponenten zur Laufzeit austauschen zu können, ohne die Konsistenz des Systems nach außen sichtbar zu verletzen, ist es erforderlich ein kontrollierbares Verhalten sowohl auf Komponenten- als auch auf Systemebene zu definieren. Das Ziel in diesem Ansatz ist keine **ad-hoc-Rekonfiguration**, sondern eine transaktionale Durchführung der Rekonfiguration während fest definierten Zuständen. Folglich werden keine internen Zustände einer Komponente verletzt bzw. übertragen. Eine Rekonfiguration wird vorbereitet, in dem betroffene Komponenten erst nachdem sie einen „freien" Zustand erreicht hatten, isoliert und ausgetauscht werden. Das an dieser Stelle vorgestellte Lebenszyklusprotokoll [Mat09] definiert sog. externe Zustände einer Komponente. Ein Zustandswechsel ist außerhalb der Komponente feststellbar und bedeutet eine Veränderung der Kommunikation bzw. der Abhängigkeiten im System. Das Lebenszyklusprotokoll einer Komponente könnte als Abstraktion (eine Art Redeployment-Meta-Modell) eines Dienst-Effekt-Automaten (beschrieben in Kapitel 3.2 zur Komponentenspezifikation) verstanden werden. Es abstrahiert von den eigentlichen Dienstaufrufen und registriert lediglich, **dass** es Aufrufe gibt. Mit den Dienst-Effekt-Automaten ist es möglich, das Verhalten detaillierter zu analysieren und zu bestimmen, zu welchem Zustand

9.1 Lebenszyklusprotokoll auf Komponentenebene

während der Laufzeit es Aufrufe geben kann. Dadurch wird eine Analyse der Laufzeitabhängigkeiten möglich.

Im Prinzip folgen alle Komponentenmodelle (siehe Kapitel 3.3) unserem Lebenszyklusprotokoll, auch wenn die von uns definierten Zustände nicht immer explizit erkennbar sind. Für die Evaluation unseres Konzepts wurde die Java EE Technologie [Sun03c, Sun06a] verwendet. Diese bietet nur teilweise eine direkte Unterstützung dieses Lebenszyklusprotokolls (siehe Anhang 15.6), allerdings ist es möglich mit dem zusätzlichen Einsatz von Introspection und Java Management Extensions [Sun02c] es annähernd explizit zu erreichen (für Details siehe Evaluationskapitel 10).

Eine Komponente zur Systemlaufzeit (*lebende* bzw. *live* Komponente, (siehe Abschnitt 7.4)) kann sich in folgenden Lebenszyklus-Zuständen (Abbildung 9.1) befinden:

deployed Das ist der Startzustand der Betrachtung. Durch ein Deployment entsteht eine *lebende* Komponente.

free Die Komponente ist nicht aktiv, d.h. kein Dienst dieser Komponente wird ausgeführt und sie wird nicht von anderen Komponenten benutzt bzw. referenziert. In diesem Zustand befindet sich eine Komponente unmittelbar nach dem erfolgreichen Erst-Deployment, allerdings auch in drei weiteren Fällen: (1) nach einem erfolgreichen Redeployment, (2) nach einem abgelehnten Rekonfigurationsauftrag und (3) nach einer endgültig gescheiterten Rekonfiguration auf Systemebene. Alle während des Redeployments ankommenden Dienstaufrufe werden in einer Warteschlange gesammelt. Falls diese nicht leer ist, wechselt die Komponente in den Zustand *passive & used*. Als Endzustand nach einem abgelehnten Rekonfigurationsauftrag oder einer endgültig gescheiterten Rekonfiguration auf Systemebene, befindet sich die Komponente wieder in dem Startzustand ihres Lebenszyklusses. Ein Rekonfigurationsauftrag kann nach einer negativen Konsistenzprüfung (siehe Abschnitt 9.3) abgelehnt werden. Eine Rekonfiguration gilt als gescheitert, wenn die vom Rekonfigurationsmanager festgelegte maximale Anzahl der Rekonfigurationsversuche überschritten wurde.

active & not used Die Komponente ist aktiv, d.h. ein Dienst dieser Komponente wird ausgeführt, wird aber nicht von anderen Komponenten benutzt. Das könnte z.B. die Ausführung eines Folgedienstes bei einem asynchronen Aufruf sein und hängt vom Verhalten der Komponente ab (spezifiziert durch die Dienst-Effekt-Automaten im Abschnitt 7.7.1).

passive & used Die Komponente ist nicht aktiv, d.h. kein Dienst dieser Komponente wird ausgeführt. Sie wird von anderen Komponenten benutzt, was bedeutet, dass entweder eine Referenz auf sie besteht oder ein Dienst dieser Komponente implizit aufgerufen wird aber noch nicht gestartet wurde. Dieser Zustand wird auch nach einem erfolgreichen Redeployment mit Warteschlange erreicht((siehe Abbildung 9.2)).

active & used Die Komponente ist aktiv, d.h. ein Dienst dieser Komponente wird ausgeführt und sie wird gleichzeitig von anderen Komponenten benutzt (vorhandene weitere Referenzen oder Dienstaufrufe).

blocked / ready to change Der Rekonfigurationsauftrag wurde vom Rekonfigurationsmanager geprüft und angenommen (siehe Abschnitt 9.5). Die Komponente ist „eingefroren" und sie kann verändert werden. Alle ankommenden Anfragen an sie von außen werden in eine Warteschlange aufbewahrt und suspendiert, d.h. sie werden in einen Wartezustand versetzt. Dadurch wird für den Benutzer Transparenz erreicht. Die Rekonfiguration wird im schlimmsten Fall als eine leichte Zeitverzögerung wahrgenommen.

redeploying Während dieses Zustands wird bei einem Redeploymentversuch in der Regel der Byte-Code der Komponente ausgetauscht und sie ist nicht verfügbar. Nachdem die Änderung vorgenommen wurde, kann das Redeployment vom Rekonfigurationsmanager bestätigt werden und die Blockade auf diese Komponente aufgelöst werden. Sollte die Rekonfiguration gescheitert sein, wechselt die Komponente in den Zustand *restoring*.

restoring In diesem Zustand findet eine Wiederherstellung des alten Byte-Code der Komponente nach einem gescheiterten Rekonfigurationsversuch im System statt. Während dieses Zustands ist die Komponente nicht verfügbar. Die Anzahl der Wiederherstellungsversuche darf die vom Rekonfigurationsmanager festgelegte maximale Anzahl der Rekonfigurationsversuche nicht überschreiten. Die Vorgehensweise bei der Wiederherstellung ist abhängig von der Form der Abwicklung der Rekonfigurationstransaktion (*offen-* vs. *geschlossen-geschachtelte Transaktion* (siehe Abschnitt 9.3)).

undeployed Der Endzustand nach einem erfolgreich durchgeführten Auftrag zum Löschen der Komponente. Damit endet der Lebenszyklus einer Komponente.

Die Zustandsübergänge ermöglichen eine schrittweise Passivierung der Komponenten. Folglich kann ein Zustandsübergang zum Zustand *blocked* nur aus dem

9.1 Lebenszyklusprotokoll auf Komponentenebene

Zustand *free* erreicht werden. Das ist wichtig für die Sicherung der Konsistenz während der Rekonfiguration. Der Byte-Code einer Komponente kann nur ausgetauscht werden, wenn alle ihrer lebenden Komponenten (Instanzen) sich im Zustand *blocked/ready to change* befinden (siehe Abschnitt 9.4).

Dieses Protokoll stellt eine Idealvorstellung dar. Es setzt voraus, dass ein Zustand *free* erreicht werden kann. In einem realen Mehrbenutzersystem (z.B. eine Web-Applikation) ist diese Wahrscheinlichkeit recht niedrig für Komponenten, die frequent benutzte Dienste anbieten. Deshalb ist es bei einem Rekonfigurationsauftrag, der einen Austausch (Redeployment) und kein Löschen von Komponenten erfordert, sinnvoll, auch *passive & used* Komponenten in den Zustand *blocked/ready to change* versetzen zu können. Sie haben keinen internen Zustand, der verletzt werden könnte. Die vorhandenen Referenzen oder Dienstaufrufe werden in eine Warteschlange aufbewahrt und könnten ebenso wie die ankommenden suspendiert und in einen Wartezustand versetzt werden (siehe Abschnitt 9.4). Dabei gibt es keinen *undeployed*-Endzustand in dem die Komponente sich nicht mehr im System befindet. Nach einem erfolgreichen Redeployment aus dem Zustand *passive & used* befindet sich die Komponente wieder in dem Zustand *passive & used*, weil die anstehenden Dienstaufrufe bereits vor dem Anfang des Redeployments in eine Warteschlange aufbewart wurden. Diese Erweiterung des Redeployment-Protokolls ist in der Abbildung 9.2 dargestellt. Das erweiterte Redeployment-Protokoll wurde bei der Realisierung des transaktionalen Redeployments in unserem System PIRMA (siehe Kapitel 10) verwendet.

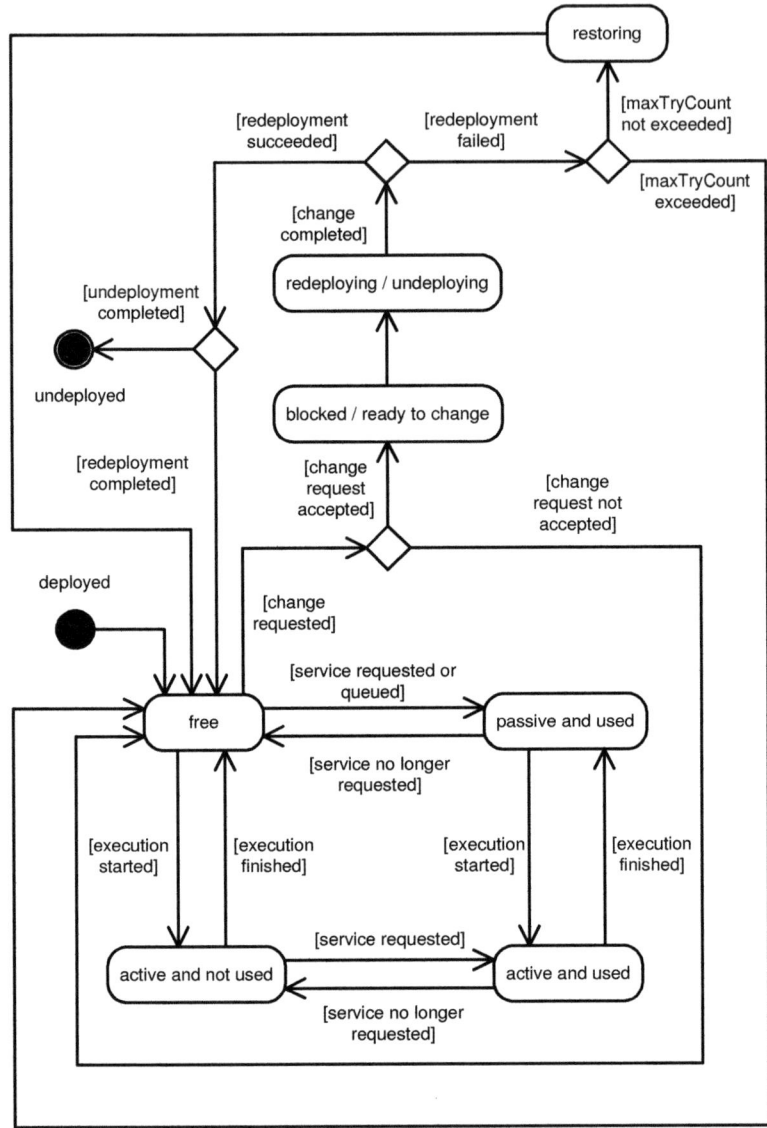

Abbildung 9.1: Lebenszyklusprotokoll einer lebenden Komponente

9.1 Lebenszyklusprotokoll auf Komponentenebene

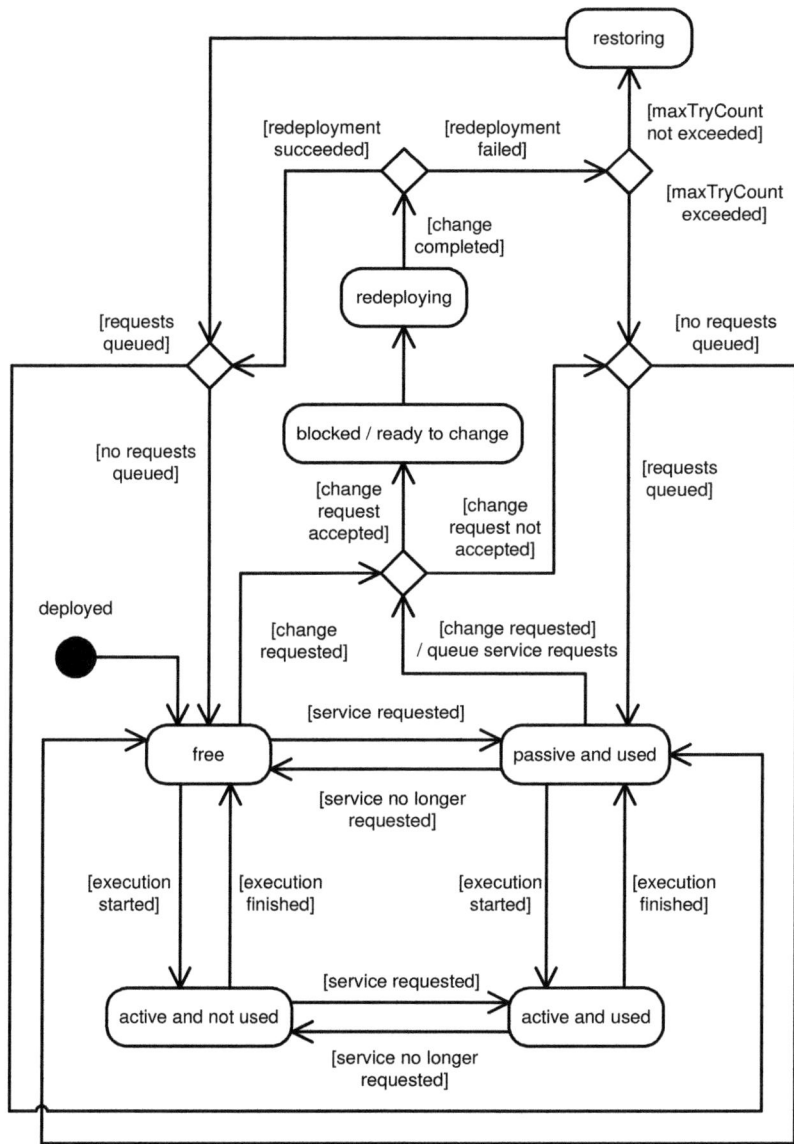

Abbildung 9.2: Redeployment-Protokoll einer lebenden Komponente

9.2 Laufzeitprotokoll auf Systemebene

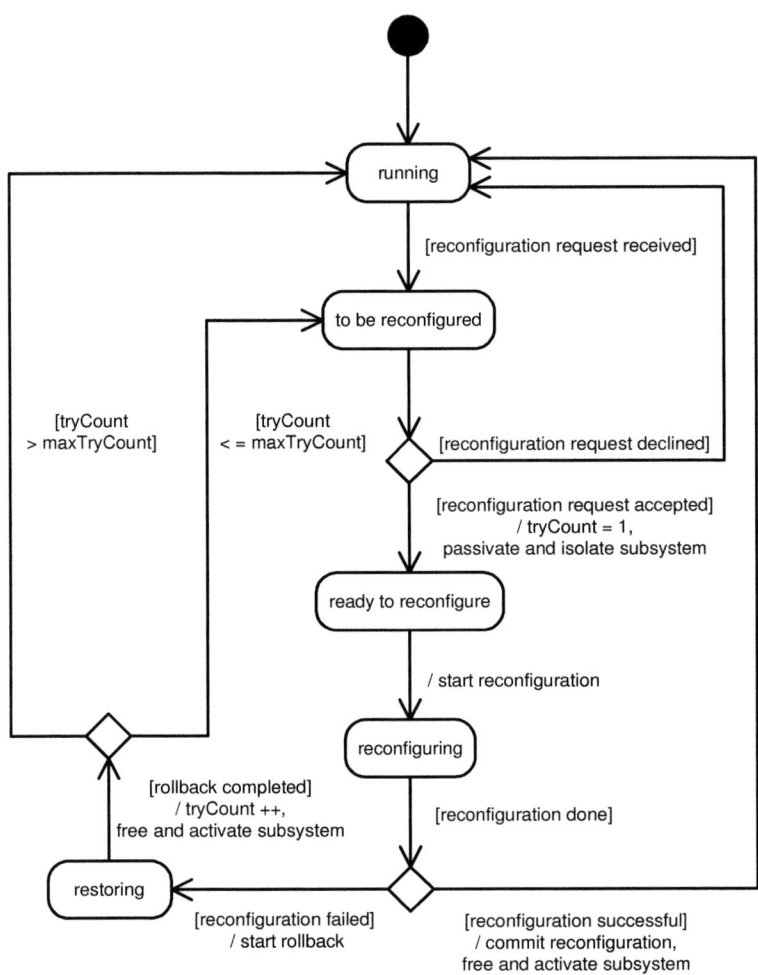

Abbildung 9.3: Laufzeitprotokoll eines Systems

Wie bereits im Kapitel 5 beschrieben, findet eine dynamische Rekonfiguration zur Systemlaufzeit statt. Ein Systemausfall macht zwar eine Rekonfiguration zur Fehlerbeseitigung notwendig, allerdings findet diese Rekonfiguration nicht wäh-

9.2 Laufzeitprotokoll auf Systemebene

rend der Laufzeit statt. Auch ein laufendes System könnte theoretisch Fehler enthalten und weiterhin zumindest teilweise funktionieren. Unser Ansatz beschäftigt sich nicht mit Fehlerlokalisation bzw. -diagnostik, sondern geht davon aus, dass sich das laufende System in einem korrekten bzw. konsistenten Zustand befindet. Der Prozess der Laufzeit-Rekonfiguration fängt mit dem Empfang eines Rekonfigurationsauftrags an und wird vom Rekonfigurationsmanager (siehe Abschnitt 9.5) gesteuert. Während des Prozesses der Laufzeit-Rekonfiguration, kann ein System folgende Zustände (Abbildung 9.3) [Mat09] einnehmen:

running Das ist der erste Zustand unserer Betrachtung. In diesem Zustand befindet sich ein System nach einem erfolgreichen Start. Da die Laufzeit des Systems betrachtet wird, ist dieser Zustand zugleich auch ein Endzustand, der in drei Fällen erreicht werden kann: (1) nach einer erfolgreichen Rekonfiguration, (2) nach einer Ablehnung eines Rekonfigurationsauftrags und (3) bei einer Überschreitung der maximalen Anzahl der Rekonfigurationsversuche. Weil das Management der Rekonfiguration vom zu rekonfigurierenden System getrennt zu betrachten ist, wird aus der Sicht des Systems nicht zwischen diesen Fällen unterschieden. Das System hat diesbezüglich kein Gedächtnis (*history* als Pesudozustand bei einem UML 2 Zustandsdiagramm). Nach einer gescheiterten Rekonfiguration befindet sich das System wieder in einem konsistenten Laufzeitzustand. Allerdings wurde der Rekonfigurationsauftrag nicht erfüllt. Eine manuelle Feststellung der Ursachen wird notwendig.

to be reconfigured Das System hat einen Rekonfigurationsauftrag erhalten. In diesem Zustand wird der Rekonfigurationsauftrag auf Erfüllbarkeit geprüft. Dabei wird die Konsistenz des resultierenden Systems durch den Rekonfigurationsmanager geprüft.

ready to reconfigure Der Rekonfigurationsauftrag wurde akzeptiert und der Zähler der Rekonfigurationsversuche (*tryCount*) wird auf „1" gesetzt. Das, von den Änderungen betroffene, Subsystem wurde passiviert und isoliert. Jede der betroffenen Komponenten befindet sich im Zustand ***blocked/ready to change***.

reconfiguring Der Zustand des laufenden Systems während der Rekonfiguration. Die isolierte Menge an Komponenten wird ausgetauscht. Während dieses Prozesses können evtl. vorübergehende interne Inkonsistenzen entstehen. Abhängig von der Anzahl der betroffenen Komponenten, können in diesem Zustand mehrere Komponenten-Redeployment-Vorgänge, definiert durch eigene Lebenszyklusprotokolle (näher beschrieben im Abschnitt 9.4), stattfinden. Nach dem Austausch aller betroffenen Komponenten wird geprüft, ob die Rekonfiguration erfolgreich war. Bei einer erfolgreichen Rekonfiguration, wird diese bestätigt (*commit reconfiguration*), die blockierten Komponenten werden frei gegeben und die suspendierten Anfragen wieder aktiviert. Das System wechselt anschließend in den Zustand *running /reconfigured*. Bei einem Scheitern der Rekonfiguration wird eine Wiederherstellung der alten Systemkonfiguration gestartet und das System wechselt in den Zustand *restoring*.

restoring Das ist der Zustand der Wiederherstellung der alten konsistenten Systemkonfiguration nach einer fehlgeschlagenen Rekonfiguration. Das ähnelt einem *rollback* aus der Datenbankterminologie [GR93]. Dabei wird allerdings nur die alte Systemkonfiguration und nicht der alte Zustand aller Daten im System wiederhergestellt. Letzeres erfordert komplexe Kompensationstransaktionen, die Zugriffsmöglichkeiten auf Datenbankmanagementsysteme voraussetzen und liegt somit nicht im Fokus dieser Arbeit. Anschließend wird der Zähler der Rekonfigurationsversuche um eins erhöht, die blockierten Komponenten werden frei gegeben und die suspendierten Anfragen wieder aktiviert. Wenn die, vom Rekonfigurationsmanager festgelegte, maximale Anzahl der Versuche nicht überschritten wurde, wird ein weiterer Versuch gestartet. Das System wechselt in den Zustand *running / to be reconfigured*. Bei einer Überschreitung der maximalen Anzahl der Rekonfigurationsversuche, wird die Rekonfiguration unterbrochen. Das System wechselt in den Endzustand *running / not reconfigured*.

Die Rekonfiguration wird vom Rekonfigurationsmanager PIRMA (siehe Abschnitt 9.5) als Änderungstransaktion [KM90] durchgeführt. Daraus ergeben sich die oben beschriebenen Systemzustände. Sollte die Rekonfiguration als *geschlossen-geschachtelte Transaktion* durchgeführt werden, dann wird dieses Protokoll einmal pro Rekonfigurationsauftrag durchlaufen. Falls die Rekonfiguration als eine *offen-geschachtelte Transaktion* durchgeführt wird, muss das Protokoll je Teilauftrag durchlaufen werden. Das Transaktionsmanagement wird dabei vom Rekonfigurationsmanager übernommen. Der Rekonfigurationsmanager greift über fest definierten Schnittstellen auf das zu rekonfigurierende System zu. Damit besteht eine klare Trennung zwischen rekonfigurierendem und zu rekonfigurierendem System. Das entspricht der Trennung zwischen dem Anwendungs- und Rekonfigurationsmodell (Kapitel 7 vs. Kapitel 9) und somit den Grundprinzipien einer Laufzeit-Rekonfiguration (siehe Abschnitt 5.3).

9.3 Rekonfiguration als Transaktion

Die Rekonfiguration findet in Form einer *dependent change transaction* [KM90] statt. Das ermöglicht eine sequentielle Bearbeitung des Rekonfigurationsauftrags und Konsistenzprüfung nach jeder Teilrekonfiguration und damit evtl. ein schnelleres Zurücksetzen *(Rollback)*.

Aus der Sicht der Datenbankterminologie findet die Rekonfiguration auf jedem Server als eine *geschachtelte Transaktion* [GR93] statt. Eine geschachtelte Transaktion wird in Teiltransaktionen gegliedert. Es gibt dabei zwei Typen von geschachtelten Transaktionen: *offen-geschachtelte* und *geschlossen-geschachtelte Transaktionen*. Bei offen-geschachtelten Transaktionen werden die Ergebnisse von Teiltransaktionen auch für andere Transaktionen sichtbar. Dabei wird die Isoliertheit nur innerhalb der Teiltransaktion und nicht aus Sicht der übergeordneten Transaktion gewährleistet. Der Vorteil einer offen-geschachtelten Transaktion ist die Minimierung der „Sperrzeiten" und dadurch Verbesserung der bedarfsbedingten Systemverfügbarkeit bei langlebigen Transaktionen. Der Nachteil einer offen-geschachtelten Transaktion ist, dass beim Zurücksetzen *(Rollback)* der übergeordneten Transaktion kein einfaches Zurücksetzen der Teiltransaktionen möglich ist, da sie bereits bestätigt sind. Ein Zurücksetzen der Änderungen bedarf komplexer Kompensationstransaktionen und ist nicht immer vollständig möglich, insbesondere, wenn die Änderungen Seiteneffekte in verteilten Umgebungen erzeugen könnten (z.B. Ausdruck von Rechnungen). Sollte Letzteres angefordert sein, ist es möglich, die Rekonfiguration als *geschlossen-geschachtelte Transaktion* durchzuführen. Dabei werden die Teiltransaktionen nach einer erfolgreichen Konsistenzprüfung nur intern bestätigt. Bei einer Konsistenzverletzung wird die Teiltransaktion rückgängig gemacht und die ganze Transaktion verworfen. Beim Erfolg aller Einzelschritte wird die Rekonfiguration bestätigt und das rekonfigurierte Teilsystem wieder frei gegeben. Dabei werden keine inkonsistenten Zustände nach außen sichtbar.

Unser Ansatz verfolgt folgende Vorgehensweise:
Der Rekonfigurationsauftrag wird analysiert und in zusammenhängende Rekonfigurationsaufträge gesplittet (siehe Abschnitt 8.2). Die Durchführung eines Teil-Rekonfigurationsauftrags stellt eine Transaktion dar. Pro Teil-Rekonfigurationsauftrag werden alle als betroffen identifizierten Komponenten (die transitive Hülle der referenzierenden Komponenten) gesperrt und verändert, ggf. ausgetauscht. Alle bestehenden und alle ankommenden Referenzen und Dienstaufrufe werden suspendiert und in einen Wartezustand versetzt. Nach jeder bestätigten Teil-Rekonfiguration werden die Sperren aufgehoben und das rekonfigurierte Teilsystem wird frei gegeben. Dabei werden aus der Sicht der Systemkonfiguration

keine inkonsistenten Zustände nach außen sichtbar. Sollte die Teilrekonfiguration rückgängig gemacht werden, ist die gleiche Vorgehensweise notwendig. In Datenbanksprache übertragen, würde der Vorgang für jede Teilrekonfiguration folgendermaßen aussehen:

- BOT (Begin of transaction): Start der Teilrekonfiguration (Sperren aller identifizierten betroffenen Komponenten)
- WRITE: Austausch der gesperrten Komponenten
- ROLLBACK: Austausch rückgängig machen
- COMMIT: Bestätigen der Teilrekonfiguration
- EOT (End of transaction): Ende der Teilrekonfiguration

Da es sich dabei um eine offen-geschachtelte Transaktion handelt, sind die ACID-Eigenschaften aus Datenbanksicht nur bedingt gewährleistet. Insbesondere die Isoliertheit ist nur innerhalb einer Teilrekonfiguration gewährleistet. Da diese Arbeit eine Optimierung der Erreichbarkeit während einer Laufzeit-Rekonfiguration als Ziel hat, wird dieser Nachteil der offen-geschachtelten Transaktion in Kauf genommen, um den Vorteil der Minimierung der „Sperrzeiten" und dadurch eine Erhöhung der Erreichbarkeit der Systeme auch bei langlebigen Transaktionen zu erzielen. Eine Sicherung der Datenkonsistenz im System liegt nicht im Fokus dieser Arbeit. Betrachtet man die Rekonfiguration als Änderungstransaktion *(change transaction)* sind folgende Eigenschaften gewährleistet:

Atomarität Die Atomarität ist gegeben, wenn während des Prozesses der Rekonfiguration keine Kommunikation zwischen den betroffenen Komponenten und deren Umgebung besteht (Angelehnt an *update atomicity* von [AP04]). Das ist durch die Einhaltung des im Abschnitt 9.1 definierten Lebenszyklusprotokolls bzw. Rekonfiguration, während des Zustands *blocked/ready to change* gewährleistet.

Konsistenz Aus Sicht unseres Ansatzes, ist die Konsistenz eines Systems gewährleistet, wenn weder strukturelle noch semantische Einschränkungen durch den Prozess der Rekonfiguration verletzt werden. Das beinhaltet sowohl eine Korrektheit der Konfiguration aus Software-Konfigurationsmanagement-Sicht als auch der hierarchischen Architektur eines Systems. Die *syntaktische Konsistenzprüfung* findet vor der Rekonfiguration statt und gewährleistet die syntaktische Korrektheit (Komponenten-Schnittstellen Kompatibilität) des zu erzeugenden Systems. Ein nicht zufriedenstellendes Ergebnis führt zur Ablehnung des Rekonfigurationsauftrags. Bei Erfolg wird

9.3 Rekonfiguration als Transaktion

der Rekonfigurationsauftrag bearbeitet. Die Einhaltung einer **Zustandskonsistenz** als Teil der **semantischen Konsistenz** wird durch das Lebenszyklusprotokoll auf Komponentenebene (siehe Abschnitt 9.1) bzw. das Laufzeitprotokoll auf Systemebene (siehe Abschnitt 9.2) gewährleistet. Dabei wird sicher gestellt, dass das System während der Rekonfiguration von einem in einen anderen konsistenten Zustand wechselt und keine Verletzung des externen Verhaltens entsteht. Eine vollständige Prüfung der Semantik liegt nicht im Fokus dieses Ansatzes. Vielmehr dadurch, dass wir uns nicht auf eine formale Notation beschränken, eine Modellierungsgrundlage auf Meta-Ebene bieten, ist eine Erweiterung mit Live Sequence Charts zur Modellierung des Laufzeitverhaltens und der Einsatz von Model Checking Techniken [BBB+04] oder Methoden zum Prüfen der Interoperabilität von Protokollen [AGD97, PBJ98], an dieser Stelle nicht ausgeschlossen. Eine erfolgreiche Teilrekonfiguration führt zu einem konsistenten Zustand des Systems, da sie in Form einer Transaktion statt findet. Bei einem Scheitern einer Teilrekonfiguration, wird ein Rollback durchgeführt. Dabei ist zu betonen, dass dieses nur den alten Zustand der Systemkonfiguration wiederherstellen kann und keine Kompensationstransaktionen zur Wiederherstellung von geänderten Daten enthält. Eine detaillierte Betrachtung der Konsistenzbedingungen im Kontext der EJB-Komponenten befindet sich im Evaluationsteil dieser Arbeit (Abschnitt 10.2.2).

Isolation Die Isolation wird durch Sperren aller betroffenen Komponenten und Suspendieren aller bestehenden und ankommenden Referenzen und Dienstaufrufe für jede Teiltransaktion gewährleistet. Es ist möglich, durch Veränderung des Sperrverhaltens des Rekonfigurationsmanagers, die Transaktion als geschlossen-geschachtelt zu gestalten und somit entweder lokal auf einem Server oder sogar auf verteilten Servern, die Isoliertheit zu gewährleisten. Letzteres erhöht allerdings die Sperrzeiten im System und steht somit im Widerspruch zum Hauptziel dieses Ansatzes der Optimierung der Erreichbarkeit der Dienste während der Rekonfiguration.

Dauerhaftigkeit Der eigentliche Austausch der betroffenen Komponenten findet dauerhaft statt. Zur Laufzeit während des Redeployments wird der Byte-Code der Komponenten ausgetauscht.

Nach erfolgreichem Abschluss der gesamten Rekonfiguration wird diese bestätigt (***commit***). Ein Scheitern der gesamten Rekonfiguration erfordert eine Wiederherstellung der alten Systemkonfiguration. Anders als bei Datenbanken, handelt es sich bei der Kompensationstransaktion um eine **Re-Rekonfiguration** und die

Vorgehensweise dabei ist die gleiche wie bei einer Rekonfiguration. Eine Veränderung der Daten findet nicht irreversibel statt, da der Byte-Code der Komponenten ausgetauscht wird und somit ist der alte Byte-Code wiederherstellbar. Lediglich zwischenzeitig durch die neuen Komponenten bearbeitete Anfragen können nicht kompensiert werden. Auch damit verbundene Seiteneffekte (Veränderungen der Daten in einer Datenbank, ausgestellte Rechnungen etc.) können nicht kompensiert werden. Das stellt ein Problem im Falle einer wesentlichen Veränderung der Funktionsweise durch die Rekonfiguration dar, sonst kann davon ausgegangen werden, dass die Ergebnisse als korrekt angenommen werden. Diese Gefahr wird durch Konsistenzprüfungen vor der Rekonfiguration und evtl. Ablehnung des Rekonfigurationsauftrags minimiert.

9.4 Transaktionales Redeployment zur Laufzeit

9.4.1 Aktueller Stand

Die technische Realisierung einer Änderungstransaktion innerhalb einer Rekonfiguration wird durch den Prozess **Redeployment** beschrieben (Abschnitt 5.3.2). Allerdings ist dieser Prozess weder vollständig spezifiziert noch durch bestehende Komponententechnologien realisiert (siehe Kapitel 3.3). In manchen wissenschaftlichen Ansätzen wird dieser Prozess vorgesehen z.B. als *adapt* bei [CFH+98]. Allerdings findet weder eine genaue Spezifikation noch eine Realisierung dieses Prozesses statt.

Die OMG Spezifikation für Deployment und Konfiguration komponentenbasierter verteilter Applikationen [Obj06b] teilt den Deployment-Prozess in folgende Aktivitäten:

- Konfiguration
- Planung
- Vorbereitung
- Start der Ausführung

Dabei wird sowohl ein plattformunabhängiges als auch ein CORBA Modell ausführlich beschrieben.

In der Java EE Spezifikation Version 5.0 [Sun06a] wird der Deployment-Prozess der Rolle *Deployer* zugeordnet. Der Deployment-Prozess wird in folgende drei Teilprozesse aufgeteilt:

9.4 Transaktionales Redeployment zur Laufzeit

- Installation
- Konfiguration
- Ausführung

Bei den beiden Spezifikationen werden die möglichen späteren Veränderungen des produktiven Systems nicht betrachtet. Dieses führt zwar zu einem „einmalig" erfolgreichen Deployment, spiegelt aber nicht einen realistischen Zustand wider, in dem operativ eingesetzte oder produktive Systeme kontinuierlich angepasst oder weiterentwickelt werden sollen.

Die J2EE Deployment API Spezifikation [Sea03] erweitert die Java EE Spezifikation und definiert im Wesentlichen ein Protokoll für den Meta-Datenaustausch beim Deployment-Prozess (siehe Anhang 15.6). Sie sieht drei Rollen vor:

1. Java EE Produktanbieter
2. Toolanbieter
3. Deployer

Der **Deployment Manager**, der von Java EE Produktanbietern zur Verfügung gestellt wird, soll den Deployer bei der Durchführung des Deployment-Prozesses unterstützen. Er stellt folgende Funktionalitäten zur Verfügung:

- Konfiguration einer Java EE Applikation
- Verteilung einer Java EE Applikation
- Starten einer Java EE Applikation
- Stoppen einer Java EE Applikation
- Undeployen einer Java EE Applikation

Die Operation *redeploy* ist nur als optional vorgesehen und daher nicht genauer spezifiziert. Diese Operation soll eine Aktualisierung einer laufenden Applikation ermöglichen. Dabei muss die Konfigurationsinformation zur Laufzeit identisch bleiben. Die Aktion soll transparent zu den Clients durchgeführt werden können. Eine Teil-Applikation (in unserem Fall eine Komponente bzw. Subsystem) kann nicht ausgetauscht werden.

Die Durchführung einer Rekonfiguration zur Laufzeit als Transaktion macht eine Erweiterung des Deployment-Prozesses um einen Teilprozess **Redeployment** notwendig.

9.4.2 Eigenes Konzept

Das in diesem Abschnitt vorgestellte Konzept definiert den Prozess eines *kontrollierten transaktionalen Redeployments zur Laufzeit*. Er stellt eine Erweiterung der Konzepte *hot deployment* und *dynamic reloading*, unterstützt durch den WebSphere Anwendungsserver [IBM07] dar. Beide Konzepte sind gut geeignet für den Einsatz während der Entwicklung oder der Testphase, bergen allerdings viel zu große Risiken für operative Systeme, da sie keine Konsistenz-Sicherungsmechanismen besitzen. Das transaktionale Redeployment zur Laufzeit sichert die Einhaltung der Verhaltensprotokolle auf Komponenten- bzw. Systemebene (siehe Abschnitte 9.1 und 9.2 und der Konsistenzregeln (siehe Abschnitt 9.3). Zum Zeitpunkt des Eintreffens eines Rekonfigurationsauftrags wird die transitive Hülle aller referenzierten Komponenten dynamisch berechnet. Daraus bildet sich der s.g. *Redeployment Set*, die Menge der betroffenen Komponenten. Alle laufenden Transaktionen werden abgewartet. An bestimmten Punkten (Methoden o. *Redeployment-Points*) im System werden Synchronisationsbarrieren aufgebaut. Diese fangen alle ankommenden Aufrufe auf und versetzen sie in einen Wartezustand. Der ganze Redeployment Set wird dann ausgetauscht. Anschließend wird diese Synchronsationsbarriere aufgelöst und die suspendierten Aufrufe können ausgeführt werden. Der Algorithmus zur Durchführung des kontrollierten Redeployment ist im UML-Aktivitätsdiagramm in der Abbildung 9.4 detailliert dargestellt.

Angelehnt an das Verhaltensprotokoll auf Systemebene (siehe Abschnitt 9.2), kann das transaktionale Redeployment in folgende Schritte aufgeteilt werden:

1. Dynamische Identifizierung der betroffenen Komponenten
2. Sperren der identifizierten betroffenen Komponenten
3. Aufbewahren der ankommenden Anfragen in einer Warteschlange
4. Austausch der gesperrten Komponenten
5. Bestätigen des Redeployments beim Erfolg (beim Scheitern Austausch rückgängig machen)
6. Entfernen der Sperren der betroffenen Komponenten
7. Fortsetzen der Bearbeitung sowohl der gesammelten als auch neuer Anfragen

9.4 Transaktionales Redeployment zur Laufzeit

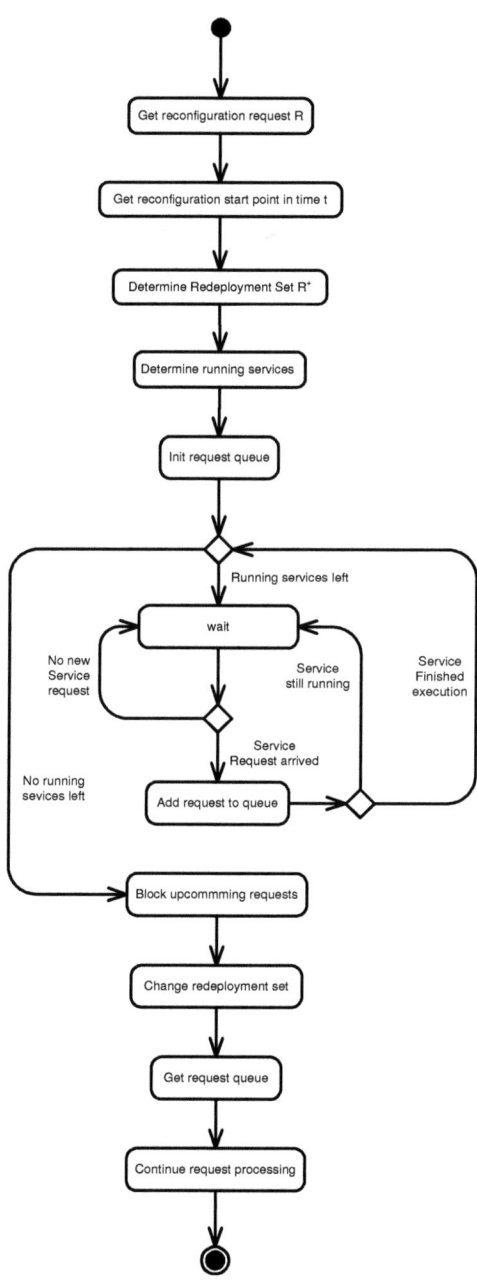

Abbildung 9.4: Transaktionales Redeployment

Hauptmerkmale dieser Redeployment Transaktion [LMP04] sind:

- **Transparenz / volle Verfügbarkeit**: Eine Redeployment Transaktion kann nicht durch einen Aufruf der betroffenen Komponenten unterbrochen werden. Kein Aufruf eines Clients kann während des Austauschens der Komponenten ausfallen.

- **Konsistenz**: Nach einer erfolgreichen Durchführung, befinden sich die ausgetauschten Komponenten in einem konsistenten Zustand und sind bereit, weitere Aufrufe anzunehmen.

Ein Problem bei der Bestimmung der Menge der betroffenen Komponenten bzw. der Redeployment-Punkte stellen langanhaltende Transaktionen und Transaktionen mit einem aktiven Transaktionskontext (die weitere Transaktionen anstoßen können) dar. Deshalb ist eine sehr wichtige Vorbedingung, dass es sich bei dem zu rekonfigurierenden System um ein *geschlossenes transaktionales System* handelt. Die Erkennung eines solchen Systems kann nicht deterministisch erfolgen, da nie bekannt sein kann, ob eine Komponente in Zukunft einen Aufruf bekommt, der einen aktiven transaktionalen Kontext mitbringt. Da die Systeme Dienste anbieten, die eine bestimmte Anwendungslogik implementieren, werden diese auch im Regelfall in einer vordefinierten Art und Weise aufgerufen. Mit Analyse von probabilistischen Benutzungsmodellen und Berücksichtigung von Monitoringdaten, kann davon ausgegangen werden, dass die Erkennung eines geschlossenen transaktionalen Systems mit großer Wahrscheinlichkeit möglich ist.

9.4.3 Formalisierung mittels Computation Tree Logic

Im diesem Abschnitt wird die Formalisierung des transaktionalen Redeployment-Systems mittels **Computation Tree Logic* (CTL*)** als Teilmenge der Temporalen Logik [Krö87] beschrieben [Bun08]. Die **CTL*** stellt die komplexeste Spezifikationsmenge dar, in der temporale mit modallogische Operatoren beliebig kombiniert werden können. Sie enthält die Teilmengen **CTL** und **Linear Temporal Logic (LTL)**. In der Teilmenge **LTL** entfallen die modallogischen Operatoren und können somit keine Abzweigungen spezifiziert werden. Die Teilmenge **CTL** ist definiert wie **CTL*** mit der Bedingung, dass temporale Operatoren unmittelbar auf ein modallogischen Operator folgen müssen. Diese Einschränkung unterbindet die Spezifikation wiederholender Ereignisse [HRHR99]. Die formale Beschreibung eines Systems bietet die Möglichkeit, dessen Verhalten gegen seine Spezifikation zu überprüfen. Mit diesem Verfahren können Fehler in komplexen Systemen gefunden und durch deren Beseitigung eine korrekte Ausführung sichergestellt

werden. Das sog. *Model Checking* Verfahren beinhaltet prinzipiell drei Schritte
[BBB+04]:

1. **Modellierung des zu untersuchenden Systems**
   Die Zustände des zu untersuchenden Systems müssen formalisiert werden, damit eine automatische Modellprüfung möglich wird. Ein endlicher Automat ohne Eingabe- und Ausgabealphabet, die sog. Kripke-Struktur [Kri71, HRHR99], stellt eine entsprechende Notation dar.

2. **Aufstellen der Spezifikation**
   Als zweiter Schritt soll das Systemverhalten spezifiziert werden. Neben den erwarteten Eigenschaften sollten auch die Zustände spezifiziert werden, die nicht erreicht werden dürfen. Diese Fehlerzustände können z.B. Deadlocks oder Endlosschleifen sein. Die Temporale Logik bietet zusätzlich zur klassischen Aussagenlogik und der Verknüpfung von logischen Operatoren auch Operatoren, die das zeitliche Verhalten beschreiben. So kann die Abfolge von Systemzuständen genau spezifiziert und formalisiert werden. Durch die umgekehrte Beschreibung von Systemzuständen, die nicht erreicht werden dürfen, bietet die Sprache die Möglichkeit bestehende Systeme auf Fehler zu überprüfen.

3. **Verifikation des Modells gegen die Spezifikation**
   Im letzten Schritt wird das System durch Ausführung eines Model Checking Algorithmus gegen die Spezifikation überprüft. Es gibt sog. Model Checker, die diesen Schritt bei entsprechend aufbereiteten Daten, vollautomatisch durchführen (UPPAAL [Upp09], NuSMV [IRS09]).

9.4.3.1 Bildung eines endlichen Automaten

Das Verhaltensprotokoll auf Systemebene (siehe Abschnitt 9.2) zeigt, wie ein Anwendungsserver bei einem Rekonfigurationsauftrag reagieren darf. Damit ein Redeployment durchgeführt werden kann, muss ein transaktionales Redeployment-System den Lebenszyklus der betroffenen Komponenten so beeinflussen, dass diese in einen Zustand wechseln, der sich für einen Austausch eignet (siehe Abschnitt 9.1). Das sind Zustände in denen andere Komponenten keine Referenzen auf die auszutauschende Komponenten verlieren und die Bearbeitung der Anfragen nicht abgebrochen wird.

Bei der Formalisierung wird das Verhaltensprotokoll einer Komponente bei einem Redeployment aus Abschnitt 9.1 betrachtet und daraus wird ein endlicher

Automat gebildet. Es werden zuerst Atome spezifiziert, die Eigenschaften der Zustände definieren. Diese Atome werden anschließend zur Definition von Verhalten bzw. Fehlverhalten benutzt.

Angelehnt an die Zustände im Verhaltensprotokoll einer Komponente wurden folgende Atome identifiziert:

- **Running** – Bearbeitet die Komponente Zustand Anfragen, ist dieses Atom positiv.
- **Blocked** – Ist das Atom *Blocked* positiv, werden neue Anfragen nicht zur Komponente delegiert, sondern in einer vorgelagerten Warteschlange gesammelt.
- **Redeploying** – Wird die Komponente ausgetauscht, ist dieses Atom positiv.
- **Redeploy_Request** – Liegt eine Redeployment-Anfrage für die Komponente vor, ist dieses Atom positiv.
- **Error** – Dieses Atom ist positiv, falls ein Fehler bei der Blockierung aufgetreten ist oder das Redeployment rückgängig gemacht werden muss.

Das Lebenszyklusprotokoll bzw. Redeployment-Protokoll einer Komponente (Abbildungen 9.1 und 9.2 aus Abschnitt 9.1) kennt vier Zustände, die definieren, ob eine Komponente aktiv oder passiv ist und ob sie von einer anderen Komponente referenziert wird (***used*** oder ***not used***). Damit keine Anfragen verloren gehen, müssen die Referenzen bei einem Redeployment erhalten werden. Damit reduziert sich die Anzahl der Zustände auf zwei: ***Aktiv*** und ***Passiv***. Das Atom **Running** spezifiziert genau diese Eigenschaft, wobei ***Passiv*** $\equiv \neg$ ***Running*** darstellt. Dieses entspricht auch der Erweiterung im Redeployment-Protokoll, mit der es möglich ist, Komponenten aus einem Zustand ***passive & used*** in den Zustand ***blocked/ready to change*** versetzten zu können.

Die Abbildung 9.5 zeigt den Automaten, der die Zustände im Redeployment-Lebenszyklus einer Komponente darstellt. Unmittelbar nach dem Deployment sind alle Atome negativ. Zustandsübergänge entstehen bei jedem Aktivieren der Atome. Falls Anfragen bei der Komponente eingehen, wird das Atom **Running** positiv. Sollte ein Redeployment ausgelöst sein, wird das Atom **Redeploy_Request** positiv. In diesem Fall müssen neu ankommende Anfragen abgefangen und gesammelt werden. Wird die Komponente blockiert, wird das Atom **Blocked** positiv und die Komponente wechselt den Zustand. Dabei kann sie noch Anfragen bearbeiten (**Running**) oder nicht ($\neg$ **Running**). Werden in der Komponente keine Anfragen mehr bearbeitet, ist diese bereit, um ausgetauscht zu werden. Dieser Zustand entspricht dem Protokollzustand ***blocked / ready to change***. Dauert die Bearbeitung

9.4 Transaktionales Redeployment zur Laufzeit

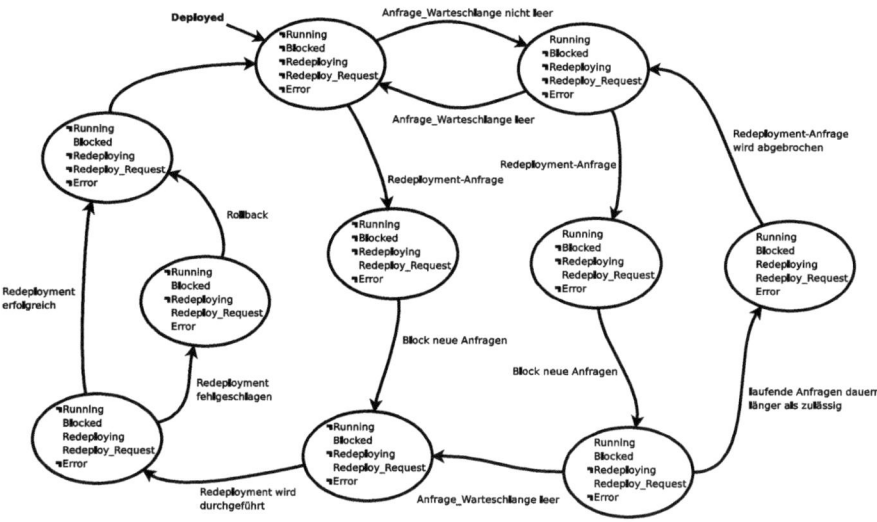

Abbildung 9.5: Redeployment-Zustandautomat einer Komponente [Bun08]

von Anfragen hingegen weiter an, würde das Redeployment nicht mehr transparent ablaufen, da Anfragen auf eine Abarbeitung warten. In diesem Fall wird das **Error**-Atom positiv und ein Fehlerzustand erreicht. Die Blockierung wird aufgehoben, das Redeployment damit abgebrochen und die Anfragen weiter abgearbeitet. Nachdem eine Komponente bereit für ein Redeployment ist, wird das Atom **Redeploying** positiv und sie wechselt den Zustand. Falls der Austausch fehlerfrei verläuft, ist die Komponente nach diesem Vorgang nur noch blockiert und kann direkt in den Ausgangszustand wechseln und wieder Anfragen annehmen. Tritt beim Redeployment der Komponente ein Fehler auf, so muss der Austausch der Komponente wieder rückgängig gemacht werden. Es werden wie bei einer Transaktion alle Änderungen rückgängig gemacht (siehe Abschnitt 9.3).

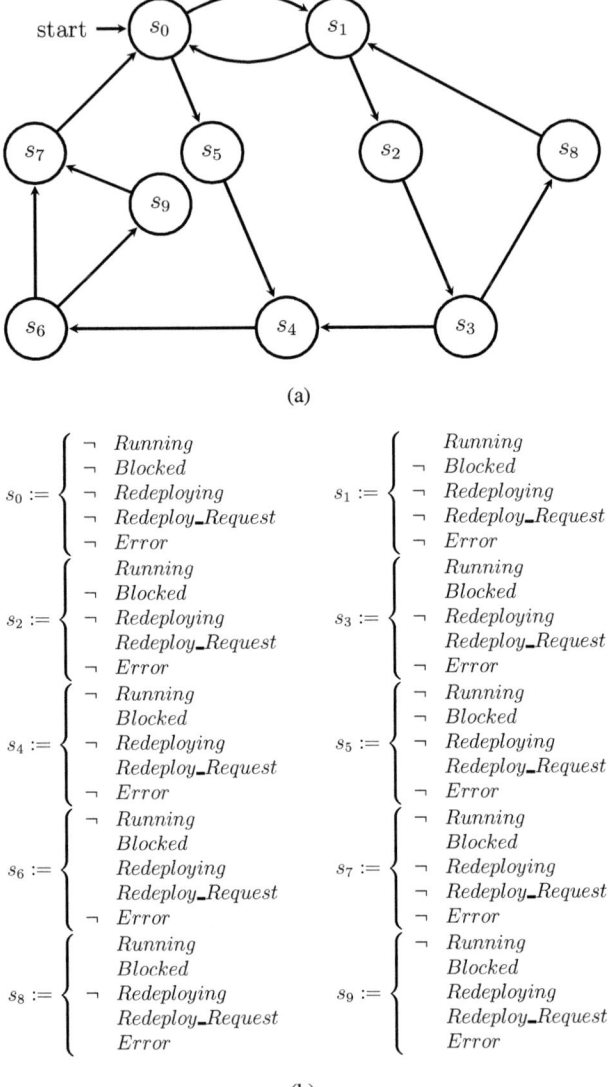

Abbildung 9.6: Kripke-Struktur des Redeployment-Systems
[Bun08]

9.4.3.2 Überführung in eine Kripke-Struktur

Eine Kripke-Struktur ist ein endlicher Zustandsautomat ohne Ein- oder Ausgabe-Alphabet. Die Zustände aus Abbildung 9.2 entsprechen somit den Zuständen in einer Kripke-Struktur. In der Abbildung 9.5 ist diese Zuordnung dargestellt. Die Kantenbeschriftungen können nicht übernommen werden, da eine Kripke-Struktur kein Ausgabe-Alphabet besitzt.

Definition 9.4.1 (Kripke-Struktur des Komponenten-Redeployment-Protokolls)
Eine Kripke-Struktur aus Sicht einer Komponente ist ein Tupel $M = (S, s_0, R, L)$. Dabei ist:

- s_0 der Startzustand,
- $S = \{s_0, ..., s_9\}$ die Menge von Zuständen,
- $R = (\{s_0, s_1\}, \{s_0, s_5\}, \{s_1, s_0\}, \{s_1, s_2\}, \{s_2, s_3\}, \{s_3, s_4\}, \{s_3, s_8\}, \{s_4, s_6\},$
  $\{s_5, s_4\}, \{s_6, s_7\}, \{s_6, s_9\}, \{s_7, s_0\}, \{s_8, s_1\}, \{s_9, s_7\})$ die Transitionsrelation,
- $L : S \rightarrow 2^{\emptyset_1,...,\emptyset_n}$ die Beschriftungsfunktion.

Eine grafische Darstellung befindet sich in der Abbildung 9.6 [Bun08].

9.4.3.3 Definition von Fehlerzuständen

Hat man die Kripke-Struktur des Redeployment-Systems definiert (siehe Abbildung 9.6), ist es mit Einsatz von *CTL** möglich, Fehlerzustände zu definieren. Das sind Zustände, die das Redeployment-System nicht erreichen darf. Auch können Zustandsübergänge festgelegt werden, die in dem System nicht eintreten dürfen. Diese Spezifikation stellt die Grundlage für die Prüfung des Systems gegen das Modell dar. Das Model Checking ist z.B. dann sinnvoll, wenn Optimierungen am System vorgenommen und das ordnungsgemäße Verhalten sichergestellt werden muss und ist als eine mögliche Erweiterung dieser Arbeit denkbar.

An dieser Stelle werden die Operatoren der Temporalen Logik kurz erläutert.

Temporale Operatoren Die zeitliche Abfolge von Zuständen wird mittels temporaler Operatoren definiert. Diese beschreiben wann eine Eigenschaft bzw. ein Zustand in der Folge von Zuständen auftreten muss bzw. darf. Ähnlich wie bei der Aussagenlogik, dürfen diese Aussagen negiert, mittels boolescher Operatoren kombiniert und verschachtelt werden. Auf diesem Wege lassen sich auch komplexe Aussagen formalisieren.

X *(next time)* f: Die Eigenschaft f muss im nächsten Zustand auftreten.

F *(in the future)* f: Die Eigenschaft f muss in irgendeinem zukünftigen Zustand auf dem betrachteten Pfad eintreten.

G (globally) f: Die Eigenschaft f gilt in jedem Zustand des betrachteten Pfades.

f **U (until)** g: Falls ein Zustand auf dem betrachteten Pfad die Eigenschaft g erfüllt, erfüllen alle vorherigen Zustände die Eigenschaft f.

f **R (release)** g: Falls in einem Zustand die Eigenschaft f gilt, dann gilt in diesem und auch in allen nachfolgenden Zuständen g. Gilt in keinem Zustand f, so gilt auf dem ganzen Pfad g.

Modallogische Operatoren Folgende modallogischen Operatoren können verwendet werden, um die Existenz der Zustände entlang der möglichen Pfade zu definieren [HRHR99]:

A oder $\forall$ (always) f: Die Eigenschaft f muss entlang aller Pfade erfüllt sein.

E oder $\exists$ (exists) f: Es existiert mindestens ein Pfad, entlang dessen die Eigenschaft f erfüllt ist.

Eine Kombination dieser Operatoren ermöglicht eine Definition von möglichen Zuständen bzw. Zustandsübergängen. Beispielsweise bedeutet $AF\ f$, dass es auf jedem Pfad einen Zustand in dem f gilt gibt.

Neben der Abfolge von möglichen Zuständen in dem System, lassen sich mit Kombination dieser Operatoren Fehlerzustände definieren. Im Folgenden werden die wesentlichen fehlerhaften Zustände bzw. Zustandsübergänge mit CTL^* definiert und erklärt [Bun08]:

$\neg \exists F((\neg Redeploy\_Request \vee \neg Blocked \vee Running) \Rightarrow \forall X(Redeploying))$

Dieser Zustandsübergang ist fehlerhaft, da dadurch schwerwiegende Fehler im zu rekonfigurierenden System entstehen können. Falls eine Komponente nicht geblockt ist oder noch Anfragen bearbeitet, darf sie nicht redeployed werden. Ein Redeployment (Atom *Redeploying*) kann genau dann erfolgen, wenn im vorherigen Zustand die Atome *Redeploy_Request* und *Blocked* positiv sind und das Atom *Running* negativ, um einen Datenverlust bzw. Verlust von Anfragen zu verhindern. Da ein Redeployment eine Redeployment-Anfrage voraussetzt, wird diese ebenfalls benötigt.

$\neg \exists F((Redeploying) \Rightarrow X(Redeploying))$

Ein Zustandsübergang von einem Zustand in dem das Atom *Redeploying* positiv ist, in einen Zustand in dem dieses Atom ebenfalls positiv ist, ist unzulässig. Dies soll verhindern, dass zwei Redeployments hintereinander stattfinden, um jede Teilrekonfiguration als Teiltransaktion einer offen-geschachtelten Transaktion behandeln zu können und damit die Verklemmungsgefahr *(deadlock)* zu minimieren.

$\neg \exists F((Blocked \land \neg Running) \Rightarrow X(Blocked \land Running))$
Eine Blockierung der Komponente wird aufgrund eines Rekofigurationsauftrag durchgeführt. Ein Zustandsübergang, der das *Running* Atom aktiviert und der Komponente zulässt, dass sie weitere Anfragen bearbeitet, widerspricht der Blockierung und ist somit fehlerhaft.

$\neg \exists F(Redeploying \land Error)$
Es darf kein Zustand in dem ein Redeployment statt findet existieren, obwohl ein Fehler aufgetreten ist. Die Aktivierung des Atoms *Error* hat einen Fehler als Auslöser. Ein Redeployment trotz eines Fehlers verletzt die Konsistenz des zu rekonfigurierenden Systems und ist somit verboten. Um die transaktionalen Prinzipien nicht zu verletzen, muss bei einem Fehler die Transaktion rückgängig gemacht werden.

Das im Rahmen der Evaluation entwickelte Redeployment-System (siehe Abschnitt 10.2.2) schließt diese Fehlerzustände aus. Eine Überprüfung mittels Model Checking könnte als weiterführende Arbeit durchgeführt werden (siehe Abschnitt 15.5).

9.5 Plattformunabhängiger Rekonfigurationsmanager – PIRMA: Systemarchitektur

Nachdem das Konzept zur transaktionalen Durchführung einer Rekonfiguration zur Laufzeit beschrieben wurden, folgt in diesem Abschnitt eine Beschreibung der Architektur eines Systems, das dieses Konzept mit den bereits in den Kapiteln 7 und 8 beschriebenen Konzepte zur Beschreibung der Architektur eines Systems und Optimierung der Erreichbarkeit der Systemdienste während der Rekonfiguration verbindet [MMH03, MMOH04]. Dabei handelt es sich um einen plattformunabhängigen Grobentwurf aus der Sicht des Wasserfallmodells. Der Implementierungsentwurf befindet sich im Evaluationskapitel 10, das die prototypische Implementierung dieses Systems basierend auf J2EE bzw. Java EE beschreibt. Das System wurde als eine Client-Server Anwendung realisiert. Der Client ist dabei die Schnittstelle zwischen dem Benutzer, der die Rekonfigurationsaufträge vergibt, und dem Rekonfigurationsmanager, der diese Aufträge bearbeitet. Auf

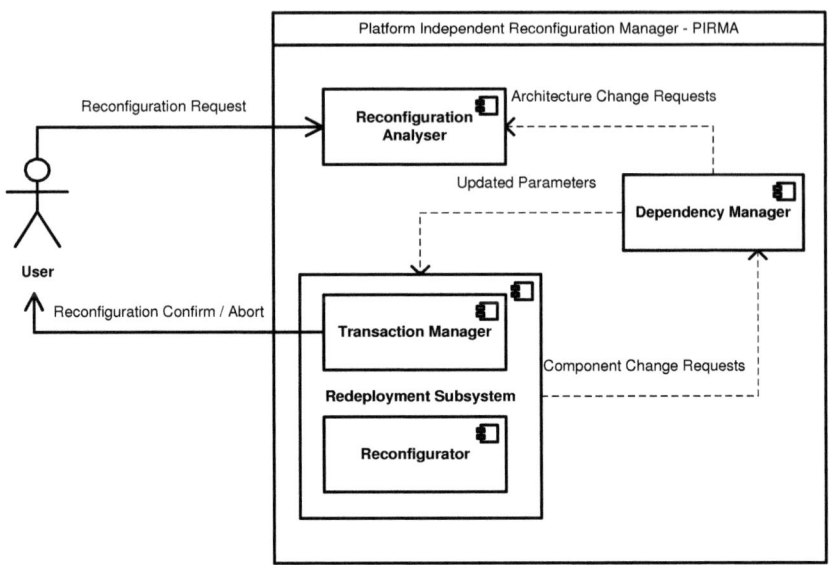

Abbildung 9.7: Plattformunabhängiger Rekonfigurationsmanager - PIRMA

der Client-Seite wurde ein Eclipse-Plug-In [The09d] entwickelt. Die Server-Seite implementiert den Rekonfigurationsmanager für den Java EE Anwendungsserver JBoss [JBo09a]. Das System wird **Plattformunabhängiger Rekonfigurationsmanager** *(Platform Independent Reconfiguration Manager)* - PIRMA genannt. Er spielt die Rolle eines **Component Configurator**s [SSRB00] und „greift" an Stelle der Container Komponente (*Container Component* aus unserem C3-Meta-Modell (siehe Abbildung 7.1) in das zu rekonfigurierende System ein (siehe Abbildung 9.8). In dem Container befinden sich zur Laufzeit *Primitive Live Components*, die Instanzen von einfachen statischen Komponenten (*Primitive Static Component*) darstellen, da während des Deployments die Hierarchien aufgelöst werden (siehe Abschnitt 7.4).

Der Rekonfigurationsmanager besteht aus folgenden Komponenten (Teilsystemen) (siehe Abbildung 9.7):

Rekonfigurationsanalysator *(Reconfiguration Analyser)* nimmt einen Rekonfigurationsauftrag an, analysiert ihn und klassifiziert die angeforderte Änderung. Dabei wird die transitive Hülle des gesamten Auftrags oder der zusammenhängenden Teilaufträge gebildet (siehe Abschnitt 8.2). Als Ergeb-

9.5 Plattformunabhängiger Rekonfigurationsmanager – PIRMA: Systemarchitektur

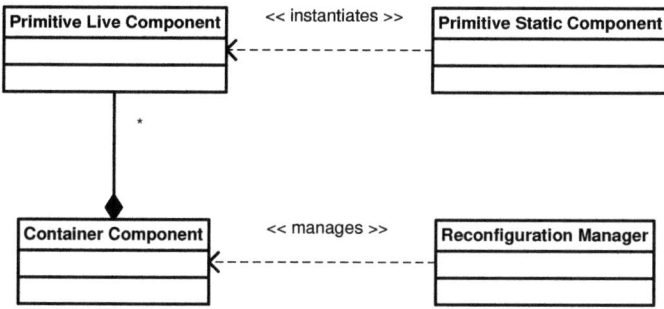

Abbildung 9.8: Kontext des Rekonfigurationsmanagers

nis wird das von der angeforderten Rekonfiguration betroffene Subsystem bestimmt.

Abhängigkeitsmanager *(Dependency Manager)* beobachtet und analysiert die Laufzeitabhängigkeiten zwischen den Komponenteninstanzen. Für diese Analyse wird die Information vom Benutzungsmodell (Abschnitt 7.7.3) des Systems und der Beschreibung des Laufzeitverhaltens des Systems (Abschnitt 7.7.2), wie bereits in den Abschnitten 8.3 und 8.4 beschrieben, eingesetzt. Das Ziel ist es, einen optimalen System-Laufzeitzustand für die angeforderte Rekonfiguration unter Berücksichtigung zusätzlicher Parameter, wie vertraglich geregelte Reparaturzeiten, Benutzungsintensität, Dauer und Dringlichkeit der Rekonfiguration, analytisch zu bestimmen. Dabei soll die Erreichbarkeit der Systemdienste möglichst hoch bleiben (siehe Kapitel 8). Der Abhängigkeitsmanager ist auch für die Wiedererkennung der analytisch bestimmten Laufzeitzustände zur Laufzeit unter Einsatz der Information von den Dienst-Effekt-Automaten (Abschnitt 7.7.1), wie beschrieben im Abschnitt 8.10, und das Starten der Rekonfiguration bzw. des Redeployments zuständig. Die Funktionsweise des Abhängigkeitsmanagers ist im Abschnitt 8.11 detailliert beschrieben worden.

Transaktionsmanager *(Transaction Manager)* überprüft die Einhaltung der Konsistenz des Systems nach jeder Teilrekonfiguration. Hier findet eine statische Konsistenzprüfung statt. Falls eine Verletzung der Konsistenz durch die angeforderte Rekonfiguration festgestellt wird, wird der Auftrag abgelehnt. Beim Erfolg aller Teilrekonfigurationen bestätigt er die Transaktion und meldet dem System, dass die Rekonfiguration erfolgreich durchgeführt wurde. Beim Fehlschlag sendet er einen *Rollback Request* an den Rekonfigurator. Anschließend sendet er die aktualisierten Parameter zum Abhängigkeitsmanager, der die Berechnung wiederholt. Nach Scheitern der maximal erlaubten Anzahl der Versuche, meldet er dem System, dass die Rekonfiguration abgebrochen wurde. Er überwacht die transaktionale Durchführung der Rekonfiguration in Form einer *dependent change transaction* [KM90] (siehe Abschnitt 9.3) unter Einhaltung der in den Kapiteln 9.1 und 9.2 definierten Protokolle, sowohl auf Komponenten- als auch auf Systemebene.

Rekonfigurator führt das eigentliche kontrollierte Redeployment, wie beschrieben im Abschnitt 9.4, durch. Zusammen mit dem Transaktionsmanager bildet er das **Redeployment Subsystem** des Rekonfigurationsmanagers.

Der Rekonfigurationsmanager greift in ein komponentenbasiertes System über genau festgelegten Schnittstellen ein. Er folgt dem Verhaltensmuster *Observer* [GHJV95]. Zusätzlich wird zur kontrollierten transaktionalen Durchführung des Redeployments (siehe Abschnitt 9.4), ein *Invoker*, als eine Art *Facade* bzw. *Business Delegate* vor den Instanzen von Komponenten (*primitive live components*) gesetzt, das wiederum über einen Observer die Dienstaufrufe registriert, weiterleitet und deren Durchführung steuert. Dabei bilden der *Redeployer* und der *Invoker Manager* den Rekonfigurator. Der Dependency Manager und der Redeployer sind die Observer für die Container Component, während der Invoker Manager der Observer vom Invoker ist. Die detaillierte Architektur ist in der Abbildung 9.9 dargestellt.

9.5 Plattformunabhängiger Rekonfigurationsmanager – PIRMA: Systemarchitektur

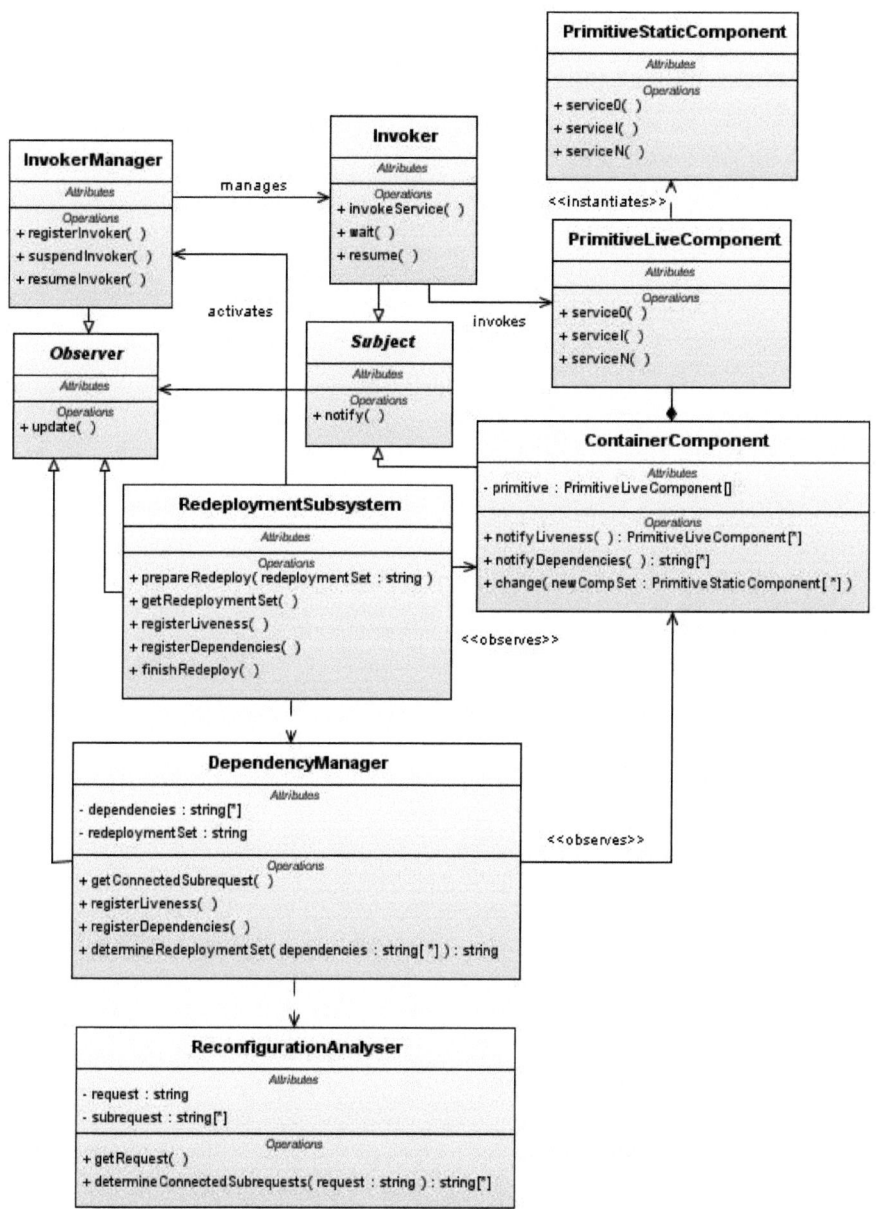

Abbildung 9.9: Systemarchitektur von PIRMA im Kontext

Teil III

Evaluation

Überblick

Die Evaluation, des in dieser Arbeit verfolgten Ansatzes, fand dreigeteilt statt und wurde im Rahmen mehrerer Diplomarbeiten und Individuellen Projekte durchgeführt. In diesem Teil werden die Durchführung und die Ergebnisse der Evaluation der einzelnen Aspekte beschrieben. Zusätzlich werden verwandte Ansätze diskutiert. Der Teil gliedert sich in folgende Kapitel:

Kapitel 10 *(Java EE-basierte Realisierung von PIRMA)* stellt die Machbarkeitsprüfung unseres theoretischen Konzepts, basierend auf der Java EE Technologie, vor. Dabei wurden für den JBoss Anwendungsserver die theoretischen Teilkonzepte in konkrete Teilsysteme umgesetzt und in ein Gesamtsystem integriert. Das implementierte System konzentriert sich auf Rekonfiguration von Enterprise JavaBeans (EJB) zur Laufzeit und ist aus Client-Sicht als Eclipse Plug-In realisiert.

Kapitel 11 *(Java EE-basierte Evaluation der Laufzeit-Rekonfiguration)* stellt die Evaluation der Java EE Technologie bzw. der PIRMA-Implementierung vor. Zum einen wurden, für die Java EE Technologie typische, Rekonfigurationsszenarien auf unveränderten JBoss und Bea WebLogic Anwendungsservern getestet und ausgewertet. Zum anderen wurde das eigenimplementierte System in zwei Laborexperimenten auf Funktionstüchtigkeit und in Hinblick auf Dauer der Redeployment-Vorgänge bzw. der Verzögerungen in den Antwortzeiten getestet.

Kapitel 12 *(Evaluation der Optimierung der Erreichbarkeit)* beschreibt die Evaluation der Optimierung der Erreichbarkeit. Es konzentriert sich dabei auf die Bestimmung und Wiedererkennung minimaler Laufzeit-Abhängigkeitsgraphen. Dazu wurde eine Web-basierte Java Anwendung als komponentenbasiertes System unter Last gesetzt und probabilistisches Benutzungsverhalten simuliert. Das System wurde beobachtet und die Monitoringdaten aufgezeichnet und analysiert.

Kapitel 13 *(Verwandte Ansätze)* gibt eine Einordnung bzw. Abgrenzung des in dieser Arbeit vorgestellten Ansatzes. Es klassifiziert die verwandten Ansätze dieser Arbeit und diskutiert deren Vor- und Nachteile gegenüber dem in dieser Arbeit vorgestellten Ansatz.

10 Java EE-basierte Realisierung von PIRMA

Die Evaluation dieses Ansatzes basiert auf der Java EE Technologie. Dazu wurden, im Rahmen eines Individuellen Projekts [Oll04] und drei Diplomarbeiten [Pak03, Oll05, Bun08], die einzelnen theoretischen Konzepte in konkrete Teilsysteme umgesetzt und in ein Gesamtsystem integriert. Als Grundlage für die Implementierung des Rekonfigurationsmanagers PIRMA wurde für den JBoss Server [JBo09a] die J2EE Deployment API (JSR-88) [Sea03] realisiert. Das System konzentriert sich auf Enterprise JavaBeans (EJB) [Sun03a] (siehe Anhang 15.6). Aus Client-Sicht wurde das System in Form eines Eclipse Plug-Ins [The09d] realisiert. Schließlich wurde das System auf die zum Zeitpunkt der Arbeit neueste stabile JBoss Version 4.2.3 portiert.

10.1 Darstellung und Analyse der Rekonfigurationsaufträge

Dieser Abschnitt enthält die plattformunabhängige Konzeption und Java EE-basierte Umsetzung des Rekonfigurationanalysators (*Reconfiguration Analyser*) vom Reconfiguration Manager PIRMA (siehe Abbildung 9.7 auf Seite 180).

Um eine Vorbereitung der Rekonfiguration zu ermöglichen, ist es notwendig, die Rekonfigurationsaufträge systematisch und plattformunabhängig darzustellen. Diese Darstellung soll als Eingangs-Information (*input*) für das Rekonfigurationssystem benutzbar sein, d.h. es sollte möglich sein, diese Information weiter mit Java zu bearbeiten. Zu diesem Zweck wurde die **Extensible Markup Language (XML)** als mögliche Notation eingesetzt. XML ist eine erweiterbare textbasierte Auszeichnungssprache. Sie ist eine Teilmenge von **SGML (Standard Generalized Markup Language)** und wurde von **W3C (World Wide Web Consortium)** entworfen [BPSMM00]. Eine *XML*-Datei sieht einer *HTML*-Datei sehr ähnlich. In XML werden, genau wie in HTML, *Tags* und *Attribute* verwendet. Die HTML-Elemente präsentieren die Daten in einem Web-Browser. Im Gegensatz zu HTML, sind diese Elemente bei XML nicht vordefiniert. Durch die **Document Type Definition (DTD)** und *XML-Schema-Definition (XSD)* ist es möglich, die Struktur einer XML-Datei zu definieren. Deshalb ist XML für eine strukturierte Darstellung von Konfgurationsdaten gut geeignet. Einfachheit, Plattformunabhängigkeit und Lesbarkeit sind weitere Vorteile dieser Sprache. Des Weiteren bietet die XML-Technologie Möglichkeiten, die Art und die logische Struktur eines Dokuments zu identifizieren. XML-Dateien können in verschiedene Darstellungen umgewandelt und weiter bearbeitet werden. Somit erfüllt die XML-Technologie die gestellten Anforderungen. Der Rekonfigurationsauftrag wurde in XML-Form als *request.xml* dargestellt.

Um die Daten des Auftrags weiter zu bearbeiten, muss das XML-Dokument der EJB-Struktur angepasst werden. Zum Lesen von XML-Dateien, Erkennung deren Elemente und Parsen werden sog. *XML-Parser* eingesetzt. Zur Weiterverarbeitung von XML-Dateien mit Java werden sog. *XML-APIs* eingesetzt. Es gibt zwei Gruppen von XML-APIs: *low-level* und *high-level* APIs [Ede06]. Die low-level APIs (z.B. Simple Application for XML (SAX) [Bro02] und Document Object Model (DOM) [Con04]) greifen direkt auf die XML-Datei zu, wodurch die XML-Daten weiterbearbeitet werden können. Sie eignen sich für Weiterverarbeitung bei XML-Applikationen, bei denen die Struktur einer XML-Datei eine wichtige Rolle spielt. Bei den high-level APIs (XML-Data-Binding-Frameworks (Castor [EG09], Zeus [EoC09] und Java Architecture for XML-Binding (JAXB) [Sun09b]) wird die XML-Datei nicht direkt bearbeitet, sondern zuerst in eine andere Form, z.B. Java-Klassen, repräsentiert. Mit diesen Schnittstellen ist es möglich, Daten aus einer XML-Schema-Instanz heraus automatisch an Java-Klassen zu binden und diese Java-Klassen aus einem XML-Schema heraus zu generieren. Durch eine spezielle Form von Serialisierung (*marshalling*) können XML-Dokumente aus einem Baum von Java-Objekten generiert werden. Der umgekehrte Weg ist eine spezielle Form der Deserialisierung (*unmarshalling*). Diese APIs eignen sich für XML-Applikationen, bei denen der Inhalt einer XML-Datei eine wichtigere Rolle als ihre Struktur spielt. Zur Weiterverarbeitung des Rekonfigurationsauftrags (request.xml) wurde in dieser Arbeit die *XML-Java-Binding* Technologie *Castor* [Bai03] verwendet. Die an dieser Stelle vorgestellten Ergebnisse basieren auf der innerhalb dieser Arbeit entstandene Diplomarbeit von Mahboubeh Pakdaman [Pak03].

Durch diesen Teil der Evaluation wurden folgende Aufgaben des Rekonfigurationanalysators (siehe Abschnitt 9.5) realisiert:

- Erstellung eines Rekonfigurationsauftrags

- Generierung der Konfigurationsdaten zum Rekonfigurationsauftrag

- Übermittlung des Rekonfigurationsauftrags an den Server

10.1 Darstellung und Analyse der Rekonfigurationsaufträge

10.1.1 Entwurf

Das Klassendiagramm in der Abbildung 10.1 stellt die Architektur des Rekonfigurationanalysators dar. Nach der Java EE-Spezifikation [Sun06a] werden die EJB-Komponenten als Modul in Form einer JAR-Datei archiviert, bevor sie auf dem Server installiert werden können. Die JAR-Dateien enthalten die EJB-Komponentenklassen und den Deployment-Deskriptor (ejb-jar.xml). Es ist möglich mehrere Beans zusammen in einem JAR-Modul zu archivieren. Um ein transaktionales Redeployment zur Laufzeit auf Bean-Ebene zu ermöglichen, ist es jedoch sinnvoller, jede Bean in ein eigenes JAR-Modul zu archivieren.

Die Architektur des Rekonfigurationanalysators enthält folgende JSP-Komponenten:

- `RekonfigAuswahl` dient der Auswahl eines Rekonfigurationsauftrags. Sie ermöglicht dem Benutzer durch ein HTML-Formular seinen gewünschten Rekonfigurationsauftrag zu erstellen. Die Auswahl wird an die `SaveAuswahl`-Klasse übertragen.

- `SaveAuswahl` übernimmt die Überprüfung der ausgewählten Modifikation und Aktivierung der entsprechenden Klasse (SessionHinzufuegen, EntityHinzufuegen, BeanAendern oder BeanLoeschen).

- `SessionHinzufuegen` bietet dem Benutzer, der eine Session Bean hinzufügen möchte, die Möglichkeit, Session Bean Eigenschaften, die für ihren Deployment-Deskriptor erforderlich (oder optional) sind, in einem HTML-Formular einzutragen. Diese Eingaben werden an die `SeEjbJarErzeugen`-Klasse übertragen.

- `SeEjBJarErzeugen` erzeugt eine Instanz des Session-Objekts bzw. EjbJar-Objekts. Aus der EjbJar- Instanz wird durch Unmarshaling die `ejb-jar.xml` der Komponenten generiert (siehe Abschnitt 10.1.1.2).

- `EntityHinzufuegen` entspricht der `SessionHinzufuegen` für Hinzufügen einer Entity Bean. Entsprechend werden die Eingaben an die `EnEjbJarErzeugen`-Klasse übertragen.

- `EnEjbJarErzeugen` erzeugt eine Instanz des Entity-Objekts bzw. EjbJar-Objekts. Aus der EjbJar-Instanz wird durch Unmarshaling die `ejb-jar.xml` der Komponenten generiert.

- `BeanAendern` gibt dem Benutzer Informationen über die Beans, die er verändern möchte (Name der Bean bzw. der entsprechenden JAR-Datei).

192 10 Java EE-basierte Realisierung von PIRMA

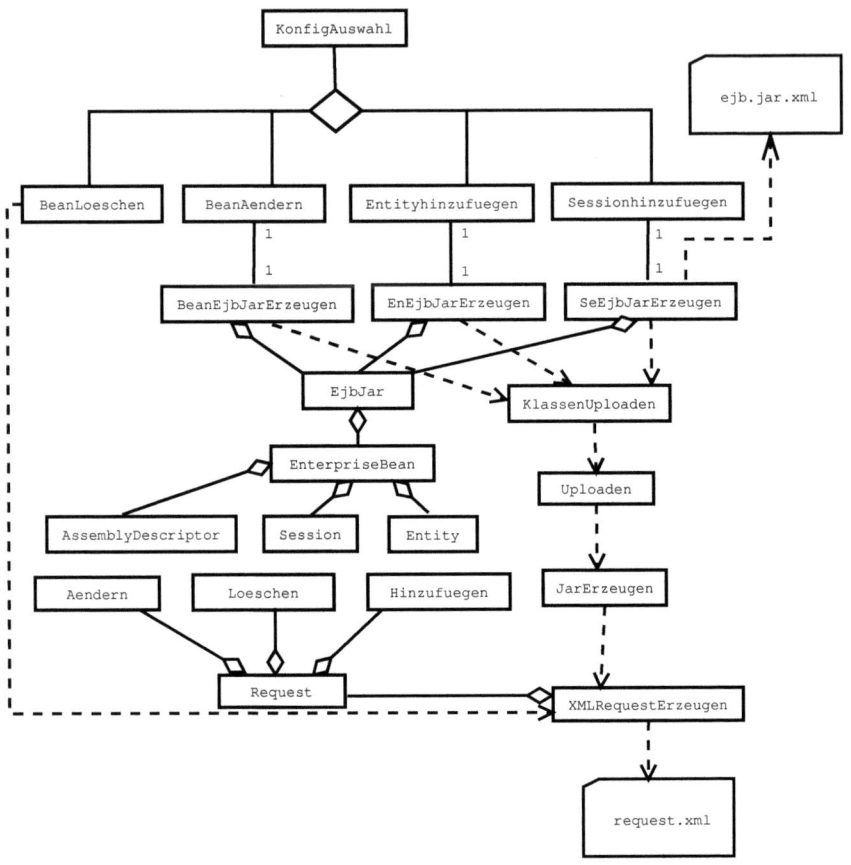

Abbildung 10.1: Klassendiagramm des Rekonfigurationanalysators [Pak03]

Anschließend wird er aufgefordert zu bestimmen, ob META-INFs bzw. `ejb-jar.xml` oder Klassen der Bean modifiziert werden müssen.

- `BeanLoeschen` gibt dem Benutzer Informationen über die Beans, die er löschen möchte (Name der Bean bzw. der entsprechenden JAR-Datei).

- `KlassenUploaden` lädt die Klassen der Komponenten (`remote`, `home` und `ejbClass`) durch ein HTML-Formular hoch und aktiviert die `Upload`-Aktion.

10.1 Darstellung und Analyse der Rekonfigurationsaufträge   193

- `Uploaden upload.jar` verwendet eine taglib-Datei (`taglib.tld`), um die gewählten Bean-Klassen in einem Verzeichnis auf dem Server zu speichern.

- `JarErzeugen` erzeugt ein JAR-Modul aus den Komponentenklassen und der generierten Datei `ejb-jar.xml` und speichert sie in einem Verzeichnis auf dem Server.

- `XMLRequestErzeugen` generiert eine `request.xml`-Datei nach der Erstellung eines Rekonfigurationsauftrags vom Benutzer und nach der Generierung der entsprechenden Daten bzw. JAR-Dateien. Mit der `request.xml` wird dem Server mitgeteilt, welche Rekonfiguration beauftragt wurde und wo sich die Konfigurationsdateien befinden. Diese Informationen werden vom Redeployment-Teilsystem (siehe Abschnitt 10.2.2) benutzt.

10.1.1.1 Erstellung eines Rekonfigurationsauftrags

Die Erstellung eines Rekonfigurationsauftrags wird über die im vorherigen Abschnitt beschriebenen JSP-Komponenten abgewickelt. Dabei stehen folgende Modifikationen zur Verfügung:

1. Eine Entity Bean Komponente hinzufügen

2. Eine Session Bean Komponente hinzufügen

3. Eine EJB Komponente löschen

4. Eine EJB Komponente ändern / austauschen

Diese Befehle werden in der *XML-Schema-Definition (XSD)* des Rekonfigurationsauftrags festgelegt. Eine XSD ist eine Datei, die Struktur und die Beschränkungen des Inhalts einer XML-Datei definiert. In ihr wird festgelegt, welche Elemente und Attribute in der XML-Datei präsentiert werden und welche Datentypen sie besitzen. Des Weiteren werden in einer XSD die Abhängigkeiten zwischen den Elementen definiert und dadurch wird die XML-Datei strukturiert. Der Code-Ausschnitt im Listing 10.1 zeigt das Schema für den Rekonfigurationsauftrag `request.xsd`.

```
<xs:element name=\Request\>
<xs:complexType>
<xs:sequence>
        <xs:element ref=\Hinzufuegen\ minOccurs=\0\ maxOccurs=\1\= >
        <xs:element ref=\Loeschen\ minOccurs=\0\ maxOccurs=\1\= >
```

```xml
            <xs:element ref=\Aendern\ minOccurs=\0\ maxOccurs=\1\= >
</xs:sequence>
</xs:complexType>
</xs:element>

<xs:element name=\Hinzufuegen\>
<xs:complexType>
<xs:sequence>
        <xs:element ref=\modul-name\ minOccurs=\0\ maxOccurs=\1\= >
        <xs:element ref=\modul-adresse\ minOccurs=\0\ maxOccurs=\1\=
            >
</xs:sequence>
<xs:attibute name=\zu\ type=\xs:string\= >
</xs:complexType>
</xs:element>

<xs:element name=\Loeschen\>
<xs:complexType>
<xs:sequence>
        <xs:element ref=\modul-name\ minOccurs=\0\ maxOccurs=\1\= >
</xs:sequence>
        <xs:attibute name=\vom\ type=\xs:string\= >
</xs:complexType>
</xs:element>

<xs:element name=\Aendern\>
<xs:complexType>
<xs:sequence>
        <xs:element ref=\modul-name\ minOccurs=\0\ maxOccurs=\1\= >
        <xs:element ref=\home\ minOccurs=\0\ maxOccurs=\1\= >
        <xs:element ref=\remote\ minOccurs=\0\ maxOccurs=\1\= >
        <xs:element ref=\ejb-class\ minOccurs=\0\ maxOccurs=\1\= >
        <xs:element ref=\deskriptor\ minOccurs=\0\ maxOccurs=\1\= >
</xs:sequence>
        <xs:attibute name=\wo\ type=\xs:string\= >
</xs:complexType>
</xs:element>

<xs:element name=\modul-name\ type=\xs:string\= >
<xs:element name=\modul-adresse\ type=\xs:string\= >
<xs:element name=\home\ type=\xs:string\= >
<xs:element name=\remote\ type=\xs:string\= >
<xs:element name=\ejb-class\ type=\xs:string\= >
<xs:element name=\deskriptor\ type=\xs:string\= >
</xs:schema>
```

Listing 10.1: Rekonfigurationsauftrag Typdefinition (request.xsd) [Pak03]

10.1 Darstellung und Analyse der Rekonfigurationsaufträge

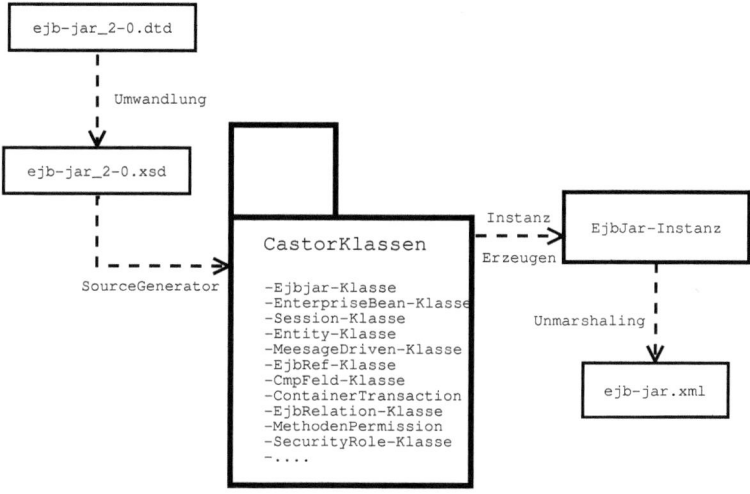

Abbildung 10.2: Generierung des `ejb-jar.xml` mit Castor [Pak03]

10.1.1.2 Generierung der Konfigurationsdaten zum Rekonfgurationsauftrag

Nachdem der Rekonfigurationsauftrag vom Benutzer erstellt wurde, muss er weiter verarbeitet werden. Dazu werden die Konfigurationsdaten der Komponenten generiert.

Generierung des Deployment-Deskriptors Die EJB 2 Spezifikation [Sun03a] setzt die Nutzung einer *Document Type Definition (DTD)* (`ejb-jar-2-0.dtd`) zur Definition der Datentypen, verwendet in `ejb-jar.xml`, voraus. Die Castor-Technologie [Bai03] arbeitet jedoch mit einer *XML-Schema-Definition (XSD)*. Damit sie eingesetzt werden kann, wird aus der Datei `ejb-jar-2-0.dtd` eine Schema-Datei `ejb-jar-2-0.xsd` erzeugt. Aus den im ejb-jar-Schema definierten Typen werden mit einem sog. *Source Generator* die entsprechenden Java-Typen bzw. Klassen generiert. Die Hauptklasse ist die `EjbJar`-Klasse, die aus ihrer Instanz durch Unmarshaling die entsprechende `ejb-jar.xml`-Datei für eine Komponente erzeugt (siehe Abbildung 10.2).

Generierung des XML-Requests auf dem Server Das XML-Schema des Auftrags `request.xsd` (siehe Abschnitt 10.1.1.1) definiert die unterschiedlichen Rekonfigurationsaufträge (Hinzufügen, Löschen und Ändern) in Form von Datenty-

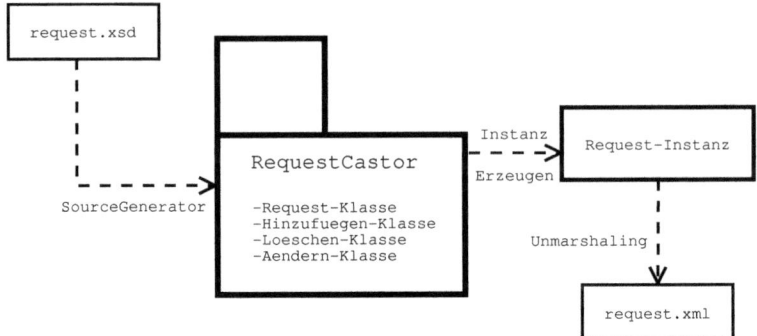

Abbildung 10.3: Generierung des `request.xml` mit Castor [Pak03]

pen. Der `request`- Datentyp, als ein komplexer Typ, enthält die Referenzen von Hinzufügen-, Ändern- und Löschen-Datentypen (`add`, `delete` und `update`). Mit dem *Source Generator* werden die entsprechenden Java-Typen bzw. Klassen generiert. Aus der Instanz der Hauptklasse `Request` wird durch Unmarshaling die entsprechende `request.xml`-Datei erzeugt (siehe Abbildung 10.3).

Übermittlung des Rekonfigurationsauftrags an den Server Nachdem der Benutzer seinen Auftrag gestellt hat, wird dem Server durch einen XML-Request *(request.xml)* mitgeteilt, welche Rekonfiguration beauftragt wurde, welche Daten (JAR-Daten) vom Benutzer zur Verfügung gestellt wurden und wo sich diese Daten befinden. Die Abwicklung der Erzeugung der entsprechenden JAR-Module und deren Speicherung auf dem Server wird von den JSP-Komponenten: `Klassen-Uploaden`, `Upload`, `JarErzeugen`, `SeEjBJarErzeugen` und `EnEjbJarErzeugen` übernommen. Aus der `request.xml` Datei kann festgestellt werden, welche Rekonfiguration angefordert wird und welche Komponenten im System dadurch direkt betroffen sind. Diese Information wird anschließend vom Abhängigkeitsmanager und Redeployment-System in PIRMA benutzt.

10.2 Durchführung der Rekonfiguration

Die Evaluation der für die Benutzer transparenten Durchführung der Rekonfiguration wurde durch die Implementierung der J2EE Deployment API [Sea03] (siehe Anhang 15.6) und deren Erweiterung in ein transaktionales Redeployment-Sys-

10.2 Durchführung der Rekonfiguration

tem mit Verwaltung der Laufzeitabhängigkeiten zwischen Komponenteninstanzen realisiert [MMOH04].

10.2.1 Implementierung der J2EE Deployment API

Als Voraussetzung zur Entwicklung eines Systems, das eine transaktionale Durchführung einer Laufzeit-Rekonfiguration von Java EE Anwendungen unterstützt, wurde im Rahmen eines studentischen Individuellen Projektes [Oll04] die J2EE Deployment API (JSR-88) [Sea03] für den JBoss [JBo09a] Anwendungsserver konzipiert und implementiert. Ein Vergleich mehrerer Anwendungsserver mit einer anschließenden Begründung der Wahl, war ein Teil der Machbarkeitsstudie des Projekts.

Dabei wurden folgende Anforderungen gestellt und erfüllt:

- Der Entwurf sollte die Konzepte der J2EE Deployment API Spezifikation umsetzen, damit eine Umsetzung für einen anderen Produktanbieter möglich bleibt.

- Die in der Spezifikation fehlenden Deployment-Transaktionskonzepte sollten entwickelt und realisiert werden.

- Die in der Spezifikation optionale Methode *redeploy* sollte durch ein Konzept zum transaktionalen Redeployment zur Laufzeit (Änderung der System-Konfiguration zur Laufzeit) für serverseitige Komponenten spezifiziert und realisiert werden.

Die J2EE Deployment API [Sea03] (Anhang 15.6) definiert drei Hauptrollen:

1. Deployment-Tool Anbieter, der Werkzeuge für das Deployment zur Verfügung stellt

2. Java EE Produkt Anbieter, der Java EE spezifische Produkte, wie Anwendungsserver, Web-Server etc. zur Verfügung stellt

3. Deployer bzw. Benutzer, der auf ein spezielles Java EE Produkt mit Einsatz der Deployment-Werkzeuge eine Java EE Anwendung konfiguriert, verteilt und zum Starten bereit stellt.

Dadurch ergibt sich eine Dreiteilung in der API. Im Folgenden wird der Entwurf der ersten zwei Teile detaillierter vorgestellt.

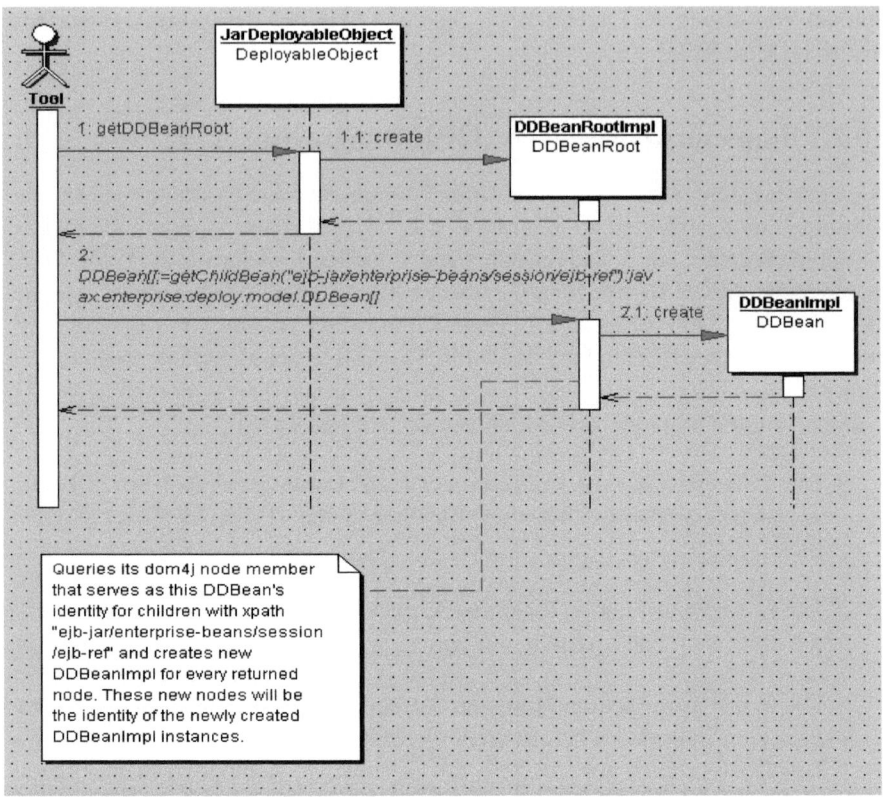

Abbildung 10.4: Benutzungsmuster für Deployment-Komponenteninstanzen [Oll04]

System-Architektur-Entwurf

Deployment-Tool

Der Teil der Spezifikation zur Beschreibung des Deployment-Tools beinhaltet die Schnittstellen, die ein Deployment-Tool Anbieter implementieren sollte und nicht als Teil eines Java EE Anwendungsservers mitgeliefert werden. Diese Schnittstellen befinden sich in dem Paket `javax.enterprise.deploy.model`.

Die Abbildung 10.4 zeigt das allgemeine Benutzungsmuster für Deployment-Komponenteninstanzen `<ejb-ref>` (`DeployableObject`, `DDBeanRoot`, `DDBean`). Die `DDBean` und `DDBeanRoot` Implementierungen folgen dem *GoF*-Ent-

10.2 Durchführung der Rekonfiguration

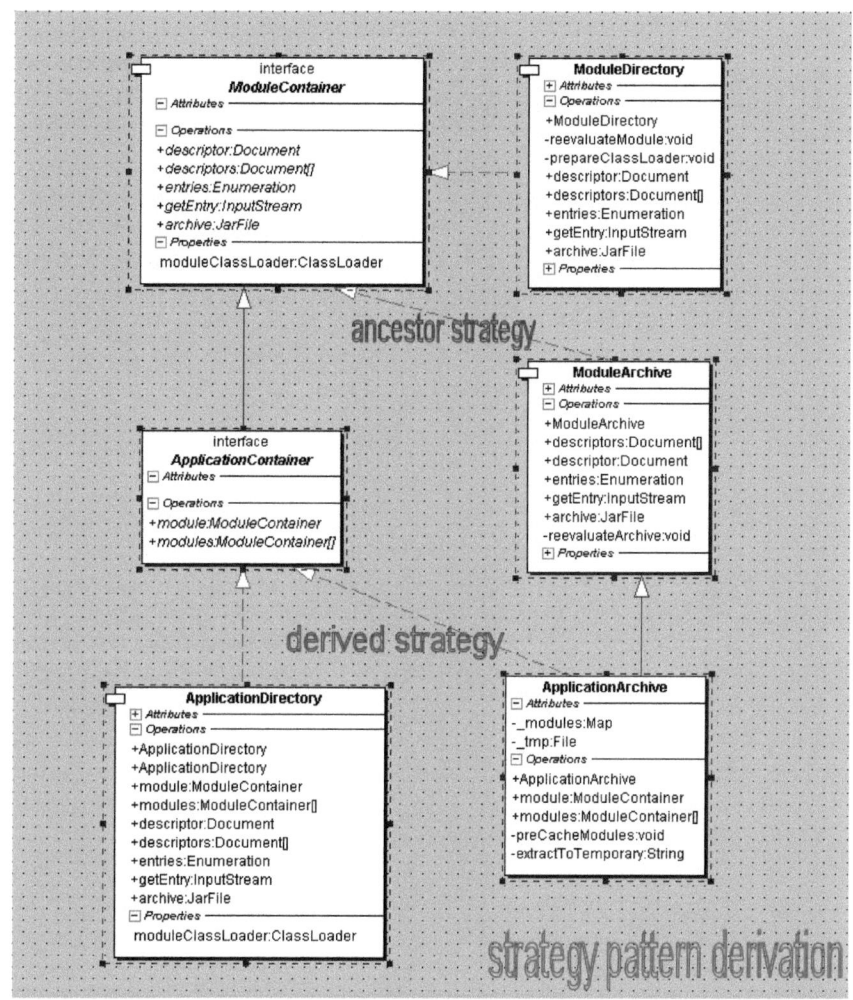

Abbildung 10.5: Die Umsetzung des Entwurfsmusters *strategy* [Oll04]

wurfsmuster *decorator* [GHJV95]. Die `delegate` Methode in diesem Projekt holt über *XML-Processing* ein sog. `org.dom4j.Node private member`, was die vollständige Zustandsinformation beinhaltet, die eine `DDBean` zum Erfüllen der angeforderten Funktionalität benötigt.

Der Entwurf definiert eine allgemeine Implementierung für das `Deployable-Object` Interface. Es ist parametrisiert mit `ModuleType` von den *shared classes* der Deployment API (siehe Anhang 15.6), was den Namen des Deployment Deskriptors und die Lokation des Byte-Codes des Moduls bestimmt. Dieses ist ausreichend, um die volle Funktionalität des `DeployableObject` zu implementieren. Die eigentliche Dateiverwaltung (*file handling*) ist gekapselt in dem `ModuleContainer abstract type`. Im Prinzip handelt es sich um ein Strategie-Entwurfsmuster (*strategy pattern*), das zwei konkrete Datei-Verwaltungsstrategien implementiert (für komprimierte und dekomprimierte Archive) (siehe Abbildung 10.5). Da das `J2EEApplicationObject` vom `DeployableObject` erbt, unterstützt es auch beide Strategien.

Java EE Produkt

Nach der J2EE Spezifikation ist ein `DeploymentManager` eines Java EE Produkts der Zugriffspunkt für die Deployment Tools. Er beinhaltet die Deployment Funktionalität der Java EE Produkte. In diesem Projekt wurde nach dem Vorbild des Apache Projekts Geronimo [Apa09a] das Zustandsmuster *state pattern* benutzt. Die Umsetzung als Verbindungszustand des `DeploymentManagers` ist in der Abbildung 10.6 dargestellt. Jede Methode wird, abhängig von dem Zustand, an die entsprechende Mitglieder weiter geleitet. Wenn der `DeploymentManager` im Zustand *disconnected* ist, werden die entsprechenden `DisconnectedState`-Methoden aufgerufen und sie werfen die Ausnahme `InvalidStateException`. Soll dagegen der Zustand *connected* sein, leiten die entsprechenden `ConnectedState`-Methoden die Operationen über das Netzwerk zu den serverseitigen Management Strukturen weiter.

Der Benutzer, der Zugang zu einer Instanz des `DeploymentManagers` hat, kann mit Einsatz der `createConfiguration`-Methode eine spezifische Konfigurationsinformation für jedes Java EE Modul (bereitgestellt in Form einer `DeployableObject` Instanz) erstellen und modifizieren. Das Ergebnis ist eine sog. `DeploymentConfiguration` als Container von Modulen. Die Laufzeit-Konfiguration wird in Form von JavaBeans [Sun97] dargestellt. Diese implemetieren die `DConfigBean` oder `DConfigBeanRoot`- Schnittstelle. Der Benutzer kann diese Informationen durch Aufrufen der Methoden `getDConfigBeanRoot` bzw. `getDConfigBean` bekommen.

10.2 Durchführung der Rekonfiguration

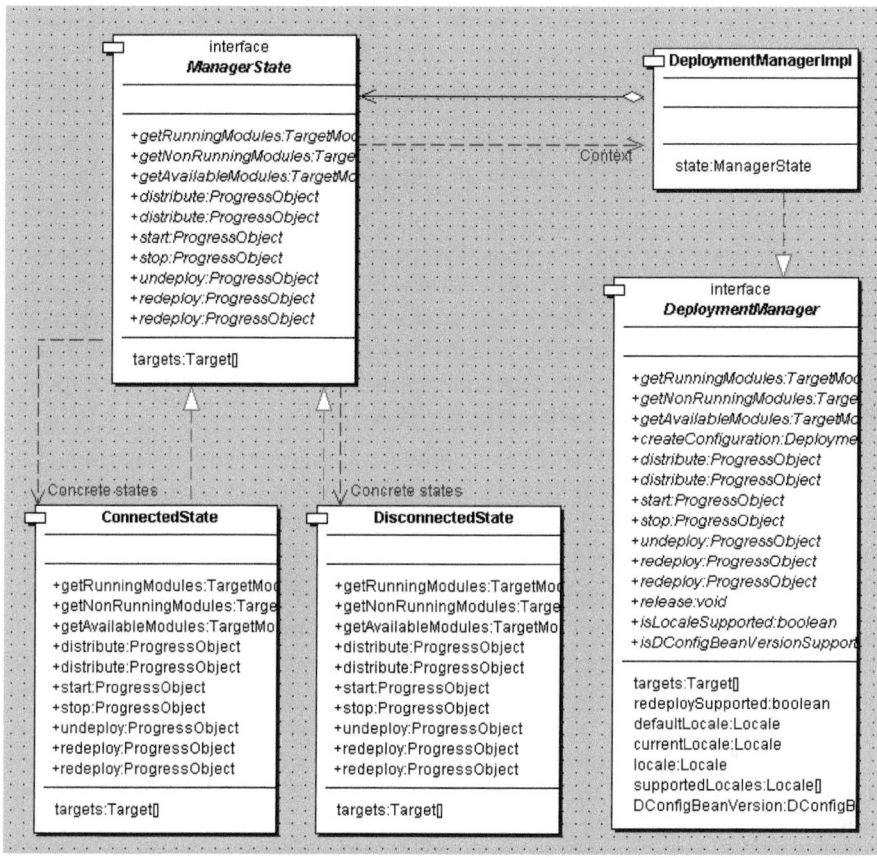

Abbildung 10.6: Verbindungszustand des `DeploymentManagers` [Oll04]

Serverseitige Strukturen

Die serverseitige Dienstschicht des `MainDeployer` spielt eine wichtige Rolle bei der Kommunikation zwischen den Deployment- und JBoss-Diensten. Die Vorgehensweise bei einer Deployment-Operation, durchgeführt durch den `MainDeployer`, beinhaltet folgende Schritte:

1. Das Archiv mit dem zu deployendem Modul wird auf einer Lokation abgelegt, die für den Server zugänglich ist.

2. Der Benutzer der Deployer-Dienste erstellt eine Instanz der `Deployment-Info`, die die URL des Archivs an den Konstruktor übergibt.

3. Der `MainDeployer`- Dienst durchsucht das Archiv und wählt einen entsprechenden `SubDeployer` für das aktuelle Deployment.

Die zu deployenden Module müssen in Form einer *Java Class*-Datei, die den entsprechenden Byte Code beinhaltet, vorliegen. Zusätzlich werden die Meta-Daten in XML-Form benötigt. Die Konfigurationsbeans werden nur zur Benutzerinteraktion in dem Deployment Tool eingesetzt. Bevor sie zum JBoss Server gesendet werden, werden sie zu XML-Dokumenten serialisiert, damit sie von den JBoss-Delpoyer-Diensten weiter bearbeitet werden können.

Der JBoss Deployment-Prozess unterstützt die J2EE Management Spezifikation (JSR 77) [Hra02] vollständig. Somit können JMX-Agent-Komponenten [Sun02c] eingesetzt werden, um den Deployment-Prozess zu beobachten und steuern. Zustandsänderungen werden als *JMX-Notifications* herausgegeben.

Der in diesem Projekt entwickelte Dienst hat im Wesentlichen zwei Zuständigkeiten: (1) Übertragung der Module über das Netzwerk zum JBoss `MainDeployer` und (2) Übertragung von Zustandsänderungen im Deployment Prozess und Komponenten Meta Daten zum Deployment Tool. Für den Dienst wurden die Schnittstellen `org.jboss.system.ServiceMBean` und `javax.management.-MBeanRegistration` implementiert. Da die JMX-Netzwerkkommunikation unidirektional ist, wurde für die zweite Zuständigkeit das **peer-to-peer networking package** JGroups [Inc09] benutzt.

Ereignis-Kommunikation

Der `DeploymentManager` stellt die Operationen: `start`, `stop`, `distribute`, `undeploy` und `redeploy` zur Verfügung. Beim Aufruf geben diese ein sog. `ProgressObject` zurück. Letzeres verfolgt und notiert den Fortschritt dieser Operationen. Die `ProgressObject` Schnittstelle ist vorgesehen als Teil der Java EE Produkte zur Repräsentation der Deployment-Zustände. Eine Registrierung ist durch die `ProgressListener` Schnittstelle über die Methode `addProgressListener`. Es wird ein sog. `ProgressEvent`, das dem `DeploymentStatus` die `TargetModuleID` zuordnet, erzeugt. Die Vorgehensweise dabei ist in der Abbildung 10.7 dargestellt.

10.2 Durchführung der Rekonfiguration

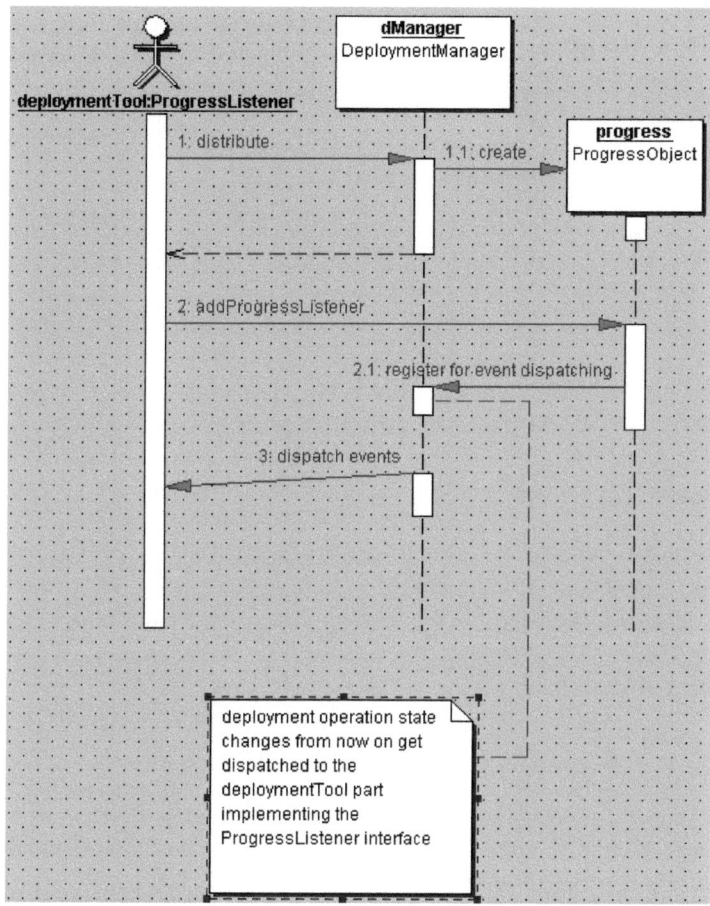

Abbildung 10.7: Beobachtung des Deployment Prozesses [Oll04]

Benutzung des `MainDeployers` seitens der Deployment API Implementierung

Der `MainDeployer` unterstützt alle in der Deployment API vorgesehenen Deployment-Operationen (siehe Anhang 15.6). Deshalb stellt eine Implementierung der API eine Art `decorator` Muster dar, was den `MainDeployer` anpasst. Da der `MainDeployer` ein JBoss Dienst darstellt, der in Form einer JMX managed bean realisiert ist, benutzt er den `MBeanServer`, um Operationen aufzurufen. Die Methode `getServer` aus dem `ServiceMBeanSupport` der `org.jboss.ServiceMBean` Schnittstelle gibt eine Instanz des `MBeanServer` zurück.

10.2.2 Das Redeployment-System

Die Ergebnisse aus dem Individuellen Projekt [Oll04] stellen die Grundlage für das im Anschluss innerhalb der Diplomarbeit von Sascha Olliges [Oll05] entwickelte Redeployment-System, das die Funktionalität zum Packen, Konfigurieren, Deployen und Redeployen von Java EE Anwendungen enthält. Des Weiteren wurde die in der Deployment API Spezifikation optional markierte und im vorangegangenen Projekt rudimentär implementierte Methode *redeploy* erweitert, um eine Verwaltung der Laufzeitabhängigkeiten zwischen Instanzen von Komponenten, bzw. der Warteschlangen der aktuellen Dienstausführungen und somit eine für den Benutzer transparente Durchführung der Laufzeit-Rekonfiguration unter voller Verfügbarkeit zu gewährleisten [MMOH04]. Dabei konzentriert sich das System auf Enterprise JavaBeans (EJB) [Sun03a] (siehe Anhang 15.6). Die Grundimplementierung der Deployment API wurde benutzt, um ein Redeployment-System für den Anwendungsserver JBoss zu implementieren. Das System stellt aus Client-Sicht ein Eclipse Plug-In [The09d] dar. Das Eclipse Plug-In Framework ist ein Plug-In Management Tool basierend auf dem OSGi Framework [OSG09].

Konsistenzbedingungen im Kontext der EJB-Komponenten

Die Transparenz-Anforderung an das Redeployment-System bringt eine wesentliche Einschränkung der möglichen Rekonfigurationen: Die Funktionalität der öffentlichen (graphischen) Benutzungsschnittstellen darf nicht zur Laufzeit verändert werden. Mit anderen Worten, alles was für den Benutzer unmittelbar „sichtbar" ist, darf nicht während des operativen Einsatzes des Systems funktional verändert werden. Des Weiteren wird der Web-basierte Teil der Anwendungsschicht (Web Tier) durch einen externen Web-Server abgewickelt, so dass die Behandlung der Rekonfiguration zur Laufzeit von Web-Komponenten stark produktabhängig ist. Deshalb konzentriert sich die Evaluation auf Konzeption und Implementierung der Behandlung von Enterprise JavaBeans (EJB) [Sun03a] (siehe Anhang 15.6). Sie implementieren die Geschäftslogik, werden im Anwendungsserver ausgeführt und kommunizieren in der Regel mit der Web-Schicht bzw. Client-Schicht und somit nicht unmittelbar mit dem Benutzer.

Zur Erfüllung der Transparenz-Anforderung werden im Kontext der EJB-Komponenten folgende Konsistenzbedingungen gestellt (siehe Abschnitt 9.3):

10.2 Durchführung der Rekonfiguration

- **Syntaktische Konsistenz**: Eine Änderung der Schnittstellen ist nur als Erweiterung zulässig. Alle vorhandenen Schnittstellen-Signaturen müssen in der neuen Version wiederauffindbar sein.

- **Semantische Konsistenz**: Eine Änderung der Implementierung darf die vereinbarten Anforderungen bezüglich der angebotenen Dienste und keinen nach außen sichtbaren Laufzeit-Zustand verletzen.

Syntaktische Konsistenz

Die Erfüllung der Bedingung der syntaktischen Konsistenz ist gewährleistet, wenn das syntaktische Modell der entsprechenden Programmiersprache nicht verletzt wird. Das bedeutet, einfach ausgedrückt, dass die neue Systemkonfiguration ohne zusätzlichen Anpassungen im Code erfolgreich übersetzt werden kann. Das beinhaltet im Wesentlichen zwei Schritte:

1. Der Name (`ejb-name` in dem `EJB meta-data model` und der `Java type name`) einer neuen Version jeder „öffentlichen" Komponente, die mit einer anderen Schicht kommuniziert, muss identisch mit dem Namen der alten Version der Komponente bleiben.

2. Jedem „öffentlichen" Dienst, der nach außen sichtbar ist und von der alten Komponente angeboten wurde, muss ein entsprechender Dienst mit derselben oder erweiterten Signatur zugeordnet werden können.

Semantische Konsistenz

Das EJB-Komponentenmodell definiert kein Konzept der Vor- und Nachbedingungen zur Spezifikation der EJBs. Somit ist eine automatisierte Verifikation der vollständigen Semantik nicht möglich. Diese Prüfung liegt in der Zuständigkeit der Bean Provider als Teil der vertragsbasierten Komponentenentwicklung (*design by contract*). Die Erhaltung der **Zustandskonsistenz** ist die zweite semantische Bedingung, die erfüllt sein muss, um die Transparenz-Anforderung zu erfüllen. Dabei dürfen zum einen keine Zustände nach außen sichtbar verletzt werden. Zum anderen muss die Integrität der Anwendungsdaten erhalten bleiben. Um die Verletzung der Zustände zu vermeiden, gibt es zwei Möglichkeiten: (1) die laufenden Transaktionen, die zustandsbehaftete Komponenten beschäftigen, werden abgewartet oder (2) der Zustand wird gespeichert und nach der Rekonfiguration der neuen Komponente zugeordnet. Letzteres ist allerdings ohne vollständige Definition der Semantik nicht möglich zu realisieren sobald sich der Byte-Code oder das Verhalten einer Komponente ändert. Das Problem der ersten Möglichkeit bei Modulen, die mehrere Komponenten enthalten, ist dass alle Transaktionen aller Komponenten im Modul abgewartet werden müssen. Dieses Problem kann minimiert werden, indem einzelne Komponenten in einzelne Module archiviert werden. Um die Integrität der Anwendungsdaten während der Laufzeit-Rekonfiguration zu gewährleisten, müssen jedoch zusätzliche Maßnahmen getroffen werden. Die Anwendungsdaten müssen sich vor der Rekonfiguration in einem konsistenten Zustand befinden, damit die Anwendungsverarbeitung modulbezogen suspendiert werden kann. Danach kann die Rekonfiguration durchgeführt werden. Anschließend kann die Anwendungsverarbeitung aus einem konsistenten Zustand heraus fortgesetzt werden. Eine Anwendungsverarbeitung kann modulbezogen suspendiert werden, nur wenn das Modul ein sog. *geschlossenes transaktionales System* [Oll05] darstellt. Das bedeutet:

- Alle Komponenten im Modul benutzen nur *container-managed* Transaktionen

- Kein Dienstaufruf bringt einen aktiven Transaktionskontext mit, bzw. startet intern neue Transaktionen

- Alle laufenden Transaktionen wurden vom Container erzeugt

Diese Bedingungen ergeben sich aus der Betrachtung der EJBs als *Black-Box* Komponenten, die ein transaktionales Verhalten aufweisen und während der Dienstverarbeitung in der Regel aus einem in einen anderen zulässigen Zustand wechseln. In unserem Redeployment-System wurde ein Algorithmus zur Erkennung eines *geschlossen transaktionalen Systems* implementiert. Das Transaktionsattribut der betroffenen Dienste wird in folgender Weise geprüft:

1. Falls das Transaktionsattribut eines Dienstes verlangt, dass der Client aktiv Transaktionen erzeugt (`Mandatory`), handelt es sich um ein *nicht-geschlossenes transaktionales System*.

2. Falls das Transaktionsattribut eines Dienstes einen neuen Dienst verlangt (`RequiresNew`), wird der nächste Dienst betrachtet. Sonst besteht der Dienst den Test.

3. Der erste Schritt wird für den nächsten Dienst wiederholt.

4. Falls alle betroffenen Dienste den Test bestehen, handelt es sich um ein *geschlossenes transaktionales System*.

Das Problem bei diesem Algorithmus ist, dass er nicht-deterministisch ist. Er hängt vom Benutzerverhalten ab und dadurch kann nie sicher gestellt werden, dass

10.2 Durchführung der Rekonfiguration

kein Dienstaufruf in der Zukunft einen aktiven Transaktionskontext mitbringt. Mit Kenntnis des Benutzungsprofils eines Systems und Berücksichtigung von Monitoringdaten, kann jedoch die Entscheidung, ob ein Modul ein *geschlossenes transaktionales System* ist, mit großer Wahrscheinlichkeit richtig getroffen werden. Außerdem implementieren die EJBs Dienste der Geschäftslogik einer Anwendung, die feste Anwendungsfälle und Ausführungssequenzen abbilden. Dadurch kann sich deren Verhalten nicht beliebig ändern, sondern bleibt während des operativen Einsatzes relativ konstant.

Wenn ein Modul als *geschlossenes transaktionales System* identifiziert wurde, kann der Zustand abgewartet werden in dem keine Dienstverarbeitung im Modul stattfindet. Dann kann die modulbezogene Anwendungsverarbeitung suspendiert werden und die Rekonfiguration durchgeführt werden. Alle ankommenden Dienste werden in einer Warteschlange aufbewahrt (siehe Abschnitt 10.2.2). Im Folgenden werden die unterschiedlichen EJB Typen separat betrachtet. Eine detaillierte Diskussion befindet sich in [Oll05] bzw. [MMOH04].

Session Beans sind per Definition eine Erweiterung des Clients, der sie erzeugt. Sie können zustand-behaftet (*stateful*) oder zustandslos (*stateless*) sein. Um eine zustand-behaftete Session Bean zur Laufzeit auszutauschen, müsste ihr Zustand vor dem Austausch gesichert werden und nach dem Austausch wiederhergestellt werden. Prinzipiell bietet der Container Möglichkeiten zum Übertragen von Session Bean Zuständen durch die sog. *Passivierung* bzw. erneute *Aktivierung* der Beans aus Performance-Gründen. Allerdings werden diese Methoden über Java-Serialisierung bzw. Deserialisierung durchgeführt, was abhängig von der Struktur des serialisierten Typs ist. Deshalb ist ein Austausch von unterschiedlich strukturierten zustand-behafteten Session Beans zur Laufzeit nicht sicher. Eine zustandslose Session Bean dagegen, kann problemlos ausgetauscht werden, da sie keinen Konversationszustand zwischen Methodenaufrufen besitzt und somit alle ihre Instanzen austauschbar sind. Ein Problem stellen dabei Session Beans dar, die von einem entferntem (*remote*) Client referenziert werden, der nicht geändert werden kann.

Entity Beans stellen eine objektorientierte Sicht von Informationsentitäten, die in einer Datenbank abgelegt sind. Da sie Daten repräsentieren, besitzen sie keinen Zustand und könnten prinzipiell zur Laufzeit ausgetauscht werden. Es ist allerdings problematisch deren Struktur zu ändern, da dadurch die Daten in der Datenbank nicht mehr entsprechend dargestellt werden können. Eine Laufzeit-Änderung der Struktur einer Entity Bean widerstrebt dem Konzept der Java EE, da die Entity Beans die Daten in der Datenbank repräsentieren und nicht umgekehrt. Vor einer strukturellen Änderung einer Entity Bean sollte die entsprechende Datenstruktur bzw. das Schema in der Datenbank verändert werden, bzw. zuerst erweitert und nach dem Austauschen der Bean entsprechend angepasst werden.

Message Driven Beans haben keine sichtbare Identität für den Client und besitzen keinen Konversationszustand. Nach der EJB Spezifikation sind alle Instanzen von einer Message Driven Beans äquivalent. Somit können sie zur Laufzeit ausgetauscht werden. Da sie asynchrone Meldungen darstellen, kann durch das Redeployment das Routing vorübergehend gestört werden.

Zusammenfassung Die Evaluation der einzelnen Bean Typen hat gezeigt, dass folgende Änderungen problemlos möglich sind:

- Jede lokale EJB kann strukturell verändert, ausgetauscht oder gelöscht werden.

- Neue EJB-Komponenten und neue Abhängigkeiten können hinzugefügt werden.

- Öffentliche *(remote)* EJB-Komponenten, die keinen Konversationszustand enthalten und nicht von nichtveränderbaren entfernten *(remote)* Clients referenziert sind, können geändert oder gelöscht werden.

- Neue Methoden können zu öffentlichen EJB-Komponenten, unabhängig davon, ob sie von nicht veränderbaren entfernten *remote* Clients referenziert sind oder nicht, hinzugefügt werden.

Redeployment Beispielszenario

Nachdem die Konsistenzbedingungen und somit die Einschränkungen für ein sicheres Redeployment diskutiert wurden, wird an einem Beispielszenario aus [Oll05] (siehe Abbildung 10.8) gezeigt, wie sich das in einer verteilten Java EE Anwendung auswirkt. Dasselbe Szenario wird auch zum verdeutlichen der Verwaltung der Abhängigkeiten im Abschnitt 10.2.2 eingesetzt. Wie die Abbildung 10.8 zeigt, kommuniziert die Client-Anwendung mit dem EJB-Container. Dabei ist es nicht relevant, ob das über einen Web-Server oder unmittelbar geschieht. Wichtig ist, dass diese Verbindung eine entfernte *(remote)* Verbindung darstellt. Die mit dieser Verbindung angesprochenen EJBs sind somit öffentliche Session Beans (in der Regel zustandslos). Die EJB-Anwendung kann auch zusätzliche Beans beinhalten, die lokaler Natur sind. Als Rekonfigurationsauftrag sollen die Beans entsprechend der Markierung geändert werden:

10.2 Durchführung der Rekonfiguration

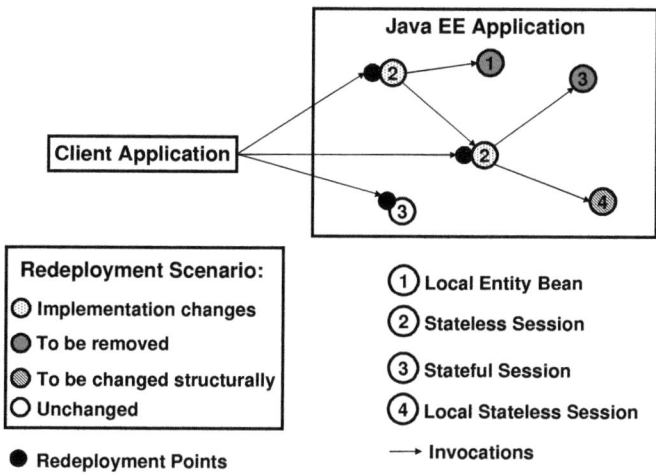

Abbildung 10.8: Redeployment Beispielszenario

- Bean 1 (Local Entity Bean) und 3 (Stateful Session) sollen entfernt werden
- Bean 2 (Stateless Session) soll durch eine neue Implementierung ersetzt werden
- Bean 4 (Local Stateless Session) soll strukturell verändert werden

Bei der angeforderten Rekonfiguration kann für jeden Schritt der Test (siehe Abschnitt 10.2.2) durchgeführt werden und festgestellt werden, dass die Module, die zu verändern sind, die syntaktische Konsistenzbedingungen erfüllen und ein geschlossenes transaktionales System ergeben. Lediglich der Auftrag die Stateful Session Bean 3 zu löschen, könnte diese Bedingungen brechen, falls der Client über die Session Bean 2 einen Aufruf an die Stateful Session Bean propagiert und somit eine zusätzliche Abhängigkeit aufbaut. Das macht eine gesonderte Betrachtung der Abhängigkeiten notwendig.

Verwaltung der Abhängigkeiten

Wie bereits im Beispiel gezeigt, ist eine automatische Prüfung der semantischen Konsistenzbedingung nicht möglich. Deshalb ist es notwendig, durch Festlegung von sog. **Redeployment-Punkte** (*Redeployment-Points*) die Laufzeitabhängigkeiten im System zu beobachten und die Transaktionsverarbeitung zu steuern, um das

System schrittweise in einen konsistenten Zustand überführen zu können. Dabei wird zur Laufzeit die transitive Hülle von den betroffenen Komponenten als sog. *Redeployment-Menge* (*Redeployment-Set*) gebildet, isoliert und ausgetauscht.

Redeployment-Punkte

Die Redeployment-Punkte sind EJB-Methoden, die eine Art Steuerungspunkte für die Transaktionsverarbeitung einer Bean darstellen. Diese Methoden müssen öffentliche Dienste anbieten und von entfernten Clients erreichbar sein. Nur in diesem Fall ist es möglich, über sie die Transaktionsverarbeitung zu steuern. Dabei dürfen sie selbst keine aktiven Transaktionen unterstützen. An diesen Punkten wird eine sog. *Synchronisationsbarriere* aufgebaut. Jede aktive Transaktionsverarbeitung für jede Instanz wird abgewartet und jede ankommende auf die Barriere aufgefangen und in eine Warteschlange aufbewahrt. Damit wird eine schrittweise Suspendierung der Transaktionsverarbeitung im Modul erreicht und das Modul in einen *execution-free* Zustand überführt, in dem keine Ausführungen statt finden. Dieser Vorgang entspricht dem Zustandsübergang vom Zustand *passive and used* in den Zustand *blocked/ready to change* aus dem Lebenszyklusprotokoll auf Komponentenebene (siehe Abbildung 9.1 auf Seite 160 im Abschnitt 9.1). Bei Existenz von zyklischen Abhängigkeiten müssen die Deployment-Punkte eine Ebene höher gewählt werden, was die Menge der betroffenen Komponenten erhöht. Auch transitive Abhängigkeiten, die durch Aufrufpropagation von einer lokalen auf eine öffentliche Bean entstehen können, führen zur Veränderung der Redeployment-Punkte. Damit unvorhersehbare, aber mögliche Zusatzabhängigkeiten nicht übersehen werden und dadurch eine Konsistenzverletzung vermieden wird, muss die sog. *Redeployment-Menge* zur Laufzeit bestimmt werden.

Redeployment-Menge

Die propagierten lokalen Aufrufe werden vom EJB-Container optimiert und als *call by reference* weitergeleitet, statt serialisiert zu werden (wie bei einem *remote call*). Dieses ist möglich, weil sich beide Beans in der selben Java Virtuellen Maschine befinden. Da der Redeployment-Prozess stark von dem ClassLoader abhängt, entsteht in diesem Fall folgendes Problem: das auszutauschende Modul muss vor und nach dem Redeployment mit dem selben ClassLoader geladen werden, damit es nach dem Deployment weiterhin mit dem lokalen Client kommunizieren kann. Beispielsweise sei der lokale Client (die Bean, die einen lokalen Aufruf startet) durch den ClassLoader L1 definiert, die alte Version vom Modul durch den L2 und die neue Version durch den L3. Nach dem Redeployment

10.2 Durchführung der Rekonfiguration

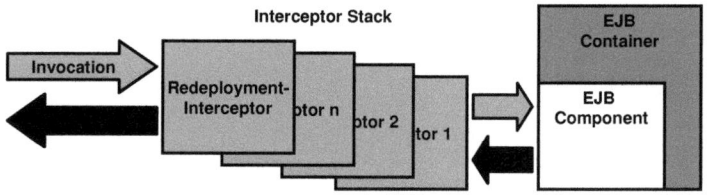

Abbildung 10.9: Der JBoss Interceptor Stack [Oll05]

würde der Client bei einem Versuch auf das neue Modul zuzugreifen einen Verbindungsausnahmefehler (`LinkageError exception`) erzeugen, da er immer noch mit L2 vom alten Modul gebunden ist. Bei der JBoss Container Implementierung kommt ein weiteres Problem dazu. Der Client bekommt seinen Verweis auf das Modul über JNDI und dieser verweist als Proxy auf das alte Modul im L2, was bei einem Zugriffsversuch zu einem weiteren Fehler `ClassCastException` führt. Dieses Problem kann man umgehen, in dem die *call-by-reference* Möglichkeit abgeschaltet wird, was zu spürbaren Performance-Einbußen führt. Eine andere Möglichkeit ist es, statt des einen betroffenen Moduls, die partielle transitive Hülle für das Modul als sog. *Redeployment-Menge* auszutauschen. Diese transitive Hülle kann zur Laufzeit aus allen Modulen, die direkt oder indirekt von dem auszutauschenden Modul abhängig sind, gebildet werden (siehe Definition 4.5.16 im Abschnitt 4.5). Diese stellt eine Teilmenge aller aus statischer Sicht betrachteten Abhängigkeiten dar (siehe Abschnitt 7.6.3).

JBoss-Redeployment

Für die Implementierung des Redeployment-Konzepts für den JBoss Anwendungsserver wurden die Möglichkeiten der JBoss `Interceptor Stack` Technologie genutzt [Sta02]. Bei JBoss wird jede Java EE Komponente in eine `Manageable Container`-Komponente deployed. Der Container wird mit einer Kette von `Interceptor`-Objekten konfiguriert. Diese Objekte behandeln verschiedene Konfigurationsaspekte auf Systemebene, wie z.B. Transaktionsgrenzen, Persistenz, Authentifizierung, Autorisierung, Remote-Kommunikation und Instanzverwaltung. Des Weiteren können sie auch das Routing der Aufrufe steuern, Log-Informationen sichern, und, was für die Implementierung des Redeployments eine entscheidende Rolle spielt, die Abschaltoperationen für den Container steuern. Die Zuständigkeit des sog. `CleanShutdownInterceptor` ist das Warten auf Beendung laufender Ausführungen und das Verhindern der Ausführung neu ankommender Aufrufe. Ein ähnlicher Mechanismus wurde in unserer Evaluation des Redeployments als sog. `MonitoringTxInterceptorCMT` implementiert [MMOH04, Oll05]. Im Gegensatz zu dem `CleanShutdownInterceptor`, der die Transaktionsattribute ignoriert und somit keine Fortsetzung der Verarbeitung der ankommenden Aufrufe nach dem erneuten Starten ermöglicht, wird bei der Implementierung des Redeployment-Konzepts eine Synchronisationsbarriere mit einer Warteschlange aufgebaut, die solche Aufrufe sammelt und nach dem Redeployment zur Verarbeitung wieder frei gibt. Das von JBoss zur Verfügung gestellte Redeployment wird durch den Aufruf der *redeploy*-Methode vom `MainDeployer` gestartet. Diese ruft dann die Methoden *undeploy* und *deploy* nacheinander auf. Dabei geht der Container-Zustand verloren. Es handelt sich nicht um ein für die Benutzer transparenten Vorgang, der die Verfügbarkeit der Dienste garantiert. Somit ist er nicht für den operativen Betrieb der Systeme geeignet. Unsere Implementierung realisiert dagegen eine Modifikation des Containers. Sein Zustand wird gesichert und nach dem Redeployment wiederhergestellt. Damit gehen keine Anfragen verloren. Deren Verarbeitung kann im schlimmsten Fall leicht verzögert erfolgen (siehe Abschnitt 11.2).

Deployment-Tool-Plug-In-Architektur

Das Deployment-Tool-Plug-In stellt die Client-seitige Realisierung des Redeployment-Systems dar. Es wurde in Form eines Java Development Tools Plug-Ins für Eclipse SDK [The09d] entwickelt. Es ermöglicht Benutzern Deployment-Projekte aus vorhandenen Projekten zu erzeugen (siehe Abbildung 10.10). Damit wurde die Möglichkeit zu einer späteren Änderung mit einer Erstentwicklung integriert. Die Abbildung 10.11 zeigt die Vorgehensweise bei der Erzeugung von Deployment-Projekten. Die Deployment Meta-Information wird durch einen in der Diplomarbeit von Olliges [Oll05] entwickelten XML-Editor durch einen Wizard in die `ejb-jar.xml` eingegeben und syntaktisch geprüft. Aus den Deployment-Descriptoren wird anschließend ein XML-Objektmodell als Wrapper um die DOM4J API [Sou09] erzeugt. Als nächster Schritt ist eine Anpassung der Deployment-Konfiguration über die `DDBean` Objekte als Root-Elemente durch Erzeugung von `DConfigBeans` als serverspezifische Konfigurationsattribute für die jeweiligen Kinder-Module in einer Baumstruktur (siehe Abbildung 10.12). Da die `DDBeans` bzw. `DConfigBeans` JavaBeans sind, stehen diese Attribute in Form von `JavaBean Properties` zur Verfügung und können mit jedem `Bean Property Editor` editiert werden.

Nachdem die Meta-Daten vom Benutzer eingegeben wurden, kann die Deployment-Information in ein EJB-Modul archiviert werden und zum Deployment an

10.2 Durchführung der Rekonfiguration

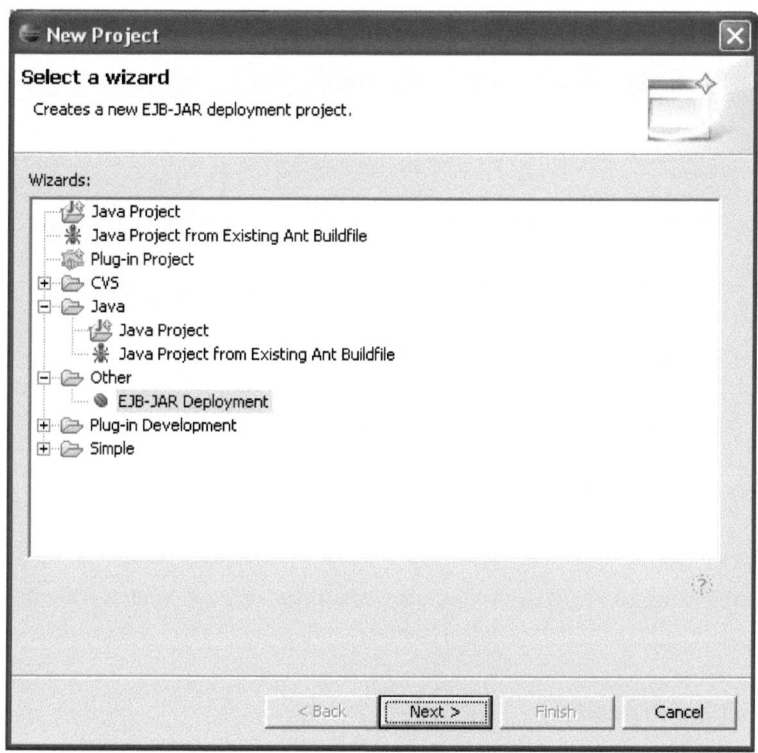

Abbildung 10.10: Erstellen eines EJB-JAR-Deployment-Projekts

den Server weitergeleitet werden. Letzteres geschieht automatisch. Der Benutzer muss eine URI (*Uniform Resource Identifier*) bestimmen. Dadurch wird eine bestimmte Instanz vom Server gewählt und die dazugehörigen Treiber automatisch zugeordnet. Die Übertragung des Archivs zum Server wird vom Deployment-Manager durchgeführt. Wenn die zugeordneten Treiber ein Redeployment unterstützen, wie in unserem Fall, dann wird die redeploy Operation als Menüpunkt in dem Deployment-Menü eingebunden. Beim Wählen dieses Punktes wird die redeploy Methode vom DeploymentManager aufgerufen werden. Die Vorgehensweise beim Archivieren und der Übertragung eines EJB-Moduls ist in Abbildung 10.13 dargestellt.

214   10 Java EE-basierte Realisierung von PIRMA

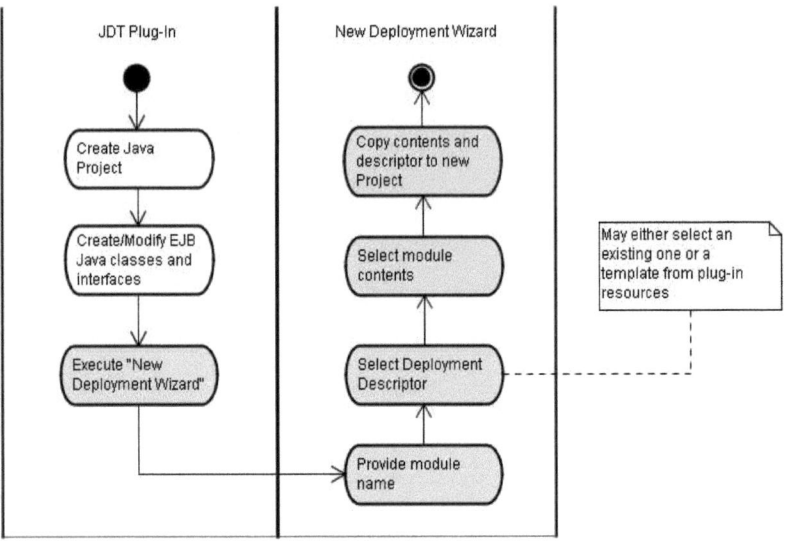

Abbildung 10.11: Aktivitätsdiagramm zum Erstellen eines Moduls [Oll05]

Serverseitige Architektur

Wie bereits in den vorangegangenen Abschnitten beschrieben, beinhaltet der Redeployment-Prozess mehrere Schritte:

1. Bestimmung der Redeployment-Punkte und Redeployment-Menge

2. Aufbau einer Synchronisationsbarriere zum Warten auf Beendigung aller aktiven und Suspendieren und Verwalten aller ankommenden Aufrufe

3. Austausch der Module aus der Redeployment-Menge durch Modifikation des Containers

4. Freigabe der Barriere und Fortsetzung der Transaktionsverarbeitung

Der während der Evaluation realisierte Redeployment-Prozess garantiert folgende Haupteigenschaften:

- **Volle Verfügbarkeit durch Transparenz der Verweise.** Das Redeployment wird nicht durch einen Aufruf von Diensten der betroffenen Module

10.2 Durchführung der Rekonfiguration

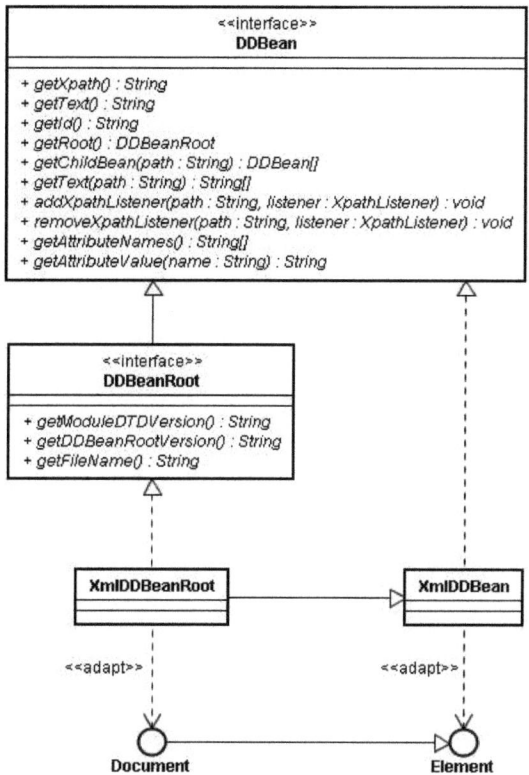

Abbildung 10.12: DDBean und DDBeanRoot Adapter [Oll05]

unterbrochen. Kein Dienstaufruf während des Deployments wird als nichtverfügbar scheitern.

- **Schwache semantische Konsistenz.** Bei einem erfolgreichen Redeployment befindet sich das Modul in einem *deployed* Zustand und ist bereit zur Ausführung. Beim Scheitern wegen falscher Meta-Informationen wird das Modul gestoppt und muss durch ein **Re-Redeployment** zurückgesetzt werden.

Denkbar, allerdings wegen des extremen Aufwands nicht realisiert, wäre eine Garantie der starken semantischen Konsistenz und eine Atomarität im Sinne der

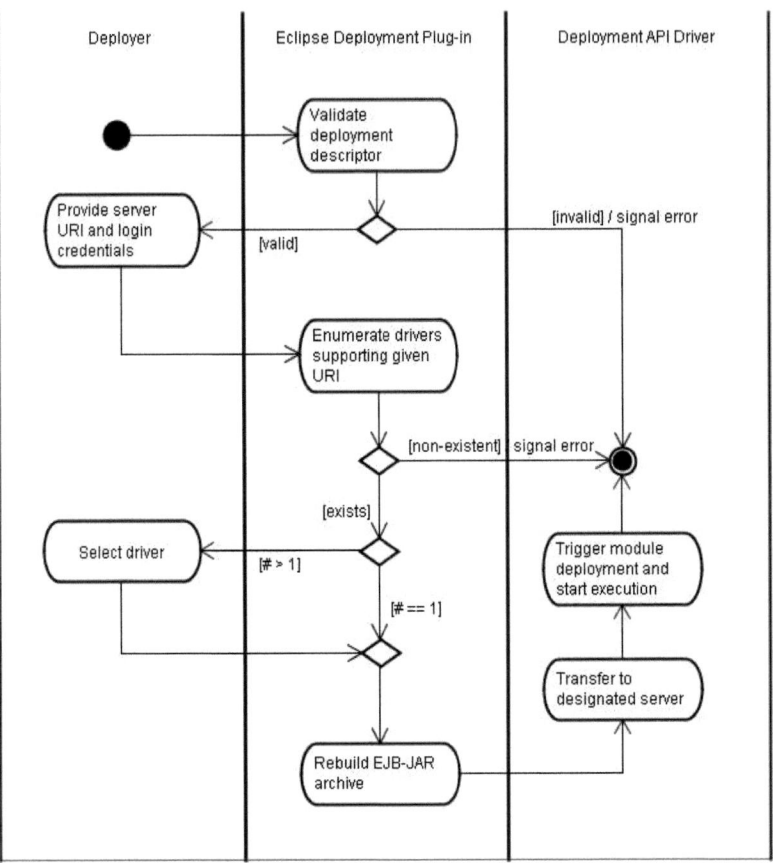

Abbildung 10.13: EJB Modul Packaging und Transfer [Oll05]

Datenbanktransaktionen zu erzielen; d.h. das Redeployment findet entweder ganz erfolgreich oder gar nicht statt.

Im Folgenden wird der Entwurf der serverseitigen Realisierung des Redeployment-Prozesses in Form einer **Redeployment-Transition** näher beschrieben.

10.2 Durchführung der Rekonfiguration

Deployment-Kontrollarchitektur

Wie bereits im Abschnitt 10.2.2 erwähnt, realisiert die MainDeployer-Komponente des JBoss Servers kein Konzept für die *redeploy*-Operation, sondern führt diese als Sequenz von anderen einzelnen Operationen durch: *stop -> destroy -> init -> create -> start*. Es ist möglich, den SubDeployer vom JBoss entsprechend zu erweitern, um ein *redeploy* als *restart* durchzuführen. Das würde allerdings eine Änderung des SubDeployer Protokolls bedeuten und könnte nur durch umfassende Modifikationen der JBoss Deployment-Dienste durchgeführt werden. Deshalb wurde an dieser Stelle ein anderer Ansatz gewählt. Es wurden die Möglichkeiten der sog. *thread-local storage (TLS) area* des Threads, in dem die *redeploy* Operation ausgeführt wird, genutzt. Die TLS werden von einer Java virtuellen Maschine zur Verfügung gestellt, um Kontext-Informationen zu einem Thread zu speichern (wird z.B. in der Java Transaction API [CM02] zur Speicherung der aktiven globalen Transaktion eingesetzt). Dadurch werden die JBoss Schnittstellen nicht modifiziert, sondern alle Informationen zum Redeployment-Kontext werden in einem TLS gespeichert. Eine neue Komponente als JBoss Dienst wurde implementiert, so dass sie über das JNDI erreicht werden kann, wo sie ihr Interface TransitionManager exportiert. Diese Erweiterung ist in der Abbildung 10.14 dargestellt. Eine Redeployment-Transition wird gestartet durch eine Methode, die eine neues *Transitionsobjekt* erzeugt und es in das TLS vom aufrufenden Thread speichert. Spezifische Deployer RTEjbDeployer, die das Transitionskonzept kennen, inspizieren mit der Methode TransitionManager.current den TLS-Bereich nach evtl. vorhandenen Transitionsobjekten mit Aufträgen zum Stoppen des Deployments. Falls keine Transition aktiv ist, können diese Aufträge an das JBoss *undeploy* weitergeleitet werden. Wenn aktive Transitionen vorhanden sind, wird ein Austauschen des Moduls veranlasst.

Austauschen der Module

Der JBoss Server stellt den EJBDeployer-Dienst zur Verfügung, der das Interface SubDeployer implementiert. Dieser wird von der Haupt-Kontrollkomponente der JBoss Deployment Architektur, den MainDeployer zum Durchführen der eigentlichen Deployment-Operationen, benutzt [Sta02]. Der EJBDeployer stoppt und zerstört das EJB-Modul-Objekt, das mit einem EJB-Archiv verknüpft ist, um das entsprechende EJB-Modul zu entfernen. Ein EJB-Modul-Objekt repräsentiert die Meta-Information eines EJB-Moduls und ist für die Erzeugung von Container-Objekten für jede Komponente in dem Archiv zuständig. Jedes Container-Objekt beinhaltet ein EJB-Implementierungsobjekt und einen Stapel (*Stack*) von Inter-

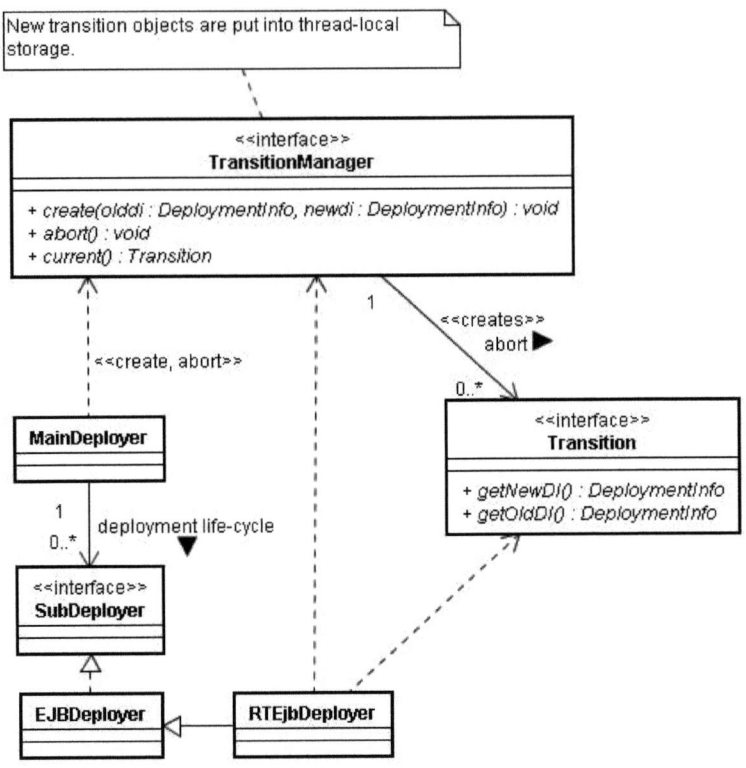

Abbildung 10.14: Redeployment-System [Oll05]

ceptoren, die andere Container-Aspekte implementieren. Ein Client kommuniziert mit einer Instanz eines EJB-Containers über *invoker bindings*, die wiederum in den Proxies implementiert sind, die die Clients von dem JNDI-System bekommen. Die Invoker sind Server, die Schnittstellen zur Netzwerkkommunikation implementieren. Der Dienst-Controller ist eine JBoss Komponente, die für das Management des Lebenszyklusses aller JBoss Dienstkomponenten zuständig ist. Sie speichert auch die Abhängigkeiten zwischen den Dienstkomponenten in Abhängigkeitsgraphen. Bei einem EJB-Container werden diese Abhängigkeiten aus den Referenz-Deklarationen im Deployment Descriptor abgeleitet und stellen die statischen Abhängigkeiten dar (siehe Abschnitt 7.6.3). Wenn ein Container gestoppt und zerstört wird, werden alle abhängigen Container implizit auch gestoppt und zerstört.

10.2 Durchführung der Rekonfiguration

Während eines transparenten Redeployments sollten allerdings keine Dienstaufrufe verloren gehen und die Dienste der betroffenen Komponenten sollten weiterhin verfügbar bleiben, auch wenn sie ggf. mit einer Zeitverzögerung erreichbar sind. Das bedeutet, dass der Abhängigkeitsgraph in dem Dienst-Controller gesichert und nach dem Redeployment rekonstruiert werden muss. Dieses ist nur durch Änderungen in dem Hauptquellcode von JBoss machbar.

In der Abbildung 10.15 ist der implementierte Entwurf, der einen Austausch des binären Code der Module ermöglicht, dargestellt. Der `EJBDeployer` wurde verändert, um ein neues `RestartableEjbModule` statt des ursprünglich vorgesehenen `EJBModule` zu erzeugen. Die eingentlichen Container-Subtypen werden dann innerhalb eines `ContainerHost` gekapselt. Dieser stellt die Synchronisationsbarriere zur Verfügung. Zu jedem `ContainerHost` wird eine Klasse `Gate` instantiiert, die bei jedem Methodenaufruf kontaktiert wird. Das Gate hat zwei Zustände: *geöffnet* und *geschlossen*. Es ist zuständig dafür, dass bei einem Redeployment die Anfragen vor der EJB warten, wenn diese ausgetauscht wird. Im Zustand *geöffnet*, inkrementiert es beim Betreten der Methode einen Zähler, der beim Verlassen wieder dekrementiert wird. Ist das Gate im Zustand *geschlossen*, müssen alle ankommenden Anfragen vor dem Gate warten. Damit laufende Anfragen bei einem Austausch der Komponente nicht abgebrochen werden, wird das Redeployment so lange verzögert, bis der Zähler des Gates den Wert null erreicht hat. Bei einem Redeployment wird nicht der `ContainerHost`, sondern nur der innen liegende `Container` verworfen und neu angelegt. Das System hält weiterhin die Referenz auf den `ContainerHost` und bemerkt den Austausch der EJB nicht. Dabei ist zu beachten, dass jede Bean ein eigenes Gate besitzt. Diese werden nicht gleichzeitig sondern nacheinander geschlossen und geöffnet, wie bei eine offengeschachtelten Transaktion (siehe Abschnitt 9.3). Bei großen Komponenten mit vielen Beans könnten somit manche Beans länger erreichbar sein als andere. Sollte die Transaktion geschlossen durchgeführt werden, müsste ein übergeordnetes Gate auf Komponenten-Ebene verwaltet werden oder jede einzelne Bean in eine separate Komponente archiviert werden.

10.2.3 Portierung des Redeployment-Systems

Das ursprüngliche Redeployment-System wurde für die JBoss Version 3.2.5 entwickelt. Als Teil der Diplomarbeit von Sven Bunge [Bun08] wurde die Portierung diese Systems auf die zum Zeitpunkt der Diplomarbeit aktuelle stabile Version 4.2.3 des JBoss Anwendungsservers [JBo09a] durchgeführt. Da die Umsetzung, wie bereits beschrieben, den Deployer vom Server verändert, ist eine Portierung nur mit erneuten Übersetzung der Serverquellen möglich gewesen. Die

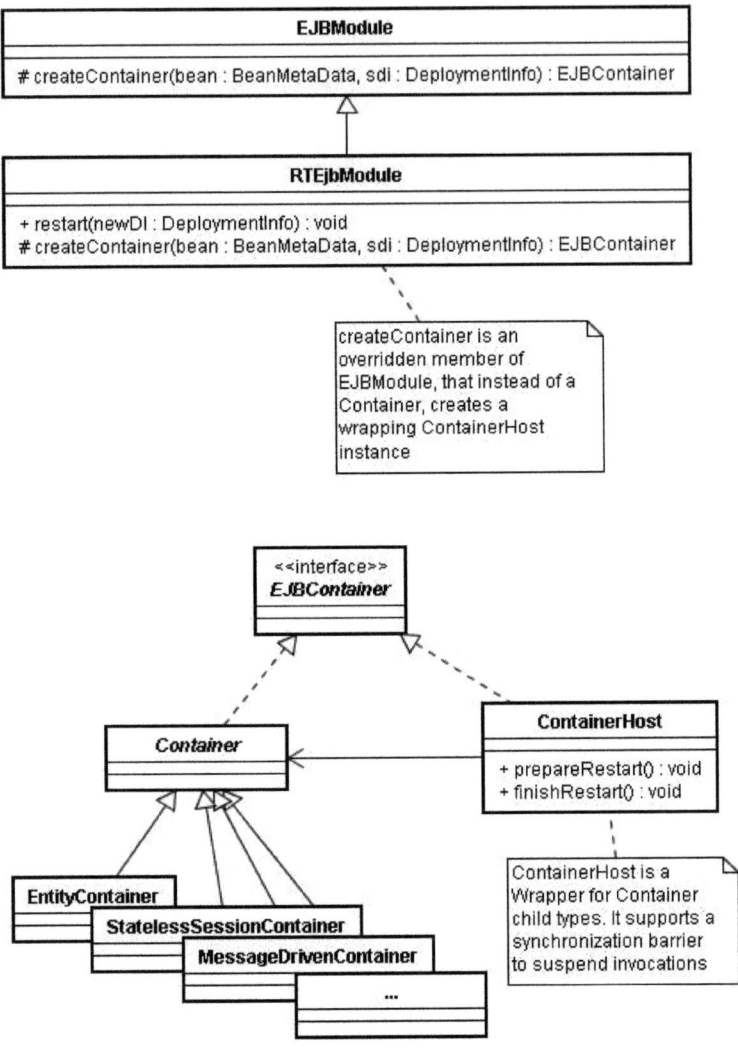

Abbildung 10.15: Architekturfragment vom neuen Deployment-Kontrollsystem [Oll05]

Quellen des ursprünglichen JBoss wurden entpackt und mit den Quellen des erweiterten JBoss, der das Redeployment-System beinhaltet, mittels des Unix-Pro-

10.2 Durchführung der Rekonfiguration

gramms `diff` [Sys09] verglichen. Es konnten 50 veränderte Dateien festgestellt werden. Diese wurden im Rahmen der Portierung untersucht und ggf. angepasst. Die veränderten Dateien wurden zwecks besserer Strukturierung in ein separates Paket `org.jboss.ejb.redeploy` verschoben. Nach der Portierung mussten noch weitere Veränderungen vorgenommen werden, um das Redeployment-System in der Version 4.2.3 des JBoss Anwendungsserver vollständig integrieren zu können. Dabei wurden nicht nur versionsbedingte Anpassungen, sondern auch notwendige Erweiterungen hinzugefügt. Im Folgenden wird lediglich auf die wesentlichen Veränderungen im System eingegangen. Eine detaillierte Beschreibung aller übernommenen und angepassten Dateien befindet sich in der Diplomarbeit von Sven Bunge [Bun08]. Des Weiteren beschreibt die Diplomarbeit detailliert die Probleme und Einschränkungen, die sich bei der Portierung ergeben haben.

Beschreibung neuer Deployer-Methoden in XML-Datei

Die neue JBoss Version enthält Änderungen im Deployment-System. Obwohl Deployer wie der `EJBDeployer` oder der `EARDeployer` fest im Quelltext verankert sind, werden diese nicht mehr automatisch geladen. Für jeden Deployer existiert im `deploy`-Verzeichnis eine XML-Konfigurationsdatei. Beim Starten des Anwendungsservers werden die Deployer mit den in den Dateien spezifizierten Einstellungen geladen. Da dem `EJBDeployer` die Methoden `restart(DeploymentInfo)` und `checkRestartable(DeploymentInfo)` hinzugefügt wurden, müssen diese in der Datei `ejb-deployer.xml` spezifiziert werden (siehe dazu Listing 10.2).

Java Autorization for Containers (JACC)

Die neue Version des JBoss Anwendungsservers verwendet die JACC-Spezifikation [Mon03] für die Sicherung der Container. Damit ist es möglich Berechtigungen an Benutzer und Rollen zu verteilen, um mit Deployment-Werkzeugen einzelne Komponenten zu erstellen und zu verwalten. Jeder Container enthält eine Kontext-ID, die der Überprüfung der Sicherheit bei einem Aufruf dient. Die vorhandenen Implementierung setzte keine Kontext-ID, was nach dem Redeployment zu einem Zugriffsfehler führte. Deshalb war es notwendig, die Klasse `RestartableEjbModule` zu erweitern, um eine ID zu setzen und nach dem Redeployment dieselbe dem modifizierten Container zu übergeben (`restartContainers`).

```xml
<operation>
  <description>Restarts the module</description>
  <name>restart</name>
  <parameter>
    <name>sdi</name>
    <type>org.jboss.deployment.DeploymentInfo</type>
  </parameter>
</operation>

<operation>
  <description>Check if restartable</description>
  <name>checkRestartable</name>
  <parameter>
    <name>sdi</name>
    <type>org.jboss.deployment.DeploymentInfo</type>
  </parameter>
  <return-type>boolean</return-type>
</operation>
```

Listing 10.2: Anpassung an der ejb-deployer.xml

Schnittstellenanpassung

In der neuen JBoss Version enthält die Klasse `Container` (Abbildung 10.15) wesentlich mehr Methoden als in der Version 3.2.5. Das führt zu Zugriffsfehlern bei einer Änderung von Referenzen und Methoden-Signaturen von der Klasse `Container` auf das Interface `EjbContainer`, weil einige Methoden nicht gefunden werden können. Um dieses Problem zu lösen, muss das Interface `EjbContainer` um diese Methoden erweitert werden. Die Klasse `ContainerHost` implementiert die neuen Methoden, in dem er diese an den Container delegiert.

Erweiterung der Log-Ausgaben beim Redeployment

Die Log-Ausgaben bei einem Redeployment wurden durch die Anzahl an wartenden Threads und die Dauer des Redeployments erweitert. Dieses spielt bei dem späteren experimentellen Einsatz des Systems eine wichtige Rolle zur Evaluation des Redeployments (siehe Abschnitt 11.2). Um die Anzahl an Threads, die insgesamt auf den Austausch einer Komponente warten, ermitteln zu können, muss jeder Container diesen Wert nach dem Redeployment zurück geben. Dazu wurde die Methode `finishRestart` so erweitert, dass diese statt des Typs `void`

10.2 Durchführung der Rekonfiguration

einen `Integer` mit der Anzahl der Threads zurückgibt. Die Methode `reopenContainerGates` addiert beim Aufrufen der Methode die einzelnen Werte und gibt die Gesamtzahl der Threads, die von dem Austausch der Komponente betroffen sind, an die `restart`-Methode zurück. Um die Dauer des Redeployments feststellen zu können, wird in der `restart`-Methode vor einem Redeployment die Systemzeit in Millisekunden gemessen und von der Systemzeit nach einem Redeployment subtrahiert. Dieser Wert sowie die Anzahl der wartenden Threads wird in der Log-Datei des Anwendungsservers ausgegeben.

Probleme und Einschränkungen bei der Portierung

Die Einschränkungen des ursprünglich entwickelten Redeployment-Systems bezüglich Redeployment von EAR-Archiven und Entity Beans, Wiederherstellen von Zuständen nach dem Redeployment von zustandbehafteten Session Beans, die Verklemmungsgefahr (*deadlock*) bei transitiven Abhängigkeiten, Isolierung der Classloader wurden aufgrund des großen Aufwands bei der Portierung nicht beseitigt, jedoch wurden Lösungswege aufgezeigt. Das Problem der Transaktionssicherheit bei verteilten und geschachtelten Transaktionen bleibt ohne zusätzlichen konzeptionellen Aufwand ungelöst. Das liegt unter anderem an dem flachen Transaktionskonzept, der Java Transaction API, das keine geschachtelten Transaktionen unterstützt (siehe Anhang 15.6). Eine Komponente kann nicht auf andere Komponenten zugreifen, wenn dieser Zugriff in einer Transaktion gekapselt ist. Falls es möglich wäre, dass eine Transaktion auf andere Komponenten zugreifen kann, müsste bei einem Fehler nach einem Aufruf der Methode ein *rollback* durchgeführt werden. Würde in diesem Moment ein Redeployment stattfinden, fände das Zurücksetzen unter Umständen unter einer anderen Implementierung statt. Ein weiteres Szenario ist, dass eine externe Komponente mehrfach in einer Transaktion aufgerufen wird. Wird diese Komponente zwischen den Aufrufen ausgetauscht, kann trotz einer Transaktion die Datenkonsistenz verletzt werden. Um eine Datenkonsistenz zu gewährleisten sind zusätzliche Konsistenzprüfungen durch Analyse der System- und Bedarfsautomaten der betroffenen Komponenten vor den Austausch notwendig, was nicht im Fokus dieser Arbeit steht und aufgrund der Komplexität deutlich ihren Rahmen sprengen würde (siehe Abschnitt 9.3).

Aufgrund der wesentlichen Änderungen von der EJB Version 2.1 zu der Version 3.0 ist eine Portierung des Redeployment-Systems nicht sinnvoll. Durch die Spezifikationsänderung wurden die Deployment-Descriptoren und der Umgang mit den Schnittstellen stark verändert, so dass das Deployment-System des JBoss Anwendungsservers neu entwickelt werden musste. Ab der Version 4.2.0 befindet sich diese Implementierung in einem separaten Ordner *ejb3*, getrennt von ursprünglichen JBoss-Kern. Das ursprüngliche JBoss Deployment-System ist für die Verwendung von EJB 3.0 nicht vorgesehen. Durch die starke Veränderung des Quelltexts ist eine Portierung nicht möglich. Das System müsste für diesen Typ von Beans unter Nutzung der vorhandenen Entwurfskonzepten neu entwickelt werden.

10.3 Zusammenfassung

Dieser Teil der Evaluation beweist, durch die erfolgreiche technische Umsetzung, die prinzipielle Machbarkeit des Teilkonzepts zur transaktionalen Durchführung der Rekonfiguration (siehe Kapitel 9). Durch den Entwurf und Implementierung des plattformunabhängigen Rekonfigurationsmanagers PIRMA auf eine industriell eingesetzte Komponententechnologie wie Java EE, konnte gezeigt werden, dass eine vorbereitete kontrollierte Rekonfiguration zur Laufzeit machbar ist. Das Konzept des transaktionalen Redeployments konnte umgesetzt werden und in eine Anwendung mit Benutzungsoberfläche integriert werden. Während der Umsetzung haben sich technologiebedingte Einschränkungen ergeben (Behandlung von stateful Session Beans, Isolierung der Classloader, Transaktionssicherheit bei verteilten bzw. geschachtelten Transaktionen etc.), die zum jetzigen Stand der Java EE Technologie nur teilweise und mit sehr großem Zusatzaufwand behoben werden können.

11 Java EE-basierte Evaluation der Laufzeit-Rekonfiguration

Die im Kapitel 10 beschriebene Java EE-basierte Realisierung von PIRMA zeigte und bewies die prinzipielle Machbarkeit unseres theoretischen Konzepts unter Einsatz einer vorhandenen und professionell eingesetzten Komponenten-Technologie. In diesem Kapitel wird die Evaluation des Einsatzes der Java EE Technologie bzw. der PIRMA-Implementierung vorgestellt. Dieser Teil der Evaluation wurde in zwei Diplomarbeiten [Hil05, Bun08] durchgeführt. In der ersten Diplomarbeit wurden unterschiedliche, für die Java EE Technologie typische, Rekonfigurationsszenarien auf zwei Anwendungsserver-Originalimplementierungen getestet und ausgewertet. Die zweite Diplomarbeit evaluiert die Implementierung des PIRMA-Systems in zwei Laborexperimenten (eine Testanwendung und die Duke' Bank Application von Sun Microsystems [Sun06c] (siehe Abschnitt 7.5)) auf Funktionstüchtigkeit und insbesondere in Hinblick auf Dauer der Redeployment-Vorgänge, was zur Auswertung der Störung bzw. Verlängerung der Antwortzeiten im System während der Rekonfiguration unabhängig von einer Optimierung eine entscheidende Rolle spielt.

11.1 Auswertung typischer Rekonfigurationsszenarien

Durch die Spezifikation der Komponenten in der Java EE Technologie ergeben sich bestimmte typische Vorgehens- bzw. Benutzungsweisen der einzelnen Komponenten. Daraus war es möglich, typische Rekonfigurationsszenarien zu definieren und sie in einem Testrahmen zu evaluieren. In der Diplomarbeit von Stefan Hildebrandt [Hil05] wurden zuerst Java EE Entwurfsmuster auf Relevanz beim Einsatz der unterschiedlichen Komponenten untersucht. Dabei wurden die speziellen Eigenschaften der Bean Typen berücksichtigt und ein Schwerpunkt auf Muster gelegt, die einen Einfluss auf die Interaktion zwischen Komponenten haben. Für die als relevant identifizierten Muster wurden Bean-Typ-spezifisch mögliche Rekonfigurationsszenarien gebildet. Für diese Rekonfigurationsszenarien wurden innerhalb einer selbstentwickelten Testsuite entsprechende Testfälle konzipiert und ausgewertet. Dabei wurden die Java EE Anwendungsserver JBoss [JBo09a, JBo09b] und Bea WebLogic[Ora09, BEA08] eingesetzt und verglichen. Schließlich wurden die Testergebnisse analysiert, die dabei aufgetretenen konzeptionellen Probleme dargestellt und die Auswirkungen der Testergebnisse auf die zuvor untersuchten Entwurfsmuster bezüglich einer Rekonfiguration zur Laufzeit beschrieben (auch bezüglich für eine Laufzeit-Rekonfiguration hinderliche Muster *(Anti-Patterns)* [DAKW03]). Im Folgenden werden diese Ergebnisse zusammengefasst dargestellt. Eine Ausführliche Beschreibung aller Entscheidungskriterien, Testfälle und deren Auswertung befindet sich in der Diplomarbeit von Stefan Hildebrandt [Hil05].

11.1.1 Analyse und Auswahl der Java EE Entwurfsmuster

Als Hauptauswahlkriterien wurden der Bezug eines Entwurfsmusters zu Enterprise JavaBeans und dessen Einfluss auf die Interaktion zwischen Java EE Komponenten gewählt. Es wurden alle bekannten Java EE (J2EE) Entwurfsmuster nach [Sun02a, Sun02b] bzw. [Bie02] in Betracht gezogen (siehe Abbildung 11.1). Die Analyse nach diesen Kriterien erkannte die Muster: *Business Delegate, Data Access Object (DAO), Fast Lane Reader, Service Activator, Service Locator, Session Facade, Value List Handler, Value / Transfer Object* und *Value / Transfer Object Assembler* als relevant. Als nicht relevant wurden: *Composite / Aggregate Entity, Composite View, Decorating Filter, Front Controller, Dispatcher View, Intercepting Filter, Model-View-Controller (MVC), Service-to-Worker* und *View Helper* mit jeweils entsprechender Begründung aussortiert. Im Folgenden werden die relevanten Muster kurz vorgestellt. Für jedes Muster wurden relevante Fragestellungen erkannt und als Grundlage für die Testszenarien benutzt.

Business Delegate Das Entwurfsmuster Business Delegate stellt eine vereinfachte Schnittstelle zur Geschäftslogik bereit. Somit wird ein Dienstzugriff nur über diese Schnittstelle und unabhängig von der eingesetzten Technologie ermöglicht. Zur Steigerung der Performance können an dieser Stelle Zwischenspeicher (*Caches*) eingesetzt werden.

Data Access Object (DAO) Data Access Objekte dienen unterhalb der EJBs zur Ansteuerung von Datenquellen (Datenbanken, Dateien oder Legacy-Systemen). Data Access Objekte sind einfache Java-Klassen, die Methoden zum Datenzugriff kapseln. Diese Methoden werden von Bean-Managed Persistence Entity Beans oder Session Beans aufgerufen (siehe Anhang 15.6). Die Implementierung ist

11.1 Auswertung typischer Rekonfigurationsszenarien

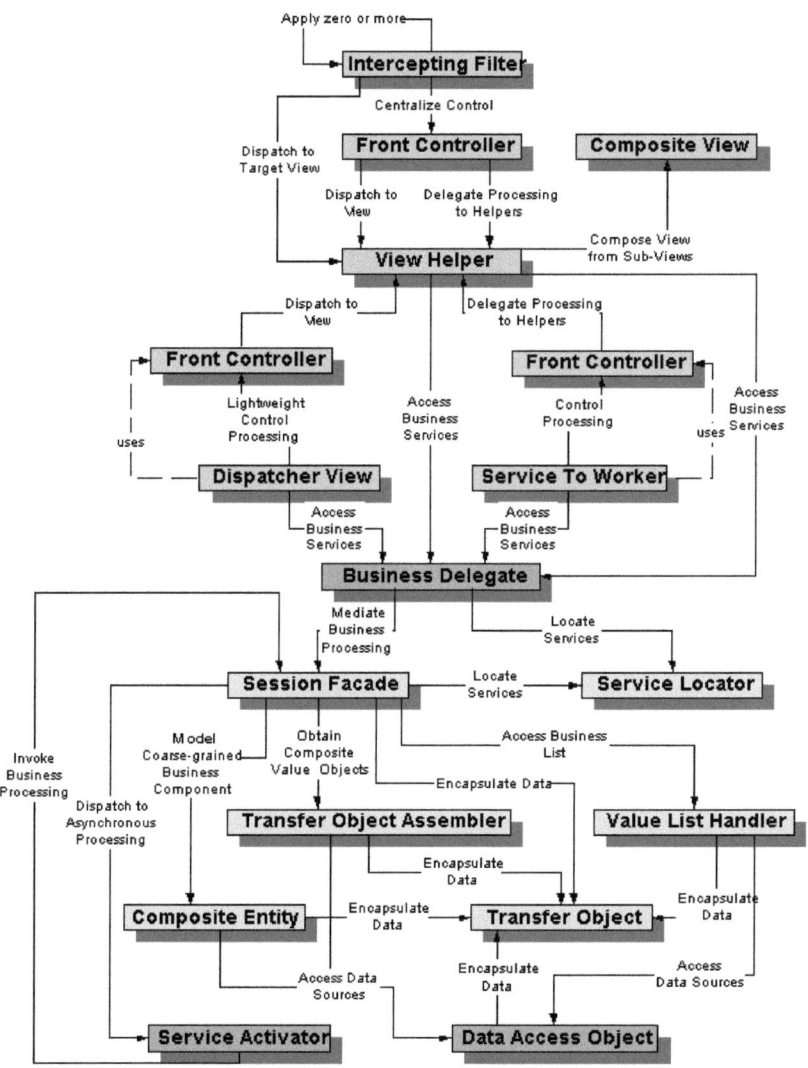

Abbildung 11.1: Java EE (J2EE) Entwurfsmuster [Sun02a]

meistens sehr spezifisch und an eine spezielle Datenquelle gebunden. Das Ziel des Einsatzes von DAO ist Steigerung der Performance, die allerdings erst beim Zugriff auf komplexe Daten zu erwarten ist.

Fast Lane Reader Das Fast Lane Reader Muster wird beim nur lesenden Zugriff auf große Mengen von Daten (zum Beispiel Tabellendaten) eingesetzt. Der Einsatz von Entity Beans in so einem Fall wäre ein großer zusätzlicher Aufwand und würde die Performance verschlechtern. Deshalb wird vor dem Zugriff auf die Entity Bean eine Hilfsklasse geschaltet. Diese Hilfsklasse kann client-seitig zum Beispiel im Business Delegate oder server-seitig, zum Beispiel in einer Session Facade angesiedelt sein. Deshalb entsprechen die relevanten Fragestellungen für dieses Muster, denen der umgebenden Business Delegate oder der Session Facade. Zusätzlich ist es interessant, mögliche Unterschiede in der Geschwindigkeit zu beobachten.

Service Activator Der Service Activator bezieht sich auf die asynchrone Kommunikation mit Message Driven Beans. Ein Service Activator enthält Daten einer Nachricht, die der Client an den Anwendungsserver sendet. Die Nachricht wird in eine Warteschlange im Anwendungsserver eingestellt und kann vom Server in beliebiger Reihenfolge abgearbeitet werden. Dabei kann der Anwendungsserver mehrere Message Driven Beans einsetzen, um den Durchsatz zu erhöhen.

Service Locator Der Service Locator wird sowohl client- als auch serverseitig eingesetzt. Er soll JNDI-Zugriffe und das Handling von Remote-Referenzen kapseln und die Performance steigern. Dazu werden die Ergebnisse von verschiedenen Zwischenschritten zwischengespeichert. Client-seitig wird der Service Locator nach dem Singleton-Muster [GHJV95] aufgebaut.

Session Facade Die Session Facade bietet eine unabhängige Schnittstelle zu der Ganzen oder einem Teil der Funktionalität einer Komponente. Durch diese Kapselung bzw. Entkopplung kann die Wiederverwendbarkeit des Clients und der Komponente erhöht werden. Durch die Kapselung der unterliegenden Interaktionen zwischen den Komponenten in der Geschäftslogik auf dem Server kann die Netzwerklast verringert werden, da nicht so viele Zugriffe auf die Geschäftsobjekte vom Client aus erfolgen. Zur Steigerung der Performance ist es möglich, neben einem Cache eine intelligentere Transaktionssteuerung zu implementieren.

Value List Handler Beim Einsatz eines Value List Handlers benötigt ein Client eine Liste von Ergebnissen (zum Beispiel bei einer Suchanfrage). Diese kann er nicht auf einmal anzeigen und greift daher in Teilstücken auf diese zu. Bei diesem Entwurfsmuster wird dabei die Liste in Form eines Iterators beim Client oder Server verwaltet. Dazu wird das `java.util.Iterator`-Interface implementiert. Die Client-seitige Lösung ist bei relativ kleinen Mengen von Ergebnissen geeignet, weil dazu die komplette Liste vom Server geladen wird. Bei der Server-seitigen Lösung wird ein Cache in einer Stateful Session Bean angelegt. Der Zugriff erfolgt somit schneller über einen Primärschlüssel von der Session Bean auf die Entity Bean.

Value / Transfer Object Das Value / Transfer Object Muster bündelt Zugriffe auf mehrere Attribute einer EJB in ein Objekt einer Entity Bean. Dieses minimiert die Remote-Zugriffe auf EJBs. Da die erzeugten Objekte serialisierbar sein müssen, sind sie unabhängig von der Architektur und können somit leichter von den Komponenten entkoppelt werden. Die Erzeugung der Value-Objekte kann unterschiedlich erfolgen: (1) ein Value-objekt kann eine Entity Bean sein, (2) es kann von einer Entity Bean oder von einer der Bean bekannten Factory erstellt werden oder (3) die Umsetzung wird von einer Session Facade initiiert. Dabei stellt sich die Frage nach einer geeigneten Verteilung der Klassen der Value-Objekte in den Archiven der Komponenten, damit keine Probleme bei einer Rekonfiguration auftreten können.

Value / Transfer Object Assembler Der Value / Transfer Object Assembler ist eine Art Controller, der Daten aus verschiedenen unabhängigen Geschäftsobjekten zusammensetzt und einem Client aus der Präsentationsschicht zur Verfügung stellt. Die Daten können in einer Entity Bean zusammengefasst werden, oder noch effizienter, der Zugriff kann über eine Session Bean abgehandelt werden, da die Clients einen direkten Zugriff auf Session Beans haben. Eine dritte Möglichkeit wäre, den Zugriff über eine Client-seitige Komponente zu ermöglichen.

11.1.2 Festlegung und Beschreibung der relevanten Rekonfigurationsszenarien

Um die als relevant identifizierten Entwurfsmuster bezüglich der relevanten Fragestellungen auf Rekonfigurierbarkeit zu testen, wurden betroffene Teile in einer Testumgebung implementiert und mit zwei Originalimplementierungen der Anwendungsserver JBoss [JBo09a] und Bea WebLogic [Ora09] getestet. Dazu wurden für alle Enterprise Java Bean Typen mögliche Rekonfigurationsszenarien aufgelistet, die sich aus der Art der Bean-Benutzung in den Entwurfsmustern ergeben. Die Muster, die sich aus den Testergebnissen als hinderlich für eine Rekonfiguration erwiesen haben, wurden als *Anti-Patterns* in der Auswertung beschrieben. Alle Tests wurden mit folgenden Typen des Zugriffs durchgeführt:

- Zugriff über das Remote-Interface mittels eines echten Remote Clients und dabei (1) Wiederverwendung der Referenz und (2) zwischenzeitliche Wandlung der Referenz in ein Handle und zurück in eine Referenz und

- Zugriffe innerhalb des Containers über (1) lokale Interfaces und (2) Remote-Interfaces.

Im Folgenden werden die aus der Diplomarbeit von Stefan Hildebrandt [Hil05] übernommenen Szenarien vorgestellt.

Stateless Session Bean

Da eine Stateless Session Bean keine Zustandsinformationen speichert, spielt es keine Rolle, ob sie mehrfach benutzt oder jedes Mal neu erstellt wird. Daher ist es ausreichend zu testen, ob eine einfache Methode ausgeführt werden kann. Daraus ergeben sich folgende Rekonfigurationsszenarien:

1. Wiederholte Neuerstellung der Session Bean mit einem neu bezogenem EJBHome-Objekt

2. Wiederbenutzung des EJBHome-Objekts zur wiederholten Neuerstellung der Session Bean

3. Wiederbenutzung der Referenz auf die Session Bean

4. Übergabe eines komplexeren Parameters:
    - Beide Seiten benutzen die selben Klassen in einer geteilten Bibliothek
    - Die Klassen befinden sich in dem EJB-JAR des Providers und werden mit redeployed (Dabei werden die selben Dateien als Basis genutzt)
    - Bei der Rekonfiguration werden die Klassendateien gegen veränderte mit kompatiblen Properties ausgetauscht
    - Bei der Rekonfiguration werden die Klassendateien gegen veränderte mit inkompatiblen Properties ausgetauscht

11.1 Auswertung typischer Rekonfigurationsszenarien

- Es wird nur der Austausch der Bibliothek mit dem Value-Objekt vorgenommen, während die Beans unverändert bleiben

5. Erweiterung des Provides-Interfaces
6. Verkleinerung des Provides-Interfaces
7. Änderung des Namens der Bean-Klasse

Stateful Session Bean

Eine Stateful Session Bean, die durch den Zustand der Session an einen Client gebunden ist, muss während deren Tests ihre Referenz halten. Daraus ergeben sich folgende mögliche Szenarien:

1. Setzen eines Parameters, der über die Rekonfiguration hinaus gehalten werden soll. Dabei sollen Standard Java-Typen, Value-Objekte und EJB-Referenzen (in den Transaktionstestfällen) betrachtet werden. Unterschiedliche Persistenz-Mechanismen seitens des Containers wurden aufgrund des zu großen Zusatzaufwands nicht getestet.

2. Beginn einer Transaktion vor dem, und Fortsetzung während / nach dem Redeployment. Die Transaktion sollte entweder bestätigt oder zurückgesetzt werden. Dabei kann die Transaktion vor oder nach dem Erstellen der Entität beginnen.

3. Das Testen des Verhaltens von authentisierten Anfragen erweist sich bei Verwendung der Container-Mechanismen als uninteressant, da die Authentisierung im Container stattfindet und nicht mit rekonfiguriert werden sollte.

Entity Bean

Eine Entity Bean ist eine Repräsentation von persistenten Daten, die z.B. in einer Datenbank gespeichert und verwaltet werden. Jede Entity Bean bildet dann die Daten in Form eines Datensatzes in einer Datenbank ab. Änderungen der benutzen Datenbank Schemata wurden an dieser Stelle als Rekonfigurationsszenarien ausgeschlossen, da sie nicht im Fokus dieser Arbeit liegen. Folgende Szenarien wurden berücksichtigt:

1. Beginn einer Transaktion vor und Fortsetzung nach dem Redeployment. Hierbei sollte die Transaktion entweder bestätigt oder zurückgesetzt werden.

2. Beginn einer Transaktion vor und Abbruch nach der Rekonfiguration. Dabei sollen die Daten konsistent zurückgesetzt werden.
3. Zugriff auf die Entitäten über eine Rekonfiguration hinaus (lesend / schreibend) mit und ohne Transaktion.
4. Erstellung von Entitäten über eine Rekonfiguration hinaus.
5. Die selben Testfälle mit Container-Managed Relations Entity Beans.

Message Driven Bean

Eine Message Driven Bean dient der asynchronen Kommunikation im EJB-Komponentenmodell. Deshalb wurden Fälle betrachtet, bei denen die Message Driven Bean selbst oder eine benutzte EJB ausgetauscht wird.

1. Auffüllen einer Warteschlange mit Nachrichten, die während der Rekonfiguration abgearbeitet / blockiert / neu zugestellt werden sollen.
2. Abarbeiten von längeren Transaktionen in der Message Driven Bean während des Redeployments. Dabei sollte die Transaktion bestätigt oder zurückgesetzt werden, damit die Nachricht neu abgearbeitet werden kann.
3. Einsatz unterschiedlicher Versionen von Bibliotheken, die die Klassen für Value-Objekte enthalten, die in den Nachrichten verwendet werden.

11.1.3 Architektur des Testsystems

Für die Realisierung der Testfälle wurde ein System entworfen und implementiert. Das System setzt die Werkzeuge *Ant* [Apa09d] und *JUnit* [JUn09] ein. Ant ist ein Werkzeug, das hauptsächlich zum Compilieren und Erstellen von Java-Anwendungen eingesetzt wird. Dazu werden XML-Dateien als sog. *Buildfiles* verwendet. Die Buildfiles werden in *Targets* (Planziele) organisiert, die voneinander abhängen können. Die Targets können *Tasks* (Aufgaben, Prozesse) enthalten. Diese stellen die einzelnen Arbeitsschritte dar. Mit Ant als Schnittstelle ist es möglich auf jeden Anwendungsserver ein Deployment durchzuführen. JUnit ist ein Werkzeug, mit dem Regressionstests für Java-Programme durchgeführt werden können. Diese Tests müssen in Klassen definiert sein, die das Interface `junit.-famework.Test` implementieren. Mit JUnit werden verschiedene `TestRunner` mitgeliefert. Diese dienen als Ausführungsumgebung für die Testfälle. Viele Entwicklungsumgebungen, wie z.B. Eclipse [The09d] bieten eine Integration von JUnit an. Mit einem JUnit-Task für Ant ist es möglich, sehr viele Tests auf einmal

11.1 Auswertung typischer Rekonfigurationsszenarien

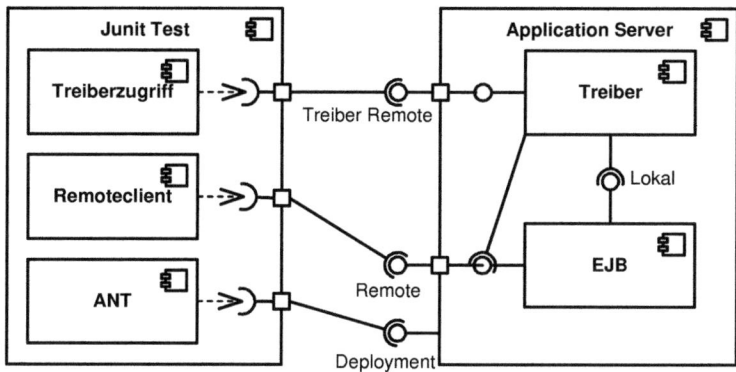

Abbildung 11.2: Architektur des Testsystems [Hil05]

auszuführen. Die Klassen, die ausgeführt werden sollen, können in eine Sammlung von Klassennamen definiert werden. Da die Namen auch mit regulären Ausdrücken beschrieben werden können, ist eine Erstellung von Testserien schnell möglich.

An das System wurden folgende Anforderungen gestellt:

- Die Testsuiten sollten möglichst automatisch aus eine JUnit-Umgebung heraus unabhängig vom Benutzer ausgeführt werden können.

- Damit die Testsuiten auf unterschiedlichen Anwendungsserver eingesetzt werden können, sollte eine Anwendungsserver-unabhängige Anbindung der Test an die Enterprise Java Beans erfolgen.

- Das Deployment sollte aus den Tests heraus, an einen bestimmten Anwendungsserver angepasst, gesteuert werden und keine Änderungen im Quelltext erfordern.

Aus den genannten Anforderungen wurde das in der Abbildung 11.2 dargestellte System entworfen. Damit die Testfälle als Gruppe einer Testsuite ausgeführt werden können, wird die Ausführung der Testsuite mittels Ant gesteuert. Des Weiteren wurde ein sog. Formatter entwickelt, der die Tests in Berichte zusammenfasst. Die Berichte enthalten eine kurze Beschreibung zur Funktionsweise und bekannten Problemen und die Anzahl der Tests, die vor, während und nach dem Redeployment gelaufen sind. Am Ende des Berichts ist eine zusammengefasste Auflistung aller Testergebnisse zu finden.

11 Java EE-basierte Evaluation der Laufzeit-Rekonfiguration

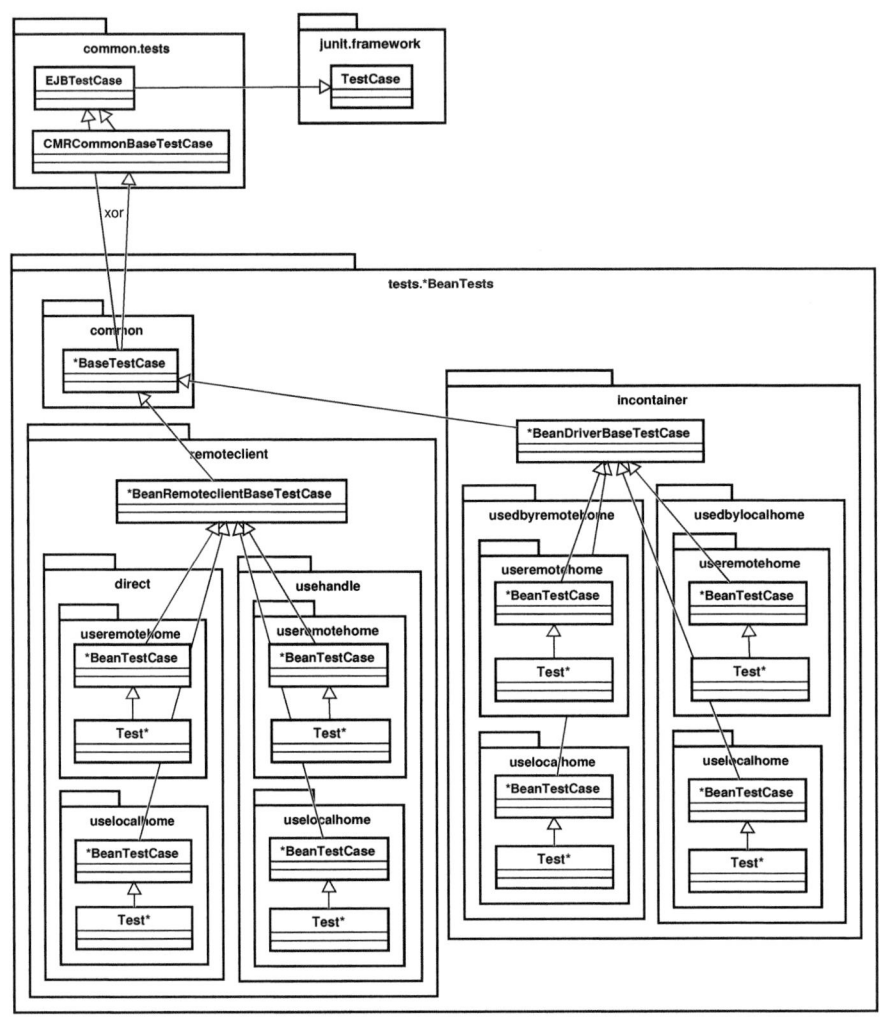

Abbildung 11.3: Clientseitiges Grundgerüst der Tests
[Hil05]

Die Rekonfigurationsszenarien wurden durch insgesamt 342 Testfällen beschrieben. Die einzelnen Testfälle wurden in folgende thematisch zusammenhängende Testsuiten zusammengefasst:

11.1 Auswertung typischer Rekonfigurationsszenarien 235

- Entity Bean Testsuite
- Entity Bean Container-Managed-Relations Testsuite
- Message Driven Bean Testsuite
- Stateful Session Bean Testsuite
- Stateful Session Bean Testsuite mit Transaktionen auf Entity Beans
- Stateless Session Bean Testsuite

Die Testsuite ist intern in Paketen organisiert, die dem Enterprise Java Bean-Typen und der Zugriffsweise entsprechend benannt sind (siehe Abbild. 11.3). Dadurch ist es einfach möglich, Testreihen aus einer Suite mittels des Ant-JUnit-Tasks zusammenzustellen. Die Anbindung der Tests an die Enterprise Java Beans wird entweder über JNDI bzw. RMI (Remote-Client) oder über eine Stateful Session Bean, um Remote- und Local-Zugriffe innerhalb des Containers testen zu können.

Auch für das Deployment wurde Ant eingesetzt. Dadurch werden Änderungen an den Tests vor der Ausführung zuverlässig compiliert und die EJB-JAR Dateien neu erstellt. Außerdem stellt Ant eine vom Anwendungsserver unabhängige Schnittstelle zum Deployment zur Verfügung.

11.1.4 Auswertung der Testergebnisse

Als primäre Plattform für die Tests wurde ein Linux-System eingesetzt. Zum Vergleich wurde auch ein Windows-System hinzugezogen. Dabei konnten keine wesentlichen Unterschiede festgestellt werden. Als Anwendungsserver wurden JBoss und Bea WebLogic eingesetzt (siehe Anhang 15.6). Im Folgenden wird eine Zusammenfassung der Testergebnisse vorgestellt.

JBoss Server

Referenzen und Sitzungen Für den JBoss Server konnte gezeigt werden, dass Remote-Referenzen sowohl auf Entity als auch auf Session Beans nach einem Redeployment ihre Gültigkeit behalten und somit prinzipiell, mit einer entsprechenden Erweiterung der Implementierung, wiederverwendet können. Letzteres weil JBoss generische Proxys einsetzt und keine speziellen Stubs generiert. Referenzen, die in einem *Singleton-Service-Locator* gespeichert sind, können zu ClassCastExceptions führen. Lokale Referenzen sind nicht mehr gültig, da im Stub, der als Referenz dient, eine `NullPointer-Exception` auftritt. Sollten Zugriffe während des Redeployments einer EJB stattfinden, werden diese nicht blockiert und verursachen Fehler. Beim Redeployment von Entity Beans, die von einer Message Driven Bean benutzt werden, ist es möglich die Transaktion zurückzusetzen, um eine erneute Zustellung zu erreichen. Dazu müssten die lokalen Referenzen durch Neuerstellen der Message Driven Bean und einem erneuten Lookup repariert werden. Das Neuerstellen einer Referenz ist problemlos möglich und wirft auch keine Ausnahmen. Ein wesentliches Problem stellen die Stateful Session Beans dar. Deren Zustände (Session) können nach einem Redeployment nicht wiederhergestellt werden.

Bibliotheken und Schnittstellen Austausch gemeinsam genutzter Bibliotheken im Container erfordert Neustart aller abhängigen Komponenten. Der Einsatz unterschiedlicher Versionen von Bibliotheken ist möglich, falls die Serialisierungen dieser Versionen kompatibel sind. Das Testen der Schnittstellenveränderungen hat gezeigt, dass im Container Inkompatibilitäten beim Home-Interface und Komponenten-Interface Wechsel auftreten können. Eine Erweiterung und sogar Verkleinerung von Schnittstellen, stellt dagegen kein Zugriffshindernis für einen Remote-Client dar. Eine Verkleinerung der Schnittstellen soll (und wird in unserem System) nicht zugelassen werden, ohne einen entsprechenden Ersatz für den fehlenden Dienst durch eine andere Komponente bzw. Schnittstelle zur Verfügung zu stellen, um die syntaktische Konsistenz zu gewährleisten.

Transaktionen Ein Zugriff auf Transaktionen nach einem Redeployment ist prinzipiell bei Remote-Zugriffen möglich. Allerdings treten nach dem Redeployment einige Probleme auf. Wird nach dem Redeployment lesend auf ein Feld zugegriffen und abhängig davon geschrieben, sind für diesen Zugriff die Daten, die vor dem Redeployment gesetzt wurden, nicht mehr sichtbar, da dieser Zugriff scheinbar in einem anderen Ast der Transaktion stattfindet. Daher tritt hier ein *Lost Update* auf. Bei den Testfällen, bei denen auch während des Redeployments auf die Entity Bean zugegriffen wird, wird die Transaktion durch das Auftreten von Ausnahmen zum Zurücksetzten markiert und kann nicht mehr bestätigt werden. Lokale Zugriffe sind nach dem Redeployment nicht mehr möglich, da deren Referenzen ungültig sind. Transaktionen, die über Stateful Session Beans auf Entity Beans zugreifen, können nicht mehr gesteuert werden, da auch hier die Sitzungen nicht wiederhergestellt werden können.

11.1 Auswertung typischer Rekonfigurationsszenarien

WebLogic Server

Bei dem WebLogic Server konnten keine Tests mit lokalen Referenzen und Tests, bei denen nur Bibliotheken ausgetauscht werden, durchgeführt werden, da alle Komponenten zusammen mit benutzten Bibliotheken und Schnittstellen in einen EJB-JAR gepackt werden. Dadurch müssten auch Tests entfallen, die lokale Zugriffe zulassen. Da die Remote Clients mittels CORBA mit dem Server kommunizieren und dabei jede Referenz mit einer Versionsnummer versehen wird, können sie nicht seitens der Remote Clients nach einem Redeployment wiederverwendet werden. Möglich ist jedoch, Remote Referenzen auf Home-Objekte im Container wiederzuverwenden. Andere Referenzen konnten nicht wiederverwendet werden. Damit mussten Tests, die eine Wiederverwendung der Referenzen voraussetzen, ausfallen. Der einzige Vorteil auf dem WebLogic Server ist die Möglichkeit, während des Redeployments, über das JNDI ankommende Zugriffe zu blocken und somit Fehlzugriffe zu vermeiden.

Auswirkungen auf die Entwurfsmuster

Service Locator. Die Implementierung eines Service Locator Musters müsste angepasst werden, um Ausnahmen, die beim Zugriff auf das JNDI während des Redeployments auftreten, abzufangen und behandeln zu können. Eine weitere Einschränkung ist der Verzicht auf Zwischenspeicherung von Objekten im Container.

Session Facade, Value List Handler, server-seitiges Business Delegate. Diese Muster sind durch die Benutzung von Stateful Session Beans eingeschränkt, da bisher keine Methode zur sicheren Wiederherstellung von Sitzungen bekannt ist. Aus Performance-Gründen ist es allerdings fraglich, ob eine Wiederherstellung von langen Sitzungen sinnvoll ist.

Value Object, Value Object Assembler, Transfer Object, Value List Handler
Falls die Signatur der Value-Objekte stabil bleibt, können diese Muster eingesetzt werden. Deshalb sollten Value Objekte nicht zur Laufzeit ausgetauscht werden. Alternativ könnte ein sog. *Data Transfer HashMap* statt Value Object eingesetzt werden.

Client-seitiges Business Delegate. Dieses Muster bietet sich an, um damit an zentraler Stelle die Kommunikation zum Server kapseln zu können. Damit wird es möglich, auf, durch das Redeployment auftretende Fehler, zu reagieren. Im Business Delegate könnte eine Zustandsverwaltung eingerichtet und somit auf Stateful Session Beans verzichtet werden. Ein Business Delegate könnte auch als Basis für den Einsatz einer Message Driven Bean als Session Facade dienen und somit alle Kommunikationsprozesse über Komponentengrenzen hinweg auf Nachrichten-Basis (Message Driven Beans) zu tätigen.

11.1.5 Zusammenfassung

Durch die Evaluation der relevanten Rekonfigurationsszenarien wurde gezeigt, dass eine Rekonfiguration zur Laufzeit grundsätzlich durchführbar ist. Allerdings ist eine zusätzliche Steuerung des Deployment-Prozesses notwendig, da in den vorhandenen getesteten Anwendungsservern solche Mechanismen fehlen. Somit ist ein transparentes Redeployment nicht ohne Erweiterung der Implementierung der Anwendungsserver möglich. Diese Festellung rechtfertigt die Entwicklung und Implementierung eines Redeployment-Systems, wie durchgeführt im ersten Teil der Evaluation (siehe Kapitel 10). Des Weiteren stellt eine Transaktionssteuerung über eine Rekonfiguration hinweg mit dem heutigen Stand des EJB-Transaktionsmodells (siehe Anhang 15.6) ein nicht vollständig zu lösendes Problem dar. Dieses macht einen Ansatz zum transaktionalen Redeployment, wie in dieser Arbeit verfolgt, gerechtfertigt und sinnvoll. Eine Kombination mit dem *side-by-side* Redeployment könnte eine optimale Lösung darstellen (siehe Abschnitt 15).

11.2 Experimenteller Einsatz und Evaluation des Redeployment-Systems

Das Redeployment-System, das in der Diplomarbeit von Sascha Olliges [Oll05] entwickelt wurde, wurde mit drei einfachen Szenarien auf Funktionalität getestet. Damit konnte gezeigt werden, dass ein transparentes Redeployment unter voller Verfügbarkeit (Austausch einer Komponente ohne Verlust von Anfragen) mit dem entwickelten System prinzipiell möglich ist. Aus Benutzersicht konnten minimale Zeitverzögerungen festgestellt werden. Dabei wurden jedoch keine quantitativen Messungen vorgenommen. In der Diplomarbeit von Sven Bunge [Bun08] wurden zusätzliche Evaluationsziele gesetzt. Es sollte neben einer Überprüfung der Funktionstüchtigkeit, auch die Dauer des Redeployments und die Auswirkung auf die Antwortzeiten der Komponenten, bei einem Zugriff während des Redeployments, evaluiert werden. Um die Ziele der Evaluation zu erreichen, wurden die vorhandenen Tests aufgegriffen, an das portierte System angepasst und erweitert, bzw. neue

11.2 Experimenteller Einsatz und Evaluation des Redeployment-Systems

Tests implementiert. Die Ziele der Evaluation wurden folgendermaßen aufgeteilt [Bun08]:

Z1. Funktion des Redeployment-Systems

Z2. Dauer eines Redeployment-Vorgangs innerhalb des Anwendungsservers

Z3. Dauer des Redeployments aus Client-Sicht

Z4. Funktionstest bei realitätsnahen Anwendungen

Z5. Antwortzeit der Anfragen bei einem Redeployment

11.2.1 Einfache Redeployment-Tests

Die einfachen Tests basieren auf den ursprünglichen Funktionstests des Redeployment-Systems. Diese Tests wurden für die Ziele **Z1**, **Z2** und **Z3** durchgeführt. Beim Ziel **Z1** wurde folgendes Szenario erzeugt: An eine Komponente mit mehreren Instanzen werden kontinuierlich Anfragen abgesetzt und auf Antwort gewartet. Während dieser Zeit werden mehrere Redeployments ausgelöst. Falls eine Instanz die Ausführung mit einem Fehler abbricht, so dass die Komponente nicht mehr erreichbar ist, wie es bei einem unmodifizierten JBoss der Fall wäre, gilt der Funktionstest als nicht bestanden. Für das Ziel **Z2** wird die Vorgehensweise nach dem Redeployment-Protokoll (siehe Abbildung 9.2 auf Seite 161) genutzt. Dabei werden die ankommenden Anfragen blockiert, laufende abgearbeitet und anschließend die Komponente ausgetauscht. Die Zeit, in der Zugriffe die Komponente nicht erreichen, ist entscheidend für das Antwortverhalten des Systems. Als Szenario wird wieder ein mehrfaches Redeployment ausgelöst und jeweils die Zeit beim Setzen und beim Auflösen der Blockierung gemessen. Die Differenz ergibt die eigentliche Dauer des Redeployments bzw. eine Aussage darüber, wie lange die Komponente keine Anfragen beantworten konnte. Aus der Sicht der Clients bzw. Benutzer handelt es sich dabei um eine Verzögerung der Zugriffe bzw. Antworten, da keine Anfragen verloren gehen. Das Szenario wird durch das Ziel **Z3** abgedeckt. Dabei wird mit mehreren Instanzen auf eine auszutauschende Komponente zugegriffen und das veränderte Zugriffsverhalten festgestellt.

Aufbau der Testumgebung Die Testumgebung besteht aus der Komponente `Eval21EJBs` und einem Client, der auf diese Komponente zugreift. Das Komponentenarchiv enthält zwei zustandslose Session Beans: `InnerBean` und `FrontBean`. Die `InnerBean` ist auf lokale Kommunikation beschränkt und besitzt eine Methode `getHello()`, die einen einfachen Text als String zurückgibt. Die

`FrontBean` ist auf Remote-Kommunikation beschränkt. Ihre Methoden können nur von Außerhalb der Komponenten aufgerufen werden. Sie besitzt eine Methode `getHelloFromInner()`, die beim Aufruf die `getHello()`- Methode von der `InnerBean` aufruft und den Rückgabewert der Methode unverändert zurück gibt. Der Client ist ein Java-Programm, das mittels *JNDI* auf die Komponente zugreift. In der `main()`- Methode wurden mehrere Instanzen des Clients als Threads erzeugt und gestartet. Diese greifen unabhängig auf die `FrontBean` zu und geben neben dem Rückgabewert der Methode `getHelloFromInner()` auch die Zeit, die Threadnummer und die Aufrufnummer aus. Die Aufrufnummer ist der Index der Schleife, die den Aufruf an die `FrontBean` tätigt. Für Ziel **Z3** wurden zehn Threads gestartet, die jeweils 1000 Anfragen an die Komponente richten und zwischen jeder Anfrage 5 Sekunden warteten.

Der Aufbau der Testumgebung von Eval21EJBs ist in der Abbildung 11.4 dargestellt.

Zum Auslösen eines Redeployments wurde der *POSIX*-Befehl `touch` eingesetzt [IEE09]. Damit wurde der Zeitstempel der Archivdatei `Eval21EJBs.jar` auf einem UNIX-System verändert, was vom Deployment-Scanner des Anwendungsservers registriert wurde und zum Auslösen eines Redeployments führte. Für die Ziele **Z1** und **Z3** wurde das Redeployment manuell angestoßen, da es kontrolliert zu einer bestimmten Zeit erfolgen sollte. Für das Ziel **Z2** wurde ein *BASH*-Skript eingesetzt, das ein `touch` auf die Datei `Eval21EJBs.jar` ausführt und zehn Sekunden wartet. Dieser Vorgang wurde 500 mal wiederholt. Um die Dauer eines Redeployments messen zu können, musste die Implementierung des Redeployment-Systems modifiziert werden. In der Datei `RestartableEjbModule` wurde die Methode `restart(DeploymentInfo)` so erweitert, dass vor der Blockierung neuer Zugriffe auf die Komponente (vor dem Schließen und nach dem Öffnen der `Gates` (siehe Abschnitt 10.2.2)) die Zeit in Millisekunden gemessen werden kann. Dieser Wert wurde der Logging-Ausgabe angehängt, die bei einem erfolgreichen Redeployment ausgegeben wird. Da jede Bean ein eigenes Gate besitzt und die einzelnen Gates nicht gleichzeitig sondern nacheinander geschlossen und geöffnet werden, können die Zeitangaben für unterschiedliche Beans in einer Komponente voneinander abweichen, bzw. unterschiedliche Beans unterschiedlich lange erreichbar sein. Die Ergebnisse zeigen, dass es sich dabei um Sekunden-Bruchteile handelt, so dass sie aus Benutzersicht vernachlässigt werden können.

Für die Evaluation der Ziele **Z1** und **Z3** wurden zwei Rechner eingesetzt, die über einen Switch via Ethernet mit der Geschwindigkeit von 1GBit/s vernetzt wurden. Die Ausstattung der Rechner ist in Tabelle 11.1 aufgelistet. Das Deployment-Diagramm in Abbildung 11.5 zeigt den Testaufbau. Um die normale Antwortzeit ohne ein Redeployment zu ermitteln, wurde der Test zum **Z3** auch ohne ein Re-

11.2 Experimenteller Einsatz und Evaluation des Redeployment-Systems 241

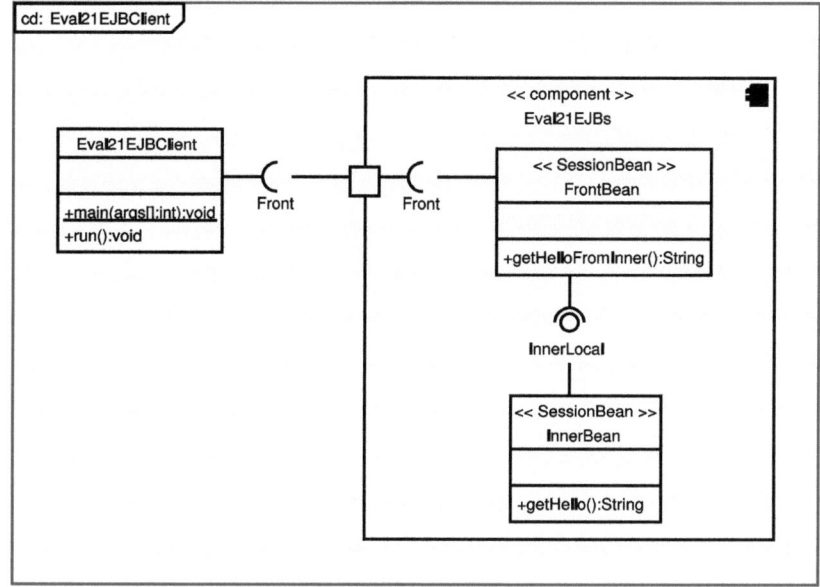

(a) Skizzierung des Eval21EJB-Tests

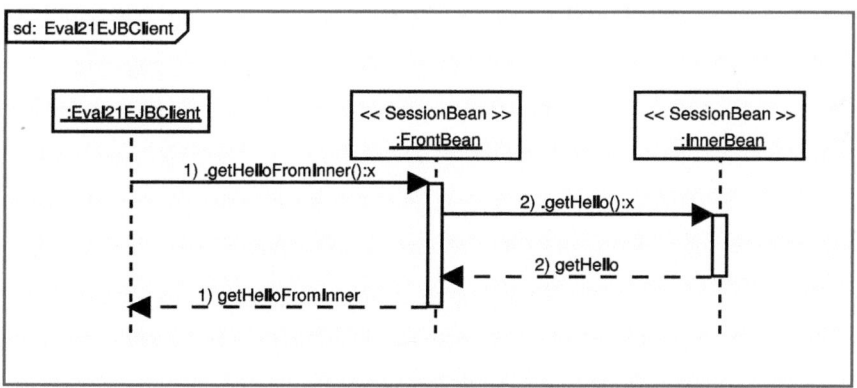

(b) Sequenzdiagramm der Evaluation mit Eval21EJBs

Abbildung 11.4: Aufbau der Testumgebung von Eval21EJBs [Bun08]

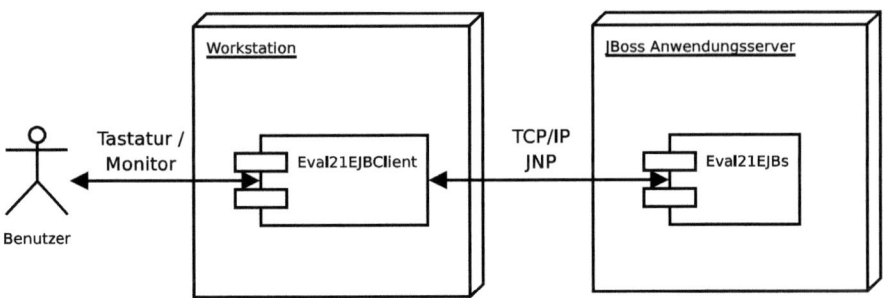

Abbildung 11.5: Deployment-Diagramm des Testaufbaus mit Client [Bun08]

	Client	Server
Prozessor	AMD Athlon 64x2 2x2,2GHz	Intel Core2Duo 2x2,1GHz
Speicher	4GB RAM	2GB RAM
Betriebssystem	Ubuntu 8.04 LTS AMD64	Ubuntu 8.10 AMD64
Java-Version	Sun Java 1.5.0_15 64-Bit	Sun Java 1.6.0_10 64-Bit

Tabelle 11.1: Ausstattung der Evaluationsrechner

deployment durchgeführt und die Zugriffszeiten protokolliert. Während der Tests wurde auch die Prozessorauslastung des Rechners, auf dem der Anwendungsserver ausgeführt wurde, protokolliert. Zum Abgleich der Systemzeiten beider Rechner wurde vor dem Test der *Network Time Protocol (NTP)* [Uni09] benutzt. Anschließend wurde jede Sekunde mit `iostat` [The09g] die Prozessorlast protokolliert.

Für das Ziel **Z2** wurde ein Rechner mit der Konfiguration des Servers aus Tabelle 11.1 benutzt, die Netzwerkkommunikation wurde abgeschaltet, Stromsparmaßnahmen (z.B. eine Anpassung der Taktfrequenz des Prozessors an das Lastverhalten) wurden deaktiviert und alle Programme und Dienste wurden beendet.

Auswertung der Ergebnisse

Ziel Z1 Die Tests zum Ziel **Z1** (Funktion des Redeployment-Systems) haben gezeigt, dass trotz mehrerer Redeployments unter dauerhaftem Zugriff auf die Komponente keine Fehler aufgetreten sind und alle Anfragen beantwortet werden konnten. Allerdings machte sich ein Redeployment bei den Antwortzeiten des Systems bemerkbar.

11.2 Experimenteller Einsatz und Evaluation des Redeployment-Systems

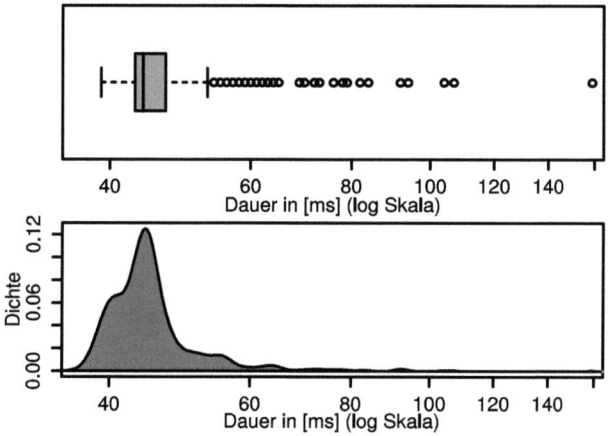

Lageparameter	Zeit in [ms]
n:	500
Minimum:	39,00
1. Quartil:	43,00
Median:	44,00
Durchschnitt:	46,89
3. Quartil:	47,00
Maximum:	159,00
Std. Abweichung	10,079

(a) Stochastische Auswertung

(b) Boxplot und Dichtefunktion über die Redeploymentdauer

Abbildung 11.6: Messwerte des Redeployments von Eval21EJBs [Bun08]

Ziel Z2 Die Tests zum Ziel **Z2** haben gezeigt, dass ein Redeployment der Beispielkomponente in sehr kurzer Zeit abgeschlossen werden konnte (Durchschnittzeit: 46,89 *ms*). Die Ergebnisse wurden statistisch ausgewertet und sind in der Tabelle 11.6(a) aufgelistet. Die Abbildung 11.6(b) enthält eine graphische Darstellung der Verteilung bzw. Dichtefunktion der Redeployment-Dauer. An dieser Stelle muss jedoch angemerkt werden, dass die Rekonfigurationsdauer nicht nur von der Hardwareausstattung eines Rechners, sondern auch stark von der Implementierung einer Komponente und des Zeitpunkts des Eintreffens eines Rekonfigurationsauftrags abhängig ist (siehe Abschnitt 8.9). Sollte eine Komponente, die ausgetauscht werden muss, langanhaltende Transaktionen enthalten oder komplexe Berechnungen durchführen, könnte sich die gesamte Rekonfigurationszeit verlängern, da vor dem Redeployment auf deren Abschluss gewartet wird. Das macht eine zusätzliche Analyse des Laufzeitverhaltens des Systems, wie im Abschnitt 8.4 vorgestellt, notwendig.

Ziel Z3 Die Tests zum Ziel **Z3** wurden zuerst ohne Redeployment durchgeführt, um die ungestörten Antwortzeiten und Auslastung des Servers ermitteln zu können. Die Ergebnisse zeigen eine durchschnittliche Antwortzeit von 3,556 *ms* und eine durchschnittliche Auslastung von 14,6 %, während der Client mit zehn Threads und je 10000 Anfragen auf die Komponente zugriff. Anschließend wurden die Tests mit zwei Redeployments (**R1** und **R2**) während ca. zehn Sekunden (Dauer eines Laufs der zehn Threads auf dem Client) durchgeführt. Dabei wurden alle zehn Threads an dem Gate wartend gestellt. Die Ergebnisse, dargestellt in der Abbildung 11.7, zeigen, dass nur bei ca. 20 von 10000 Anfragen während der Redeployments eine höhere Anwortzeit zu verzeichnen war, die dadurch schwer von systembedingten Ausreißern zu unterscheiden waren. Die durchschnittliche Antwortzeit beim **R1** betrug 52,8 *ms*, beim **R2** 90,2 *ms*. Die durchschnittliche Prozessorlast über den gesamten Testzeitraum stieg von 14,6 % auf 17,87 % an. In den Abbildungen sind die Redeployment-Zeitpunkte klar erkennbar, jedoch spielen diese Verzögerungen in *ms*-Bereich aus Client-Sicht keine wesentliche Rolle. Die geringen Verzögerungen ergeben sich aus der Tatsache, dass einige Anfragen zum späten Zeitpunkt während der Durchführung eines Redeployoments eintreffen und somit nicht die komplette Redeployment-Dauer als Verzögerung der Antwortzeiten angerechnet werden muss. Eine Analyse des Laufzeitverhaltens bzw. Benutzungsprofils eines Systems (wie in den Abschnitten 8.4 und 8.3 beschrieben) würde eine Verschiebung des Redeployments zu so einem günstigen Zeitpunkt ermöglichen und somit diese Verzögerungen minimieren.

11.2.2 Tests mit der Duke's Bank Application

Für die Durchführung der Evaluation der Ziele **Z4** und **Z5** wird nochmal auf das bereits im Abschnitt 7.5 vorgestellte Anwendungsbeispiel zurück gegriffen (siehe Abbildung 7.2 auf Seite 97). Es handelt sich dabei um die Duke's Bank Application von Sun Microsystems [Sun05, Sun06c], die zur Demonstration der Arbeitsweise von Java EE dient. Die Firma JBoss benutzt ebenfalls diese Beispielanwendung

11.2 Experimenteller Einsatz und Evaluation des Redeployment-Systems 245

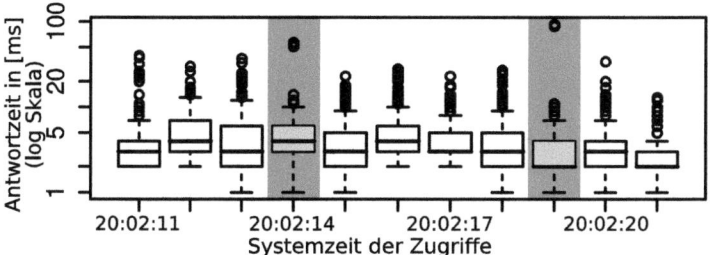

(a) Boxplot der Antwortzeiten des Servers gruppiert pro Sekunde

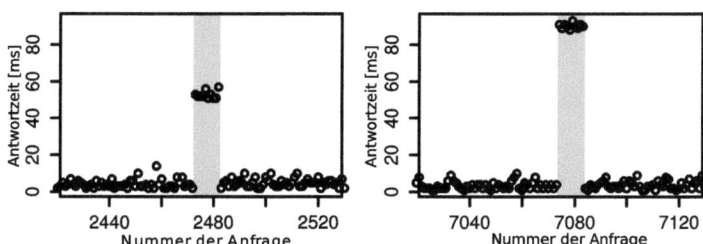

(b) Scatterplot der Antwortzeiten bei einem Redeployment (Ausschnitt)

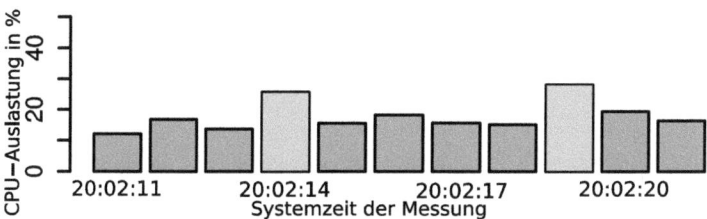

(c) Balkendiagramm der CPU-Auslastung des Servers beim Redeployment

Abbildung 11.7: Messwerte des Zugriffs auf Eval21EJBs bei einem Redeployment [Bun08]

zu Demonstrationszwecken und stellt ein Paket zum Download bereit [JBo05]. Als drei- bzw. vierschichtige Anwendung stellt die Duke's Bank Application eine Web-Oberfläche für den Benutzer als Schnittstelle zu den üblichen Online-Banking Diensten bereit. Dabei sollen in einem realen Umfeld die Eigenschaften der Java EE Technologie, wie z.B. die Transaktionssicherheit beim Geldtransfer oder die Sicherheit und Autorisierungsmechanismen, demonstriert werden.

In der Diplomarbeit von Sven Bunge [Bun08] durchgeführte Evaluation wurde die Anwendung für den JBoss Server eingesetzt. Als Datenbank wurde die mitgelieferte HSQLDB [The09f] benutzt. Als Webcontainer wurde der im Anwendungsserver integrierte Tomcat benutzt. Die Benutzer und Konten wurden über einen externen Swing-Client verwaltet, um zu demonstrieren, dass nicht nur JSPs sondern auch Java SE Anwendungen auf die Geschäftslogik des Servers zugreifen können. Die Geschäftslogik befindet sich in der mittleren Schicht und wird mit zwei Arten von EJBs realisiert. Die Entity Beans stellen die Umsetzung der Objekte auf der Datenbank zur Verfügung und werden vom Container des Anwendungsservers verwaltet (CMP). Die Session Beans realisieren die Dienste und sind alle *stateful*, was mehrere Modifikationen notwendig machte, um ein Redeployment durchführen zu können.

11.2.2.1 Aufbau der Testumgebung

Die Duke's Bank Application wurde an die Möglichkeiten der Redeployment-Systems angepasst, um die Redeployment-Tests durchführen zu können. Dazu wurden umfassende Modifikationen durchgeführt (für Details siehe [Bun08]). Da es aus Sicht des Ansatzes nicht sinnvoll ist, die komplette Anwendung zu redeployen, sondern einzelne Komponenten bzw. Abhängigkeiten zwischen Komponenten zu verändern, wurde ein Aufruf in die `getTxOfAccount(startDate,endDate,accountId)` der SessionBean `TxControllerBean` eingebaut, der über das Web-Frontend geschieht. Dem Benutzer werden alle Kontobewegungen zwischen dem Start- und dem Enddatum zu der Kontokennung gezeigt, nachdem sie aus der Datenbank gelesen wurden. Das Sequenzdiagramm in der Abbildung 11.8 zeigt das Beispielszenario. Dabei wird auf die aus den einfachen Tests bekannte `Eval21EJBs` zugegriffen.

11.2.2.2 Lastgenerierung: Markov-Kette für die Evaluation

Für die Lastgenerierung wurde eine Erweiterung des Programms JMeter [Apa09b], das Tool Markov4JMeter [Hoo07a] eingesetzt. JMeter wurde zur Durchführung von Last- und Performance-Tests in Webanwendungen entwickelt. Mittlererweile können damit auch Webservices (SOAP), Datenbanken mittels JDBC, LDAP-Verzeichnisdienste und weitere Dienste getestet werden. Markov4JMeter erweitert JMeter und benutzt Markov-Ketten (siehe Abschnitt 7.7.3), um probabilistisches Benutzungsverhalten und Schwankungen in der Benutzungsintensität simulieren zu können [HRH08].

Die Markov-Kette für die Evaluation wurde aus dem Anwendungsmodell der Duke's Bank Application hergeleitet. Nach dem Login werden dem Benutzer neben dem Logout drei Dienste zur Verfügung gestellt (siehe Abbildung 11.9):

11.2 Experimenteller Einsatz und Evaluation des Redeployment-Systems   247

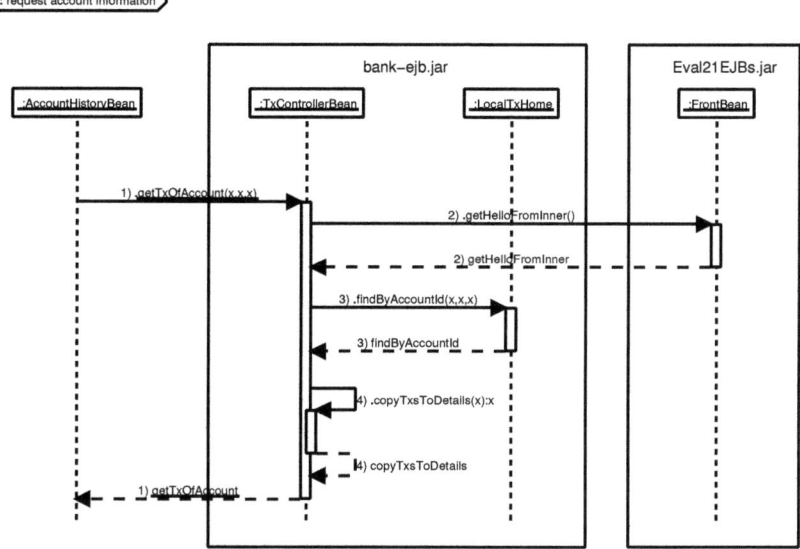

Abbildung 11.8: Sequenzdiagramm beim Abruf der Kontoinformationen [Bun08]

- **Account List** - listet Kontoinformationen (z.B. Kontostand, Kontobewegungen) auf

- **Transfer Funds** - ermöglicht die Durchführung von Überweisungen

- **ATM** - bildet die Dienste eines Bankautomaten ab

In der Regel führt ein Benutzer wenige Aktionen durch (z.b. eine Überweisung) und meldet sich wieder ab. Um das Verhalten des Systems beim Redeployment unter hoher Last zu evaluieren, wurde ein Profil gewählt, in dem der Benutzer viele Veränderungen vornimmt. Nach der Anmeldung wählt der Benutzer mit einer Wahrscheinlichkeit von je 30 % eine Grundfunktion und meldet sich mit einer Wahrscheilichkeit von 10 % ab. Die Markov-Kette des Profils ist in Abbildung 11.10 dargestellt.

Zu den bereits vorhandenen zwei Benutzern wurden 500 neue Benutzer mit jeweils drei Konten angelegt und auf jedes Konto Geld eingezahlt.

248 11 Java EE-basierte Evaluation der Laufzeit-Rekonfiguration

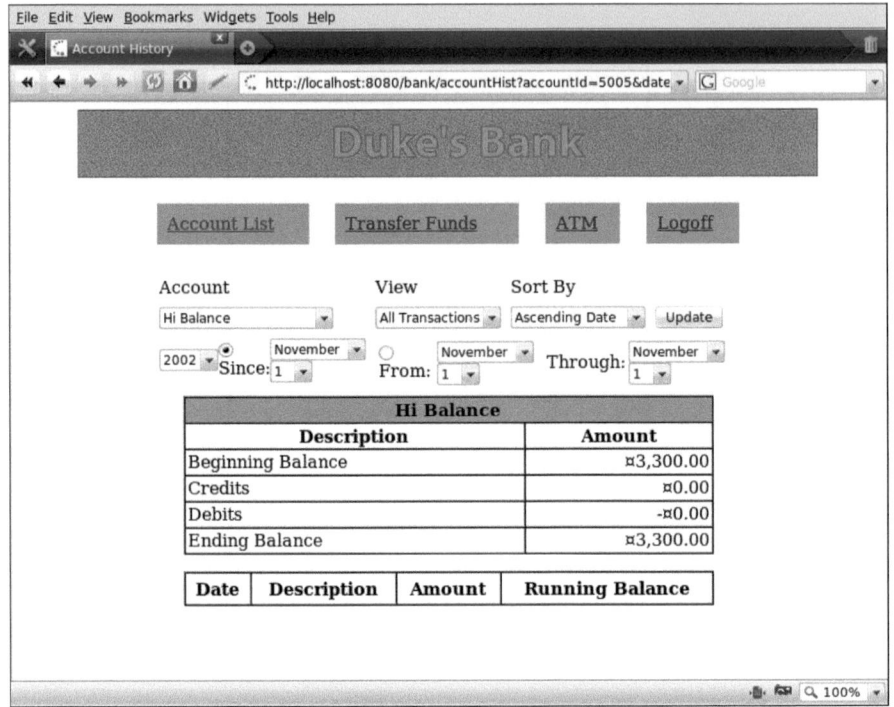

Abbildung 11.9: Screenshot der Duke's Bank Application [Bun08]

11.2.2.3 Evaluation der Ziele

Auch für diesen Teil der Evaluation wurden die zwei Rechner (siehe Tabelle 11.1) verwendet und über ein 1 Gbit Ethernet vernetzt. Auf dem Server wurde der Anwendungsserver mit der modifizierten Duke's Bank und Eval21EJBs ausgeführt und das Redeployment ausgelöst. Der Lastgenerator Markov4JMeter wurde auf dem Client ausgeführt. Der Versuchsaufbau ist in Abbildung 11.11(a) dargestellt.

Die Last wurde mit Markov4JMeter folgendermaßen konfiguriert: Es gab 100 Benutzer im System und jeder von ihnen führte im Durchschnitt alle drei Sekunden eine Aktion durch. Somit bearbeitete die Anwendung 33,3 Anfragen pro Sekunde, was zu einer durchschnittlichen CPU-Last des Servers von 50 % führte. Die Evaluationsdauer betrug 360 Sekunden. In den ersten 120 Sekunden wurden die 100 Benutzer generiert und aktiviert. Kurz vor dem Start der Messung wurde das erste Redeployment durchgeführt. Es wurden insgesamt zwölf Redeployments

11.2 Experimenteller Einsatz und Evaluation des Redeployment-Systems

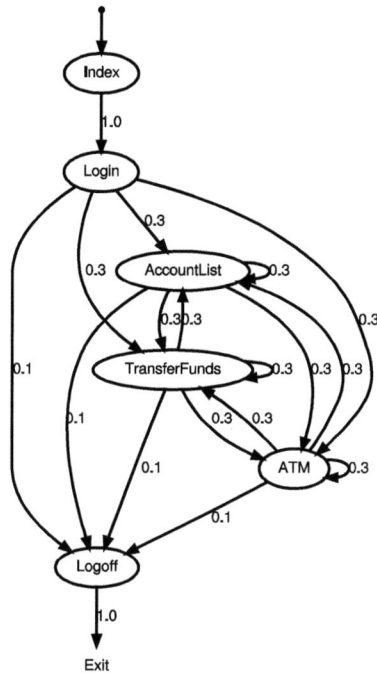

Abbildung 11.10: Markov-Kette des Bewegungsprofils für Markov4JMeter [Bun08]

ausgelöst. Die letzten 180 Sekunden wurden analysiert und statistisch ausgewertet. Der Ablauf des Experiments ist in der Abbildung 11.11(b) dargestellt.

Die Duke's Bank Application lieferte bei einer hohen Last mit mehr als einem Benutzer in etwa 5 % der Anfragen fehlerhafte Ergebnisse. Dieses fehlerhafte Verhalten tritt auch ohne Redeployment auf und ist somit nicht auf das Redeployment-System zurückzuführen (siehe dazu [Dia06]). Alle fehlerhaften Ergebnisse wurden aus der Auswertung herausgenommen, da sie bei der Evaluation keine Rolle spielen.

11.2.2.4 Auswertung der Ergebnisse

Durch die Evaluation des Ziels **Z4** sollte gezeigt werden, dass mit dem Redeployment-System ein Redeployment von zustandslosen Session Beans in einer realitätsnahen Anwendung fehlerfrei und ohne Verlust von Transaktionen und Anfragen durchgeführt werden kann. Das konnte für alle während des Experiments

11 Java EE-basierte Evaluation der Laufzeit-Rekonfiguration

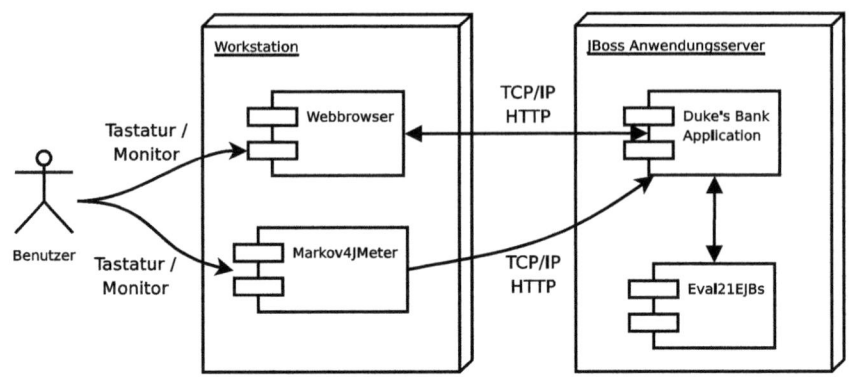

(a) Deployment-Diagramm von Duke's Bank Application mit Markov4JMeter

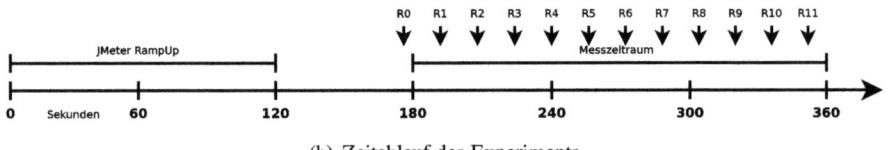

(b) Zeitablauf des Experiments

Abbildung 11.11: Testaufbau mit Client [Bun08]

durchgeführten Redeployments festgestellt werden und somit gilt dieses Ziel als erreicht. Bei der Evaluation von **Z5** wurden Unterschiede zwischen den Ergebnissen zu den Antwortzeiten und der CPU-Auslastung festgestellt.

Antwortzeiten Während des Messzeitraums von 180 Sekunden wurden etwa 5000 Anfragen an das System gesendet und deren Antwortzeiten untersucht. Die Auswertung ist in Tabelle 11.12(b) dargestellt. Obwohl es hohe Ausreißer gab, wurden die meisten Anfragen innerhalb von ca. 50 *ms* beantwortet. Die Abbildung 11.13(a) zeigt den Verlauf der Antwortzeiten während der Evaluation. Die Markierungen zeigen die Zeitpunkte der einzelnen Redeployments. Es ist ersichtlich, dass kein Zusammenhang zwischen den Antwortzeiten und den Zeitpunkten des Redeployments feststellbar ist. Nur beim zweiten und vierten Redeployment mussten zwei Anfragen auf die gerade ausgetauschte Komponente warten. In der Detailansicht für das zweite Redeployment (siehe Abbildung 11.12(c)) ist zu erkennen, dass zwei Anfragen aufgrund des Redeployments erst nach ca. 800 *ms* eine Antwort erhielten. Zusammenfassend ist eine Beeinflussung der Anwendung durch ein Redeployment nur feststellbar, wenn Anfragen an die Komponente zum

Zeitpunkt ihres Austauschs ankommen. Dieses rechtfertigt die Analyse des Laufzeitverhaltens zur Feststellung von minimalen Laufzeit-Abhängigkeitsgraphen, wie in dieser Arbeit verfolgt (siehe Abschnitt 8.6).

CPU-Auslastung Im Gegensatz zu den Ergebnissen zu den Antwortzeiten, ist bei der Evaluation der CPU-Auslastung eine Wirkung der Redeployments feststellbar. Die Ergebnisse zu der CPU-Auslastung sind in Tabelle 11.12(a) dargestellt. Abbildung 11.13(b) zeigt die CPU-Auslastung für die Dauer des Experiments. Während der Redeployments konnte ein Anstieg der Auslastung festgestellt werden. Die Zuordnung ist allerdings nicht eindeutig, so dass auch in diesem Fall ein Redeployment-Zeitpunkt nicht anhand der CPU-Last erkannt werden kann, weil die Lasterhöhung im Rahmen des Rauschens im Normalbetrieb bleibt.

11.2.3 Zusammenfassung

Aus der Auswertung der Ergebnisse der Evaluation ist ersichtlich, dass alle gesetzten Ziele erreicht wurden. Mit dem Ziel **Z1** wurde die Funktionstüchtigkeit des Redeployment-Systems bewiesen. Es wurde gezeigt, dass das System dazu fähig ist, ein fehlerfreies Redeployment von zustandslosen Session Beans während des Betriebs, transparent aus Sicht des Clients durchzuführen. Dabei wurden keine Transaktionen unterbrochen und sind keine Anfragen verloren gegangen. Somit handelt es sich um ein Redeployment unter voller Verfügbarkeit der Anwendung. Des Weiteren haben die Tests gezeigt, dass die Dauer des eigentlichen Redeployments im Millisekundenbereich liegt. Die Evaluation der Auswirkung eines Redeployments auf die Antwortzeiten zeigte, dass eine Verzögerung nur bei Anfragen, die auf die austauschende Komponente zum Zeitpunkt des Austauschens zugriffen, erkennbar war. Dieses bewegte sich mit den gemessenen ca. 800 ms immer noch unter dem für einen menschlichen Benutzer fühlbaren Bereich. Sonst gingen die gemessenen Verzögerungen im Rauschen der Anwendungsbetriebs unter. Allerdings kann die Dauer der Rekonfiguration aufgrund der Anforderung, keine laufenden Transaktionen und Anfragen zu unterbrechen, deutlich ansteigen. Bei langandauernden Transaktionen oder komplexen Berechnungen, kann es zu großen und bemerkbaren Verzögerungen kommen. Letzeres rechtfertigt eine Optimierung der Laufzeit-Rekonfiguration, wie in dieser Arbeit verfolgt (siehe Kapitel 8). Durch Analyse des Rekonfigurationsauftrags, der Auslastung im System, des Laufzeitverhaltens und Benutzungmodells des Systems, können geeignete Zeitpunkte (als Systemzustände) zum Rekonfigurationsstart bestimmt werden, bei denen die Abhängigkeiten zu

Lageparameter	Auslastung in %
Minimum:	5,39
1. Quartil:	35,92
Median:	46,36
Durchschnitt:	48,86
3. Quartil:	61,36
Maximum:	95,48
Std. Abweichung	16,404

(a) CPU-Auslastung des Anwendungsservers

Lageparameter	Zeit in [ms]
Minimum:	0,00
1. Quartil:	17,00
Median:	26,00
Durchschnitt:	66,25
3. Quartil:	57,75
Maximum:	1654,00
Std. Abweichung	124,975

(b) Antwortzeiten des Servers

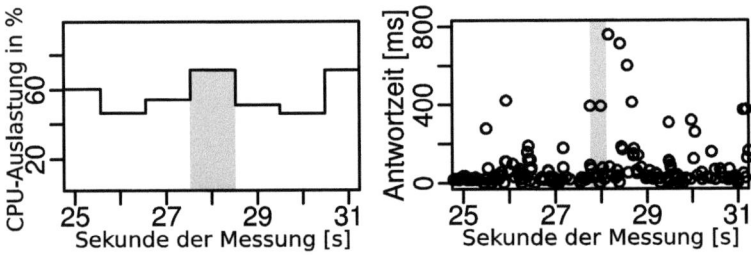

(c) CPU-Auslastung und Antwortzeit bei Redeployment Nr. 2

Abbildung 11.12: Evaluation mit Duke's Bank Application
[Bun08]

und von der auszutauschenden Komponente minimal sind, und somit auftragsabhängig eine maximale Erreichbarkeit des Systems erzielt wird. Die Evaluation der Optimierung der Erreichbarkeit ist im Kapitel 12 detailliert beschrieben.

11.2 Experimenteller Einsatz und Evaluation des Redeployment-Systems   253

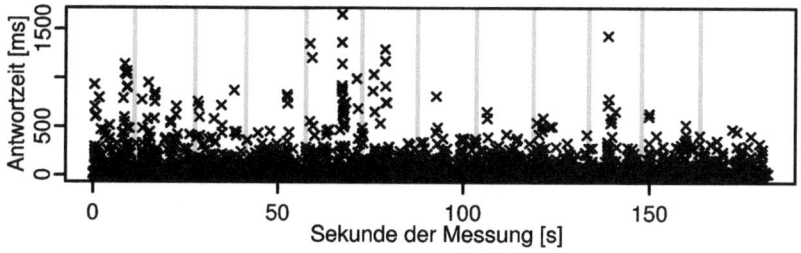

(a) Verlauf der Antwortzeiten während der Evaluation

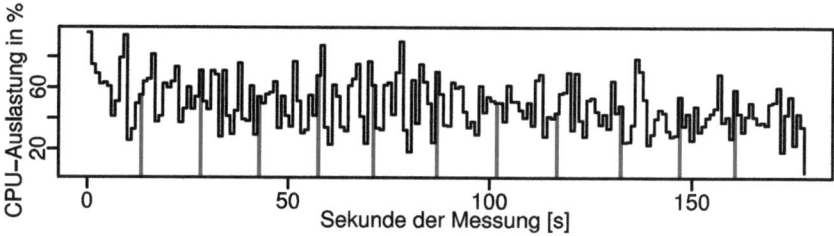

(b) Verlauf der CPU-Auslastung vom Server während der Evaluation

Abbildung 11.13: Verlauf der Antwortzeiten und CPU-Auslastung während der Evaluation [Bun08]

Die Evaluationen mit der Duke's Bank Application zeigte, dass bei einem Redeployment nur ein Teil der Anwendung betroffen war, alle übrigen Komponenten konnten die Anfragen der Benutzer weiterhin ungestört beantworten. Eine Verschiebung der Rekonfiguration zum Zeitpunkt, zu dem die Menge der betroffenen Komponenten minimal ist, würde die Erreichbarkeit der Anwendung maximieren.

12 Evaluation der Optimierung der Erreichbarkeit

Nachdem gezeigt werden konnte, dass eine Umsetzung einer Laufzeit-Rekonfiguration, wie in dieser Arbeit konzipiert, mit einer praktisch eingesetzten Komponententechnologie möglich und sogar unter voller Verfügbarkeit, transparent für den Benutzer, durchführbar ist, wird in diesem Kapitel der Aspekt der Optimierung der Erreichbarkeit evaluiert. Die Evaluation der Antwortzeiten während eines Redeployments (siehe Abschnitt 11.2) hat gezeigt, dass die Verzögerung in den Antwortzeiten sich nur dann bemerkbar macht, wenn zum Zeitpunkt des Redeployments Anfragen an die gerade austauschende Komponente gestellt werden. Eine Rekonfiguration kann sich zusätzlich verzögern, wenn die auszutauschende Komponente langanhaltende Transaktionen oder komplexe Berechnungen durchführt, da vor dem Redeployment auf deren Abschluss gewartet wird. Durch Verschiebung des Start-Zeitpunkts der Rekonfiguration bis zu einem günstigeren Zeitpunkt mit minimalen Beeinträchtigung des Systems, kann eine möglichst hohe Erreichbarkeit der Dienste während der Laufzeit-Rekonfiguration erzielt werden. Die konzeptionelle Vorgehensweise zur Optimierung der Erreichbarkeit durch Analyse des Rekonfigurationsauftrags, Laufzeitverhaltens, Benutzungsmodells und Auslastung des Systems wurde im Kapitel 8 detailliert beschrieben. Dieses Kapitel konzentriert sich auf die Evaluation der Bestimmung und Wiedererkennung der minimalen Laufzeit-Abhängigkeitsgraphen (Abschnitt 8.6 bzw. Abschnitt 8.10). Dazu wurden zwei Individuelle Projekte durchgeführt [Stö07, Grü08]. In den beiden Individuellen Projekten wurde ein komponentenbasiertes System (Java Web-Anwendung) unter Last gesetzt und Benutzungsverhalten simuliert. Das System wurde beobachtet und die Monitoringdaten wurden aufgezeichnet und analysiert. Die eingesetzten Tools wurden entsprechend erweitert, um eine Bestimmung und Wiedererkennung von minimalen Laufzeit-Abhängigkeitsgraphen zu ermöglichen. Im Folgenden werden die Durchführung und die Ergebnisse der Evaluation zusammengefasst vorgestellt.

12.1 Eingesetzte Tools

12.1.1 Lastgenerierung und Simulation von Benutzungsverhalten

Um das System unter realitätsnahen Bedingungen beobachten zu können, wurden auch in diesem Teil der Evaluation die Tools *JMeter* [Apa09b] und Markov4JMeter [Hoo07a] eingesetzt. JMeter ist ein Java implementierter Lastgenerator (*workload generator*), was im Rahmen des *Apache Jakarta Projekts* [Apa09c] entwickelt wurde, hauptsächlich um Funktionalität und Leistung von Webanwendungen zu testen. Für das Erstellen und Bearbeiten der Testpläne bietet JMeter eine graphische Oberfläche an. Auch die aus der Last gewonnenen Daten werden von JMeter graphisch dargestellt. In den durchgeführten Versuchen simulierte JMeter jeweils eine unterschiedliche Anzahl von Benutzern, die die Funktionen des Testsystems benutzten. Zur Simulation vom realistischen Benutzungsverhalten und Schwankungen in der Benutzungsintensität wurde eine Erweiterung von JMeter, Markov4JMeter eingesetzt. Markov4JMeter definiert Benutzungsprofile als Markov-Ketten und kann somit probabilistisches Verhalten simulieren [HRH08].

Die Parameter für die Lastgenerierung werden in einen sog. Testplan festgelegt. Für das Erstellen und Bearbeiten des Testplans bietet JMeter eine graphische Oberfläche an (siehe Abbildung 12.1).

In der der Baumansicht auf der linken Seite des Fensters kann der ursprüngliche Aufbau des Testplans bearbeitet werden. Jeder Testplan enthält mindestens eine sog. *Thread-Gruppe*, die die Benutzer simuliert. Die Anzahl der Threads einer *Thread-Gruppe* gibt an, wie viele parallele Benutzer simuliert werden sollen. Ein sog. *Logic-Controller* steuert die Abarbeitung einzelner Aufgaben. Dabei wird auch festgelegt, wie häufig diese Aufgaben ausgeführt werden sollen und in welcher Reihenfolge. Als Aufgabe kann z.B. das Aufrufen einer bestimmten Internetseite einer Webanwendung bezeichnet werden. Das Aufrufen übernehmen sog. *Sampler*. In den Samplern werden die zu verwendenden Protokolle (FTP, HTTP etc.) und die IP-Adresse des Servers konfiguriert. Nach dem Start des Testplans stellen die Sampler die Verbindung zum Server her und führen die angegebenen Aufgaben durch.

12.1.2 Monitoring und Analyse von Monitoringdaten

Zur Monitoring und Analyse der Monitoringdaten des Testsystems wurde das Werkzeug Kieker [RHM+08] eingesetzt und entsprechend erweitert. Dieses Tool enthält zwei Hauptkomponenten: `Tpmon` und `Tpan` (früher `LogAnalysis`). Mit

12.1 Eingesetzte Tools

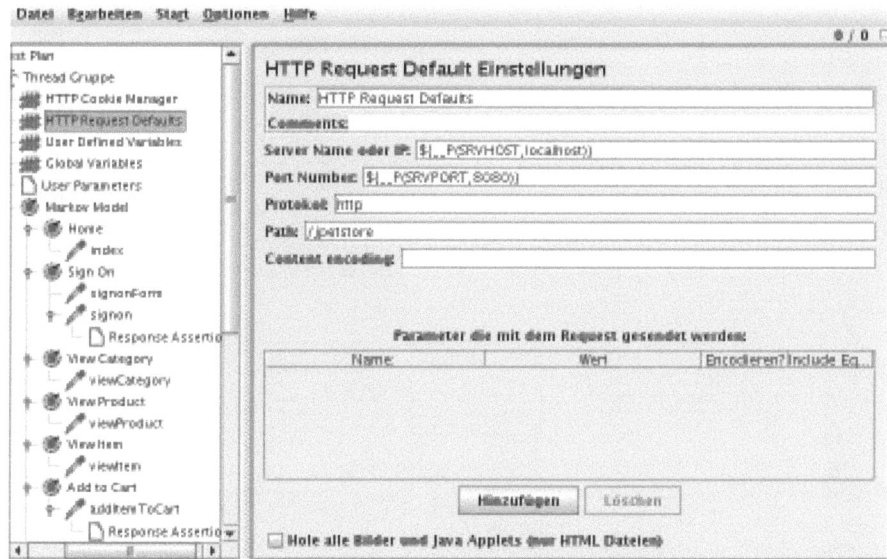

Abbildung 12.1: Oberfläche von der JMeter-Erweiterung Markov4JMeter [HRH08]

Tpmon ist es möglich, Monitoringdaten für das beobachtete System zu sammeln, während mit Tpan diese Daten anschließend in Form von verschiedenen Diagrammen und Graphen visualisiert und analysiert werden können (siehe Abbildung 12.2). Die Monitoringdaten, die mit Tpmon gesammelt werden, können in einer zuvor festgelegten Datenbank oder in eine bzw. mehrere Dateien geschrieben werden. Für die Evaluation wurde die frei verfügbare Datenbank *MySQL* [Sun09f] von Sun Microsystems eingesetzt. Zum Herstellen einer Verbindung zur Datenbank und Laden bzw. Speichern von Daten wird der *MySQL Connector/J* [Sun09e] benutzt.

Die Monitoringdaten sind nach dem Modell, dargestellt in der Abbildung 12.3, aufgebaut. Operation bezeichnet dabei die ausgeführte Methode. Für jede Operation wird der Methodenname (name) und die Klasse (class), zu der die Methode gehört, gespeichert. Jedem registrierten Methodenaufruf wird eine Trace-ID zugeordnet. Eine Trace bezeichnet die Service- oder Komponentenaufrufe, die per Mausklick von einem Nutzer angestoßen werden können. Jeder Ausführung (Execution) einer Operation wird eine ID zugeordnet sowie eine Anfangszeit (st) und einer Endzeit (rt). Eine Ausführungsreihenfolge (Execution Trace) beschreibt die einzelnen Methodenaufrufe einer Trace. Jede Ausführung

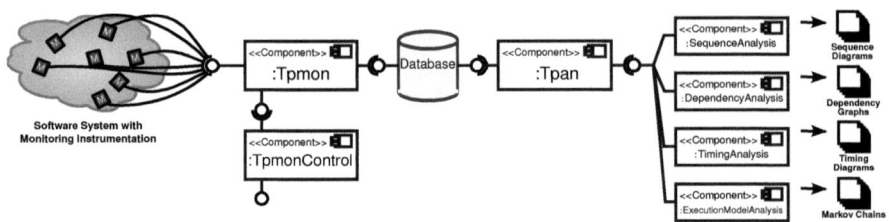

Abbildung 12.2: Architektur von Kieker im Benutzungskontext [RHM+08]

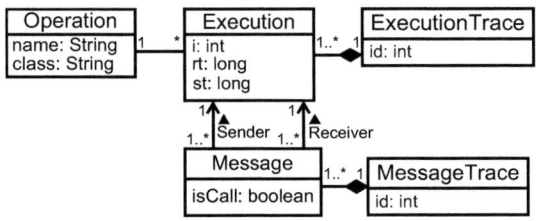

Abbildung 12.3: Datenmodell in Kieker [RHM+08]

einer Methode wird zusätzlich mit einer Nachricht (Message) verknüpft. Diese gibt an, ob es sich bei der jeweiligen Ausführung um den Aufruf einer Methode oder eine Rückgabe handelt. Schließlich werden einer Message Trace alle dazugehörenden Messages zugeordnet. Sollte eine Servlet-basierte Webanwendung überwacht werden, können die Session-IDs der Benutzer protokolliert werden. Für die Realisierung des Monitorings wird *Aspektorientierte Programmierung* mit dem Framework *AspectJ* [The09e] eingesetzt. Der Einsatz von *Aspektorientierten Programmierung* ermöglicht eine Trennung der Überwachung von der eigentlichen Funktionalität des Systems. Die Analyse und Visualisierung der Daten geschieht durch sog. Plug-Ins, die relativ einfach an das ursprüngliche Tpan über die Schnittstelle LogAnalysisPluginInterface angebunden werden können. Zum Beschreiben bzw. Erstellen von Diagrammen und Graphen wird die Sprache *DOT* [GKN06] eingesetzt. Für die graphische Darstellung und Umwandlung der Graphen in verschiedene Formate wird *Graphviz* [Low04] benutzt. Für die Darstellung der Ergebnisse wird UML 2 Notation benutzt (Traces als Sequenzdiagramme und Abhängigkeitsgraphen als Komponentendiagramme).

Abbildung 12.4: JPetStore Web-Schnittstelle [iBa09]

12.2 Testsystem

Aufgrund des fehlerhaften Verhaltens der Duke's Bank Application bei einem gleichzeitigen Zugriff mehrerer Benutzer und der technologiebedingten Einschränkungen (siehe Kapitel 11) wurde zur Evaluation der Optimierung der Erreichbarkeit die Java Web-Anwendung *JPetStore* [iBa09] eingesetzt. Die Anwendung wurde ursprünglich entwickelt, um die Möglichkeiten des *Apache iBATIS persistence frameworks* zu demonstrieren. Sie stellt einen Online-Shop zum Verkaufen von Tieren dar. Der Zugriff auf die Anwendung geschieht über eine HTML-Web-Schnittstelle (siehe Abbildung 12.4). Als Web-Server wurde der frei verfügbare *Apache Tomcat* [The09b] eingesetzt. Der Produktkatalog von JPetStore ist hierarchisch in fünf Kategorien unterteilt: Fisch, Hund, Katze, Reptilien und Vögel. Jede Kategorie enthält verschiedene Produkte der jeweiligen Art (z.B. Bulldogge und Dalmatiner bei den Hunden). Diese Produkte können in einen virtuellen Warenkorb (*Shopping-Cart*) gelegt werden. Innerhalb des Shops können mehrere Benutzer gleichzeitig einen virtuellen Warenkorb erstellen. Nachdem der Warenkorb mit den gewünschten Produkten gefüllt wurde, kann der Benutzer die Bestellung aufgeben. Dafür muss er sich beim System anmelden und einige Daten (Adresse, Kreditkartennummer, etc.) eingeben. Dafür braucht ein Benutzer ein Benutzerkonto, das nach Angabe von verschiedenen Informationen über den Benutzer (Wohnort, E-Mail, Benutzername, etc) angelegt werden kann. Ohne Benutzerkonto können die Produkte lediglich angesehen werden.

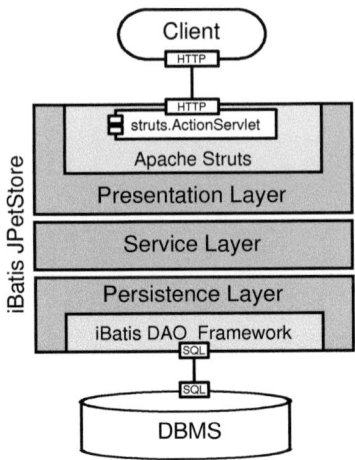

Abbildung 12.5: Drei-Schichten-Architektur der JPetStore Anwendung [Hoo07b]

Die Architektur des *JPetStore* besteht aus drei Schichten (*3-Tier-Architecture*) (siehe Abbildung 12.5):

Präsentationsschicht (*Presentation Layer*) enthält alle Elemente bzw. Komponenten, die für die Darstellung der Web-Oberfläche nötig sind (Grafiken, Buttons, Text, etc.). Alle Dienste, die dem Benutzer vom System zur Verfügung gestellt werden, werden durch die Oberfläche sichtbar und anwendbar. Der Client bzw. der Browser des Benutzers kommuniziert ausschließlich mit dieser Schicht der Anwendung. Dies geschieht über das HTTP-Protokoll. Diese Schicht wurde mit dem Apache Struts Framework [The09a] realisiert.

Geschäftslogikschicht (*Service Layer*) verwaltet die interne Datenstruktur des Systems und ist für die Verarbeitung bzw. Weiterleitung von ankommenden Dienstanfragen zuständig.

Persitenzschicht (*Persistence Layer*) verwaltet für jedes Datenobjekt des Service Layers ein sog. *Data Access Object (DAO)*, welches als Schnittstelle zur Datenbank dient. Der Datenbankzugriff wird über das *Apache iBATIS persistence framework* als Schnittstelle zu SQL-basierenden relationalen Datenbank-Managementsystemen realisiert.

12.3 Entwurf und Implementierung

Für die Evaluation der Bestimmung und Wiedererkennung von minimalen Laufzeit-Abhängigkeitsgraphen wurden zwei Plug-Ins zu *Tpan* entwickelt.

12.3.1 Bestimmung und Darstellung minimaler Laufzeit-Abhängigkeitsgraphen

Das im Rahmen des Individuellen Projekts von Stöver [Stö07] entwickelte `DependencyGraphsPlugin` ermöglicht es, anhand von Monitoringdaten (Zeitstempelinformationen) Laufzeitabhängigkeiten zwischen Instanzen von Komponenten und *experimentspezifische statische Abhängigkeitsgraphen* zu erkennen und darzustellen. Ein experimentspezifischer statischer Graph beinhaltet alle während des Experiments vorkommenden Abhängigkeiten und nicht zwangsläufig alle möglichen Abhängigkeiten im System. Somit stellt er einen Teilgraphen des statischen Abhängigkeitsgraphen im System dar. Im schlechtesten Fall ist er identisch mit dem statischen Abhängigkeitsgraphen. Das vereinfacht die Analyse, vernachlässigt allerdings mögliche, sehr selten vorkommende, günstige minimale Abhängigkeiten. Die erzeugten Graphen wurden im *.DOT*-Format gespeichert und als UML-Komponentendiagramme mit Abhängigkeitsbeziehung dargestellt. Des Weiteren fand eine Analyse dieser Graphen, abhängig vom Rekonfigurationsauftrag, mit dem Ziel minimale Laufzeitabhängigkeiten zu ermitteln, statt. Schließlich sollten den ermittelten minimalen Laufzeit-Abhängigkeitsgraphen Ausführungsszenarien (ggf. aus überschneidenden Anwendungsfällen bei mehreren parallel aktiven Benutzern) zugeordnet werden.

Architektur des `DependencyGraphsPlugin`

Strukturell besteht das `DependencyGraphsPlugin` aus vier funktionalen Klassen und zwei Exception-Klassen (siehe Abbildung 12.7).

`DependencyGraphsPlugin.java` stellt die Hauptklasse dar. Sie implementiert das Interface `LogAnalysisPluginInterface` und somit die Methoden `processMessageTraces` und `processMessageTrace`. Diese Klasse verwaltet auch eine Liste der Komponenten, die innerhalb des Monitoring benutzt wurden, und einen Verweis auf ein Objekt der Klasse `AdjacencyMatrix.java`.

`AdjacencyMatrix.java` verwaltet mehrere Objekte als Attribute. Sie enthält die Adjazenzmatrix der aktuell verarbeiteten Trace sowie eine statische Adjazenzmatrix der bisherigen Traces. Sie hält eine Liste mit allen bis zum aktuellen Zeitpunkt verarbeiteten Traces und eine Liste der Komponentennamen mit Attributen zu den Operationen der jeweiligen Trace. Diese Klasse übernimmt auch die Berechnung der Kantengewichte und der experimentspezifischen statischen Abhägigkeitsgraphen. Zusätzlich kann sie zu den Kantengewichten .DOT-Code erzeugen, der die Kanten des Graphen beschreibt.

DependencyGraphsAnalyzer.java ist für die Analyse der zuvor erstellen Abhängigkeitsgraphen und Bestimmung der minimalen Laufzeit-Abhängigkeitsgraphen zuständig. Diese Klasse verwaltet eine Liste mit Adjazenzmatrizen der Laufzeit-Abhängigkeitsgraphen, die analysiert werden sollen, alle Namen der Operationen zu jeder Trace und die hierzu zugehörigen Ein- und Ausgangszeiten. Auch Informationen über die Komponente, für die ein Rekonfigurationsauftrag besteht, werden hier gehalten.

ComponentReader.java ist eine Hilfsklasse zum Einlesen der Komponentennamen.

CalledComponentDoesNotExistException.java meldet einen Fehler beim Auffinden unbekannter Komponenten in den Monitoringdaten und gibt die Möglichkeit zu deren Ergänzung.

NoProcessingException.java meldet einen Ausnahmefehler, falls versucht wird, eine Analyse ohne vorher erzeugte dynamische Abhängigkeitsgraphen zu starten.

Darstellung der Ergebnisse des DependencyGraphsPlugin

Anhand einer Beispiel-Trace kann gezeigt werden, wie die Ergebnisse dieser Analyse dargestellt werden. Dazu wird ein System, bestehend aus drei Komponenten A, B und C, die jeweils die Methoden $a()$, $b()$ und $c()$ zur Verfügung stellen, eingesetzt. Die Dollar-Komponente ($) repräsentiert den Aufruf von außerhalb des Systems, z.B. durch einen Benutzer (siehe Abbildung 12.6(a)).

Die Adjazenzmatrix zur Beispiel-Trace ist in der Tabelle 12.1 dargestellt. Der entsprechende Abhängigkeitsgraph befindet sich in der Abbildung 12.6(b) und im Listing 12.1 in Form von DOT-Code.

Die Ausgabe nach der Analyse zur Bestimmung von minimalen Laufzeit-Abhängigkeitsgraphen bei einem vorhandenen Rekonfigurationsauftrag ist im Listing 12.2 dargestellt. Eine detaillierte Beschreibung der Vorgehensweise befindet sich in [Stö07].

12.3 Entwurf und Implementierung

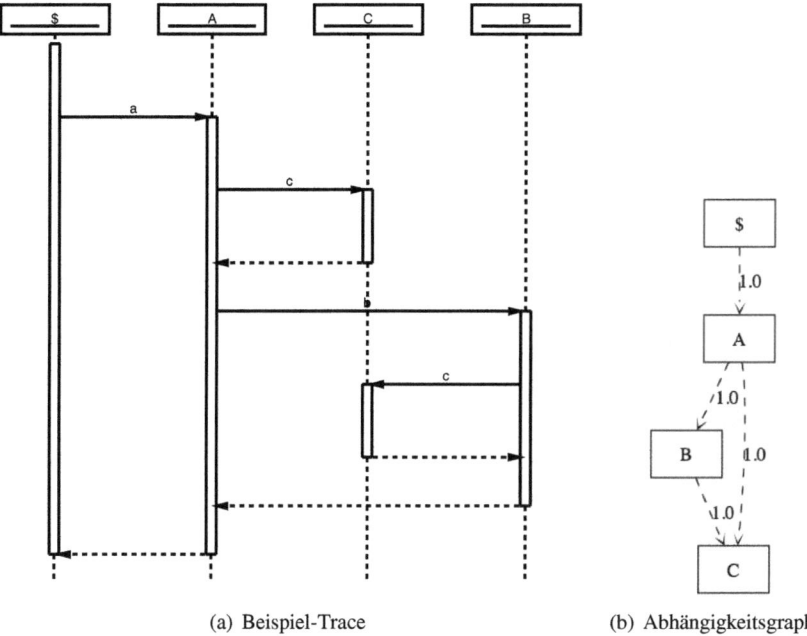

(a) Beispiel-Trace (b) Abhängigkeitsgraph

Abbildung 12.6: Beispiel-Trace und dazugehöriger Abhängigkeitsgraph [Stö07]

	$	A	B	C
$	0	1.0	0	0
A	0	0	1.0	1.0
B	0	0	0	1.0
C	0	0	0	0

Tabelle 12.1: Adjazenzmatrix zur Beispiel-Trace [Stö07]

```
Minimal dynamic dependency-graphs:
0. Weight:1.0
Operations:
        A.a()
        C.c()
Time from: 480 to:535 difference:55
```

```
digraph G
{
        O0 [label ="\$"];
        O1 [label ="A"];
        O2 [label ="C"];
        O3 [label ="B"];

        O0->O1[label = 1.0]
        O1->O2[label = 1.0]
        O1->O3[label = 1.0]
        O3->O2[label = 1.0]
}
```

Listing 12.1: Abhängigkeitsgraph zur Beispiel-Trace in Form von DOT-Code

```
1. Weight:1.0
Operations:
            A.a()
            C.c()
            B.b(int)
            C.c()
Time from: 0 to:150 difference:150
```

Listing 12.2: Ausgabe der Analyse für Rekonfigurationsauftrag der Komponente *A* bei sich überschneidenden Traces

12.3 Entwurf und Implementierung

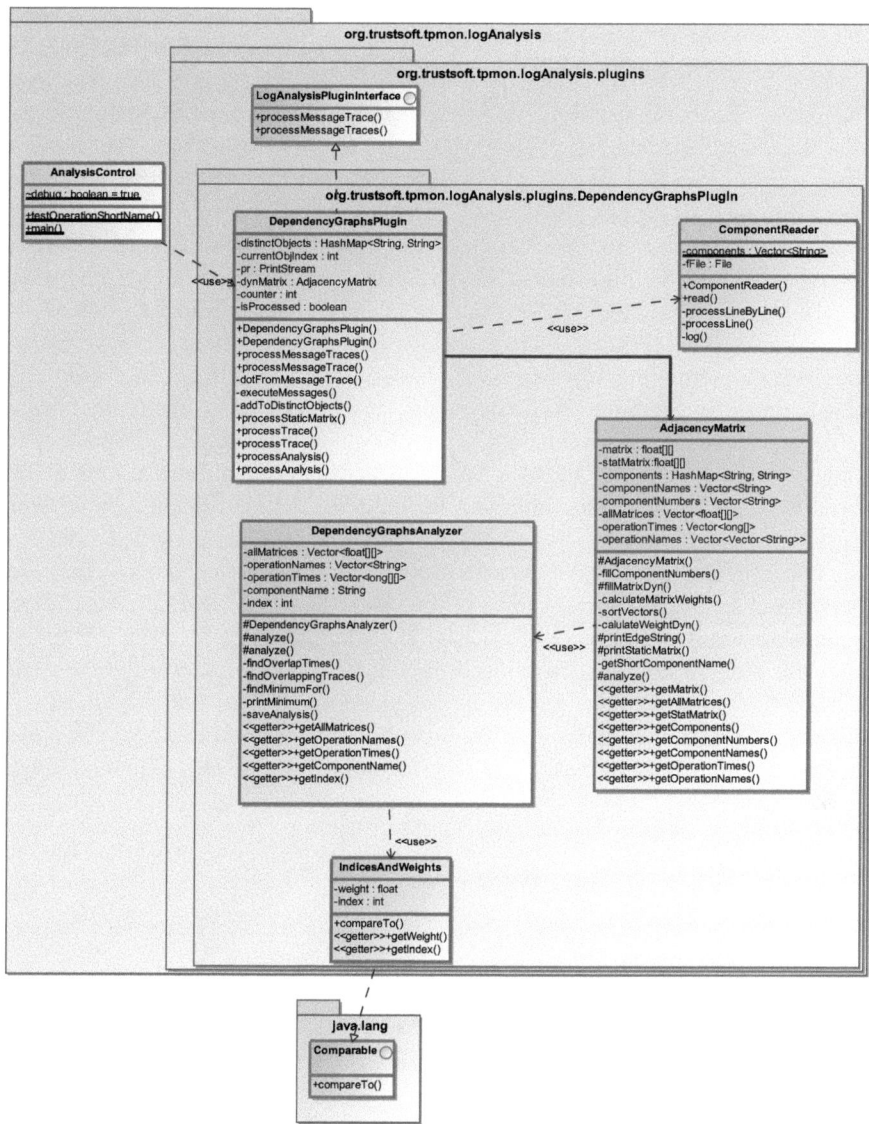

Abbildung 12.7: Architektur des DependencyGraphsPlugin [Stö07]

12.3.2 Wiedererkennung der minimalen Laufzeit-Abhängigkeitsgraphen zur Laufzeit

Um eine erreichbarkeitsoptimierte Laufzeit-Rekonfiguration zum Zeitpunkt der minimalen Laufzeit-Abhängigkeitsgraphen durchführen zu können, ist es nicht ausreichend, minimale Laufzeit-Abhängigkeiten zu bestimmen. Vielmehr müssten diese während der Laufzeit als Start-Zeitpunkt für eine Rekonfiguration, wiedererkannt werden. Mit diesem letzten Aspekt der Evaluation beschäftigt sich Grüssing in seinem Individuellen Projekt [Grü08]. Dazu wurde das Tool `Tpan` durch das Plug-In `ReconfigurationLogAnalyserPlugin` erweitert, um aus den Monitoringdaten des Testsystems die Reihenfolge und die Zeitpunkte von Komponentenaufrufen innerhalb des Systems zu protokollieren. Anschließend wurden die Dienste und Komponenten des Testsystems zur Laufzeit auf Aufrufe überwacht, um die minimalen Laufzeitabhängigkeiten für einen Rekonfigurationsauftrag erkennen zu können. Damit dabei der Quelltext des Systems unverändert bleibt, wurde Aspektorientierte Programmierung eingesetzt. Mit Hilfe von *AspectJ* wurde eine Anwendung `RuntimeReconfigurationAnalyser` entwickelt, die einen Aspekt beinhaltet, mit dem die Dienstaufrufe eines zu überwachenden Systems registriert und somit auch die Abhängigkeiten, die zwischen den Komponenten eines Systems zur Laufzeit bestehen, festgestellt werden konnten. Sind die Abhängigkeiten für eine zu rekonfigurierende Komponente minimal, so werden diese zur Laufzeit (*just-in-time*) vom Aspekt als möglicher Start-Zeitpunkt für eine Laufzeit-Rekonfiguration erkannt. Zur Vereinfachung der Entwicklung wurde neben AspectJ das Eclipse Plug-In *AspectJ Development Tools* (*AJDT*) [The09c] eingesetzt.

Architektur des `ReconfigurationLogAnalyserPlugin`

Das `ReconfigurationLogAnalyserPlugin` besteht aus drei funktionalen Klassen (siehe Abbildung 12.8):

`ReconfigurationLogAnalyserPlugin.java` ist die Hauptklasse. Sie beinhaltet den Großteil der Logik des Plugins und implementiert die Schnittstelle `LogAnalysisPluginInterface`, somit die beiden Methoden `processMessageTrace` und `processMessageTraces`, die zur Verarbeitung von `Message Traces` dienen.

`DataBean.java` dient als Datenträger zwischen der Hauptklasse und der Klasse `DatabaseWriter`. Sie ermöglicht es, analysierte Datensätze in ihr speichern oder erfragen zu können.

12.3 Entwurf und Implementierung

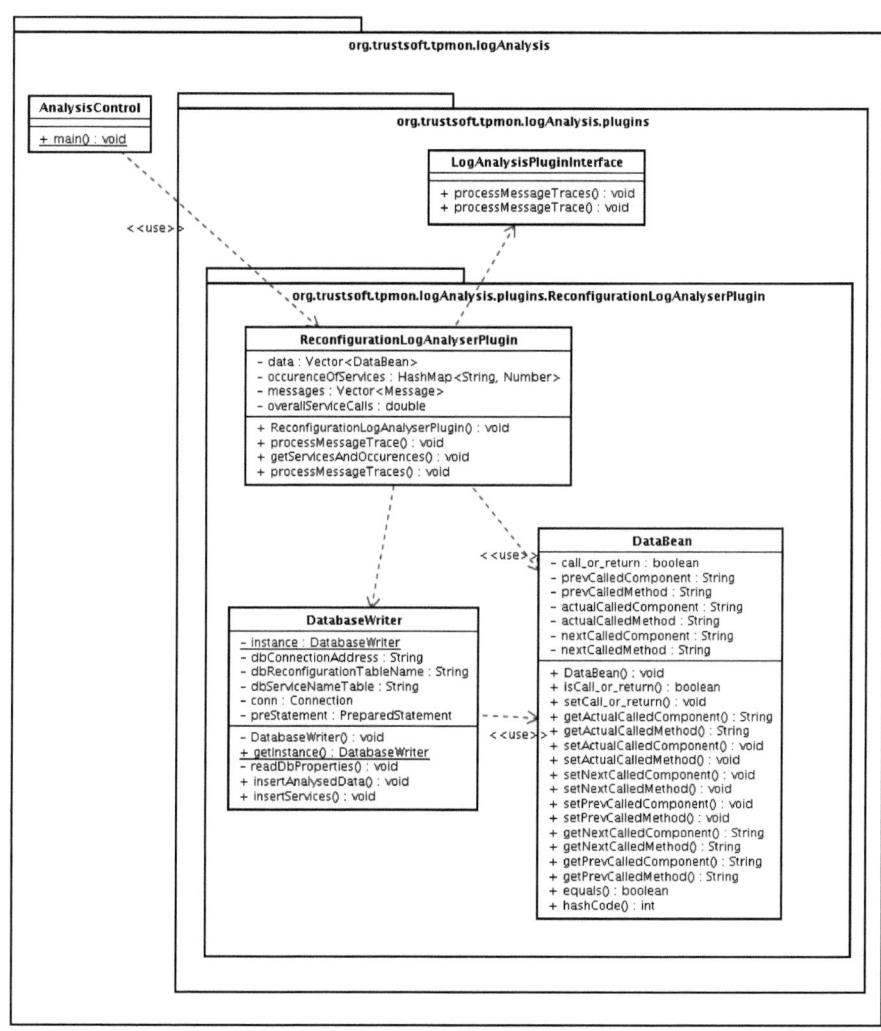

Abbildung 12.8: ReconfigurationLogAnalyserPlugin [Grü08]

DatabaseWriter.java ist für das Speichern der analysierten Datensätze in die Datenbank zuständig.

Darstellung der Ergebnisse des `ReconfigurationLogAnalyserPlugin`

Das Plug-In speichert den Typ für jede `Message` (Dienstaufruf oder Rückgabe). Des Weiteren wird für jede Message der aktuell aufgerufene Dienst gespeichert sowie der aus der `Message Trace` vorhergehende und nachfolgende Dienstaufruf. Bei jedem Dienst wird auch der Name der Komponente, die den Dienst zur Verfügung stellt, notiert. Der daraus gebildete Datensatz ist beispielhaft in der Tabelle 12.2 dargestellt.

prevComp.Method	actualComp.Method	nextComp.Method	isCall
A.a()	B.b()	C.c()	1
B.b()	C.c()	A.a()	0

Tabelle 12.2: Beispielhafter Datensatz für zwei analysierte Messages [Grü08]

Bei der Analyse der Dienste wird jedem Dienst eine Wichtigkeit zugeordnet, die für die Berechnung der Laufzeit-Abhängigkeitsgraphen eine Rolle spielt (siehe Abschnitt 8.4). Zusätzlich werden für jeden Dienst die Häufigkeit und die relative Häufigkeit seiner Aufrufe innerhalb der `Message Traces` gespeichert. Der daraus gebildete Datensatz ist beispielhaft in der Tabelle 12.3 dargestellt.

Nachdem das Plug-In die Analyse der Message Traces abgeschlossen hat, werden die Ergebnisse der Analyse der Datenbankklasse übergeben. Diese speichert die Analyseergebnisse in zuvor definierten Tabellen einer Datenbank.

Architektur des `RuntimeReconfigurationAnalyser`

Der `RuntimeReconfigurationAnalyser` ist ein eigenständiges Programm, das auf die gespeicherten Analysedaten des `ReconfigurationLogAnalyser-Plugin` zurückgreift. Das Programm beinhaltet folgende Klassen und Interfaces (siehe Abbildung 12.9):

`Aspect.java` wickelt die Berechnung der Abhängigkeiten, sowie möglicher zukünftiger Abhängigkeiten ab.

`MonitoringAnnotation.java` definiert eine sog. `@MonitoringAnnotation`. Methoden eines Systems, die im Quelltext mit dieser Annotation versehen sind, werden vom Programm zur Laufzeit auf Aufrufe bzw. Rückgaben überwacht.

12.3 Entwurf und Implementierung

Component.ServiceName	importance	occurence	relOccurence
A.a()	1	1291	0.25
B.b()	3	3873	0.75

Tabelle 12.3: Beispielhafter Datensatz für zwei analysierte Dienste [Grü08]

InternalAnnotation.java definiert die Annotation @InternalAnnotation mit der verhindert wird, Methoden zur Laufzeit zu überwachen. Diese Annotation wird z.B. für alle Methoden des RuntimeReconfiguration-Analysers verwendet, damit sie von der Analyse der Laufzeitabhängigkeiten des Testsystems ausgeschlossen werden können.

PropertyLoader.java liest die Einstellungen für das Programm aus einer Property-Datei aus und stellt sie den anderen Klassen zur Verfügung.

DatabaseReader.java übernimmt das Einlesen der gespeicherten Analyseergebnisse aus der Datenbank.

FileResultWriter.java schreibt die gefundenen minimalen Laufzeitabhängigkeiten für einen definierten Rekonfigurationsauftrag in eine Datei. Dazu werden die Dauer der minimalen Abhängigkeit, deren Häufigkeit und die Dienstaufrufe, die währenddessen stattfanden, gespeichert.

DataBean.java speichert die möglichen nächsten Dienstaufrufe eines Anwendungsfalls.

ServiceBean.java speichert in einer Bean Informationen über Dienste (Komponentenname, Dienstname und Wichtigkeit).

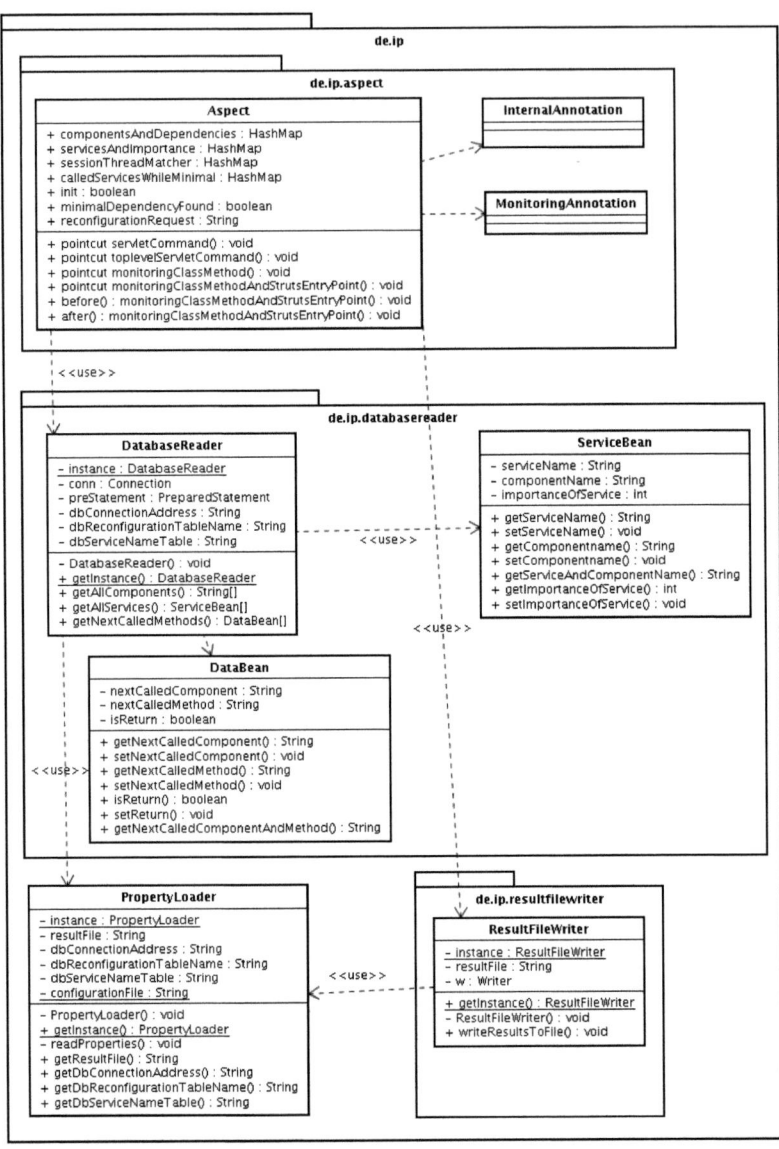

Abbildung 12.9: `RuntimeReconfigurationAnalyser` [Grü08]

Darstellung der Ergebnisse des `RuntimeReconfigurationAnalyser`

Der Aspekt überwacht alle Methodenaufrufe-und Rückgaben, die mit der Annotation (`@MonitoringAnnotation`) versehen worden sind. Um Abhängigkeiten zur Laufzeit erkennen zu können, werden als Initialisierung die gespeicherten Analyseergebnisse aus der Datenbank geladen und die Abhängigkeiten aller Komponenten auf Null gesetzt. Bei jedem Dienstaufruf wird die Abhängigkeit erhöht:

```
newComponentDependency =
actualComponentDependency + 1 * importanceOfService
```

Anschließend werden die Abhängigkeiten für den nächsten möglichen Dienstaufruf berechnet. Dafür werden die Abfolgen der Dienstaufrufe aller Anwendungsfälle aus der Datenbank benutzt. Bei einer Beendigung einer Dienstausführung werden die Abhängigkeiten verringert:

```
newComponentDependency =
actualComponentDependency - 1 * importanceOfService
```

Sollte die Abhängigkeit für eine zu rekonfigurierende Komponente minimal (in diesem Fall Null) werden, wird sie bei der Beendigung einer Methode zur Laufzeit erkannt. Zu diesem Zeitpunkt könnte die Rekonfiguration gestartet werden. Da auch die Dauer der minimalen Abhängigkeit bekannt ist, könnte zusätzlich festgestellt werden, ob das Redeployment völlig störungsfrei abgeschlossen werden kann. Das ist der Fall, wenn die Dauer des Redeployments kleiner als die Dauer der minimalen Abhängigkeit ist (siehe Abschnitt 11.2).

Zusätzlich kann aus den gespeicherten Sequenzen von Dienstaufrufen abgeleitet werden, welche Anwendungsfälle bzw. Sequenzen des Testsystems für die angeforderte Rekonfiguration geeignet erscheinen. Letztere könnten auch zur Laufzeit als relevant erkannt werden.

12.4 Ziele der Evaluation

Dieser Teil der Evaluation zeigt, dass eine Analyse von Laufzeitabhängigkeiten im System zum Erkennen von minimalen Abhängigkeiten, eine Wiedererkennung dessen zu bestimmten Zeitintervallen zur Laufzeit und potentielle Durchführung einer angeforderten Rekonfiguration während der erkannten Zeitintervalle (wie bereits beschrieben im Abschnitt 11.2), eine störungsfreie Rekonfiguration zur Laufzeit ermöglicht und somit eine Maximierung der Erreichbarkeit der Systemdienste während der Rekonfiguration erzielt werden kann.

Daraus ergeben sich zwei Hauptziele:

1. Bestimmung minimaler Abhängigkeiten mit ausreichend langer Dauer
2. Wiedererkennung der günstigen Zeitintervalle zur Laufzeit

Als „ausreichend lange Dauer" wird dabei ein $\Delta t \geq 47$ *ms*, basierend auf den Ergebnissen aus Abschnitt 11.2, angenommen.

Das zweite Ziel wurde durch die Realisierung des `RuntimeReconfigurationAnalyser` Plug-Ins (siehe Abschnitt 12.3.2) erreicht. Es wurde gezeigt, dass Zustände mit minimaler Abhängigkeit zur Laufzeit, als Startzeitpunkt für eine Rekonfiguration wiedererkannt werden können. Letzteres ist allerdings vom Erreichen des ersten Ziels stark abhängig. Deshalb konzentrieren sich die Experimente auf die Analyse der Laufzeitabhängigkeiten zur Bestimmung minimaler Abhängigkeiten mit ausreichend langer Dauer.

Als Zusatzziele wurden die Bestimmung und Wiedererkennung von günstigen Laufzeitszenarien für eine angeforderte Rekonfiguration festgelegt. Unter günstigem Szenario wird eine Zusammensetzung von aktiven Anwendungsfällen im laufenden System, die eine oder mehrere minimale Laufzeitabhängigkeiten aufweist, verstanden. Eine Erkennung von solchen Szenarien ermöglicht eine Analyse des Systems auf Anwendungsebene und reduziert somit die feingranulare Analyse des Systems auf Komponentenebene. Letztere wird nur eingesetzt, wenn ein günstiges Szenario erkannt wurde.

12.5 Versuchsaufbau

Für die Evaluation wurden drei Versuche durchgeführt. Sie unterscheiden sich in der simulierten Anzahl der aktiven Benutzer im System. Für den Versuch 1 wurde ein Benutzer im System simuliert, für den Versuch 2, 10 Benutzer und für den Versuch 3, 20 Benutzer. Als Testsystem wurde die in Abschnitt 12.2 beschriebene Webanwendung *JPetStore* verwendet. Für die Lastgenerierung wurden *JMeter* und *Markov4JMeter* eingesetzt (siehe Abschnitt 12.1). Das Testsystem wurde in jedem der drei Versuche 15 bzw. 20 Minuten mit der jeweiligen Anzahl von Benutzern unter Last gesetzt, wobei genau eine Minute zwischen der fünften und der sechsten Minute zur Analyse betrachtet wurde. Die Dauer der Versuche wurde mit dem Tool *JMeter* festgelegt und von diesem überprüft. In jedem der Versuche wurden jeweils drei verschiedene Rekonfigurationsszenarien durchgespielt. In jedem Szenario wurde ein Rekonfigurationsauftrag für jeweils eine Komponente angenommen und die Laufzeitabhängigkeiten analysiert. Bei den drei ausgewählten Komponenten, die rekonfiguriert werden sollten, handelt es sich um Klassen

des Testsystems, die unterschiedlich häufig verwendet werden:
1. `com.ibatis.jpetstore.service.CatalogService`
2. `com.ibatis.jpetstore.persistence.sqlmapdao.ItemSqlMapDao`
3. `com.ibatis.jpetstore.persistence.sqlmapdao.OrderSqlMapDao`

Die Komponente `CatalogService` ist eine häufig benutzte Komponente. Sie stellt Dienste zum Erfragen von Kategorien und Produkte des *JPetStore* und zum Suchen im Produktangebot zur Verfügung. Die Komponente `ItemSqlMapDao` ist eine mittel-häufig benutzte Komponente. Die Dienste dieser Komponente überprüfen, welche Produkte und in welcher Anzahl sie verfügbar sind. Die Komponente `OrderSqlMapDao` wird im Vergleich zu den anderen Komponenten relativ selten verwendet. Sie bietet Dienste zum Speichern und Liefern von Bestellungen an.

Für die Simulation vom Benutzungsverhalten wurden zwei *Markov4JMeter*-Benutzungsprofile: (1) *Browser* und (2) *Buyer* eingesetzt. Das Profil *Browser* repräsentiert Benutzer, die die einzelnen Kategorien, Produkte und Produktlisten des JPetStore durchsuchen, jedoch ohne etwas in den Warenkorb zu legen. Die Benutzer, dargestellt durch das Profil *Buyer*, loggen sich in das System ein, legen Produkte in den Warenkorb und kaufen sie. Welche Aktion vom simulierten Benutzer als nächstes durchgeführt werden kann und mit welcher Wahrscheinlichkeit, wird durch eine dem Benutzungsprofil zugeteilten Markov-Kette bestimmt.

Die Durchführung der Testpläne wurde mit dem Monitoringtool Kieker (siehe Abschnitt 12.1) beobachtet und protokolliert. Die mit den beschriebenen Versuchen erstellten Monitoringdaten wurden sowohl mit dem `DependencyGraphsPlugin` als auch mit dem `ReconfigurationLogAnalyserPlugin` bzw. `RuntimeReconfigurationAnalyser` analysiert und ausgewertet.

12.6 Ergebnisse der Evaluation

Um die festgelegten Ziele (siehe Abschnitt 12.4) zu evaluieren, wurden zunächst die experimentspezifischen statischen Abhängigkeitsgraphen abgebildet, unterschiedliche Laufzeit-Abhängigkeitsgraphen gebildet und daraufhin analysiert, unter welchen Bedingungen und zu welchen Zeitpunkten eine Rekonfiguration sinnvoll wäre. Dazu wurde der `DependencyGraphsPlugin` eingesetzt. Die gesammelten Monitoringdaten wurden auch durch das `ReconfigurationLogAnalyserPlugin` analysiert und in einer Datenbank gespeichert. Diese Daten wurden vom `RuntimeReconfigurationAnalyser` benutzt, um zur Laufzeit günstige Rekonfigurationszeitpunkte für die drei zu rekonfigurierenden Komponenten zu finden. Eine Laufzeit-Rekonfiguration (wie bereits beschrieben im Abschnitt 10.2.2) könnte tatsächlich zu den gefundenen Zeitpunkten vorgenommen werden, wurde allerdings nicht in das System integriert, da dieser Belang nicht im Fokus dieses Teils der Evaluation lag.

Für jeden Rekonfigurationsauftrag der drei Versuche wurden folgende Daten ermittelt:

- Häufigkeit der gefundenen minimalen Abhängigkeit
- Dauer der minimalen Abhängigkeit
- Kürzeste Dauer der minimalen Abhängigkeit
- Längste Dauer der minimalen Abhängigkeit
- Durchschnittliche Dauer der minimalen Abhängigkeit
- Dauer der minimalen Abhängigkeit im gesamten Versuch
- Einteilung der minimalen Abhängigkeiten in Zeitintervallen

Das Experiment, durchgeführt in dem individuellen Projekt von Stöver [Stö07], berücksichtigt folgende Zeitintervalle:

- $1\ ms \geq \Delta t \leq 5\ ms$
- $5\ ms \geq \Delta t \leq 10\ ms$
- $\Delta t \geq 10\ ms$

Das individuelle Projekt von Grüssing [Grü08] erweitert diese Betrachtung und berücksichtigt die neuen Ergebnisse der Experimente zum Dauer eines Redeployments (siehe Abschnitt 11.2). Es betrachtet die Zeitintervalle:

- $\Delta t \geq 1\ ms$
- $1\ ms \geq \Delta t \leq 5\ ms$
- $5\ ms \geq \Delta t \leq 10\ ms$
- $10\ ms \geq \Delta t \leq 50\ ms$
- $50\ ms \geq \Delta t \leq 1000\ ms$
- $\Delta t \geq 1000\ ms$

12.6 Ergebnisse der Evaluation

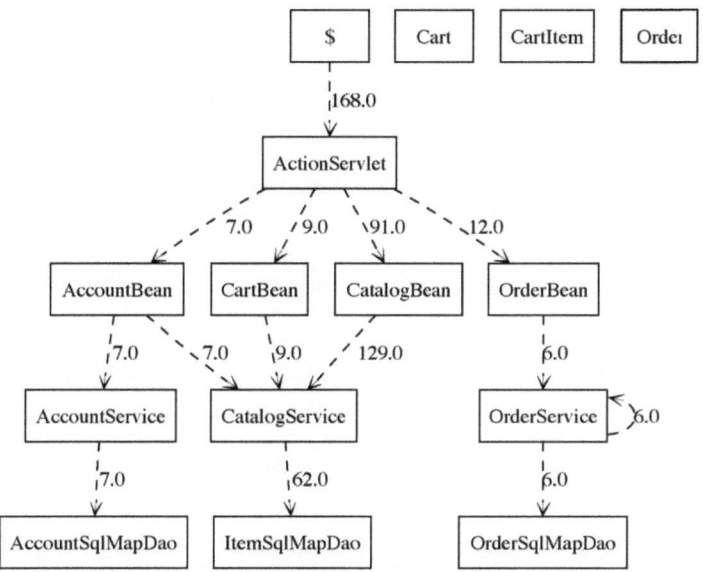

Abbildung 12.10: Experimentspezifischer statischer Abhängigkeitsgraph zu Versuch 1 [Stö07]

Im Folgenden werden die Ergebnisse der Evaluation zusammengefasst und exemplarisch dargestellt. Eine detaillierte Beschreibung ist in den Arbeiten von Lena Stöver und Eike Grüssing [Stö07, Grü08] zu finden. Ein Teil der Ergebnisse in Form von Tabellen und Abbildungen befindet sich im Anhang 15.6. Dabei generiert Stöver Laufzeit-Abhängigkeitsgraphen aus Zeitstempelinformationen und analysiert diese anschließend offline auf minimale Abhängigkeiten. Dagegen werden in der Arbeit von Grüssing diese minimalen Abhängigkeiten des Systems beim Auftreten zur Laufzeit registriert und wiedererkannt.

12.6.1 Versuch 1: *1 Benutzer*

Während dieses Versuchs befand sich nur ein aktiver Benutzer im Testsystem. Der experimentspezifische statische Abhängigkeitsgraph (siehe Abbildung 12.10) zeigt, dass während des Versuchs der Benutzer 168 Traces aktiviert. Es gibt dabei keine parallelen Methodenaufrufe, da nur ein Benutzer aktiv ist.

Rekonfigurationsauftrag für
com.ibatis.jpetstore.service.CatalogService

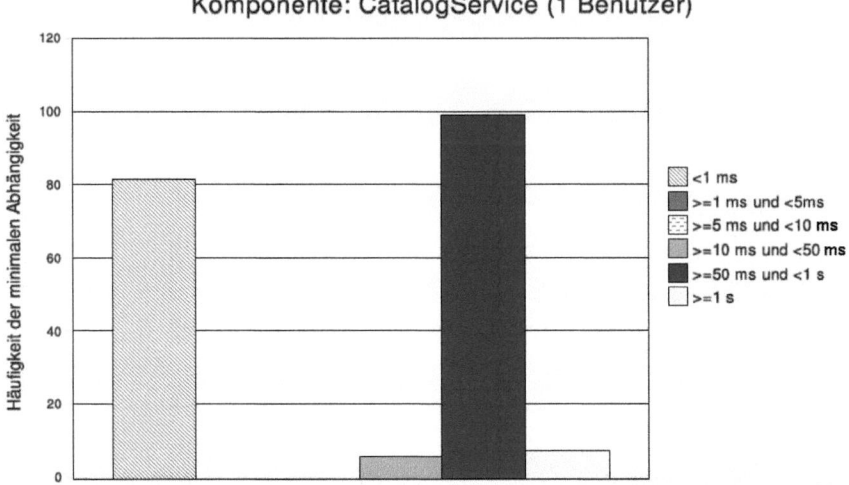

Abbildung 12.11: Minimale Abhängigkeiten für CatalogService (1 Benutzer) [Grü08]

Das minimale festgestellte Kantengewicht für diese Komponente betrug 0.0. Es wurden 162 [Stö07] bzw. 192 [Grü08] Zeitintervalle, in denen die Abhängigkeit minimal ist, festgestellt. Theoretisch stellen die Zeitpunkte dieser Abhängigkeiten einen idealen Zeitpunkt zur Rekonfiguration dar, da keine Abhängigkeiten vorhanden sind. Da allerdings ein Austausch einer Komponente, wie bereits im Abschnitt 11.2 gezeigt, durchschnittlich etwa 47 *ms* in Anspruch nimmt, ist eine störungsfreie Rekonfiguration nur bei ausreichend langen Zeitintervallen ($\Delta t \geq 47$ *ms*) möglich.

Das Experiment, durchgeführt in dem individuellen Projekt von Stöver [Stö07], zeigte, dass sich viele Zeitintervalle für eine Rekonfiguration finden lassen, die zwischen 1 *ms* und 5 *ms* dauern. Weniger Zeitintervalle lassen sich für eine Rekonfigurationsdauer von über 5 *ms* und über 10 *ms* finden (siehe Anhang 15.6). Für eine viel verwendete Komponente lassen sich also trotz eines hohen Kantengewichts im experimentspezifischen statischen Abhängigkeitsgraphen (7.0 + 9.0 + 129.0 = 145) ideale Rekonfigurationszeitpunkte finden. Am besten gelingt dies allerdings,

12.6 Ergebnisse der Evaluation

wenn die Rekonfiguration nicht länger als 5*ms* dauert. Das Experiment, durchgeführt in dem individuellen Projekt von Grüssing [Grü08], zeigt eine leichte Abweichung und findet die meisten Zeitpunkte für eine Rekonfiguration in dem Intervall zwischen 50 *ms* und 1000 *ms* (siehe Abbildung 12.11), was eine ideale Situation unter der Berücksichtigung der durchschnittlichen Dauer eines Redeployments von 47 *ms* (siehe Abschnitt 11.2) darstellt.

Rekonfigurationsauftrag für
`com.ibatis.jpetstore.persistence.sqlmapdao.ItemSqlMapDao`

Das Experiment von Stöver stellte 106 Zeitintervalle mit einer minimalen Abhängigkeit 0.0 fest (siehe Anhang 15.6). Auch in diesem Fall lagen die meisten Zeitintervalle zwischen 1 *ms* und 5 *ms*. Es fanden sich allerdings wesentlich mehr Zeitintervalle zwischen 5 *ms* und 10 *ms*. Trotz eines Kantengewichts von 62.0 im experimentspezifischen statischen Abhängigkeitsgraphen, war es möglich viele Zeitpunkte mit minimaler Abhängigkeit zu finden. Das Experiment von Grüssing fand 97 Zeitintervalle mit einer minimalen Abhängigkeit 0.0. Davon wurden 68 Intervalle mit einer optimalen Dauer zwischen 50 *ms* und 1000 *ms* festgestellt (siehe Anhang 15.6). Für diese Komponente, die mittel-häufig benutzt wird, wäre es also einfacher einen ausreichend langen Zeitraum mit minimalen Abhängigkeiten zu finden und eine störungsfreie Rekonfiguration durchzuführen.

Rekonfigurationsauftrag für
`com.ibatis.jpetstore.persistence.sqlmapdao.OrderSqlMapDao`

Im Experiment von Stöver wurden insgesamt 162 Intervalle mit einer minimalen Abhängigkeit 0.0 festgestellt (siehe Anhang 15.6). Auch in diesem Fall befindet sich der Großteil der Intervalle zwischen 1 *ms* und 5 *ms*. Es finden sich jedoch ausreichend viele Intervalle mit einer Dauer $\Delta t \geq 10$ *ms*. Das Experiment von Grüssing fand verhältnismäßig wenige, allerdings ausschließlich sehr lange (≥ 1000 *ms*) Intervalle mit minimalen Abhängigkeiten. Letzteres lässt sich mit den Natur der Dienste, die diese Komponente anbietet, erklären. Die Klasse `Order-SqlMapDao` bietet Dienste an, die die abgegebenen Bestellungen abhandeln. Dafür ist ein Durchgang durch alle vorherigen Anwendungsfälle des Systems notwendig. Außerdem wird nicht von jedem Benutzer eine Bestellung aufgegeben. Bei einem Benutzer im System, der auch bestellt, ist eine Abhängigkeit entweder lange vorhanden oder lange nicht vorhanden.

12.6.2 Versuch 2: *10 Benutzer*

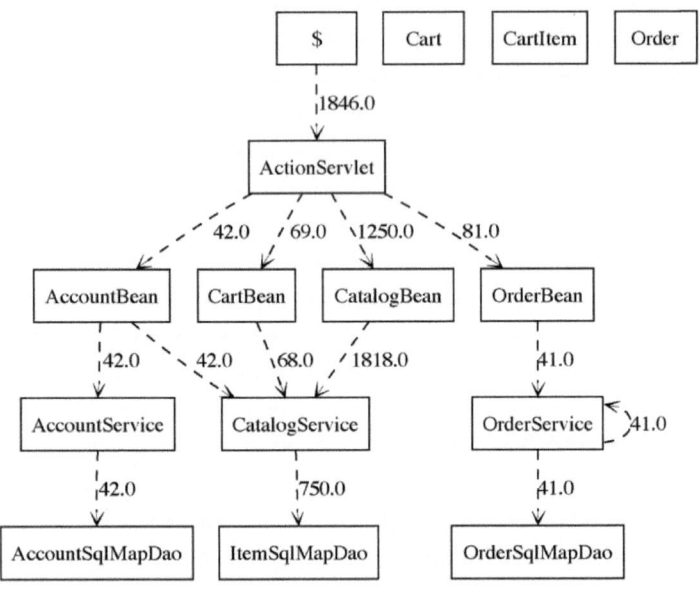

Abbildung 12.12: Experimentspezifischer statischer Abhängigkeitsgraph zu Versuch 2 [Stö07]

Während dieses Versuchs befanden sich zehn aktive Benutzer im Testsystem. Der experimentspezifische statische Abhängigkeitsgraph in der Abbildung 12.12 zeigt, dass es sich um insgesamt 1846 Traces handelt. Da sich mehrere aktive Benutzer im System befinden, fanden auch parallele Methodenaufrufe statt.

Rekonfigurationsauftrag für
`com.ibatis.jpetstore.service.CatalogService`

Das gesamte Kantengewicht für diese Komponente im experimentspezifischen statischen Abhängigkeitsgraphen beträgt $42.0 + 68.0 + 1818.0 = 1928$ (siehe Abbildung 12.12). Trotz des hohen Kantengewichts, lassen sich relativ viele Intervalle mit minimaler Abhängigkeit (0.0) finden. Im Verhältnis zu Versuch 1 hat sich im Experiment von Stöver die Anzahl der Zeitintervalle mit minimaler Abhängigkeit, im Vergleich zur Traceanzahl, allerdings wesentlich verschlechtert. Im Versuch 1 wurden auf 168 Traces 162 Zeitintervalle mit minimaler Abhängigkeit festgestellt,

12.6 Ergebnisse der Evaluation

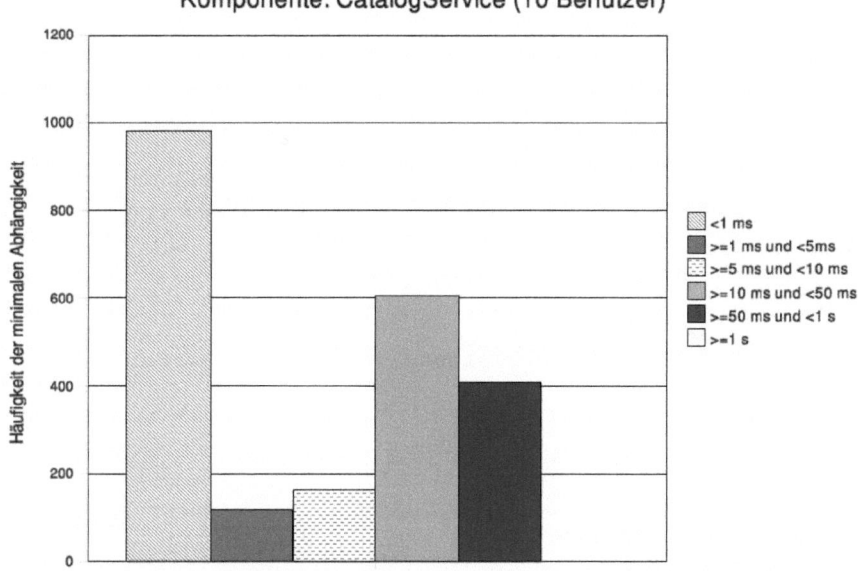

Abbildung 12.13: Minimale Abhängigkeiten für CatalogService (10 Benutzer) [Grü08]

in diesem Versuch hingegen auf 1846 Traces nur 871. Unter Berücksichtigung des hohen Kantengewichts, ist es sinnvoll auch Abhängigkeiten ≥ 0.0 zu betrachten, da sie zwar keine störungsfreie Rekonfiguration, allerdings im Vergleich zu den statischen Abhängigkeiten, eine Minimierung der Störung und somit Steigerung der Erreichbarkeit während der Rekonfiguration ermöglichen. Anhand der Mittelwerte (siehe Anhang 15.6) lässt sich erkennen, dass die Intervalle in denen das Gewicht nicht minimal ist, im Mittel wesentlich länger sind, was abhängig von der Dauer und Dringlichkeit der Rekonfiguration zu einer schnelleren Erkennung eines geeigneten Zeitpunkts zum Starten der Rekonfiguration führen würde.

Im Experiment von Grüssing wurden sogar 2258 minimale Abhängigkeiten festgestellt, allerdings 976 davon mit einer Dauer $\Delta t \leq 1$ *ms*. Die Anzahl der Zeitintervalle mit einer Länge zwischen 50 *ms* und 1000 *ms* betrug 405 (siehe Abbildung 12.13). Obwohl absolut gesehen mehr Intervalle registriert wurden, sank die durchschnittliche Dauer der registrierten Zustände von 296 *ms* im Versuch 1 auf 24 *ms* in diesem Versuch (siehe Anhang 15.6).

Rekonfigurationsauftrag für
`com.ibatis.jpetstore.persistence.sqlmapdao.ItemSqlMapDao`

In diesem Teilversuch wurden wieder verhältnismäßig mehr Intervalle mit minimaler Abhängigkeit 0.0 festgestellt, was daran liegt, dass diese Komponente weniger häufig verwendet wird. Allerdings sind in diesem Fall auch die Zeitintervalle mit einem Gewicht der Abhängigkeit von 1.0 bzw. 2.0 im Mittel wesentlich länger. Im Vergleich zu dem Versuch 1 sank die durchschnittliche Dauer der Intervalle von 555 *ms* auf 60 *ms*.

Rekonfigurationsauftrag für
`com.ibatis.jpetstore.persistence.sqlmapdao.OrderSqlMapDao`

Die gefundenen Zeitintervalle in diesem Teilversuch haben sich unwesentlich im Vergleich zum Versuch 1 geändert. Bei dieser selten benutzten Komponente konnte keine eindeutige Verschlechterung durch die Erhöhung der Benutzeranzahl festgestellt werden. Auch in diesem Fall liegt der Mittelwert der Intervalle bei einem Gewicht von 1.0 wesentlich höher als bei einem Gewicht von 0.0.

12.6.3 Versuch 3: *20 Benutzer*

Beim letzten Versuch dieser Evaluation befanden sich 20 parallel aktive Benutzer im System. Während des Experiments wurden 3650 Traces erzeugt. Der experimentspezifische Abhängigkeitsgraph für diesen Versuch befindet sich in der Abbildung 12.14.

Rekonfigurationsauftrag für
`com.ibatis.jpetstore.service.CatalogService`

Auch in diesem Teilversuch lässt sich feststellen, dass die mittlere Intervalllänge deutlich kürzer ausfällt als in den Versuchen 1 und 2. Im Experiment von Grüssing wurden insgesamt 2559 Intervalle mit einer minimalen Abhängigkeit 0.0 erfasst, allerdings 1104 davon kürzer als 1 *ms* und dadurch unbrauchbar für eine Rekonfiguration. Im Zeitintervall von 50 *ms* bis 1000 *ms* wurden 345 Intervalle mit minimaler Abhängigkeit gefunden. Es wurde keine minimale Abhängigkeit registriert, die länger als eine Sekunde anhielt (siehe Abbildung 12.15), was eine langandauernde Rekonfiguration ohne Störung unmöglich macht und eine differenziertere Bestimmung möglichst geringer Abhängigkeiten unter Berücksichtigung der Dauer und Dringlichkeit der Rekonfiguration notwendig macht (siehe Abschnitt 8.1).

12.6 Ergebnisse der Evaluation

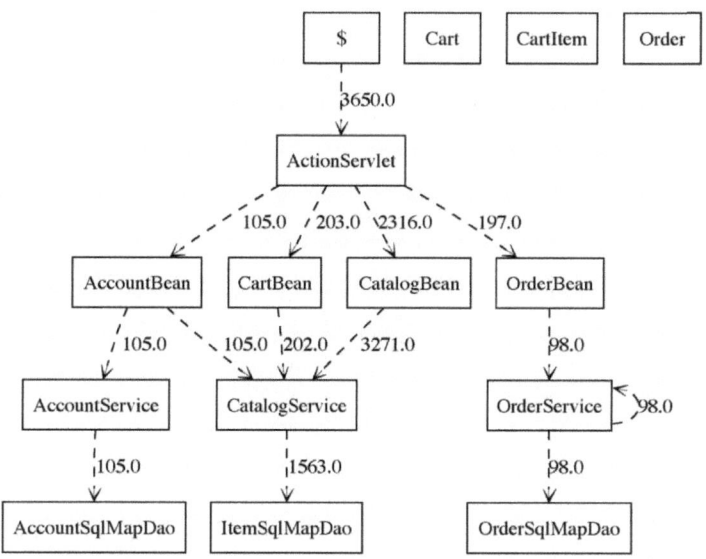

Abbildung 12.14: Experimentspezifischer statischer Abhängigkeitsgraph zu Versuch 3 [Stö07]

Rekonfigurationsauftrag für
`com.ibatis.jpetstore.persistence.sqlmapdao.ItemSqlMapDao`

In diesem Teilversuch konnte ein relativ schlechtes Verhältnis von günstigen Zeitintervallen zur Gesamtanzahl der Traces festgestellt werden. Es wurden allerdings immer noch ausreichend viele Intervalle mit einer Dauer zwischen 50 *ms* und 1000 *ms* gefunden. Jedoch ist eine Verkürzung der Zeitintervalle mit minimalen Abhängigkeiten zu beobachten. Eine Zeitspanne mit minimalen Abhängigkeiten dauerte im Durchschnitt etwa 50 *ms*. In den vorangegangenen Versuchen waren es noch 60 *ms* bzw. 555 *ms*.

Rekonfigurationsauftrag für
`com.ibatis.jpetstore.persistence.sqlmapdao.OrderSqlMapDao`

Auch bei dieser selten verwendeten Komponente konnte ein verschlechtertes Verhältnis von Anzahl der Traces und gefundenen Intervallen mit minimaler Abhängigkeit festgestellt werden (siehe Anhang 15.6). Laut Experiment von Grüssing, dauerte eine registrierte minimale Abhängigkeit im Durchschnitt etwa eine Sekun-

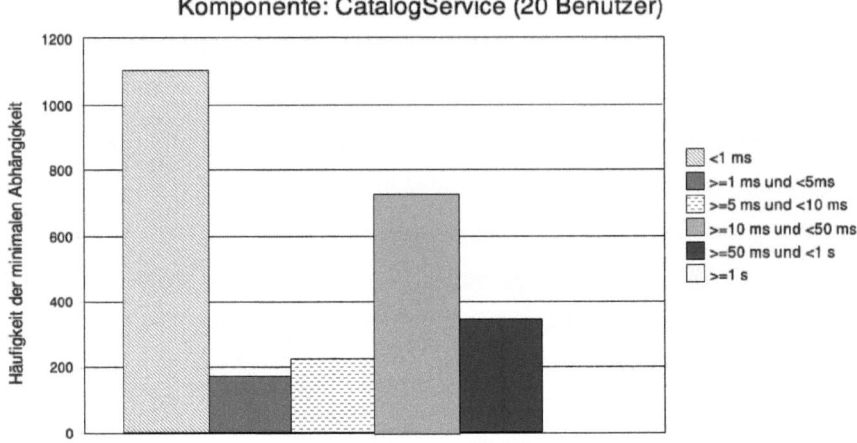

Abbildung 12.15: Minimale Abhängigkeiten für CatalogService (20 Benutzer) [Grü08]

de (999 *ms*), was eine Verringerung im Vergleich zu den beiden anderen Versuchen darstellt (1, 2*s* bzw. 7, 4*s*) (siehe Anhang 15.6).

12.6.4 Erkennung von geeigneten Anwendungsfällen

Als Zusatzziele der Evaluation der Abhängigkeiten wurde eine mögliche Erkennung von geeigneten Anwendungsfällen zur Verlagerung der Analyse auf Anwendungsebene und Reduzierung der zu analysierenden Traces betrachtet.

Damit die einzelnen Methodenaufrufe den einzelnen Benutzern zugeordnet werden können, wurde die Session-ID jedes Nutzers mitgeloggt. Somit konnte zugeordnet werden, welcher Benutzer welche Methodenaufrufe bei der Ausführung eines Anwendungsfalls angestoßen hat. Ein Anwendungsfall des Testsystems ist im softwaretechnischen Sinne zu verstehen und bezeichnet dabei eine Aktion des Nutzers, die dieser im System durchführt (z.B. Das Anmelden im Webshop, das Hinzufügen von Produkten zum Warenkorb oder Aufgeben einer Bestellung). Führt der Nutzer im System eine Aktion aus, so laufen im Hintergrund eine Reihe von Methodenaufrufen ab, die die Abhängigkeiten der einzelnen Komponenten verändern. Dieser Teil der Evaluation sollte aufzeigen, welche Anwendungsfälle für einen bestimmten Rekonfigurationsauftrag geeignet erscheinen.

12.6 Ergebnisse der Evaluation

Experiment in der Arbeit von Stöver

In der Arbeit von Stöver [Stö07] wurde beispielhaft der Versuch 2 mit einem Rekonfigurationsauftrag für die Komponente `com.ibatis.jpetstore.service.CatalogService` verwendet und daraus nur beispielhafte Ausschnitte der Ausgabedatei gezeigt, da in diesem Versuch allein 2785 Intervalle mit minimalen Abhängigkeiten gefunden wurden. Es konnte festgestellt werden, dass manche Traces häufiger als andere während der Intervalle auftreten. Häufig involvierte Traces sind im beispielhaften Listing 12.3 aufgeführt.

```
19. Weight :0.0
Operations:

Trace Nr: 73
org.apache.struts.action.ActionServlet.doGet(...)
com.ibatis.jpetstore.presentation.OrderBean.newOrder(...)
com.ibatis.jpetstore.service.OrderService.insertOrder(...)
com.ibatis.jpetstore.service.OrderService.getNextId(...)
com.ibatis.jpetstore.persistence.sqlmapdao.OrderSqlMapDao.
    insertOrder(...)

Time from: 1185102793482831 to:1185102793492088 difference:9257
```

Listing 12.3: Ausschnitt aus der Ausgabedatei für den Versuch 2 und den Rekonfigurationsauftrag für die Komponente `CatalogService`

Anhand der Aufrufe lässt sich erkennen, dass eine neue Bestellung aufgegeben wurde. Diese Aufrufe lassen sich häufig innerhalb der Ausgabedatei wiederfinden. Daraus lässt sich schließen, dass die Durchführung der angeforderten Rekonfiguration während dieses Anwendungsfalls besonders günstig wäre. Betrachtet man überschneidende Traces, kann dieser Anwendungsfall häufig registriert werden (siehe Listing 12.4).

```
902. Weight:1.0
Operations:

Trace Nr: 696
org.apache.struts.action.ActionServlet.doGet(...)
com.ibatis.jpetstore.presentation.OrderBean.newOrder(...)
com.ibatis.jpetstore.service.OrderService.insertOrder(...)
com.ibatis.jpetstore.service.OrderService.getNextId(...)
com.ibatis.jpetstore.persistence.sqlmapdao.OrderSqlMapDao.
    insertOrder(...)

Trace Nr: 3310
org.apache.struts.action.ActionServlet.doGet(...)
com.ibatis.jpetstore.presentation.CatalogBean.viewItem(...)
```

```
com.ibatis.jpetstore.service.CatalogService.getItem(...)
com.ibatis.jpetstore.persistence.sqlmapdao.ItemSqlMapDao.getItem
    (...)

Time from: 1185102777362133 to:1185102777374199 difference:12066
```

Listing 12.4: Ausschnitt aus der Ausgabedatei für den Versuch 2 und den Rekonfigurationsauftrag für die Komponente `CatalogService`

Zum Vergleich wurde die Ausgabedatei aus dem selben Versuch zum Rekonfigurationsauftrag für die Komponente `ItemSqlMapDao` betrachtet. Dabei wurden die Traces, dargestellt im Listing 12.5, häufiger während der minimalen Abhängigkeiten registriert.

```
2. Weight:0.0
Operations:
Trace Nr: 6
org.apache.struts.action.ActionServlet.doGet(...)
com.ibatis.jpetstore.presentation.CatalogBean.viewCategory(...)
com.ibatis.jpetstore.service.CatalogService.getProductListByCategory
    (...)
com.ibatis.jpetstore.service.CatalogService.getCategory(...)

Time from: 1185102822284285 to:1185102822288856 difference:4571
```

Listing 12.5: Ausschnitt aus der Ausgabedatei für den Versuch 2 und den Rekonfigurationsauftrag für die Komponente `ItemSqlMapDao`

Als günstiger Anwendungsfall für die Komponente `com.ibatis.jpetstore.persistence.sqlmapdao.ItemSqlMapDao` lässt sich das Betrachten einer Kategorie erkennen. Auch beim Betrachten von überschneidenden Traces ist dieser Anwendungsfall zu erkennen (siehe Listing 12.6).

```
1986. Weight:1.0
Operations:
Trace Nr: 1931
org.apache.struts.action.ActionServlet.doGet(...)
com.ibatis.jpetstore.presentation.CartBean.addItemToCart(...)
com.ibatis.jpetstore.service.CatalogService.getItem(...)
com.ibatis.jpetstore.persistence.sqlmapdao.ItemSqlMapDao.getItem
    (...)

Trace Nr: 2794
org.apache.struts.action.ActionServlet.doGet(...)
com.ibatis.jpetstore.presentation.CatalogBean.viewCategory(...)
com.ibatis.jpetstore.service.CatalogService.getProductListByCategory
    (...)
com.ibatis.jpetstore.service.CatalogService.getCategory(...)
```

12.6 Ergebnisse der Evaluation

```
Time from: 1185102778226206 to:1185102778235165 difference:8959
```

Listing 12.6: Ausschnitt aus der Ausgabedatei für den Versuch 2 und den Rekonfigurationsauftrag für die Komponente `ItemSqlMapDao`

Experiment in der Arbeit von Grüssing

Im Experiment, durchgeführt in der Arbeit von Grüssing [Grü08], wurden vier Anwendungsfälle als geeignet für eine Laufzeit-Rekonfiguration ausgewählt, weil sie häufig während einer längeren minimalen Abhängigkeit auftraten.

Der erste als günstig erkannte Anwendungsfall trat für den Rekonfigurationsauftrag der Komponente `CatalogService` auf. Es handelt sich dabei um das Anmelden am System (*signon*). Dieser Anwendungsfall trat beispielsweise während einer 1,1 Sekunden anhaltenden minimalen Abhängigkeit auf (siehe Listing 12.7). Dieses ist eine sehr lange Zeitspanne (siehe Abschnitt 12.6).

```
org.apache.struts.action.ActionServlet.doGet(...)
com.ibatis.jpetstore.presentation.AccountBean.signon(...)
com.ibatis.jpetstore.presentation.AccountBean.setUsername(...)
com.ibatis.jpetstore.presentation.AccountBean.setPassword(...)
com.ibatis.jpetstore.service.AccountService.getAccount(...)
Zeitspanne der minimalen Abhängigkeit: 1179 ms.
```

Listing 12.7: Erkannter Anwendungsfall für den Rekonfigurationsauftrag der Komponente `CatalogService`

Als nächstes wurde ein Anwendungsfall erkannt, der relativ häufig während einer minimalen Abhängigkeit der Komponente *OrderSQLMapDao* auftrat. Es handelt sich um das Hinzufügen von Produkten zum Warenkorb. Der im Listing 12.8 beispielhaft aufgeführte Anwendungsfall dauerte etwa 16 Sekunden an. Dies war das längste gemessene Zeitintervall, das während einer minimalen Abhängigkeit für den bestimmten Rekonfigurationsauftrag registriert wurde.

```
org.apache.struts.action.ActionServlet.doGet(...)
com.ibatis.jpetstore.presentation.CartBean.addItemToCart(...)
com.ibatis.jpetstore.service.CatalogService.getItem(...)
Zeitspanne der minimalen Abhängigkeit: 15845 ms.
```

Listing 12.8: Erkannter Anwendungsfall für den Rekonfigurationsauftrag der Komponente `OrderSQLMapDao`

Die restlichen zwei als günstig erkannten Anwendungsfälle betreffen den Rekonfigurationsauftrag für die Komponente `ItemSQLMapDao`. Es handelt sich dabei um das Anschauen eines Produktes bzw. `viewProduct()` (siehe Listing 12.9) und das Ansehen der einzelnen Kategorien bzw. viewCategory(siehe Listing 12.10) des Webshops. Der beispielhaft gezeigte Anwendunsgfall viewProduct() wurde während einer minimalen Abhängigkeit registriert, die 1,2 Sekunden anhielt. Für das Ansehen der Kategorien betrug das Zeitintervall etwa 700 Millisekunden.

```
org.apache.struts.action.ActionServlet.doGet(...)
com.ibatis.jpetstore.presentation.CatalogBean.viewProduct(...)
com.ibatis.jpetstore.service.CatalogService.getProduct(...)
com.ibatis.jpetstore.domain.Product.getName(...)
com.ibatis.jpetstore.domain.Product.getCategoryId(...)
Zeitspanne der minimalen Abhängigkeit: 1214 ms.
```

Listing 12.9: Erkannter Anwendungsfall für den Rekonfigurationsauftrag der Komponente ItemSQLMapDao

```
org.apache.struts.action.ActionServlet.doGet(...)
com.ibatis.jpetstore.presentation.CatalogBean.viewCategory(...)
com.ibatis.jpetstore.service.CatalogService.getProductListByCategory
     (...)
com.ibatis.jpetstore.persistence.sqlmapdao.
ProductSqlMapDao.getProductListByCategory(...)
Zeitspanne der minimalen Abhängigkeit: 720 ms.
```

Listing 12.10: Erkannter Anwendungsfall für den Rekonfigurationsauftrag der Komponente ItemSQLMapDao

12.7 Zusammenfassung

Die Ergebnisse der drei Versuche zeigten, dass auch mit einer Erhöhung der Benutzerzahlen im Testsystem noch genug minimale Abhängigkeiten gefunden werden konnten. Mit Erhöhung der Anzahl der Benutzer, wurden zwar absolut mehr Intervalle mit minimaler Abhängigkeit festgestellt, allerdings verlagerte sich die Verteilung deren Längen: je mehr Benutzer desto kürzer die Intervalle mit minimaler Abhängigkeit. Damit wird eine störungsfreie Rekonfiguration immer unwahrscheinlicher, was eine Berücksichtigung der Dauer und Dringlichkeit der Rekonfiguration zur Bestimmung möglichst geringer Abhängigkeiten notwendig macht (siehe Abschnitt 8.1). Die große Anzahl an gefundenen minimalen Abhängigkeiten lässt sich dadurch erklären, dass maximal 20 Benutzer simuliert worden sind, was für heutige Webanwendungen sehr wenig ist und dementsprechend auch keine realistische Anzahl darstellt. Würde die Anzahl der Nutzer, die gleichzeitig im Testsystem aktiv sind auf mehrere Hundert oder Tausend erhöht werden (dessen Auswertung mit unseren Testsystemen nicht möglich gewesen wäre), so ist eine

12.7 Zusammenfassung

starke Änderung in diesem Ergebnis zu erwarten. Dadurch, dass mehrere Anwendungsfälle parallel ausgeführt werden würden, ist eine deutliche Verringerung sowohl der Anzahl der registrierten minimalen Abhängigkeiten als auch Verkürzung der Zeitintervalle dieser Abhängigkeiten zu erwarten.

Bezüglich der Intensität der Benutzung der Komponenten lässt sich folgende Aussage machen: Komponenten, die häufig verwendet werden, bieten beim Erhöhen der Benutzeranzahl immer weniger bis kaum lange genug anhaltende minimale Abhängigkeiten und somit wenig günstige Rekonfigurationsszenarien. Da eine Rekonfiguration eine bestimmte Zeit in Anspruch nimmt, ist nicht jede registrierte minimale Abhängigkeit geeignet, um diese für das System störungsfrei durchzuführen. Bei wenig verwendeten Komponenten stellt eine Last von nur 20 Benutzern kein Hindernis zu einer störungsfreien Rekonfiguration dar, da innerhalb von nur einer Minute problemlos ausreichend viele Zeitintervalle mit einer größeren Länge gefunden werden können.

Ein eher überraschend positives Ergebnis, ist die Tatsache, dass die summierten Zeitintervalle aller minimalen Abhängigkeiten eines Versuches immer die 40 Sekunden Marke überstiegen, bei einer Dauer der Analyse von nur einer Minute. Das bedeutet, dass im Schnitt die Dienste der zu rekonfigurierenden Komponenten nur etwa 15 Sekunden bzw. 25% der Zeit in Anspruch genommen wurden. Das macht selbst die Durchführung einer dringenden Rekonfiguration mit einer hohen Erreichbarkeit bzw. Verfügbarkeit der Dienste möglich, auch wenn eine geringe Störung als evtl. Verzögerung in den Antwortzeiten in Kauf genommen werden müsste. Die Abhängigkeiten der Komponenten wäre auf jeden Fall kleiner als im experimentspezifischen statischen Abhängigkeitsgraphen, wenn zuvor, auch wenn sehr kurz (in unserem Fall eine Minute), eine Analyse der Laufzeitabhängigkeiten stattfinden würde. Das bestätigt unsere Ausage aus dem Abschnitt 8.12.

Die Evaluation zeigte rudimentär, dass das Zeitintervall für eine minimale Abhängigkeit unter anderem davon beeinflusst wird, in welchen Anwendungsfällen sich die Benutzer des Systems befinden. Falls möglichst viele Benutzer Anwendungsfälle durchführen, die günstig für einen bestimmten Rekonfigurationsauftrag sind, wirkt sich dieses positiv auf die Abhängigkeiten aus. Eine Durchführung der angeforderten Rekonfiguration während der erkannten Szenarien, würde die Erreichbarkeit der Systemdienste maximieren. Allerdings sind diese Ergebnisse sehr stark von der Geschäftslogik einer Anwendung abhängig und bedürfen andere Analysetechniken, um eine allgemeingültige Aussagekraft zu gewinnen.

Obwohl beide individuellen Projekte bei der Durchführung der Experimente unterschiedlich vorgegangen sind, wurden prinzipiell gleiche Ergebnisse erzielt. Während Stöver Laufzeit-Abhängigkeitsgraphen aus Zeitstempelinformationen generiert und diese anschließend offline auf minimale Abhängigkeiten analysiert, werden in dem individuellen Projekt von Grüssing diese minimalen Abhängigkeiten des Systems beim Auftreten zur Laufzeit registriert und wiedererkannt. Beim Erkennen eines solchen Zeitpunktes könnte eine Laufzeit-Rekonfiguration, wie durch unseren Rekonfigurationsmanager realisiert, durchgeführt werden (siehe Kapitel 10). Die im Rahmen dieser Evaluation entwickelten Plug-Ins stellen eine Realisierung des Abhängigkeitsmanagers dar (siehe Abschnitt 9.5). Die Durchführung einer industriellen Fallstudie als zusätzliche Evaluation des im Kapitel 8.1 vorgestellten Optimierungsmodells, stellt eine mögliche weiterführende Arbeit dar (siehe Kapitel 15).

13 Verwandte Ansätze

Als Unterstützung der Wartungsprozesse der Softwaresysteme spielt die Rekonfiguration eine sehr große Rolle in verschiedenen Bereichen der Informatik. Sie stellt eine konzeptionelle Grundlage des Veränderungsprozesses dar und unterstützt somit die Software-Evolution. Dieses Kapitel beschäftigt sich mit der Abgrenzung bzw. Zuordnung des in dieser Arbeit vorgestellten Ansatzes, abhängig von der Fokussierung bezüglich des Einsatzbereichs, der Zielsetzung und der Methodik bei der Laufzeit-Rekonfiguration. Verwandte Ansätze bezüglich der Architekturbeschreibung, Definition des Komponentenmodells und Redeployment Strategien wurden bereits in den entsprechenden Abschnitten diskutiert (siehe dazu die Abschnitte 3.3.4, 7.1 und 9.4.1).

Diese Arbeit befasst sich mit der Rekonfiguration von komponentenbasierten Anwendungs-Softwaresystemen zur Laufzeit. Wie bereits im Kapitel 5 erläutert (siehe Abbildung 5.1 auf Seite 74), bedarf eine Hardware-Rekonfiguration [Sek04, BTBA06] unterschiedliche Konzepte zur Beachtung von hardwarespezifischen Parametern und Faktoren und wird somit nicht als verwandt zu dieser Arbeit betrachtet. Des Weiteren werden verschiedene Ansätze zur Systemsoftware-Rekonfiguration ausgeklammert, da aufgrund der Natur der Systemsoftware unterschiedliche Konzepte im Vergleich zur Anwendungssoftware eingesetzt werden können und müssen. Dazu gehören folgende Ansätze: (1) Systemsoftware (JVM, Jini, Java Web Start, ActiveX Controls), wie z.B. [Sun09d], (2) Dynamic Operating Systems (Customizable OS, Microkernels, Exokernels), z.B. [HKS$^+$05], (3) Job Control Languages [AF84] und (4) Dynamically Loadable Libraries [Lib07].

Eine weitere Abgrenzung wird an dieser Stelle zu *kontextsensitiven (context-sensitive)*, *selbstadaptiven (self-adaptive)* und *Fehlertoleranz- (fault-tolerance)* Ansätzen [CL02, AHW04, RGH$^+$06, Dob08] gemacht. Diese konzentrieren sich in der Regel auf die Erkennung der notwendigen Änderungen und nicht auf den Prozess deren Durchführung. Sie könnten als Auftraggeber für den hier vorgestellten Ansatz betrachtet werden. Schließlich werden auch Ansätze zur *Evolution von Produktlinien* [RP03b, Gra07] ausgeklammert, da sie durch die Anforderungen einer Produktlinie andere Vorgehensweisen erfordern. In der Regel konzentrieren sie sich auf Festlegung mehrerer sog. *Variationspunkte* während des Entwurfs der Produktlinie, um während der Produktion zwischen mehreren Produktvarianten wechseln zu können.

Bezüglich der Optimierungsaspekte während der Rekonfiguration, sind Ansätze aus dem Bereich der Eingebetteten Systeme [GNS04] durchaus interessant, allerdings aufgrund der wesentlichen Unterschiede in den Anforderungen im Vergleich zu Web-basierten Softwareanwendungen, nur bedingt anwendbar.

Betrachtet man die Methodik bei der Evaluation zur Bestimmung und Wiedererkennung minimaler Laufzeit-Abhängigkeitsgraphen, ist der Ansatz *Shimba* [SKM01] interessant. In Shimba wird das Verhalten eines Systems durch Sequenzdiagramme beschrieben. Hierbei werden statische Abhängigkeiten aus dem Byte-Code extrahiert und als gerichtete Graphen dargestellt. Um Laufzeitinformationen zu sammeln, wird das zu analysierende System in einem modifizierten *SDK-Debugger* ausgeführt. Die mit diesem Vorgehen gewonnenen Informationen können in Form von Sequenz- oder Zustandsdiagrammen analysiert werden. Es werden zudem gerichtete Graphen erzeugt, deren Gewichtung angibt, wie oft Teile des analysierten Systems während der Ausführung verwendet wurden. Das Hauptziel dieser Arbeit ist das Verhalten eines Systems genau zu analysieren und zu verstehen, um verschiedene hierarchische Sichten auf das System zu bekommen.

Auch Ansätze zum *dynamischen Software-Konfigurationsmanagement* [Lar01, Sch98] betrachten Laufzeitabhängigkeiten, allerdings mit dem Ziel, die Versionen von Konfigurationen während der Laufzeit verwalten zu können.

Der in dieser Arbeit vorgestellte Ansatz kann zu den ***Reengineering-Ansätzen*** zugeordnet werden (siehe Abschnitt 5). Dabei unterscheiden sich diese Ansätze in der Zielsetzung und Methodik. Betrachtet als Teil der ***Wartung***, setzt das Reengineering zwei Hauptschwerpunkte: (1) Re-Entwurf und (2) Rekonfiguration. Diese Arbeit stellt einen architekturbasierten Ansatz zur Laufzeit-Rekonfiguration komponentenbasierte Softwaresysteme vor, der als Hauptziel eine Optimierung der Erreichbarkeit während der Rekonfiguration hat. Im Folgenden werden die verwandten Ansätze nach der Methodik klassifiziert und diskutiert. Ansätze, die keine Veränderungen zur Laufzeit betrachten, werden aus der näheren Betrachtung herausgenommen.

13.1 Komponentenbasierte Rekonfiguration zur Laufzeit

Die komponentenbasierte Rekonfiguration konzentriert sich auf den Austausch von Komponenten. Diese Ansätze setzen im Wesentlichen drei Schwerpunkte, die sich durchaus überschneiden können: (1) Laufzeit-Rekonfiguration von verteilten Systemen, (2) Transaktionales Redeployment und (3) Protokollbasierte Laufzeit-Rekonfiguration.

13.1.1 Laufzeit-Rekonfiguration verteilter Systeme

Die älteren Ansätze zur Laufzeit-Rekonfiguration von verteilten Systemen [KM85, Hof93] können als Vorgänger aller Ansätze zur Laufzeit-Rekonfiguration betrachtet werden. Durch die Anwendungsdomäne ergibt sich zwar ein Schwerpunkt auf die Verteilung und Kommunikation zwischen Systemteilen, allerdings stellt die Beachtung und Steuerung von Laufzeitabhängigkeiten zwischen Systemteilen bei einer Laufzeit-Rekonfiguration ein Grundprinzip zur Erhaltung der Konsistenz im System dar. Unter dem Begriff Komponente wird eine Verteilungseinheit oder ein Prozess verstanden. Bezüglich der Behandlung von Laufzeitabhängigkeiten ist der Ansatz von [KC00] interessant, da dieser eine Art „Component Configurator" definiert, der prinzipiell auch bei vertraglich spezifizierten Softwarekomponenten eingesetzt werden könnte. Neuere Arbeiten konzentrieren sich mehr auf den gesamten Prozess der Wartung von verteilten Systemen [ABS07]. Eine Analyse der Laufzeitabhängigkeiten zur Durchführung der Rekonfiguration mit einer möglichst geringen Störung im System und dadurch Maximierung dessen Verfügbarkeit und Reaktionsfähigkeit findet jedoch nicht statt.

13.1.2 Transaktionales Redeployment

Die Ansätze zum transaktionalen Redeployment wie [RAC$^+$02, CS02, RP03a, JMHV04, Dia06, GJ08] basieren prinzipiell auf den durch Kramer und Magee in [KM90] beschriebenen Konzepten. Sie entsprechen im wesentlichen unserem Rekonfigurationsmodell (siehe Kapitel 9) bzw. Redeployment-Subsystem (siehe Kapitel 10). Manche von denen konzentrieren sich auf verteilte Systeme, wie z.B. [CS02], andere betrachten ein konkretes Komponentenmodell (J2EE bei [RAC$^+$02]). Sie bieten alle ein Framework oder System an, das eine Laufzeit-Rekonfiguration durch gezielte Passivierung bzw. Isolierung von passiven Komponenten transaktional durchführen kann. Auch eine Verwaltung der ankommenden Anfragen in Warteschlangen findet teilweise statt [JMHV04]. Der Hauptunterschied zu unserem Ansatz ist, dass keiner dieser Ansätze zusätzliche Analysen unter Beachtung von Laufzeitabhängigkeiten zwischen Instanzen von Komponenten durchführt, um die Störung im System während der Rekonfiguration zu minimieren und somit die Erreichbarkeit der Dienste zu maximieren.

Andere Redeployment-Strategien, wie *Hot Deployment*, *Dynamic Reloading* und *Side-by-Side Deployment*, wurden bereits im Abschnitt 5.3.2 erläutert. Unser Konzept des *transaktionalen Redeployments zur Laufzeit* (siehe Abschnitt 9.4) stellt eine Erweiterung der Konzepte des Dynamic Reloading und Hot Deployment dar und kann mit dem Konzept des Side-by-Side Deployment kombiniert werden.

13.1.3 Protokollbasierte Laufzeit-Rekonfiguration

Bei der protokollbasierten Laufzeit-Rekonfiguration werden vetraglich spezifizierte und benutzte Softwarekomponenten [RS02, Szy02] eingesetzt. Dabei wird die syntaktische Konsistenzprüfung durch semantische Konsistenzprüfungen erweitert. Dafür werden die Verhaltensbeschreibungen (Protokolle) der einzelnen Komponenten auf Austauschbarkeit verglichen und somit die semantische Konsistenz nach der Rekonfiguration gesichert. Dazu zählen Ansätze wie Dynamic Wright [AGD97], SOFA/DCUP [PBJ98] oder CoCoNut [Reu03]. Auch ontologiebasierte Feature-Modelle können zur Konsistenzprüfung eingesetzt werden (z.B. bei [PWZ07]). Diese Ansätze betrachten den Bereich, der von den meisten anderen Anstäzen zur Laufzeit-Rekonfiguration als „Aufgabe der Komponentenanbieter" ausgeklammert wird und spielen somit eine wichtige Rolle. Eine Optimierung des Prozesses der Rekonfiguration liegt dabei nicht in deren Fokus. Das Problem dieser Ansätze ist allerdings die Voraussetzung einer vollständigen Verhaltensbeschreibung, sowohl aller bereits eingesetzten als auch aller einzusetzenden Komponenten, was in praktisch eingesetzten Systemen selten der Fall ist, falls es sich nicht um sicherheitskritische Systeme handelt.

13.2 Architekturbasierte Rekonfiguration zur Laufzeit

Bei einer architekturbasierten Rekonfiguration wird die Architekturbeschreibung eines Systems als Information benutzt, um die Rekonfiguration zu definieren oder/und durchzuführen. Dabei kann die Architektur des Systems auch strukturell verändert werden. Die meisten dieser Ansätze haben folgende Vorgehensweise: Sie definieren eine eigene Systembeschreibung (z.B. als ADL (siehe Abschnitt 7.1)) und evtl. einen Formalismus zur Beschreibung der zulässigen Änderungen im System. Zur Durchführung dieser Änderungen implementieren sie einen Prototyp, der logischerweise dem theoretischen Konzept entspricht und somit erwartungsgemäß funktioniert. Oft bleibt jedoch unklar, ob und wie die definierte Änderung durchgeführt wird. Da die Machbarkeit dieser Ansätze in der Regel selten mit praktisch eingesetzten Technologien geprüft wird (wie z.B. bei [WYL08]), bleibt deren Anwendbarkeit außerhalb des eigenen Prototyps unklar. Gerade aus diesem Grund wurde in dieser Arbeit die Java EE Plattform zur Prüfung der Machbarkeit des vorgestellten Konzepts gewählt.

13.2 Architekturbasierte Rekonfiguration zur Laufzeit 293

13.2.1 Graphtransformationsbasierte Rekonfiguration

Eine bedeutende Gruppe Ansätze zur Rekonfiguration stellen die Graphtransformationsansätze [TGM98, Wer99, Gru03, Gru05, PEB00, Zho08] dar. Diese bilden die Architektur als Graph ab und definieren und prüfen gültige Architekturkonfigurationen als mögliche Graphtransformationen. Der Prozess der Rekonfiguration wird dabei durch Graphgrammatiken und Transformationsregeln definiert. Sie spielen eine wichtige Rolle zur Definition von zulässigen Rekonfigurationen bzw. Laufzeit-Rekonfigurationen (wie z.B. [Wer99]) und somit präventive Erhaltung der Konsistenz der Systemkonfiguration. Deren Fokus ist eine Spezifikation und keine Durchführung einer Rekonfiguration zur Laufzeit und somit auch keine Optimierung der Erreichbarkeit der Systemdienste während eine Rekonfiguration. Ein Nachteil dieser Ansätze ist die Einschränkung auf vorprogrammierte Rekonfigurationen.

13.2.2 Dynamische Software-Architekturen

Der Begriff **Dynamische Software-Architekturen** wurde durch [OMT98] geprägt und bezeichnet Architekturen, die in der Lage sind, sich zur Laufzeit zu verändern. Allerdings gibt es diesbezüglich viele verschiedene Konzepte und dabei keine allgemeingültige Taxonomie. Im Wesentlichen kann es sich um eine sog. **programmierte bzw. eingeschränkte Dynamik** und eine **ad-hoc bzw. uneingeschränkte Dynamik** handeln. Die Einschränkungen können mit verschiedenen Formalismen ausgedrückt werden. Beispielsweise wird bei [AM02] temporale Logik benutzt, [AGD97] setzen Prozessalgebren ein, [Met96] definiert entsprechende Graphgrammatiken, [TGM98] Graphtrasformationen. Die Systeme, bzw. die Architekturen, können sich entweder autonom (*self-organising*, *self-repairing*, *self-adaptive* etc.) ändern oder werden manuell von außen, durch einen sog. **Konfigurationsmanager** verändert, wie bei Plastik [BJC05], [OMT98, ZCYMK05] oder dem in dieser Arbeit beschriebenen Ansatz. Das Meta-Framework Plastik nutzt z.B. eine Erweiterung der ADL ACME/Armani für die Generierung der Frameworks, die eine Rekonfiguration durchführen sollten. Oreizy, Medvidovic und Taylor definieren die ADL C2 (siehe Abschnitt 7.1) und beschreiben damit die Architektur des Systems als *dynamische Component-Connector-Architektur*. Die Änderungen werden als sog. „Umbinden" von Konnektoren durchgeführt. Dabei werden keine Laufzeitabhängigkeiten zur Minimierung der Störung während der Rekonfiguration analysiert. Eine detaillierte Betrachtung der dynamischen Software-Architekturen und deren Formalismen befindet sich in [BCDW04]. Unser Ansatz könnte der Kategorie **konstruierbare Dynamik** eingeordnet werden [And00]. Dabei wird die Änderung von außen als eine Art Ereignis angestoßen (in unserem Fall ein Rekonfigurationsauftrag). Eine Beschreibungssprache (bei uns die System-Architekturbeschreibung bzw. das Applikationsmodell) beschreibt das System. Eine Modifikationssprache beschreibt und regelt die Änderungen (bei uns das Rekonfigurationsmodell). Schließlich führt ein Konfigurationssystem die Änderungen durch (bei uns das Redeployment-System).

13.3 Zusammenfassung

Prinzipiell beinhaltet eine Rekonfiguration zur Laufzeit vier Hauptschritte (siehe Kapitel 5): (1) Initiierung der Änderungen, (2) Identifikation und Isolierung der betroffenen Systemteile, (3) Durchführung der Veränderung und (4) Überprüfung der Konsistenz des Systems. Verschiedene Ansätze zur Laufzeit-Rekonfiguration fokussieren sich auf einen bestimmten Schritt und leisten dadurch unterschiedliche Beiträge. Unabhängig von dem Fokus benötigen schließlich alle Ansätze zur Laufzeit-Rekonfiguration eine sinnvolle Vorgehensweise zur tatsächlichen und korrekten Durchführung der als notwendig erkannten Veränderungen. Obwohl es eine große Vielzahl von Ansätzen zur Laufzeit-Rekonfiguration gibt und sie alle zur Erhöhung der Grenzverfügbarkeit der Systeme durch eine Minimierung der Ausfallzeit der Systeme beitragen (siehe Abschnitt 3.5.2), wurde eine Optimierung des Prozesses der Durchführung der Veränderungen, wie in dieser Arbeit verfolgt, bisher in keinem anderen Ansatz vorgestellt. Insbesondere die Analyse der Laufzeitabhängigkeiten zwischen Instanzen von Komponenten mit Berücksichtigung zusätzlicher Faktoren, wie Benutzungsmodelle und -Intensität (siehe Kapitel 8), stellt eine innovative Methodik zur Minimierung der Störung während der Rekonfiguration und somit Erhöhung der Punktverfügbarkeit und Erreichbarkeit der Systemdienste dar. Der Beitrag diesbezüglich wurde im Abschnitt 8.12 diskutiert. Ein weiterer Unterschied zu den meisten Ansätzen ist die Erweiterbarkeit. Eine Laufzeit-Rekonfiguration ist mit einer sehr geringen System-Beschreibung transaktional durchführbar. Abhängig von der vorhandenen Information über das System, können entsprechende weiterführende Analysen vorgenommen werden, um beispielsweise semantische Konsistenzprüfungen durchzuführen oder eine Optimierung der Erreichbarkeit der Dienste während der Rekonfiguration zu erzielen.

Teil IV

Zusammenfassung und Ausblick

14 Zusammenfassung

In diesem Kapitel werden die Ergebnisse der vorliegenden wissenschaftlichen Arbeit abschließend bezüglich des wissenschaftlichen Beitrags und der praktischen Einsetzbarkeit zusammengefasst beschrieben.

14.1 Wissenschaftlicher Beitrag

In dieser Dissertation wurde ein neuer modellbasierter Ansatz zur Laufzeit-Rekonfiguration komponentenbasierter Systeme vorgestellt. Dabei wurde der Prozess der Rekonfiguration bezüglich der Erreichbarkeit der Systemdienste unter Berücksichtigung verschiedener Parameter durch zusätzliche Analysen des Laufzeitverhaltens des Systems optimiert. Zur Beschreibung des zu rekonfigurierenden Anwendungssystems wurde ein *Anwendungsmodell* im Kapitel 7 definiert, zur Analyse des Laufzeitverhaltens ein *Analysemodell* im Kapitel 8 und zur transaktionalen Durchführung der angeforderten Rekonfiguration zur Laufzeit wurde ein *Rekonfigurationsmodell* im Kapitel 9 definiert. Die Optimierung der Erreichbarkeit wurde mit einem *Optimierungsmodell* im Abschnitt 8.1 in einen approximativen Algorithmus im Abschnitt 8.11 eingebettet. Diese Modelle bilden die wissenschaftlichen Teilbeiträge der Arbeit.

14.1.1 System-Architekturbeschreibung – Das Anwendungsmodell

Das Anwendungsmodell ist nach ausführlicher Betrachtung, Analyse und Vergleich verschiedener Techniken, Formalismen und Notationen zur Software-Architekturbeschreibung entstanden. Dabei fiel die Entscheidung auf einen semi-formalen Ansatz, der UML 2 mit formalen Spezifikationstechniken, wie Automaten- und Graphentheorie, erweitert. Diese Entscheidung wurde durch die praktische Ausrichtung der Arbeit begründet. Das Ziel dabei war, ein System nur soviel wie nötig bzw. so wenig wie möglich zu beschreiben und dabei eine Möglichkeit zu einer detaillierten Spezifikation zuzulassen. Dieses, bedingt durch die Tatsache, dass ein operativ eingesetztes Anwendungssystem zu dem Zeitpunkt der angeforderten

Rekonfiguration in der Regel kaum eine formale Beschreibung dessen Architektur besitzt. Eine vollständige und formale Spezifikation eines Systems während der Wartung bzw. vor einer Rekonfiguration ist praktisch nicht durchführbar. Sie würde, wenn überhaupt möglich, verhältnismäßig viel Zeit in Anspruch nehmen und somit eine enorme Verzögerung der Reaktionszeit bei einer Rekonfiguration erzeugen. Eine rudimentäre UML-Dokumentation ist dagegen eher in der realen Welt der Software-Anwendungen zu erwarten. Diese, erweitert durch Monitoringdaten, die entweder bereits vorhanden sind, oder mit entsprechenden Tools (siehe Abschnitt 12.1.2) relativ schnell gesammelt werden können, stellen schon eine gute Grundlage für weiterführende Analysen dar, insbesondere mit Einsatz der Graphentheorie, wie in den Abschnitten 8.2 und 8.6 beschrieben. Sollte eine Erzeugung von System- bzw. Komponenten-Zustandsautomaten möglich sein, sind sogar weitere Analysen zur Wiedererkennung und Vorhersage von bestimmten Laufzeitzuständen möglich (siehe Abschnitt 8.10).

14.1.2 Optimierung der Erreichbarkeit – Das Optimierungsmodell

Das Problem der Optimierung der Erreichbarkeit der Dienste während einer Rekonfiguration zur Laufzeit wurde als ein $\mathbb{NP}$-vollständiges Minimierungsproblem behandelt. Es wurde als ein *Knapsack-Problem* beschrieben. Bei dem Optimierungsproblem stellt das Grenzgewicht das maximale Gesamtgewicht aller Dienste im System dar und es wird ein minimales Gewicht, der von der Rekonfiguration betroffenen Dienste, gesucht. Idealerweise ist das minimale Gewicht 0 bzw. es sind keine Dienste betroffen. Eine Rekonfiguration während des Laufzeitzustands, der dieses minimale Gewicht aufweist, ist als störungsfrei zu betrachten und gewährleistet somit eine maximale Erreichbarkeit der Dienste. Da sowohl die Anzahl als auch das Gesamtgewicht, der von der Rekonfiguration betroffenen Dienste, von mehreren Parametern abhängig sind und diese zum Teil widersprüchliche Anforderungen beinhalten, ist es nicht möglich für jeden Rekonfigurationsauftrag ein minimales Gewicht von 0 zu garantieren. Deshalb war es notwendig, eine *Multikriterien-Optimierung* durchzuführen, um das möglichst geringe Gewicht zu bestimmen. Dabei wurden folgende Parameter berücksichtigt: (1) der Rekonfigurationsauftrag, (2) das Benutzungsprofil des Systems, (3) das interne Laufzeitverhalten des Systems, (3) die Benutzungsintensität des Systems, (4) die Dauer und (5) die Dringlichkeit der Rekonfiguration. Dieser Parameter wurden einzeln in dem Analysemodell betrachtet und eine Art approximativer Algorithmus für die Lösung des Problems vorgestellt. Als größte Abweichung vom Optimum und somit maximale Störung im System kann dabei eine Rekonfiguration zum Laufzeitzustand, bei dem das Grenzgewicht gilt, verstanden werden.

Bei dieser Optimierungsmethodik entfällt die Einschränkung bezüglich der Natur der Komponenten im System. Sie ist prinzipiell für sämtliche Systeme, die aus über Schnittstellen kommunizierenden Komponenten bestehen, geeignet.

14.1.3 Analyse zur Optimierung der Erreichbarkeit – Das Analysemodell

Das Analysemodell beinhaltet die Beschreibungen und Analysemöglichkeiten der berücksichtigten Parameter.

- **Rekonfigurationsauftrag** Bei der Analyse des Rekonfigurationsauftrags wird Graphentheorie eingesetzt. Der Auftrag wird als Graph abgebildet. Um transitive Abhängigkeiten zu berücksichtigen, wird für jeden Auftrag die transitive Hülle gebildet. Somit wird das betroffene Teilsystem bestimmt.

- **Benutzungsmodell** Falls ein Benutzungsmodell bekannt bzw. aus Monitoringdaten abgeleitet werden kann, kann eine Analyse dessen zur Bestimmung relevanter Anwendungsfälle bzw. Ausführungssequenzen beitragen. Dadurch kann die Menge der zu analysierenden Systemzustände reduziert werden.

- **Internes Laufzeitverhalten** Eine Analyse des internen Laufzeitverhaltens des Systems wurde zur Bildung und Gewichtung von Laufzeit-Abhängigkeitsgraphen eingesetzt. Eine Bestimmung von minimalen Laufzeit-Abhängigkeitsgraphen und deren Zuordnung zu den System-Laufzeitzuständen ist dabei das entscheidende Ergebnis zur Optimierung der Erreichbarkeit.

- **Dauer und Dringlichkeit** Diese Faktoren, die möglicherweise vertraglich geregelt sind, können die Einhaltung der analytisch bestimmten Werte für eine Erreichbarkeit unter Umständen negativ beeinflussen.

Schließlich bietet das Analysemodell auch eine formale Vorgehensweise bei der Wiedererkennung bzw. Vorhersage des optimalen Zustandsraums als günstigen Startpunkt für die Rekonfiguration zur Laufzeit mit dem Einsatz der Dienst-Effekt-Automaten. Auch an dieser Stelle soll der praktische Ansatz betont werden: Wie in der Evaluation gezeigt (siehe Abschnitt 12.3.2), ist eine Wiedererkennung dieser Zustände auch unter Monitoring mit unvollständigen Dienst-Effekt-Automaten möglich. Sollten sie jedoch zur Verfügung stehen, ist auch eine Vorhersage und somit eine Reduzierung der Monitoringzeiträume möglich.

14.1.4 Transaktionale Rekonfiguration zur Laufzeit – Das Rekonfigurationsmodell

Das Rekonfigurationsmodell definiert ein Konzept zur transaktionalen Durchführung der Laufzeit-Rekonfiguration. Dabei wurden Lebenszuklysprotokolle sowohl auf Komponenten- als auch auf Systemebene festgelegt, deren Einhaltung eine konsistente Durchführung der Rekonfiguration unter Erhaltung der vollen Grenzverfügbarkeit des Systems sichert. Die Zustände in den Protokollen betreffen Aktivität und Kommunikation der Komponenten. Ein Austausch ist nur nach Erreichen eines gesicherten Zustands (*blocked / ready to change*) möglich. Eine Blockierung kann allerdings nur aus fest definierten Zuständen statt finden (*free* bzw. *passive & not used* und *passive & used*). Das Protokoll berücksichtigt dabei ankommende Anfragen und deren Aufbewahrung in Warteschlangen während der Rekonfiguration bzw. deren Abarbeitung nach der Rekonfiguration und sichert somit die volle Grenzverfügbarkeit des Systems während der Rekonfiguration. Da die Rekonfiguration mehrere Komponenten betreffen kann, ist eine übergeordnete Zustandskontrolle auf Systemebene, wie im System-Laufzeitprotokoll definiert, notwendig.

Ein Komponentenaustausch wurde speziell durch ein Redeployment-Protokoll als sog. Änderungstransaktion definiert. Diese ist nicht mit einer Datenbanktransaktion gleich zu setzen, weil es sich dabei um eine Änderung der Anwendung und nicht der Daten, die sie bearbeitet, handelt. Das Redeployment-Protokoll wurde auch mittels CTL formalisiert und somit eine Grundlage zur Überprüfung, durch z.B. Model Checking, bereit gestellt. Schließlich bietet das Rekonfigurationsmodell eine logische Architektur eines *plattformunabhängigen Rekonfigurationsmanagers*, das die transaktionale Durchführung einer Rekonfiguration zur Laufzeit ermöglicht und die Analyse zur Optimierung der Erreichbarkeit integriert.

14.2 Praktische Einsetzbarkeit

Die Evaluation der Konzepte zeigte, dass ein pragmatischer und erweiterbarer Ansatz, wie in dieser Arbeit verfolgt, durchaus praktisch einsetzbar ist. Die dreigeteilte Evaluation bestätigte die prinzipielle Machbarkeit des Ansatzes unter Einsatz von Java EE, eine praktisch und industriell genutzte Komponententechnologie. Die vollständige Umsetzung der Konzepte ist allerdings an Techologiegrenzen gestoßen. Probleme, z.B. bei dem Austausch von stateful Session Beans, Isolierung der Classloader oder Behandlung von verteilten Transaktionen, können zum jetzigen Stand der Java EE Technologie nur teilweise und mit sehr großem Zusatzaufwand gelöst werden.

14.2 Praktische Einsetzbarkeit

Die Evaluation zum Einsatz des Redeployment-Systems zeigte, dass das im Rahmen der Evaluation implementierte Redeployment-System dazu in der Lage ist, ein fehlerfreies Redeployment von zustandslosen Session Beans während des Betriebs, transparent aus Sicht des Clients durchzuführen. Dabei werden weder Transaktionen abgebrochen, noch ankommende Anfragen verloren. Bei einem Redeployment war nur ein Teil der Anwendung betroffen, alle übrigen Komponenten konnten die Anfragen der Benutzer weiterhin ungestört beantworten. Somit erfüllt das System die Anforderungen einer transaktionalen Durchführung einer Rekonfiguration unter voller Verfügbarkeit. Die Messungen zeigten zusätzlich, dass die Dauer der eigentlichen Redeployments im Millisekundenbereich lag und deren Auswirkung auf die Antwortzeiten im Regelfall im Rauschen des Anwendungsbetriebs untertauchten. Gut messbare Verzögerungen wurden im Fall eines Redeployment-Versuchs von zum gegebenen Zeitpunkt benutzten Komponenten festgestellt. Sie bewegten sich jedoch in einem aus Benutzersicht nicht spürbaren Bereich von ca. $800ms$.

Letzteres könnte die Frage nach der Notwendigkeit einer zusätzlichen Analyse zur Optimierung der Erreichbarkeit aufkommen lassen. Diese Frage ist leicht zu beantworten, wenn komplexe Berechnungen bzw. längere Transaktionen in Betracht gezogen werden. Bei einem Redeployment-Versuch zu solch einem Zeitpunkt, ist die Dauer der Verzögerung sogar nicht absehbar und hängt von der Dauer der laufenden Berechnungen bzw. Transaktionen ab. Eine zusätzliche Analyse zur Bestimmung günstigerer Zeitpunkte zum Starten eines Redeployments und Verschiebung des Startzeitpunkts eines Redeployments würde zwar die Durchführung der Rekonfiguration verzögern, allerdings die Störung im System reduzieren und somit die Erreichbarkeit dessen Dienste steigern.

Schließlich zeigte der letzte Teil der Evaluation, dass es innerhalb wenigen Sekunden möglich ist, Laufzeitzustände zu bestimmen und zur Laufzeit wieder zu erkennen, um eine störungsfreie Rekonfiguration durchzuführen. Da dieses allerdings bei Komponenten, die häufig benutzt werden, mit zunehmender Anzahl von parallel aktiven Benutzern immer schwieriger wird, ist eine zusätzliche Analyse und Evaluation von Laufzeitabhängigkeiten mit einer sehr hohen Anzahl von Benutzern (≥ 1000) notwendig, um eine repräsentative Aussage bezüglich der Bestimmung minimaler Abhängigkeitsgraphen machen zu können. Letzteres war unter Laborbedingungen nicht durchführbar.

Zusätzlich zeigte die Evaluation rudimentär, dass die Zeitintervalle mit minimalen Abhängigkeiten von den Anwendungsfällen, die die Benutzer durchführen, abhängig sind. Eine Durchführung der angeforderten Rekonfiguration während den als günstig erkannten Szenarien als Menge von aktiven Anwendungsfällen, würde die Erreichbarkeit der Systemdienste maximieren. Diese Ergebnisse zeigten einen möglichen Ansatz zur Erweiterung der Abhängigkeitsanalyse auf der Ebene der Anwendungslogik.

Zusammenfassend kann der Ansatz als praktisch einsetzbar bezeichnet werden.

15 Ausblick

Dieses Kapitel gibt unter Berücksichtigung der Grenzen in dieser Arbeit einen Ausblick auf entsprechende weiterführende Forschungsrichtungen.

15.1 Bestimmung / Vorhersage von Antwortzeiten

Diese Arbeit beschäftigt sich nicht mit der Bestimmung von Antwortzeiten der Dienste bzw. Komponenten. Eine rudimentäre Bestimmung der Antwortzeiten einzelner Session EJBs wurde erfolgreich durchgeführt. Dieses hat gezeigt, dass ein Einsatz von Antwortzeiten als zusätzliche Parameter in den Zustandsübergängen bei einer Dienst-Effekt-Spezifikation sinnvoll ist. Eine Bestimmung bzw. Vorhersage dieser Antwortzeiten, könnte zur Beschleunigung der Analyse des Laufzeitverhaltens und somit einer effektiveren Bestimmung von minimalen Laufzeit-Abhängigkeitsgraphen führen. Die Analyse würde zusätzlich an Präzision gewinnen und somit eine Möglichkeit bieten, eine genauere Vorhersage der Zeitpunkte der optimalen Laufzeitzustände und dadurch eine Laufzeit-Rekonfiguration zeitlich planbar zu machen. Dieses könnte bei hochverfügbaren Systemen z.B. die Notwendigkeit auf redundante Auslegung der Systeme reduzieren.

15.2 Hypergraphen zur Verbesserung der Analyse

Da bei einem Mehrbenutzersystemen in der Regel mehrere Szenarien gleichzeitig ausgeführt werden, können mehrere Instanzen einer Komponente aktiv sein bzw. Abhängigkeiten aufweisen. Mit Einsatz von gerichteten Hypergraphen könnte jede einzelne Instanz als Knoten dargestellt werden und somit separat betrachtet werden. Damit wäre es möglich, bei abweichenden Antwortzeiten der unterschiedlichen Instanzen (z.B. bei unterschiedlichen Längen von Listen als Aufrufparameter von Methoden oder von Datenbanktransaktionen mit unterschiedlicher Datensatzlänge) eine Vorhersage zu machen, wann eine Komponente voraussichtlich frei wird. Auch Einschätzungen zu der veränderten Auslastung nach einer Rekonfiguration könnten gemacht werden.

15.3 Live Sequence Charts (LSCs) zur Bestimmung und Wiedererkennung von optimalen Laufzeitzuständen

Das Model Checking bietet im Prinzip alle notwendigen Methoden und Werkzeuge zur Überprüfung von zulässigen Zuständen. Beobachtet man das Optimierungsmodell, könnte man für eine angeforderte Rekonfiguration eine Menge von erwünschten Zuständen im System spezifizieren. Ein Model Checker könnte diese dann beim System als vorhanden bzw. nicht vorhanden erkennen. Noch konkreter wäre es möglich die erwünschten Traces, bei denen minimale Laufzeitabhängigkeiten auftreten, mittels eines LSC zu spezifizieren. Ein Observer könnte während der Ausführung des Systems parallel zum Model Checker ausgeführt werden. Dieser würde jedesmal, wenn ein LSC-Pre-Chart durchgelaufen ist, der eine als günstig gesuchte Trace eindeutig identifiziert, einen Startsignal für eine Laufzeit-Rekonfiguration geben. Sollte der Pre-Chart keiner günstigen Trace entsprechen, wird der nächste Pre-Chart abgewartet.

15.4 Analyse der Laufzeitabhängigkeiten auf der Ebene der Anwendungslogik

Aus den Ergebnissen der Evaluation bezüglich der Erkennung von zur Laufzeit-Rekonfiguration geeigneten Nutzungsszenarien als Mengen von gleichzeitig ausgeführten Anwendungsfällen, lässt sich schließen, dass eine zusätzliche Analyse der Anwendungslogik als Erweiterung der Abhängigkeitsanalyse eine sinnvolle Ergänzung darstellen könnte. Eine Vorab-Analyse zum Ausschluss nichtgeeigneter Szenarien würde die Anzahl der zu analysierenden Laufzeitzustände reduzieren und somit die Analyse der Laufzeitabhängigkeiten vereinfachen und beschleunigen.

15.5 Model Checking zur Verifikation des Redeployment-Systems

Im Abschnitt 9.4.3 wurde eine Formalisierung des Redeployment-Protokolls mittels CTL vorgestellt. Das bietet eine Grundlage zur Verifikation des Redeployment-Systems. Der Einsatz von Model Checking würde einen Einsatz des in dieser

Arbeit vorgestellten Ansatzes sogar im Bereich der sicherheitskritischen Echtzeitsysteme theoretisch denkbar machen. Eine zusätzliche Erweiterung dieser Arbeit bezüglich gezielter Erkennung von fehlerhaften Zuständen und notwendigen Rekonfigurationsaufträgen zu deren Beseitigung, könnte zu Forschungsgebieten wie Selbstadaption oder Fehlertoleranz führen.

15.6 Optimierung des Redeployment Konzepts

Das in dieser Arbeit realisierte Redeployment-System setzt ein Redeployment-Konzept um, was als Erweiterung der Konzepte des Dynamic Reloading und Hot Deployment verstanden werden kann. Dabei wird nicht die Möglichkeit betrachtet, dass mehrere Versionen von Komponenten im System parallel laufen. Letzeres wird durch das Konzept des Side-by-side Redeployments realisiert und somit eine volle Erreichbarkeit erzielt. Allerdings ist es nicht bei jeder Komponente sinnvoll und möglich, sie mehrfach im System zu halten. Eine mehrfache Haltung von Komponenten erfordert größere Hardware-Ressourcen, die bei berechnungsintensiven oder speicherintensiven Komponenten nicht zu vernachlässigen ist. Nicht zuletzt stellt das eine Art Energieverschwendung dar. Oft steht dieses nicht in Verhältnis zu der minimal erhöhten Erreichbarkeit. Die Entwicklung von Strategien zur sinnvollen Kombinierung dieser beiden Konzepte stellt eine relevante zukünftige Forschungsrichtung dar. Damit wäre es möglich, Probleme, wie z.B. die Behandlung von langlaufenden Transaktionen, zu lösen. Ein Redeployment-Meta-Model als Erweiterung des in dieser Arbeit vorgestellten Redeployment-Protokolls könnte zur Berücksichtigung verschiedener Parameter zur Auswahl der geeigneten Redeployment-Strategie definiert werden. Durch Einbettung dieser Methodik in das in dieser Arbeit vorgestellte Optimierungsmodell, könnte eine Optimierung sowohl der Erreichbarkeit als auch der Ressourcenauslastung erreicht werden. Zur Bestätigung praktischen Einsetzbarkeit sollte eine detaillierte Evaluation durch Simulation und industrielle Fallstudien durchgeführt werden.

Aus meiner Sicht stellt Letzteres die an meiner Arbeit unmittelbar anschließende Forschungsrichtung dar.

Anhang

Überblick

Auf den Anhang kann unter www.viewegteubner.de, Matevska, im OnlinePLUS-Programm zugegriffen werden. Er enthält sowohl eine zusammenfassende Beschreibung des Enterprise JavaBeans Kompontentenmodells und der Java EE Deployment API als auch eine Auswahl der Test- bzw. Experimentergebnisse der Evaluation.

Anhang A: Enterprise JavaBeans Komponentenmodell

Dieser Anhang beschreibt das Enterprise JavaBeans (EJB) Komponentenmodell. EJBs [Sun06b] sind serverseitige Komponenten, die die Geschäftslogik einer Java EE Anwendung realisieren und in einer transaktionsgesteuerten Laufzeitumgebung ausgeführt werden können.

Anhang B: Java EE Deployment API

Als Definition des Deployment-Prozesses bietet Sun Microsystems die J2EE Deployment API Spezifikation (JSR-88) [Sea03] an. Diese Spezifikation setzt eine rollenbasierte Entwicklung als Basis zur Definition des Deployment-Prozesses. In diesem Anhang wird die Java EE Deployment API vorgestellt.

Anhang C: Auswertung typischer Rekonfigurationsszenarien

In diesem Anhang werden Testergebnisse, entnommen der Diplomarbeit von Stefan Hildebrandt [Hil05], aufgelistet. Als primäre Testplattform diente ein Linux System mit Kernel 2.6.11 und als Vergleichsplattform ein Windows System mit Windows XP SP2. Es wurde der JBoss Anwendungsserver [JBo09a] in den Versionen 4.0.1 und 3.2.7 getestet. Als Vergleichsserver diente der Anwendungsserver Bea WebLogic in der Version 8.1sp4 [Ora09].

Anhang D: Evaluation minimaler Laufzeitabhängigkeiten

In diesem Anhang befindet sich die tabellarische Auflistung der Evalautionsergebnisse aus den individuellen Projekten von Lena Stöver [Stö07] und Eike Grüssing [Grü08] zu der Bestimmung und Erkennung von minimalen Laufzeitabhängigkeiten. Zusätzlich wird eine Auswahl der auswertenden Diagrammen aufgelistet, die die wesentlichen Ergebnisse zu dem Rekonfigurationsauftrag für eine häufig benutzte Komponente im Testsystem JPetStore [iBa09] beinhaltet. Die Ergebnisse zu den anderen getesteten Komponenten wurden in den individuellen Projekten von Stöver und Grüssing entsprechend dargestellt und ausgewertet.

Literaturverzeichnis

[ABB+07] ATKINSON, Colin ; BOSTAN, Philipp ; BRENNER, Daniel ; FALCONE, Giovanni ; GUTHEIL, Matthias ; HUMMEL, Oliver ; JUHASZ, Monika ; STOLL, Dietmar: Modeling Components and Component-Based Systems in KobrA. In: *The Common Component Modeling Example (CoCoMe): Comparing Software Component Models, Dagstuhl Research Seminar, August 1-3*, 2007, S. 54 – 84

[ABS07] AOUMEUR, Nasreddine ; BARKAOUI, Kamel ; SAAKE, Gunter: Incremental Specification Validation and Runtime Adaptivity of Distributed Component Information systems. In: *Proc. of the 11th European Conference on Software Maintenance and Reengineering (CSMR)*, IEEE Computer Society Press, 2007. – ISBN 0–7695–2802–3, S. 123 – 136

[AF84] ASHLEY, Ruth ; FERNANDEZ, Judi N.: *Job Control Language*. New York, NY, USA : John Wiley & Sons, Inc., 1984. – ISBN 0471799831

[AGD97] ALLEN, Robert ; GARLAN, David ; DOUENCE, Remi: Specifying Dynamism in Software Architectures. In: *Proc. of the Workshop on Foundations of Component-Based Software Engineering*, 1997

[AHKR07] APPEL, André ; HEROLD, Sebastian ; KLUS, Holger ; RAUSCH, Andreas: Modelling the CoCoME with DisCComp. In: *The Common Component Modeling Example (CoCoMe): Comparing Software Component Models, Dagstuhl Research Seminar, August 1-3*, 2007, S. 267 – 296

[AHW04] ARSHAD, Naveed ; HEIMBIGNER, Dennis ; WOLF, Alexander L.: A planning based approach to failure recovery in distributed systems. In: *WOSS '04: Proc. of the 1st ACM SIGSOFT Workshop on Self-managed systems*, ACM Press, 2004. – ISBN 1–58113–989–6, S. 8 – 12

[All97] ALLEN, Robert: *A Formal Approach to Software Architecture*, Carnegie Mellon School of Computer Science, Diss., 1997. – CMU Technical Report CMU-CS-97-144

[ALRL04] AVIZIENIS, A. ; LAPRIE, J.-C. ; RANDELL, B. ; LANDWEHR, C.: Basic Concepts and Taxonomy of Dependable and Secure Computing. In: *IEEE Transactions on Dependable and Secure Computing* 1 (2004), Nr. 1, S. 11 – 33

[AM02] AGUIRRE, Nazareno ; MAIBAUM, Tom: A temporal logic approach to the specification of reconfigurable component-based systems. In: *Proc. of the 17th IEEE International Conference on Automated Software Engineering (ASE)*, IEEE Computer Society Press, 2002, S. 271 – 274

[AMBD04] ABRAN, Alain (Hrsg.) ; MOORE, James W. (Hrsg.) ; BOURQUE, Pierre (Hrsg.) ; DUPUIS, Robert (Hrsg.): *Guide to the Software Engineering Body of Knowledge*. http://www.swebok.org/ : IEEE Computer Society Press, 2004

[And00] ANDERSSON, Jesper: Issues in dynamic software architectures. In: *Proc. of the International Software Architecture Workshop*, IEEE Computer Society Press, 2000, S. 111 – 114

[And04] ANDRESEN, Andreas: *Komponentenbasierte Softwareentwicklung*. Carl Hanser Verlag, 2004. – ISBN 3446229159

[AP04] ADAMEK, J. ; PLASIL, F.: Component Composition Errors and Update Atomicity: Static Analysis. In: *Journal of Software Maintenance and Evolution: Research and Practice* (2004)

[Apa06] APACHE SOFTWARE FOUNDATION: *The Apache Ant Project*. http://ant.apache.org, 2006

[Apa09a] APACHE SOFTWARE FOUNDATION: *Apache Geronimo*. http://geronimo.apache.org/, 2009

[Apa09b] APACHE SOFTWARE FOUNDATION: *Apache JMeter*. http://jakarta.apache.org/jmeter/, 2009

[Apa09c] APACHE SOFTWARE FOUNDATION: *The Apache Jakarta Project*. http://jakarta.apache.org/, 2009

[Apa09d] APACHE SOFTWARE FOUNDATION: *The Apache Ant Project*. http://ant.apache.org/, 2009

[Bai03] BAIN L. SCOTT: *XML Data Binding with Castor*. http://www.netobjectives.com, 2003

[Ban00] BANKS, Jerry: Simulation fundamentals: simulation fundamentals. In: *Proc. of the 32nd Conference on Winter Simulation*, Society for Computer Simulation International, 2000. – ISBN 1–23456–789–0, S. 9 – 16

[BBB+00] BACHMANN, Felix ; BASS, Len ; BUHMAN, Charles ; CORNELLA-DORDA, Santiago ; LONG, Fred ; ROBERT, John ; SEACORD, Robert ; WALLNAU, Kurt: Vol. 2: Technical Concepts of Component-Based Software Engineering / Carnegie Mellon Software Engineering Institute. 2000. – Forschungsbericht

[BBB+04] BUSCHERMÖHLE, Ralf ; BRÖRKENS, Mark ; BRÜCKNER, Ingo ; DAMM, Werner ; HASSELBRING, Wilhelm ; JOSKO, Bernhard ; SCHULTE, Christoph ; WOLF, Thomas: Model Checking - Grundlagen und Praxiserfahrungen. In: *Informatik Spektrum* (2004)

[BBC+07] BULEJ, Lubomír ; BURES, Tomas ; COUPAYE, Thierry ; DECKÝ, Martin ; JEZEK, Pavel ; PARIZEK, Pavel ; PLASIL, Frantisek ; POCH, Tomás ; RIVIERRE, Nicolas ; SERY, Ondrej ; TUMA, Petr: CoCoME in Fractal. In: *The Common Component Modeling Example (CoCoMe): Comparing Software Component Models, Dagstuhl Research Seminar, August 1-3*, 2007, S. 357 – 387

[BCDW04] BRADBURY, Jeremy S. ; CORDY, James R. ; DINGEL, Jürgen ; WERMELINGER, Michel: A survey of self-management in dynamic software architecture specifications. In: *WOSS '04: Proc. of the 1st ACM SIGSOFT workshop on Self-managed systems*, ACM Press, 2004. – ISBN 1–58113–989–6, S. 28 – 33

[BDH+07] BURES, Tomas ; DECKÝ, Martin ; HNETYNKA, Petr ; KOFRON, Jan ; PARIZEK, Pavel ; PLASIL, Frantisek ; POCH, Tomás ; SERY, Ondrej ; TUMA, Petr: CoCoME in SOFA. In: *The Common Component Modeling Example (CoCoMe): Comparing Software Component Models, Dagstuhl Research Seminar, August 1-3*, 2007, S. 388 – 417

[BDK+04] BRILL, Matthias ; DAMM, Werner ; KLOSE, Jochen ; WESTPHAL, Bernd ; WITTKE, Hartmut: Live Sequence Charts: An Introduction to Lines, Arrows, and Strange Boxes in the Context of Formal Verification. In: *Integration of Software Specification Techniques for Applications in Engineering, Priority Program SoftSpez of the German Research Foundation (DFG), Final Report* Bd. 3147, Springer, 2004 (Lecture Notes in Computer Science). – ISBN 3–540–23135–8, S. 374 – 399

[BEA08] BEA, Oracle C.: *BEA WebLogic Server 10.0 Documentation*. http://e-docs.bea.com/wls/docs100/, 2008

[BEJV96] BINNS, P. ; ENGLEHART, M. ; JACKSON, M. ; VESTAL, S.: Domain-Specific Software Architectures for Guidance, Navigation and Control. In: *International Journal of Software Engineering and Knowledge Engineering* 6 (1996), Nr. 2, S. 201 – 227

[BFH+07] BROY, Manfred ; FOX, Jorge ; HÖLZL, Florian ; KOSS, Dagmar ; KUHRMANN, Marco ; MEISINGER, Michael ; PENZENSTADLER, Birgit ; RITTMANN, Sabine ; SCHÄTZ, Bernhard ; SPICHKOVA, Maria ; WILD, Doris: Service-Oriented Modeling of CoCoME with Focus and AutoFocus. In: *The Common Component Modeling Example (CoCoMe): Comparing Software Component Models, Dagstuhl Research Seminar, August 1-3*, 2007, S. 177 – 206

[BGJ+06] *Kapitel* Architekturbeschreibung. In: BEHRENS, Jan ; GIESECKE, Simon ; JOST, Henning ; MATEVSKA, Jasminka ; SCHREIER, Ulf: *Handbuch der Software-Architektur*. dpunkt.verlag, 2006, S. 35 – 64

[BGJ+08] *Kapitel* Architekturbeschreibung. In: BEHRENS, Jan ; GIESECKE, Simon ; JOST, Henning ; MATEVSKA, Jasminka ; SCHREIER, Ulf: *Handbuch der Software-Architektur*. dpunkt.verlag, 2008, S. 33 – 68

[Bie02] BIEN, Adam: *J2EE Patterns - Entwurfsmuster für die J2EE*. Addison-Wesley Verlag München, 2002. – ISBN 3–8273–1903–X

[BJC05] BATISTA, Thaís V. ; JOOLIA, Ackbar ; COULSON, Geoff: Managing Dynamic Reconfiguration in Component-Based Systems. In: *Proc. of the 2nd European Workshop on Software Architecture, EWSA*, 2005, S. 1 – 17

[BKR09] BECKER, Steffen ; KOZIOLEK, Heiko ; REUSSNER, Ralf: The Palladio component model for model-driven performance prediction. In: *Journal of Systems and Software* 82 (2009), Nr. 1, S. 3 – 22. – ISSN 0164–1212

[BLM03] BRIAND, L.C. ; LABICHE, Y. ; MIAO, Y.: Towards the Reverse Engineering of UML Sequence Diagrams. In: *Proc. of 10th Working Conference on Reverse Engineering*, IEEE Computer Society Press, 2003. – ISBN 0–7695–2027–8, S. 57 – 66

[BPSMM00] BRAY, Tim ; PAOLI, Jean ; SPERBERG-MCQUEEN, C. M. ; MALER, Eve: *Extensible Markup Language (XML) 1.0 (Second Edition)*. W3C, 2000

[BRI09] BRIO AB, SCHWEDEN: *Abbildung mit freundlicher Genehmigung der Firma BRIO AG, Schweden*. http://www.brio.net/, 2009

[BRJ98] BOOCH ; RUMBAUGH ; JACOBSON: *The UML Modeling Language User Guide, Addison-Wesley*. Addison-Wesley, 1998

[Bro02] BROWNELL, David: *SAX2*. O'Reilly & Associates, Inc., 2002. – ISBN 0–596–00237–8

[BTBA06] BECKER, Jürgen ; TEICH, Jürgen ; BREBNER, Gordon ; ATHANAS, Peter M.: 06141 Abstracts Collection – Dynamically Reconfigurable Architectures. In: ATHANAS, Peter M. (Hrsg.) ; BECKER, Jürgen (Hrsg.) ; BREBNER, Gordon (Hrsg.) ; TEICH, Jürgen (Hrsg.): *Dynamically Reconfigurable Architectures*. Dagstuhl, Germany : Internationales Begegnungs- und Forschungszentrum für Informatik (IBFI), Schloss Dagstuhl, Germany, 2006 (Dagstuhl Seminar Proceedings 06141). – ISSN 1862–4405

[Bun08] BUNGE, Sven: *Transparentes Redeployment in komponentenbasierten Softwaresystemen*. 2008. – Diplomarbeit betreut durch Jasminka Matevska und Wilhelm Hasselbring, Software Engineering Group, Universität Oldenburg

[CBB[+]03] CLEMENTS, Paul ; BACHMANN, Felix ; BASS, Len ; GARLAN, David ; IVERS, James ; LITTLE, Reed ; NORD, Robert ; STAFFORD, Judith: *Documenting Software Architectures – Views and Beyond*. Addison-Wesley, 2003

[CCH[+]07] CANSADO, Antonio ; CAROMEL, Denis ; HENRIO, Ludovic ; MADELAINE, Eric ; RIVERA, Marcela ; SALAGEANU, Emil: A Specification Language for Distributed Components Implemented in GCM/ProActive. In: *The Common Component Modeling Example (CoCoMe): Comparing Software Component Models, Dagstuhl Research Seminar, August 1-3*, 2007, S. 418 – 448

[CFH[+]98] CARZANIGA, Antonio ; FUGGETTA, Alfonso ; HALL, Richard S. ; HOEK, André van der ; HEIMBIGNER, Dennis ; WOLF, Alexander L.: *A Characterization Framework for Software Deployment Technologies* / Department of Computer Science, University of Colorado. 1998 (857-98). – Forschungsbericht

[CHH[+]07] CHEN, Zhenbang ; HANNOUSSE, Abdel H. ; HUNG, Dang V. ; KNOLL, Istvan ; LI, Xiaoshan ; LIU, Zhiming ; LIU, Yang ; NAN, Qu ; OKIKA, Joseph C. ; RAVN,

Anders P. ; STOLZ, Volker ; YANG, Lu ; ZHAN, Naijun: Modelling with Relational Calculus of Object and Component Systems - rCOS. In: *The Common Component Modeling Example (CoCoMe): Comparing Software Component Models, Dagstuhl Research Seminar, August 1-3*, 2007, S. 116 – 145

[CHJK02] CRNKOVIC, Ivica ; HNICH, Brahim ; JONSSON, Totte ; KIZILTAN, Zeynep: Specification, Implementation, and Deployment of Components. In: *Communications of the ACM* (2002), S. 45(10)

[CL02] CASTRO, Migel ; LISKOV, Barbara: Practical byzantine fault tolerance and proactive recovery. In: *ACM Transactions on Computer Systems (TOCS)* 20 (2002), Nr. 4, S. 398 – 461. – ISSN 0734–2071

[Cle96] CLEMENTS, Paul C.: A Survey of Architecture Description Languages. In: *IWSSD '96: Proceedings of the 8th International Workshop on Software Specification and Design*, IEEE Computer Society Press, 1996, S. 16 – 25

[CM02] CHEUNG, Susan ; MATENA, Vlada ; SUN MICROSYSTEMS (Hrsg.): *Java Transaction API (JTA)*. http://java.sun.com/products/jta: Sun Microsystems, 2002

[Con04] CONSORTIUM, W3C World Wide W.: *Document Object Model (DOM) Level 3 Core Specification Version 1.0*, 2004

[CS02] CHEN, Xuejun ; SIMONS, Martin: A Component Framework for Dynamic Reconfiguration of Distributed Systems. In: *Proc. of IFIP/ACM Working Conference on Component Deployment*, Springer, 2002, S. 82 – 96

[DAKW03] DUDNEY, Bill ; ASBURY, Stephan ; KROZAK, Joseph K. ; WITTKOPF, Kevin: *J2EE AntiPatterns*. Wiley Publishing, 2003. – ISBN 0–471–14615–3

[DEF[+]07] DEMCHAK, Barry ; ERMAGAN, Vina ; FARCAS, Emilia ; HUANG, To ju ; KRÜGER, Ingolf H. ; MENARINI, Massimiliano: A Rich Services Approach to CoCoME. In: *The Common Component Modeling Example (CoCoMe): Comparing Software Component Models, Dagstuhl Research Seminar, August 1-3*, 2007, S. 85 – 115

[DH01] DAMM, Werner ; HAREL, David: LSCs: Breathing Life into Message Sequence Charts. In: *Formal Methods in System Design* 19 (2001), Nr. 1, S. 45 – 80

[DHT01] DASHOFY, Eric M. ; HOEK, Andre van d. ; TAYLOR, Richard N.: A Highly-Extensible, XML-Based Architecture Description Language. In: KRUCHTEN, Phillipe (Hrsg.) ; VERHOEF, Chris (Hrsg.) ; KAZMAN, Rick (Hrsg.) ; VLIET, Hans van (Hrsg.): *Proc. of The Working IEEE/IFIP Conference on Software Architecture*, IEEE Computer Society Press, 2001, S. 103 – 112

[DHT05] DASHOFY, Eric M. ; HOEK, Andre van d. ; TAYLOR, Richard N.: A Comprehensive Approach for the Development of Modular Software Architecture Description Languages. In: *ACM Trans. on Software Engineering Methodology* 14 (2005), Nr. 2, S. 199 – 245

[Dia06]   DIACONESCU, Ada: *Automatic Performance Optimisation of Component-Based Enterprise Systems via Redundancy*, Dublin City University, Ireland, Diss., 2006

[Die00]   DIESTEL, Reinhard: *Graph Theorie*. Springer-Verlag, 2000

[Die06]   DIESTEL, Reinhard: *Graphentheorie*. Springer-Verlag, 2006. – ISBN 3–540–21391–0

[Dob08]   DOBSON, Simon: An adaptive systems perspective on network calculus, with applications to autonomic control. In: *International Journal of Autonomous and Adaptive Communications Systems* 1 (2008), Nr. 3, S. 332 – 341. – ISSN 1754–8632

[Dou99]   DOUGLASS, Bruce P.: *Real-Time UML*. Zweite. Addison Wesley, 1999

[EAS08]   EMMERICH, Wolfgang ; AOYAMA, Mikio ; SVENTEK, Joe: The impact of research on the development of middleware technology. In: *ACM Transactions Software Engineering Methodology.* 17 (2008), Nr. 4, S. 1 – 48. – ISSN 1049–331X

[Ede06]   EDELSON, Brett McLaughlin J.: *Java & XML*. O'Reilly Media, Inc., 2006. – ISBN 059610149X

[EG09]   EXOLAB GROUP, Intalio I.: *The Castor Project*. http://www.castor.org/, 2009

[EoC09]   ENHYDRA.ORG ; CONSORTIUM, ObjectWeb: *Enhydra Zeus Project*. http://zeus.objectweb.org/, 2009

[Eur09a] EUROPEAN AERONAUTIC DEFENSE AND SPACE COMPANY (EADS): *EADS*. http://www.eads.com/, 2009

[Eur09b] EUROPEAN SPACE AGENCY (ESA): *ESA*. http://www.esa.int/, 2009

[FBF+07] FRANÇA, Ricardo B. ; BODEVEIX, Jean-Paul ; FILALI, Mamoun ; ROLLAND, Jean-François ; CHEMOUIL, David ; THOMAS, Dave: The AADL Behaviour Annex - Experiments and Roadmap. In: *Proc. of The Twelfth IEEE International Conference on Engineering of Complex Computer Systems (ICECCS)*, 2007, S. 377 – 382

[Fel79]   FELDMAN, Stuart I.: Make-A program for maintaining computer programs. In: *Software-Practice and Experience* 9 (1979), S. 255 – 265

[Flo62]   FLOYD, Robert W.: Algorithm 97: Shortest path. In: *Communications of the ACM* 5 (1962), Nr. 6. – ISSN 0001–0782

[Foc06]   FOCKE, Thilo: Performance Monitoring von Middleware-basierten Applikationen / Universität Oldenburg, Deutschland, Department für Informatik, Software Engineering Group. 2006. – Diplomarbeit

[GFH06]   GLUCH, David P. ; FEILER, Peter H. ; HUDAK, John J.: The Architecture Analysis & Design Language (AADL): An Introduction / Software Engineering Institute, Carnegie Mellon University. 2006. – Forschungsbericht

[GHJV95] GAMMA, Erich ; HELM, Richard ; JOHNSON, Ralph ; VLISSIDES, John: *Design Patterns Elements of Reusable Object-Oriented Software*. Addison-Wesley, 1995 (Object-Oriented Technology). – ISBN 0–201–63361–2

[Gia95] GIANNAKOPOULOU, D.: The TRACTA Approach for Behaviour Analysis of Concurrent Systems / Department of Computing, Imperial College of Science, Technology and Medicine. 1995 (DoC 95/16). – Technical report

[GJ90] GAREY, Michael R. ; JOHNSON, David S.: *Computers and Intractability; A Guide to the Theory of NP-Completeness*. New York, NY, USA : W. H. Freeman & Co., 1990. – ISBN 0716710455

[GJ08] GREGERSEN, Allan R. ; JORGENSEN, Bo N.: Module Reload through Dynamic Update - The Case of NetBeans. In: *Proc. of 12th European Conference on Software Maintenance and Reengineering (CSMR)*, 2008, 23 – 32

[GKN06] GANSNER, E. ; KOUTSOFIOS, E. ; NORTH, S.: *Drawing graphs with DOT*. http://www.graphviz.org/Documentation/dotguide.pdf, 2006

[GMH06] GIESECKE, Simon ; MATEVSKA, Jasminka ; HASSELBRING, Wilhelm: Extending ANSI/IEEE Standard 1471 for Representing Architectural Rationale. In: *Proc. of 4th Nordic Workshop on the Unified Modeling Language and Software Modeling (NWUML'06)*, 2006. – ISBN 82–7117–587–4

[GMRS07] GRASSI, Vincenzo ; MIRANDOLA, Raffaela ; RANDAZZO, Enrico ; SABETTA, Antonino: KLAPER: An Intermediate Language for Model-Driven Predictive Analysis of Performance and Reliability. In: *The Common Component Modeling Example (CoCoMe): Comparing Software Component Models, Dagstuhl Research Seminar, August 1-3*, 2007, S. 327 – 356

[GMW97] GARLAN, David ; MONROE, Robert ; WILE, David: Acme: An Architecture Description Interchange Language. In: *Proc. of the 1997 Conference of the Centre for Advanced Studies on Collaborative Research, CASCON'97*, IBM Press, 1997, S. 169 – 183

[GMW00] GARLAN, David ; MONROE, Robert T. ; WILE, David: Acme: Architectural Description of Component-based Systems. In: LEAVENS, Gary T. (Hrsg.) ; SITARAMAN, Murali (Hrsg.): *Foundations of Component-Based Systems*. Cambridge University Press, 2000, S. 47 – 67

[GNS04] GHIASI, Soheil ; NAHAPETIAN, Ani ; SARRAFZADEH, Majid: An optimal algorithm for minimizing run-time reconfiguration delay. In: *Transactions on Embedded Computing Systems* 3 (2004), Nr. 2, S. 237 – 256. – ISSN 1539–9087

[GR91] GORLICK, Michael M. ; RAZOUK, Rami R.: Using Weaves for software construction and analysis. In: *Proc. of the 13th International Conference on Software Engineering*, IEEE Computer Society Press, 1991. – ISBN 0–89791–391–4, S. 23 – 34

[GR93] GRAY, Jim ; REUTER, Andreas: *Transaction Processing: Concepts and Techniques*. Morgan Kaufmann, 1993

[Grü08] GRÜSSING, Eike C.: *Erkennung von zur Laufzeit-Rekonfiguration geeigneten Nutzungsszenarien*. 2008. – Individuelles Projekt betreut durch Jasminka Matevska und Wilhelm Hasselbring, Software Engineering Group, Universität Oldenburg

[Gra07] GRAAF, Bas: Model-Driven Evolution of Software Architectures. In: *Proc. of the 11th European Conference on Software Maintenance and Reengineering*, IEEE Computer Society Press, 2007. – ISBN 0–7695–2802–3, S. 357 – 360

[Gru03] GRUNSKE, Lars: Automated Software Architecture Evolution with Hypergraph Transformation. In: *Proc. of the 7th International IASTED on Conference Software Engineering and Application*, 2003

[Gru04] GRUNSKE, Lars: *Strukturorientierte Optimierung der Qualitätseigenschaften von softwareintensiven technischen Systemen im Architekturentwurf*, Universität Potsdam, Diss., 2004

[Gru05] GRUNSKE, Lars: Formalizing Architectural Refactorings as Graph Transformation Systems. In: *Proc. of the Sixth International Conference on Software Engineering, Artificial Intelligence, Networking and Parallel/Distributed Computing*, IEEE Computer Society Press, 2005. – ISBN 0–7695–2294–7, S. 324 – 329

[Hab92] HABEL, Annegret: Hyperedge Replacement: Grammars and Languages. In: *Lecture Notes in Computer Science* 643 (1992)

[HC01] HEINEMANN, George T. ; COUNCILL, William T.: *Component-Based Software Engineering*. Addison-Wesley Longman Publishing Co., Inc., 2001. – ISBN 0201704854

[HHN03] HAN, Minmin ; HOFMEISTER, Christine ; NORD, Robert L.: Reconstructing Software Architecture for J2EE Web Applications. In: *Proc. of 10th Working Conference on Reverse Engineering*, IEEE Computer Society Press, 2003. – ISBN 0–7695–2027–8, S. 67 – 79

[Hil05] HILDEBRANDT, Stefan: *Evaluation typischer Rekonfigurationsszenarien an J2EE-basierten Anwendungen*. 2005. – Diplomarbeit betreut durch Jasminka Matevska und Wilhelm Hasselbring, Software Engineering Group, Universität Oldenburg

[HKS+05] HAN, Chih-Chieh ; KUMAR, Ram ; SHEA, Roy ; KOHLER, Eddie ; SRIVASTAVA, Mani: A dynamic operating system for sensor nodes. In: *Proc. of the 3rd international conference on Mobile systems, applications, and services (MobiSys'05)*, ACM Press, 2005. – ISBN 1–931971–31–5, S. 163 – 176

[HNS00] HOFMEISTER, Christine ; NORD, Robert ; SONI, Dilip: *Applied Software Architecture*. Addison-Wesley, 2000 (Object technology series)

[Hoa85] HOARE, Tony: *Communicating Sequential Processes*. Prentice Hall International, 1985

[Hof93] HOFMEISTER, Christine R.: *Dynamic Reconfiguration of Distributed Applications*, University of Maryland, Department of Computer Science, Diss., 1993

[Hoo07a] HOORN, André van: *Markov4JMeter – Homepage*. http://markov4jmeter.sourceforge.net/, 2007

[Hoo07b] HOORN, André van: *Workload-sensitive Timing Behavior Anomaly Detection in Large Software Systems*. 2007. – Diplomarbeit, Software Engineering Group, Universität Oldenburg

[Hra02] HRASNA, Hans: *The Java Platform, Enterprise Edition (J2EE) Management Specification [JSR 77], Version 1.0*. Sun Microsystems, 2002

[HRH08] HOORN, André van ; ROHR, Matthias ; HASSELBRING, Wilhelm: Generating Probabilistic and Intensity-varying Workload for Web-based Software Systems. In: KOUNEV, Samuel (Hrsg.) ; GORTON, Ian (Hrsg.) ; SACHS, Kai (Hrsg.) ; SPEC (Veranst.): *SPEC International Performance Evaluation Workshop (SIPEW '08)* Bd. 5119 SPEC, Springer-Verlag, 2008 (Lecture Notes in Computer Science (LNCS)), S. 124 – 143

[HRHR99] HUTH, Michael ; RYAN, Mark ; HUTH, M. ; RYAN, M.: *Logic in Computer Science: Modelling and Reasoning about Systems*. Cambridge University Press, 1999

[iBa09] IBATIS: *JPetStore*. http://www.jwebhosting.net/jpetstore/, 2009

[IBM07] IBM: *WebSphere Application Server Documentation, Version 6*. http://publib.boulder.ibm.com/infocenter/wsdoc400/, 2007

[IBM09] IBM: *IBM WebSphere*. http://www-306.ibm.com/software/websphere, 2009

[IEE87] IEEE: *ANSI/IEEE Std 1042-1987, Guide to Software Configuration Management*, 1987

[IEE00] IEEE: *ANSI/IEEE Std 1471, ISO/IEC 42010, Recommended Practice for Architectural Description of Software-Intensive Systems*, 2000

[IEE06] IEEE: *International Standard ISO/IEC 14764 IEEE 14764-2006 for Software Maintenance*, 2006. – Revision of 1219-1998

[IEE09] IEEE STANDARDS ASSOCIATION: *POSIX: Portable Operating System Interface*. http://standards.ieee.org/regauth/posix/, 2009

[Inc09] INC., JBOSS: *JGroups*. http://www.jgroups.org/, 2009

[Int04] INTERNATIONAL TELECOMMUNICATION UNION: *Z.210 ITU-T Recommendation: Message Sequence Chart (MSC)*, 2004

[Int09] INTERNATIONAL, Honeywell: *Honeywell*. http://www.honeywell.com/, 2009

[IRS09]   IRST TRENTO AND CMU PITTSBURGH AND UNIVERSITY OF GENOVA AND UNIVERSITY OF TRENTO: *NuSMV – Homepage.* http://nusmv.itc.it/, 2009

[JBo05]   JBOSS GROUP: *JBoss Application Server – Start Guide.* http://docs.jboss.org/jbossas/getting_started/v3/startguide40.zip, 2005

[JBo07]   JBOSS GROUP: *JBoss Application Server Doc.* http://www.jboss.org/docs/index, 2007

[JBo09a] JBOSS GROUP: *JBoss Application Plattform.* http://www.jboss.com/products/platforms/application/, 2009

[JBo09b] JBOSS GROUP: *JBoss Application Server Doc.* http://www.jboss.org/docs/index, 2009

[JMHV04] JANSSENS, Nico ; MICHIELS, Sam ; HOLVOET, Tom ; VERBAETEN, Pierre: A Modular Approach Enforcing Safe Reconfiguration of Producer-Consumer Applications. In: *Proc. of the 20th IEEE International Conference on Software Maintenance (ICSM)*, IEEE Computer Society Press, 2004. – ISBN 0–7695–2213–0, S. 274 – 283

[Jun02]   JUNGNICKEL, Dieter: *Graphs, Netzworks and Algorithms.* Berlin : Springer-Verlag, 2002. – 2nd printing

[JUn09]   JUNIT YAHOO GROUP: *JUnit.* http://www.junit.org/, 2009

[Kar72]   KARP, Richard M.: Reducibility Among Combinatorial Problems. In: MILLER, R. E. (Hrsg.) ; THATCHER, J. W. (Hrsg.): *Complexity of Computer Computations.* Plenum Press, 1972, S. 85 – 103

[KBH07]   KOZIOLEK, Heiko ; BECKER, Steffen ; HAPPE, Jens: Predicting the Performance of Component-Based Software Architectures with Different Usage Profiles. In: *QoSA*, 2007, S. 145 – 163

[KC00]   KON, Fabio ; CAMPBELL, Roy H.: Dependence Management in Component-Based Distributed Systems. In: *IEEE Concurrency* 8 (2000), Nr. 1, S. 26 – 36

[KJH$^+$07] KNAPP, Alexander ; JANISCH, Stephan ; HENNICKER, Rolf ; CLARK, Allan ; GILMORE, Stephen ; HACKLINGER, Florian ; BAUMEISTER, Hubert ; WIRSING, Martin: Modelling the CoCoME with the Java/A Component Model. In: *The Common Component Modeling Example (CoCoMe): Comparing Software Component Models, Dagstuhl Research Seminar, August 1-3,* 2007, S. 207 – 237

[KM85]   KRAMER, Jeff ; MAGEE, Jeff: Dynamic Configuration for Distributed Systems. In: *IEEE Transactions on Software Engineering* 11 (1985), Nr. 4, S. 424 – 436

[KM90]   KRAMER, Jeff ; MAGEE, Jeff: The Evolving Philosophers Problem: Dynamic Change Management. In: *IEEE Transactions on Software Engineering* 16 (1990), Nr. 11, S. 1293 – 1306

[Krö87]   KRÖGER, Fred: *Temporal logic of programs.* New York, NY, USA : Springer-Verlag, 1987

[KR07] KROGMANN, Klaus ; REUSSNER, Ralf: Palladio - Prediction of Performance Properties. In: *The Common Component Modeling Example (CoCoMe): Comparing Software Component Models, Dagstuhl Research Seminar, August 1-3,* 2007, S. 297 – 326

[Kri71] KRIPKE, Saul A.: Semantical Considerations on Modal Logic. In: *Reference and Modality* (1971), S. 101 – 111

[Kru95] KRUCHTEN, Philippe: The 4+1 View Model of Architecture. In: *IEEE Software* 12 (1995), Nr. 6, S. 42 – 50

[Lar01] LARSSON, Magnus: *Applying Configuration Management Techniques to Component-Based Systems*, Uppsala University, Sweden, Diss., 2001

[Lar04] LARMAN, Craig: *Applying UML and Patterns: An Introduction to Object-Oriented Analysis and Design and Iterative Development (3rd Edition)*. Upper Saddle River, NJ, USA : Prentice Hall PTR, 2004. – ISBN 0131489062

[Lib07] *Proc. of the 2007 Symposium on Library-Centric Software Design (LCSD'07)*. ACM Press, 2007 . – ISBN 978–1–60558–086–9

[Lig00] LIGGESMEYER, Peter: *Qualitätssicherung softwareintensiver technischer Systeme*. Spektrum-Akademischer-Verlag, 2000. – ISBN 3–8274–1085–1

[Lig08] LIGGESMEYER, Peter: *Lehrbuch der Softwaretechnik: Softwaremanagement*. Spektrum Akademischer Verlag, 2008. – ISBN 3–8274–1161–0

[LL06] LEVIN, Mark S. ; LAST, Mark: Design of test inputs and their sequences in multifunction system testing. In: *Applied Intelligence* 25 (2006), Nr. 1, S. 107 – 126. – ISSN 0924–669X

[LMP04] LITTLE, Mark ; MARON, Jon ; PAVLIK, Greg: *Java Transaction Processing: Design and Implementation*. Upper Saddle River, NJ, USA : Prentice Hall PTR, 2004. – ISBN 013035290X

[Low04] LOW, Glen: *Graph Visualization Software*. http://www.graphviz.org/, 2004

[LST78] LIENTZ, Bennet P. ; SWANSON, E. B. ; TOMPKINS, G. E.: Characteristics of Applications Software Maintenance. In: *Communications of the ACM* 21 (1978), Nr. 6, S. 466 – 471

[LV95] LUCKHAM, David C. ; VERA, James: An Event-Based Architecture Definition Language. In: *IEEE Transactions on Software Engineering* 21 (1995), Nr. 9, S. 717 – 734

[LVB^{+}93] LUCKHAM, David C. ; VERA, James ; BRYAN, Doug ; AUGUSTIN, Larry ; BELZ, Frank: Partial Orderings of Event Sets and Their Application to Prototyping Concurrent, Timed Systems. In: *Journal of Systems and Software* 21 (1993), Nr. 3, S. 253 – 265

[Mat08]   MATEVSKA, Jasminka: An optimised Runtime Reconfiguration of component-based Software Systems. In: *Proc. of the 32nd Annual IEEE International Computer Software and Applications Conference, COMPSAC 2008*, IEEE Computer Society Press, 2008. – ISBN 978–0–7695–3262–2, S. 499 – 501

[Mat09]   MATEVSKA, Jasminka: Model-based Runtime Reconfiguration of Component-based Systems. In: *Proc. of the Warm Up Workshop (WUP 2009) for ACM/IEEE ICSE 2010*, ACM Press, 2009. – ISBN 978–1–60558–565–9, S. 33 –36

[MDEK95] MAGEE, Jeff ; DULAY, Naranker ; EISENBACH, Susan ; KRAMER, Jeff: Specifying Distributed Software Architectures. In: *Proc. of 5th European Software Engineering Conference (ESEC '95), Sitges*, Springer-Verlag, 1995, S. 137 – 153

[Mel07]   MELZER, Ingo: *Service-orientierte Architekturen mit Web Services. Konzepte - Standards - Praxis*. Spektrum Akademischer Verlag; Auflage: 2. A., 2007

[Met96]   METAYER, Daniel L.: Software Architecture Styles as Graph Grammars. In: *Foundations of Software Engineering*, 1996, S. 15 – 23

[MG06]   *Kapitel* Architekturbeschreibungssprachen. In: MATEVSKA, Jasminka ; GIESECKE, Simon: *Handbuch der Software-Architektur*. dpunkt.verlag, 2006, S. 477 – 482

[MH07]   MATEVSKA, Jasminka ; HASSELBRING, Wilhelm: A Scenario-based Approach to Increasing Service Availability at Runtime Reconfiguration of Component-based Systems. In: *Proc. of 33rd Euromicro Conference on Software Engineering and Advanced Applications (SEAA)*, IEEE Computer Society Press, 2007. – ISBN 0–7695–2977–1, S. 137 – 144

[Mic06]   MICROSOFT: *DCOM Technical Overview*. http://msdn.microsoft.com/en-us/library/ms809340.aspx, 2006

[Mic07]   MICROSOFT: *.NET Framework-Entwicklerhandbuch*. http://msdn.microsoft.com/en-us/library/zw4w595w.aspx, 2007

[Mic08]   MICROSOFT: *Microsoft .NET Platform*. http://www.microsoft.com/net, 2008

[Mil80]   MILNER, Robin: A calculus of communicating systems. In: *Lecture Notes in Computer Science* 92 (1980)

[MMH03] MATEVSKA-MEYER, Jasminka ; HASSELBRING, Wilhelm: Enabling Reconfiguration of Component-Based Systems at Runtime. In: GURP, J. van (Hrsg.) ; BOSCH, J. (Hrsg.): *Proc. of Workshop on Software Variability Management*, 2003, S. 123 – 125

[MMHR03] MATEVSKA-MEYER, Jasminka ; HASSELBRING, Wilhelm ; REUSSNER, Ralf: Exploiting Protocol Information for Speeding up Runtime Reconfiguration of Component-Based Systems. In: *Proc. of Workshop on Component-Oriented Programming WCOP at 17th European Conference on Object-Oriented Programming ECOOP*, 2003

[MMHRs04] MATEVSKA-MEYER, Jasminka ; HASSELBRING, Wilhelm ; REUSSNER, Ralf: Software Architecture Description supporting Component Deployment and System Runtime Reconfiguration. In: *Proc. of Workshop on Component-Oriented Programming WCOP at 18th European Conference on Object-Oriented Programming ECOOP*, 2004

[MMOH04] MATEVSKA-MEYER, Jasminka ; OLLIGES, Sascha ; HASSELBRING, Wilhelm: Runtime Reconfiguration of J2EE Applications. In: *Proc. of DECOR'04 - 1st French Conference on Software Deployment and (Re)Configuration*, NetPrint, Eybens, 2004, S. 77 – 84

[MMS98] MEYER, Bertrand ; MINGINS, Christine ; SCHMIDT, Heinz: Object Technology: Providing Trusted Components to the Industry. In: *Computer* 31 (1998), Nr. 5, S. 104 – 105

[Mon00] MONROE, Robert T.: Capturing Software Architecture Design Expertise with Armani / Carnegie Mellon University, School of Computer Science. 2000 (CMU-CS-98-163). – Forschungsbericht. – Version 2.3

[Mon03] MONZILLO, Ron: *Java Authorization Contract for Containers*. http://jcp.org/-en/jsr/ : Sun Microsystems, 2003

[Mon09] MONO PROJECT COMMUNITY: *The Mono Project*. http://www.mono-project.com/, 2009

[MT00] MEDVIDOVIC, Nenad ; TAYLOR, Richard N.: A Classification and Comparison Framework for Software Architecture Description Languages. In: *IEEE Transactions on Software Engineering* 26 (2000), Nr. 1, S. 70 – 93

[Mus04] MUSA, John D.: *Software Reliability Engineering: More Reliable Software Faster And Cheaper*. Authorhouse, 2004

[Nuu95] NUUTILA, Esko: *Efficient Transitive Closure Computation in Large Digraphs*, Helsinki University of Technology, Diss., 1995

[Obj03] OBJECT MANAGEMENT GROUP (OMG): *UML 2.0 OCL Specification*. 2003. – http://www.omg.org/docs/ptc/03-10-14.pdf

[Obj06a] OBJECT MANAGEMENT GROUP (OMG): *CORBA Component Model, V4.0*. http://www.omg.org/technology/documents/formal/components.htm, 2006

[Obj06b] OBJECT MANAGEMENT GROUP (OMG): *Deployment and Configuration of Component-based Distributed Applications Specification, V 4.0*. 2006

[Obj07] OBJECT MANAGEMENT GROUP (OMG): *Unified Modeling Language (UML), Version 2.1.2*. http://www.omg.org/spec/UML/2.1.2/, 2007

[Obj08a] OBJECT MANAGEMENT GROUP (OMG): *Common Object Request Broker Architecture (CORBA), V3.1*. http://www.omg.org/spec/CORBA/3.1/, 2008

[Obj08b] OBJECT MANAGEMENT GROUP (OMG): *Object Management Architecture*. 2008. – http://www.omg.org/oma/

[Obj09a] OBJECT MANAGEMENT GROUP: *CORBA*. http://www.corba.org/, 2009

[Obj09b] OBJECT MANAGEMENT GROUP: *Object Management Group (OMG)*. http://www.omg.org/, 2009

[Obj09c] OBJECT MANAGEMENT GROUP (OMG): *Unified Modeling Language (UML)*. http://www.uml.org/, 2009

[Obj09d] OBJECT MANAGEMENT GROUP (OMG): *Unified Modeling Language (UML), V 2.2*. http://www.omg.org/spec/UML/2.2/, 2009

[Obj09e] OBJECT MANAGEMENT GROUP (OMG): *Unified Modeling Language (UML), V 2.2, Superstructure Specification*. http://www.omg.org/spec/UML/2.2/Superstructure/PDF, 2009

[Oll04] OLLIGES, Sascha: *J2EE Deployment API Implementation*. 2004. – Individuelles Projekt betreut durch Jasminka Matevska und Wilhelm Hasselbring, Software Engineering Group, Universität Oldenburg

[Oll05] OLLIGES, Sascha: *Runtime Reconfiguration in J2EE Systems*. 2005. – Diplomarbeit betreut durch Jasminka Matevska und Wilhelm Hasselbring, Software Engineering Group, Universität Oldenburg

[OMT98] OREIZY, Peyman ; MEDVIDOVIC, Nenad ; TAYLOR, Richard N.: Architecture-Based Runtime Software Evolution. In: *Proc. of the International Conference on Software Engineering 1998 (ICSE'98)*, 1998, S. 177 – 186

[Ora09] ORACLE: *Oracle BEA WebLogic*. http://de.bea.com/products/weblogic/, 2009

[OSG09] OSGI ALLIANCE: *OSGI - The Dynamic Module System for Java*. http://www.osgi.org/, 2009

[Pak03] PAKDAMAN, Mahboubeh: *Dynamische Rekonfiguration von Enterprise JavaBeans Softwaresystemen*. 2003. – Diplomarbeit betreut durch Jasminka Matevska und Wilhelm Hasselbring, Software Engineering Group, Universität Oldenburg

[PBJ98] PLASIL, F. ; BALEK, D. ; JANECEK, R.: SOFA/DCUP:Architecture for Component Trading and Dynamic Updating. In: *Proc. of the International Conference on Configurable Distributed Systems*, IEEE Computer Society Press, 1998, S. 35 – 42

[PDN89] PRIETO-DIAZ, R. ; NEIGHBORS, J.M:: Module Interconnection Languages. In: *Systems and Software* 6 (1989), Nr. 4, S. 307 – 334

[PEB00] PADBERG, Julia ; ERMEL, Claudia ; BARDOHL, Roswitha: Rule-Based and Visual Model Evolution using GENGED. In: *Proc. of the Seventh International Colloquium on Automata, Languages and Programming (ICALP) Satellite Workshops*, 2000, S. 467 – 476

[PI00] PRESSMAN, Roger S. ; INCE, Darrel: *Software Engineering: A Practitioner's Approach, European Adaption*. 5. McCraw-Hill, Inc., 2000

[Pis95a] PISINGER, David: *Algorithms for Knapsack Problems*. 1995

[Pis95b] PISINGER, David: A minimal algorithm for the Multiple-choice Knapsack Problem. In: *European Journal of Operational Research* 83 (1995), S. 394 – 410

[Pla05] PLASIL, Frantisek: Enhancing component specification by behavior description: the SOFA experience. In: *Proc. of the 4th International Symposium on Information and Communication Technologies (WISICT)*, Trinity College Dublin, 2005. – ISBN 1–59593–169–4, S. 185 – 190

[PS82] PAPADIMITRIOU, Christos H. ; STEIGLITZ, Kenneth: *Combinatorial optimization: algorithms and complexity*. Upper Saddle River, NJ, USA : Prentice-Hall, Inc., 1982. – ISBN 0–13–152462–3

[PWZ07] PENG, Xin ; WU, Yijian ; ZHAO, Wenyun: A Feature-Oriented Adaptive Component Model for Dynamic Evolution. In: *CSMR '07: Proc. of the 11th European Conference on Software Maintenance and Reengineering*, IEEE Computer Society Press, 2007. – ISBN 0–7695–2802–3, S. 49 – 57

[RAC+02] RUTHERFORD, Matthew J. ; ANDERSON, Kenneth ; CARZANIGA, Antonio ; HEIMBIGNER, Dennis ; WOLF, Alexander L.: Reconfiguration in the Enterprise JavaBean Component Model. In: *Proc. of IFIP/ACM Working Conference on Component Deployment*, Springer-Verlag, 2002, S. 67 – 81

[Reu01] REUSSNER, Ralf H.: *Parametrisierte Verträge zur Protokolladaption bei Software-Komponenten*, Universität (T. H.) Karlsruhe, Diss., 2001

[Reu02] REUSSNER, Ralf H.: Parameterised Contracts for Software Components / DSTC Pty Inc., Melbourne, Australia. 2002. – Forschungsbericht

[Reu03] REUSSNER, Ralf H.: Automatic Component Protocol Adaptation with the CoCoNut Tool Suite. In: *Future Generation Computer Systems* 19 (2003), Nr. 5, S. 627 – 639

[RGH+06] ROHR, Matthias ; GIESECKE, Simon ; HASSELBRING, Wilhelm ; HIEL, Marcel ; HEUVEL, Willem-Jan van d. ; WEIGAND, Hans: A classification scheme for self-adaptation research. In: *Proc. of the International Conference on Self-Organization and Autonomous Systems In Computing and Communications (SOAS'2006)*, 2006

[RH08] REUSSNER, Ralf ; HASSELBRING, Wilhelm: *Handbuch der Software-Architektur*. dpunkt.verlag, Heidelberg, 2008

[RHG+08] ROHR, Matthias ; HOORN, André van ; GIESECKE, Simon ; MATEVSKA, Jasminka ; HASSELBRING, Wilhelm ; ALEKSEEV, Sergej: Trace-context sensitive performance profiling for enterprise software applications. In: KOUNEV, Samuel (Hrsg.) ; GORTON, Ian (Hrsg.) ; SACHS, Kai (Hrsg.): *SPEC International Performance Evaluation Workshop (SIPEW'08)* Bd. 5119, Springer-Verlag, 2008 (Lecture Notes of Computer Science (LNCS)). – ISBN 978–3–540–69813–5, S. 283 – 302

[RHM+08] ROHR, Matthias ; HOORN, Andre van ; MATEVSKA, Jasminka ; STOEVER, Lena ; SOMMER, Nils ; GIESECKE, Simon ; HASSELBRING, Wilhelm: Kieker: Continuous Monitoring and on demand Visualization of Java Software Behavior. In: *Proc. of the IASTED International Conf. on Software Engineering*, ACTA Press, 2008

[RHQ+05] RUPP, Chris ; HAHN, Jürgen ; QUEINS, Stefan ; JECKLE, Mario ; ZENGLER, Barbara: *UML2 glasklar: Praxiswissen für die UML-Modellierung und -Zertifizierung*. Hanser Verlag, 2005

[RP03a] RASCHE, Andreas ; POLZE, Andreas: Configuration and Dynamic Reconfiguration of Component-Based Applications with Microsoft .NET. In: *Proc. of the 6th IEEE International Symposium on Object-Oriented Real-Time Distributed Computing (ISORC 2003)*, 2003, S. 164 – 171

[RP03b] ROBAK, Silva ; PIECZYNSKI, Andrzej: Employing Fuzzy Logic in Feature Diagrams to Model Variability in Software Product-Lines. In: *Proc. of the 10th IEEE International Conference and Workshop on the Engineering of Computer-Based Systems,ECBS'03*, 2003

[RPS03] REUSSNER, Ralf ; POERNOMO, Iman ; SCHMIDT, Heinz: Contracts and Quality Attributes for Software Components. In: WECK, Wolfgang (Hrsg.) ; BOSCH, Jan (Hrsg.) ; SZYPERSKI, Clemens (Hrsg.): *Proc. of the Eigth International Workshop on Component-Oriented Programming (WCOP'03)*, 2003

[RQZ07] RUPP, Chris ; QUEINS, Stefan ; ZENGLER, Barbara: *UML 2 Glasklar*. Hanser Verlag, 2007

[RRMP08] RAUSCH, Andreas (Hrsg.) ; REUSSNER, Ralf (Hrsg.) ; MIRANDOLA, Raffaela (Hrsg.) ; PLASIL, Fran tisek (Hrsg.): *The Common Component Modeling Example (CoCoMe): Comparing Software Component Models, Dagstuhl Research Seminar, August 1-3, 2007*. Bd. *5153*. Springer-Verlag, 2008 (Lecture Notes in Computer Science). – ISBN 978–3–540–85288–9

[RS02] REUSSNER, Ralf H. ; SCHMIDT, Heinz W.: Using Parameterised Contracts to Predict Properties of Component Based Software Architectures. In: CRNKOVIC, Ivica (Hrsg.) ; LARSSON, Stig (Hrsg.) ; STAFFORD, Judith (Hrsg.): *Workshop On Component-Based Software Engineering (in association with 9th IEEE Conference and Workshops on Engineering of Computer-Based Systems)*, 2002

[RSP03] REUSSNER, Ralf H. ; SCHMIDT, Heinz W. ; POERNOMO, Iman H.: Reliability prediction for component-based software architectures. In: *J. Syst. Softw.* 66 (2003), Nr. 3, S. 241 – 252. – ISSN 0164–1212

[Sch98] SCHMERL, Bradley R.: *Designing Configuration Management Tools for Dynamically Composed Systems*, Universy of South Australia, Department of Computer Science, Diss., 1998

[Sch04]   SCHRECK, Daniel: *Entwicklung eines Frameworks zum Performance-Monitoring von EJB-Komponenten.* 2004. – Individuelles Projekt betreut durch Ralf Reussner und Jasminka Matevska, Software Engineering Group, Universität Oldenburg

[Sea03]   SEARLS, Rebecca ; SUN MICROSYSTEMS (Hrsg.): *J2EE Deployment API Specification [JSR-88].* http://java.sun.com/j2ee/tools/deployment/: Sun Microsystems, 2003

[SEIS09] SOFTWARE ENGINEERING INSTITUTE (SEI), Carnegie Mellon U.: *AADL Adoption in the Research Community.* http://www.sei.cmu.edu/pcs/mbe-research.html, 2009

[Sek04]   SEKANINA, Lukas: *Evolvable Components: From Theory to Hardware Implementations.* Springer-Verlag, 2004

[SKM01]   SYSTÄ, Tarja ; KOSKIMIES, Kai ; MÜLLER, Hausi: Shimba: An environment for reverse engineering Java software systems. In: *Softw. Pract. Exper.* 31 (2001), Nr. 4, S. 371 – 394. – ISSN 0038–0644

[Sne08]   SNEED, Harry M.: Offering Software Maintenance as an Offshore Service. In: *24th IEEE International Conference on Software Maintenance (ICSM'08),* 2008, S. 1 – 5

[Soc09]   SOCIETY OF AUTOMOTIVE ENGINEERS: *SAE.* http://www.sae.org/, 2009

[Som04]   Kapitel 29 Configuration Management. In: SOMMERVILLE, Ian: *Software Engineering.* Addison-Wesley, 2004, S. 641 – 662

[Som07]   SOMMERVILLE, Ian: *Software Engineering.* Addison-Wesley, 2007

[Sou09]   SOURCEFORGE.NET: *DOM4J.* http://www.dom4j.org/, 2009

[Spa00]   SPARLING, Michael: Lessons learned through six years of component-based development. In: *Communications of the ACM* 43 (2000), Nr. 10, S. 47 – 53

[Spi89]   SPIVEY, J. M.: *The Z Notation.* Prentice Hall, 1989

[SSRB00] SCHMIDT, D. ; STAL, M. ; ROHNERT, H. ; BUSCHMANN, F.: *Pattern-Oriented Software Architecture.* Bd. Vol. 2: Patterns for Concurrent and Networked Objects. John-Wiley & Sons, 2000

[Stö07]   STÖVER, Lena: *Evaluation dienstbezogener Abhängigkeiten in komponentenbasierten Systemen.* 2007. – Individuelles Projekt betreut durch Jasminka Matevska und Wilhelm Hasselbring, Software Engineering Group, Universität Oldenburg

[Sta02]   STARK, Scott: *JBoss Administration and Development.* 2002

[Ste86]   STEUER, Ralph E.: *Multiple Criteria Optimization: Theory, Computation and Application.* John Wiley, 1986

[Sun97]   SUN MICROSYSTEMS: *Java Beans API.* http://java.sun.com/javase/technologies/desktop/javabeans/, 1997

[Sun02a] SUN MICROSYSTEMS: *Core J2EE Patterns.* http://java.sun.com/blueprints/corej2eepatterns/Patterns/index.html, 2002

[Sun02b] SUN MICROSYSTEMS: *Java BluePrints Patterns Catalog.* http://java.sun.com/blueprints/patterns/catalog.html, 2002

[Sun02c] SUN MICROSYSTEMS: *Java Management Extensions Instrumentation and Agent Specification, Version 1.2*, 2002

[Sun03a] SUN MICROSYSTEMS: *Enterprise Java Beans Specification V2.1.* http://java.sun.com/products/ejb/, 2003

[Sun03b] SUN MICROSYSTEMS: *Java 2 Platform, Enterprise Edition Specification, Version 1.4.* http://java.sun.com/j2ee/, 2003

[Sun03c] SUN MICROSYSTEMS: *Java 2 Platform, Enterprise Edition Specification, Version 1.4.* http://java.sun.com/j2ee/, 2003

[Sun05] SUN MICROSYSTEMS : *The J2EE 1.4 Tutorial.* http://java.sun.com/j2ee/1.4/docs/tutorial/doc/index.html, 2005

[Sun06a] SUN MICROSYSTEMS: *Java Platform, Enterprise Edition Specification, Version 5.0.* 2006. – http://java.sun.com/j2ee/

[Sun06b] SUN MICROSYSTEMS: *JSR 220: Enterprise JavaBeans Specification, Version 3.0.* http://java.sun.com/products/ejb/, 2006

[Sun06c] SUN MICROSYSTEMS: *The Java Platform, Enterprise Edition (Java EE) 5 Tutorial.* http://www.sun.com/offers/details/JavaEETutorial.html, 2006

[Sun09a] SUN MICROSYSTEMS: *GlassFish Project.* http://glassfish.dev.java.net/, 2009

[Sun09b] SUN MICROSYSTEMS: *Java Architecture for XML Binding (JAXB).* https://jaxb.dev.java.net/, 2009

[Sun09c] SUN MICROSYSTEMS: *Java Platform, Enteprise Edition (Java EE).* http://java.sun.com/javaee/, 2009

[Sun09d] SUN MICROSYSTEMS: *Java Web Start Technologie.* http://java.sun.com/javase/technologies/desktop/javawebstart/, 2009

[Sun09e] SUN MICROSYSTEMS: *MySQL Connector J.* http://www.mysql.de/products/connector/j/, 2009

[Sun09f] SUN MICROSYSTEMS: *MySQL Database.* http://www.mysql.de/, 2009

[Sun09g] SUN MICROSYSTEMS: *Sun Microsystems.* http://www.sun.com/, 2009

[SW02] SMITH, C. U. ; WILLIAMS, L. G.: *Performance Solutions: A practical guide to creating responsive, scalable software.* Addison-Wesley, 2002

[Sys09] SYSTEM, GNU O.: *Diffutils GNU Project.* http://www.gnu.org/software/diffutils/diffutils.html, 2009

[Szy02] SZYPERSKI, Clemens: *Component Software: Beyond Object-Oriented Programming.* Addison-Wesley Longman Publishing Co., Inc., 2002. – ISBN 0201745720

[TGM98] TAENTZER, Gabriele ; GOEDICKE, Michael ; MEYER, Torsten: Dynamic change management by distributed graph transformation: Towards configurable distributed systems. In: *Proc. of the 6th International Workshop on Theory and Application of Graph Transformation (TAGT)*, Springer-Verlag, 1998

[The08] THE APACHE SOFTWARE FOUNDATION: *Apache Tomcat 6.0 Dokumentation.* http://tomcat.apache.org/tomcat-6.0-doc/index.html, 2008

[The09a] THE APACHE SOFTWARE FOUNDATION: *Apache Struts.* http://struts.apache.org/, 2009

[The09b] THE APACHE SOFTWARE FOUNDATION: *Apache Tomcat.* http://tomcat.apache.org/, 2009

[The09c] THE ECLIPSE FOUNDATION: *AspectJ Development Tools.* http://www.eclipse.org/ajdt/, 2009

[The09d] THE ECLIPSE FOUNDATION: *Eclipse Software Development Kit.* http://www.eclipse.org, 2009

[The09e] THE ECLIPSE FOUNDATION: *The AspectJ Project.* http://www.eclipse.org/aspectj/, 2009

[The09f] THE HSQLDB DEVELOPMENT GROUP: *HSQLDB - Java Database – Homepage.* http://hsqldb.org/, 2009

[The09g] THE LINUX FOUNDATION: *SYSSTAT Utilities.* http://pagesperso-orange.fr/sebastien.godard/, 2009

[Tic88] TICHY, Walter F.: Tools for Software Configuration Management. In: WINKLER, Jürgen F. H. (Hrsg.): *Proc. of the International Workshop on Software Version and Configuration Control (SCM), January 27-29* Bd. 30, Teubner, 1988 (Berichte des German Chapter of the ACM). – ISBN 3–519–02671–6, S. 1 – 20

[TMA$^+$96] TAYLOR, Richard N. ; MEDVIDOVIC, Nenad ; ANDERSON, Kenneth M. ; JR., E. James W. ; ROBBINS, Jason E. ; NIES, Kari A. ; OREIZY, Peyman ; DUBROW, Deborah L.: A Component- and Message-Based Architectural Style for GUI Software. In: *IEEE Transactions on Software Engineering* 22 (1996), Nr. 6, S. 390 – 406

[Tri02] TRIVEDI, Kishor S.: *Probability and statistics with reliability, queuing and computer science applications.* Chichester, UK, UK : John Wiley and Sons Ltd., 2002. – ISBN 0–471–33341–7

[Tur04] TURAU, Volker: *Algorithmische Graphentheorie.* Oldenbourg Wissenschaftsverlag, 2004. – ISBN 3–486–20038–0

[Uni09] UNIVERSITY OF DELAWARE: *Network Time Protocol (NTP)*. http://www.ntp.org/, 2009

[Upp09] UPPSALA UNIVERSITY AND AALBORG UNIVERSITY: *UPPAAL*. http://www.uppaal.com/, 2009

[War62] WARSHALL, Stephen: A Theorem on Boolean Matrices. In: *Journal of the ACM* 9 (1962), Nr. 1, S. 11 – 12. – ISSN 0004–5411

[Wer99] WERMELINGER, Michel: *Specification of Software Architecture Reconfiguration*, Universidade Nova de Lisboa, Diss., 1999

[Win09] WINTER, Andreas: *Software Migration (Eingeladener Vortrag Kolloquiumsreihe Software Engineering, Universität Oldenburg)*. University of Koblenz-Landau, Institute for Software Technology, 2009

[WYL08] WERMELINGER, Michel ; YU, Yijun ; LOZANO, Angela: Design Principles in Architectural Evolution: a Case Study. In: *Proc. of the 24th International Conferenc on Software Maintenance (ICSM 2008)*, IEEE Computer Society Press, 2008, 396 – 405

[ZCYMK05] *Kapitel* Enabling Safe Dynamic Component-Based Software Adaptation. In: ZHANG, Ji ; CHENG, Betty H. ; YANG, Zhenxiao ; MCKINLEY, Philip K.: *Architecting Dependable Systems III (Monitoring and Reconfiguration in Software Architectures)*. Springer-Verlag, 2005. – ISBN 978–3–540–28968–5, S. 194 – 211

[Zel97] ZELLER, Andreas: *Configuration Management with Version Sets*, Technische Universität Braunschweig, Diss., 1997

[Zho08] ZHOU, Yu: A Runtime Architecture-Based Approach for the Dynamic Evolution of Distributed Component-Based Systems. In: *Doctoral Symposium of the 30th International Conference on Software Engineering (ICSE)*, ACM Press, 2008, S. 979 – 982

[ZVB+07] ZIMMEROVA, Barbora ; VAREKOVÁ, Pavlína ; BENES, Nikola ; CERNÁ, Ivana ; BRIM, Lubos ; SOCHOR, Jiri: Component-Interaction Automata Approach (CoIn). In: *The Common Component Modeling Example (CoCoMe): Comparing Software Component Models, Dagstuhl Research Seminar, August 1-3*, 2007, S. 146 – 176

If you have any concerns about our products,
you can contact us on
ProductSafety@springernature.com

In case Publisher is established outside the EU,
the EU authorized representative is:
**Springer Nature Customer Service Center GmbH
Europaplatz 3, 69115 Heidelberg, Germany**

Printed by Libri Plureos GmbH
in Hamburg, Germany